21世纪本科院校土木建筑类创新型应用人才培养规划教材

工程项目管理

主　编　董良峰　张瑞敏
副主编　申　彤

内 容 简 介

本书以工程项目管理工作的全过程为主线,内容涵盖了工程项目的立项决策、组织管理、进度管理、质量管理、投资管理、风险控制、招投标与合同管理、安全和环境管理等工程项目管理的核心知识体系,吸收了国内外最新研究成果,采用国家最新的法律法规和相关规范。 作为21世纪全国本科院校土木建筑类创新型应用人才培养规划教材系列之一,本书注重理论结合实际,注重学生基本能力的培养。 在介绍理论知识的同时结合大量案例,深入浅出,便于读者接受。 本书既可作为本科院校工程管理专业学生的学习教材,又可供政府管理部门、建设单位、设计单位、工程管理咨询单位、科研单位和施工单位参考使用。

图书在版编目(CIP)数据

工程项目管理/董良峰,张瑞敏主编. —北京:北京大学出版社,2015.4
(21世纪本科院校土木建筑类创新型应用人才培养规划教材)
ISBN 978-7-301-25642-8

Ⅰ.①工… Ⅱ.①董…②张… Ⅲ.①工程项目管理—高等学校—教材 Ⅳ.①F284

中国版本图书馆 CIP 数据核字(2015)第 065053 号

书 名	工程项目管理
著作责任者	董良峰 张瑞敏 主编
策划编辑	卢 东 王红樱
责任编辑	刘 鬲
标准书号	ISBN 978-7-301-25642-8
出版发行	北京大学出版社
地 址	北京市海淀区成府路 205 号 100871
网 址	http://www.pup.cn 新浪微博:@北京大学出版社
编辑部邮箱	pup6@pup.cn
总编室邮箱	zpup@pup.cn
电 话	邮购部 010-62752015 发行部 010-62750672 编辑部 010-62750667
印 刷 者	北京虎彩文化传播有限公司
经 销 者	新华书店
	787 毫米×1092 毫米 16 开本 21.25 印张 510 千字
	2015 年 4 月第 1 版 2023 年 7 月第 6 次印刷
定 价	43.00 元

未经许可,不得以任何方式复制或抄袭本书之部分或全部内容。
版权所有,侵权必究
举报电话:010-62752024 电子信箱:fd@pup.pku.edu.cn
图书如有印装质量问题,请与出版部联系,电话:010-62756370

前　言

21世纪是项目的世纪，项目在我们的生活中无处不在，工程项目作为项目中的一类，和国计民生都有着紧密的联系。随着我国工程建设领域的投资逐年增加，社会对于专业的工程管理人才的需求也在不断增加。工程项目管理作为一门专业性和实践性很强的学科，不但要求学生具有扎实的理论功底，还要具备较强的动手实践能力。这就对高校工程管理专业学生提出了新的要求。

本书具备以下特色。

1. 注重理论结合实际

本书基本按照工程建设活动的工作过程安排内容，在编写过程中，每一章都以实际案例引出，结合大量工程项目管理的实际案例对理论知识进行讲解，有利于提高学生对于理论知识的兴趣，加深对知识的理解。

2. 与执业资格考试内容紧密衔接

我国工程建设领域类的各项执业资格考试，如注册建筑师、注册监理工程师等，其考试内容中均包含大量工程项目管理课程的内容。本书在编写过程中尽量将执业资格考试的大纲内容融入教材中，故本书也可作为相关执业资格考试的参考教材。

3. 内容新颖、具前沿性

在本书的编写过程中，充分注重内容的新颖性和知识的前沿性，选用国家最新颁布的法律、法规和规范，加入学科前沿最新的研究成果，让使用者能接触到学科的最前沿信息，开阔眼界。

4. 重点突出，框架清晰

每一章开始都会提出本章的教学目标和教学要求，以及该章需要掌握的基本概念，并结合引例引出该章内容；章后附有本章小结和有针对性的习题；整体结构清晰合理，重点难点突出，便于学生学习和老师使用。

本书编写的具体分工为：第1章、第3章、第6章由南京工程学院董良峰编写，第2章、第5章、第9章由黄淮学院张瑞敏编写，第4章、第7章、第8章由辽东学院申彤编写。各位编写人员在本书的完成过程中都查阅了大量的资料，付出了辛勤的努力，在此表示衷心的感谢。

由于编者水平有限，编写时间仓促，书中不足之处在所难免，恳请广大读者批评指正。

编者
2014年8月

目 录

第1章 绪论 …………………… 1

1.1 项目 …………………… 2
    1.1.1 项目的定义及特征 …… 2
    1.1.2 项目与日常作业的区别 …… 3
    1.1.3 项目的四维目标 ……… 3

1.2 工程项目 …………………… 5
    1.2.1 工程项目的概念及特征 …… 5
    1.2.2 工程项目的分类 ……… 6

1.3 工程项目管理 ……………… 7
    1.3.1 工程项目管理的发展历程及趋势 …… 8
    1.3.2 项目管理的知识体系 …… 10

1.4 工程项目全生命周期 ……… 13
    1.4.1 项目全生命周期的概念 …… 13
    1.4.2 工程项目全生命周期概述 …… 14

本章小结 ……………………… 15
习题 …………………………… 15

第2章 工程项目策划与决策 …… 17

2.1 工程项目策划 ……………… 18
    2.1.1 工程项目策划的概念 …… 18
    2.1.2 工程项目策划的分类 …… 18
    2.1.3 工程项目策划的作用 …… 19
    2.1.4 工程项目前期策划的过程和主要工作 …… 20
    2.1.5 项目建议书 …………… 21

2.2 工程项目可行性研究 ……… 25
    2.2.1 可行性研究的概念 …… 25
    2.2.2 可行性研究的产生和发展 …… 25
    2.2.3 可行性研究的作用 …… 26
    2.2.4 可行性研究的阶段和步骤 …… 27
    2.2.5 可行性研究报告的内容 …… 31
    2.2.6 可行性研究的报批 …… 34

2.3 工程项目管理模式策划 …… 34
    2.3.1 工程项目业主方管理模式 …… 35
    2.3.2 工程项目的承发包管理模式 …… 38
    2.3.3 工程项目融资管理模式 …… 39
    2.3.4 工程项目管理模式的选择 …… 42

2.4 工程项目管理规划 ………… 43
    2.4.1 工程项目管理规划大纲 …… 43
    2.4.2 项目管理实施规划 …… 44

2.5 工程项目管理的组织策划 … 45
    2.5.1 组织和组织结构概念 …… 45
    2.5.2 组织结构设计的原则 …… 45
    2.5.3 组织结构的基本形式 …… 47

本章小结 ……………………… 54
习题 …………………………… 54

第3章 工程项目招投标 ………… 56

3.1 招投标概述 ………………… 57
    3.1.1 招投标的概念 ………… 57
    3.1.2 强制招标的工程项目范围和规模标准 …… 58
    3.1.3 工程项目招标程序 …… 60
    3.1.4 工程项目招标方式及选择 …… 61
    3.1.5 招标组织方式 ………… 63
    3.1.6 发包方式的选择和标段的划分 …… 63

3.2 建设工程招投标 …………… 64
    3.2.1 建设工程招标 ………… 64
    3.2.2 建设工程投标 ………… 67
    3.2.3 建设工程开标 ………… 72

  3.2.4 建设工程评标 …………… 73
  3.2.5 中标、签约和履约 ………… 79
 3.3 工程项目勘察设计招投标 ………… 82
  3.3.1 工程勘察设计招标的
     特点 ……………………… 82
  3.3.2 勘察设计的招标文件 …… 82
  3.3.3 勘察设计招标评标 ……… 83
 3.4 工程监理招投标 …………………… 84
  3.4.1 建设工程监理招标投标的
     特点 ……………………… 84
  3.4.2 建设监理招标文件 ……… 85
  3.4.3 监理招标评标 …………… 85
 本章小结 ………………………………… 86
 习题 ……………………………………… 86

第4章 工程项目进度管理 ………… 90

 4.1 工程项目进度管理概述 …………… 91
  4.1.1 工程项目进度管理 ……… 91
  4.1.2 工程项目进度影响因素 … 92
  4.1.3 工程项目进度管理过程 … 93
  4.1.4 工程项目进度管理措施 … 94
 4.2 工程项目进度计划的编制 ………… 95
  4.2.1 工程项目进度总目标的
     论证 ……………………… 95
  4.2.2 工程项目进度计划编制的
     程序 ……………………… 96
  4.2.3 工程项目进度计划的编制
     方法 ……………………… 98
 4.3 工程项目进度计划的优化 ………… 123
  4.3.1 工期优化 ………………… 124
  4.3.2 工期—费用优化 ………… 126
  4.3.3 工期—资源优化 ………… 128
 4.4 工程项目进度控制 ………………… 130
  4.4.1 工程项目进度控制
     原理 ……………………… 131
  4.4.2 工程项目实际进度与计划
     进度比较方法 …………… 132
  4.4.3 工程项目进度调整
     方法 ……………………… 136
 本章小结 ………………………………… 143
 习题 ……………………………………… 143

第5章 工程项目费用管理 ………… 146

 5.1 工程项目费用管理概述 …………… 147
  5.1.1 工程项目费用管理的
     概念 ……………………… 147
  5.1.2 工程项目费用管理的
     程序 ……………………… 147
  5.1.3 工程项目投资的组成 …… 148
  5.1.4 工程项目费用控制的原则、
     目标与重点 ……………… 152
 5.2 工程项目费用的确定 ……………… 153
  5.2.1 工程项目投资估算 ……… 153
  5.2.2 工程项目设计概算 ……… 158
  5.2.3 工程项目施工图预算 …… 165
 5.3 工程项目费用计划 ………………… 167
  5.3.1 费用计划的编制原则 …… 167
  5.3.2 费用计划编制依据 ……… 168
  5.3.3 费用计划的编制方法 …… 168
 5.4 工程项目费用控制 ………………… 170
  5.4.1 费用控制的依据 ………… 170
  5.4.2 费用控制的步骤 ………… 171
  5.4.3 费用控制的方法 ………… 172
  5.4.4 偏差原因分析 …………… 176
  5.4.5 设计阶段费用控制 ……… 177
  5.4.6 施工阶段的费用控制 …… 179
 5.5 施工项目成本管理 ………………… 186
  5.5.1 施工项目成本管理的
     概念 ……………………… 186
  5.5.2 施工项目成本管理的
     内容 ……………………… 187
 本章小结 ………………………………… 195
 习题 ……………………………………… 195

第6章 工程项目质量管理 ………… 199

 6.1 工程项目质量管理概述 …………… 200
  6.1.1 质量 ……………………… 200
  6.1.2 工程项目质量 …………… 200
  6.1.3 工程建设各阶段对质量形成的
     作用与影响 ……………… 201
  6.1.4 影响工程质量的因素 …… 202
  6.1.5 工程质量的特点 ………… 203
  6.1.6 工程质量的政府监督管理
     制度 ……………………… 204

    6.1.7 质量管理的基本原理 …… 207
6.2 勘察设计阶段质量控制 …… 210
    6.2.1 勘察设计质量的概念 …… 210
    6.2.2 勘察、设计质量控制的依据 …… 210
    6.2.3 勘察阶段质量控制的要点 …… 211
    6.2.4 设计阶段质量控制的要点 …… 212
6.3 建设工程项目施工质量控制 …… 215
    6.3.1 施工质量控制的目标、依据与基本环节 …… 215
    6.3.2 施工质量计划 …… 217
    6.3.3 施工准备工作的质量控制 …… 220
    6.3.4 施工过程的作业质量控制 …… 221
    6.3.5 建设工程项目质量验收 …… 225
6.4 质量管理数理统计方法 …… 230
    6.4.1 分层法 …… 230
    6.4.2 频数分布直方图法 …… 232
    6.4.3 控制图法 …… 234
本章小结 …… 236
习题 …… 236

第 7 章 工程项目合同管理 …… 239

7.1 工程项目合同管理概述 …… 240
    7.1.1 合同 …… 240
    7.1.2 工程项目合同 …… 244
7.2 工程项目合同管理的实施 …… 255
    7.2.1 工程项目合同的签订 …… 256
    7.2.2 工程项目合同的履行 …… 258
    7.2.3 工程变更管理 …… 259
    7.2.4 工程项目索赔管理 …… 262

本章小结 …… 274
习题 …… 275

第 8 章 工程项目安全与环境管理 …… 277

8.1 工程项目安全管理 …… 278
    8.1.1 工程项目安全管理概述 …… 278
    8.1.2 工程安全控制的理论和方法 …… 282
    8.1.3 建筑工程项目职业健康安全事故的分类和处理 …… 287
    8.1.4 建筑工程项目安全管理体系 …… 291
8.2 工程项目环境管理 …… 295
    8.2.1 工程项目环境管理概述 …… 295
    8.2.2 工程项目环境管理相关规定 …… 300
本章小结 …… 307
习题 …… 307

第 9 章 工程项目风险管理 …… 310

9.1 概述 …… 311
    9.1.1 风险 …… 311
    9.1.2 工程项目风险 …… 312
    9.1.3 工程项目风险管理的概念和目标 …… 314
9.2 工程项目风险识别与管理方法 …… 315
    9.2.1 工程项目风险识别 …… 315
    9.2.2 工程项目风险分析与评价 …… 317
    9.2.3 工程项目风险应对 …… 320
本章小结 …… 326
习题 …… 327

参考文献 …… 329

第1章 绪 论

教学目标

本章主要讲述工程项目管理的基本概念。通过学习本章,应达到以下目标:
(1) 掌握项目、工程项目的概念及特征;
(2) 掌握项目的全生命周期;
(2) 熟悉国内外工程项目管理的发展历程;
(3) 了解项目管理的知识体系。

教学要求

知识要点	能力要求	相关知识
项目	(1) 掌握项目的定义及特征; (2) 掌握项目与日常作业的区别; (3) 掌握项目的四维目标	(1) 项目的定义和特征; (2) 项目与日常作业的区别; (3) 项目的四维目标及相互间的关系
工程项目	(1) 掌握工程项目的概念及特征; (2) 熟悉工程项目的分类	(1) 工程项目的概念及特征; (2) 工程项目的分类
工程项目管理	(1) 熟悉项目管理的历程及趋势; (2) 了解项目管理的知识体系	(1) 国内外项目管理的发展历程; (2) 项目管理今后的发展趋势; (3) ICB、PMBOK 及中国的项目管理知识体系
工程项目全生命周期	(1) 熟悉项目的生命周期及工作内容; (2) 熟悉工程项目的生命周期	(1) 项目的生命周期及每阶段包括的工作内容; (2) 工程项目的全生命周期

基本概念

项目;工程项目;日常运作;四维目标;知识体系;生命周期

引例

宋真宗时期,皇城失火,皇宫被焚,宋真宗命丁谓重修皇宫。这是一个复杂的工程,不仅要设计施工、运输材料,还要清理废墟,任务十分艰巨。丁谓首先在皇宫前开沟渠,然后利用开沟取出的土烧砖,再把京城附近的汴水引入沟中,使用船只运送建筑材料直达工地。工程完工后,又将废弃物填入沟中,复原大街,这就很好地解决了取土烧砖、材料运输、清理废墟三个难题,在保证质量的前提下,既保证了工程如期完成,又节约了大量的资金,历史上称之为丁谓"一举三得"。这个工程建设的过程,同现代项目管理思想何其吻合。由此可见,项目管理思想早就在我国悠久的历史中存在,并对我们研究现代项目管理依然具有重要的借鉴意义。

1.1 项 目

1.1.1 项目的定义及特征

在我们的社会中，项目的形式是多种多样的，从人类开始有组织的活动起，就一直执行着各种规模的"项目"。史前穴居人收集材料加工猛犸肉的活动可能是人类最早的项目，中国的万里长城和古埃及的金字塔的修建是古代人类最复杂的项目，美国的北极星导弹计划和阿波罗登月计划是现代项目管理思想的起源，中国的三峡工程和香港新机场建设是现代项目管理的成功范例。我们平时接触的房屋建设、铁路的修建是项目；研发一种新产品，进行一项科研是项目；编写一本教程，撰写一篇论文是项目；2012年北京奥运会、2014年南京青奥会的组织是项目；组织一次家庭聚餐，班级组织一次秋游也是项目。项目可大可小，无处不在。

由此可见，项目已经渗入到社会的经济、文化、军事、政治等各个领域，但是项目的存在形式却千差万别，给项目一个准确的定义就变得比较困难，我们一起来回顾一下国内外组织和专家对项目的定义。

美国项目管理协会（PMI）PMBOK（第三版）对项目的定义是：项目是为提供某项独特产品、服务或成果所做的一次性活动。

美国著名的项目管理专家James Lewis博士对项目的定义为：项目是指一种一次性的复合任务，具有明确的开始时间、明确的结束时间、明确的规模与预算，通常还有一个临时性的项目组。

ISO 10006定义项目为：具有独特的过程，有开始和结束日期，由一系列相互协调和受控的活动组成。过程的实施是为了达到规定的目标，包括满足时间、费用和资源等约束条件。

《中国项目管理知识体系》对项目给出的定义是：项目是创造独特产品、服务或其他成果的一次性努力。

项目的定义形式上千差万别，但是其反映的项目的内涵和特征却是一致的。项目的特征主要包含以下几个方面。

1. 项目的独特性

世界上没有完全相同的两个项目，每一个项目都有其各自的特点。即使想在南京建造一个和北京一模一样的项目，仍然会面临一系列的新问题，如两个项目所在地的地质条件的差异，迫使项目管理者必须改变项目的结构设计；此外，由于气候条件的差异需要改变原来的施工方法。项目的独特性要求有针对性的管理方法，就要求项目管理者要学会从新的角度思考项目中不断涌现的新问题，而不是一成不变，固步自封。

2. 项目组织的临时性

项目的组织都是临时性的组织，在项目开始之前组建专业项目管理团队，这个团队为这个项目而生，等项目结束后，这个组织的生命也随之结束，团队即解散。作为项目管理者应当考虑如何在短时间内将来自不同岗位的成员融合成一支有凝聚力的团队。另外，应当适度保持这个团队的弹性和灵活性，具有适应不断变化和不确定因素的能力。

3. 具有明确的目标性

一个项目在实施之前，首先应该确定其目标。项目的目标是在符合技术性能要求的前提下，在规定的时间和规定的预算内完成项目，并使客户满意。当然在一个项目中实现所有目标的最优化几乎是不可能的，所以要针对各个项目的特点对项目目标进行排序，确定首要保障的项目目标，必要时可以牺牲其他目标以保证首要目标的顺利实现。

4. 资源的有限性

一个项目的进展需要各种不同的资源，如人力、材料、资金、设备、信息等，而一个项目所能够利用的资源都是有限的，项目管理者的工作就是如何在资源有限的前提下保证项目目标的顺利实现。

1.1.2 项目与日常作业的区别

既然项目在我们的日常生活中无处不在，那么是否所有实施主体是人类的活动都属于项目的范畴呢？答案是否定的。

人类有组织的活动可以分为两类，项目和日常作业。

日常作业是一种重复性、周期性的活动，每次活动都受相同的资源条件限制，人们不断重复上一次的活动，每次活动的结果也大致相同。如在生产车间里的进行流水线作业的工人进行的就是日常作业。项目与日常作业的主要区别如表1-1所示。

表1-1 项目与日常作业的区别

项　　目	日　常　作　业
一次性	不断重复
开放环境，不确定性因素多	封闭环境，不确定因素少
有明确的开始和结束时间	结束时间不确定
缺少成熟的管理经验	有相对成熟的管理经验
受资源的约束大	受资源的约束小
弹性的组织	稳定的组织

1.1.3 项目的四维目标

案例1-1

有一家房地产开发商拿下了一块黄金地段，找来某著名设计院进行建筑和结构设计，通过招标选择了一家很有实力的施工单位进行施工，工程项目在规定时间、规定预算内顺利完成，工程竣工验收质量优良，但是房屋的销售情况却不尽如人意。原因是由于开发商过分追求利润最大化，致使按照开发商要求设计的房屋得房率过低，户型不规整，房间朝向不好，很多客户到现场看房后都表示不满意。最后开发商迫不得已进行降价促销，损失惨重。本来是想实现利润最大化，没想到事与愿违，还把本来可以稳稳获得的利润拱手相让。按照传统的进度、投资、质量三大目标来看，这是一个成功的项目，但是事实却证明这个项目是失败的，原因在哪里？根源在于管理者忽略了另外一个重要的目标：客户的满意度。

现代项目管理认为，每个项目应具有四个目标：客户满意度、进度、投资、质量。这些目标相互关联，既对立，又统一。其中一个目标的变化会引起其他目标的连锁变化。这四个目标很难同时实现最优化，有时为了实现优先目标需要牺牲其他目标。如澳大利亚的悉尼歌剧院，最初的预算是 700 万美元，但是在建设过程中为了让客户满意，不断追加投资，同时工期也一拖再拖。最后，该工程历时 14 年，耗资 1.2 亿美元才最终完成。为了实现让客户满意的目标，该工程的管理者不惜牺牲投资目标和进度目标，但是并不妨碍该工程成为一个成功的项目，并成为悉尼的标志性建筑。

1. 客户的满意度

如何让项目的产品使客户满意，是项目管理者的首要目标。客户总是希望获得物超所值的产品，能让客户满意的产品必将获得客户的追捧，从而取得成功。例如小米公司作为一个 2010 年 4 月才成立的移动互联网公司，经过短短 4 年的发展，到 2014 年预计手机出货量可达 6 000 万台，销售额将达 800 亿元人民币，市场估值超过 200 亿美元。小米手机能在如此短的时间内取得巨大成功，其根源在于其销售的小米手机将客户满意度放在首位，使客户可以用 2 000 元不到的价格买到其他品牌 4 000 元配置的手机，使客户感到物超所值，屡屡创造抢购风潮。

2. 质量

质量目标是使客户满意的必要条件，只有质量过关的产品才能获得客户的长期青睐。在项目的前期，要根据项目的功能需要确定合理的质量标准，质量目标过高或过低都是不可取的。如房地产开发商一般情况下都会将项目的质量目标定位为合格，而不是优良，这样既能够保证功能的实现，又可以降低投资，加快进度，最终让客户满意。

3. 进度

项目管理者在项目实施前都要事先确定项目的实施进度。通常情况下，进度目标与投资目标、质量目标成反比，和客户满意度目标成正比。

4. 投资

投资目标通常和客户满意度、质量和进度目标成反比，一个优秀的项目管理者应该在现有投资的范围内实现客户满意度、质量和进度目标的最优化。一味地为实现投资目标而弃其他目标于不顾的做法是不可取的。如有的不良开发商为了节约投资，竟然在混凝土中以木条代替钢筋，最终东窗事发，身败名裂。

1.2 工程项目

1.2.1 工程项目的概念及特征

工程项目是以建筑物或构筑物为目标产出物的、由有开工时间和竣工时间的相互关联的活动所组成的特定过程，又称土木工程项目或建筑工程项目，属于项目的一个大类。

这里所说的建筑物，是指房屋建筑物，它满足人们的生产、居住、文化、体育、娱乐、办公和各种社会活动的需要。这里所说的构筑物，是指公路、铁路、桥梁、隧道、水坝、电站及线路、水塔、烟囱、构架等土木产出物。

相互关联的活动，包括施工活动、生产活动、经济活动、经营活动、社交活动和管理活动等，是社会化大生产所需要的广义的人类集体活动。

工程项目作为项目的一类，除了具有一般项目所具有的特征之外，还有一些区别于其他项目的特殊特征。工程项目的特殊性主要体现在工程项目实体的特殊性和工程项目建造过程的特殊性。

1. 工程项目实体的特殊性

（1）工程项目实体体型庞大。工程项目的成果是工程实体，无论是房屋建筑工程项目，还是桥梁、道路工程项目，为了满足工程的功能需要，最后建成的工程实体都是庞然大物。而某个芯片的科研攻关项目，虽然同样耗资巨大，但是最终的成果却可能只是一个小小的芯片。

（2）工程项目实体空间上的固定性。一般的工程项目实体均由自然地面以下的基础和自然地面以上的主体结构构成的，基础承受主体结构和基础自重，并将荷载传给地基，基础再通过桩将荷载传给持力层，同时也将工程实体牢牢地固定在地球上。所以，工程实体在空间上是固定的。但这种固定是相对的固定，而不是绝对的固定。早在1997年，南京就曾经成功地将总建筑面积5 424m^2、总重量8 000多吨的江南大酒店平移26m^2。但是将固定的建筑物平移需要付出很大的代价，江南大酒店平移的费用是400万元，占该建筑物造价的1/4。

（3）工程项目实体的单件性。由于建造地点、建造时间、地质条件等方面的差异，使得工程项目实体存在或多或少的差别。世界上没有两个完全相同的工程实体。

2. 建造过程的特殊性

（1）建造周期长。工程项目一般工程量巨大，需要消耗大量的时间才能够将其完成。如世界上规模最大的水电站项目——三峡水电站（图1.7），于1992年获得全国人民代表大会批准建设，1994年正式动工兴建，2003年开始蓄水，2009年全部完工。而在其建设期间，占用大量的人力、物力、财力，却不会产生任何经济效益，所以，在进行工程管理时，应采取各种方法尽量缩短建设周期，尽快使工程项目产生经济效益。

（2）建造过程的流动性。由于工程项目空间上的固定性，决定了各种资源必须围绕工程实体进行流动，这就导致了建造过程的流动性。流动性体现在两个方面，一是项目的建

图 1.1 三峡工程鸟瞰图

设者和施工机具在不同项目间的流动,二是建设者和施工机具在同一工程的不同作业面上的局部流动。建造过程的流动性增加了工程项目管理的难度,管理者必须对各种资源进行合理的调配。

(3) 受环境的影响大。这里所指的环境包括自然环境和社会环境。工程项目一般是露天作业,必然受到建设地的地质条件、气候、交通、场地等诸多因素的制约,在进行设计、施工技术选择和施工组织时必须充分考虑以上因素;另外工程项目还受社会环境的影响。作为国家的支柱性产业,国家对建筑业和房地产行业的管理十分严格,相关的政策规定、国内外的经济状况等都将对工程项目产生重大影响。如 2006 年房地产调控政策中规定,新建住宅项目的户型比,套型建筑面积为 90m^2 以下的户型必须占到整个项目的 70%以上,否则不许开工建设。该政策导致众多开发商临时调整设计方案,极大程度上延误了项目建设进度,打乱了项目销售计划。

1.2.2 工程项目的分类

不同的工程建设项目类型,其寻求专业服务的方式、建筑合同形式和项目融资途径都大不相同。通常,工程建设项目可以被分成 4 种主要形式,而且每一种都有各自的特点。

1. 住宅建筑

住宅建筑指那些用来居住的房屋建筑物。在开发这类建筑时,熟悉建筑行业的开发商和投资商通常都作为业主的代理人并且负责确定必要的设计和建造合同,负责项目的融资及销售建造好的房屋。住宅建筑的设计通常是由建筑师和结构工程师来完成的,而施工则由承包商雇用一些结构、机械、电气工程人员和其他专业的分包商来共同完成。

住宅建筑市场受宏观经济政策、税收和政府的财政金融政策的影响较大。经常发生的事情是总需求的轻微增长将引起建筑投资的巨大增长——许多住宅建筑可以由不同的私人业主和开发商在同一时间,在不同的地点开始建造。因为进入住宅建筑市场相对容易,因此,许多新的承包商被吸引进入住宅建筑市场。这个市场具有高度的竞争性,同时也拥有潜在的高风险和高回报。

2. 公用性建筑

公用性建筑包括不同的类型和不同的规模，比如中小学校和大学、医疗诊所和医院、娱乐设施和体育馆、零售连锁店和大型购物中心、仓库等，还有写字楼、宾馆等摩天大楼。这类建筑的业主可能熟悉也可能不熟悉建筑业的运作模式，但他们通常能够挑选有能力的工程咨询人员协助他们来管理项目，项目的融资工作一般由他们亲自进行。和住宅建筑相比，公用性建筑需要更高的成本，并且项目具有较大的复杂性，工期也较长。

3. 工业建筑

工业建筑通常规模大、技术复杂，如炼油厂、钢铁厂、化学处理厂、火力发电厂或者核电厂等。业主通常会高度参与工程项目的开发，而且业主喜欢采用设计—建造的发包方式来缩短整个工期。一般业主会选择一批设计者和承包商并和他们保持长期的合作关系。

4. 基础设施和重工业建筑

基础设施和重工业建筑包括高速公路、大规模的传送系统、隧道、桥梁、管道、排水系统和污水处理厂等。这类工程大多属于公共工程项目，因而其融资渠道来源于政府的税收或者各类基金。这类建筑的特点是以高度的机械化来代替劳动力密集的手工操作。

我国目前正在建立和形成社会主义市场经济的运行机制，随着投资体制的转变，工程建设项目的类别也在逐渐发生变化，特别是根据所有制形式不同所进行的分类发生了很大变化。目前我国工程建设项目的分类具体如下。

（1）按投资者登记注册类别分为：国有、集体、股份合作、联营、有限责任公司、股份有限公司、港澳台商、外商、个人等投资的工程建设项目。

（2）按我国现行计划管理体制可分为：基本建设、更新改造、房地产开发投资和其他固定资产投资等项目。

（3）按资金的来源分为：国家预算类资金、国内贷款、外资、自筹资金，以及其他资金等投资的工程建设项目。

（4）按工程建设项目隶属关系分为：中央项目和地方项目。

（5）按工程建设项目性质分为：新建、扩建和改造项目。

（6）按工程建设项目的规模分为：大、中、小型项目。

1.3 工程项目管理

工程建设项目管理是以工程建设项目为对象，在既定的约束条件下，为最优地实现工程建设项目目标，根据工程建设项目的内在规律，对从项目构思到项目完成（指项目竣工并交付使用）的全过程进行的计划、组织、协调和控制，以确保该工程建设项目在允许的费用和要求的质量标准下按期完成。

类似地，根据工程建设项目管理主体、管理对象、管理范围的不同，同样有工程设计项目管理、工程承包项目管理和工程监理项目管理。而它们与工程建设项目管理的区别在于管理的主体、管理的对象和管理的范围不同，其主要区别如表 1-2 所示。

表 1-2　不同类型工程项目管理的主要区别

名　　称	管理主体	管理对象	管 理 范 围
工程项目管理	业主	工程项目	从项目构思，策划，实施，使用直至终止的全过程
工程建设项目	业主	工程建设项目	涉及从项目构思，策划，实施，到项目建成交付使用为止
工程承包项目管理	承包单位	工程承包项目	承包商所从事的工作范围（重点在施工阶段）
工程设计项目管理	设计单位	工程设计项目	主要是设计阶段，但其范围也随业主要求而变化（重点在设计阶段）
工程监理项目管理	监理（咨询）单位	工程监理项目	业主要求的监理工作范围（可涉及全过程或其中的某个或几个阶段）

1.3.1　工程项目管理的发展历程及趋势

1. 国外工程项目管理的发展历程

20世纪四五十年代，由于第二次世界大战的推动，项目管理最初主要应用于国防和军工项目。这类项目规模大，目标严肃，实际的社会需求催生了现代项目管理的萌芽。

20世纪50—60年代，项目管理的两项关键技术——关键线路法（CPM）和计划评审制度（PERT）产生，项目管理学科的发展取得突破性进展。1957年，美国的杜邦公司为了保证生产的不间断进行，每年必须安排数次生产线的全面检修。最初一次检修需要花费125小时。为了缩短检修时间，他们把检修流程精细分解，发现在整个检修过程中所经过的不同线路上的总时间是不一样的。缩短最长路线上工序的工期，就能够缩短整个检修的时间。他们经过反复优化，最后只用78小时就完成了检修，时间节省率达到38%，当年产生效益达100多万美元。这就是至今项目管理工作者还在应用的"关键线路法"，简称CPM。在同一时期，美国海军开始研制北极星导弹计划，这是一个由全美1/3科学家参与研究的规模庞大、技术复杂的尖端军事项目，共可分解为6万多项工作，有近4 000个承包商参加。如此庞大尖端的项目，其管理难度可想而知。而当时项目组织者想出了一个方法：为每个任务估计一个悲观的、一个乐观的和一个最可能情况下的工期，在关键路径技术的基础上，用"三值加权"方法进行计划编排，最后竟然只用了4年时间就完成了预定6年完成的项目，节省时间33%以上。20世纪60年代项目管理的方法在由42万人参加，耗资400亿美元的"阿波罗"载人登月计划中应用，同样取得成功。

到了20世纪70年代末80年代初，微机得到了普及，这使项目管理理论和方法的应用走向了更广阔的领域。由于计算机及软件价格降低，数据获得更加方便，计算时间缩短，调整容易，程序与用户友好等优势，项目管理工作得到大幅简化，效率明显提高，使寻常的项目管理公司和中小企业在中小型项目中都可以使用现代化的项目管理方法和手段，取得了很大的成功，收到了显著的经济和社会效益。

20世纪80年代，人们进一步扩大了项目管理的研究领域，包括合同管理、项目风险管理、项目组织行为和沟通。在计算机应用上则加强了决策支持系统、专家系统和网络技术应用的研究。

20世纪90年代以后，随着信息时代的来临，以及高新技术产业飞速发展并成为支柱产业，项目的特点也发生了巨大变化，管理人员发现许多在制造业经济下建立的管理办法，到了信息经济时代已经不大适用。制造业经济环境下，强调的是预测能力和重复性活动，管理的重点很大程度上在于制造过程的合理性和标准化。而在信息经济环境里，事务的独特性取代了重复性过程，信息本身也是动态的、不断变化的。灵活性成了新秩序的代名词。他们很快发现实行项目管理恰恰是实现灵活性的关键手段。他们还发现项目管理在运作方式上最大限度地利用了内外资源，从根本上改善了中层管理人员的工作效率。于是纷纷采用这一管理模式，并成为企业重要的管理手段。经过长期探索总结，现代项目管理逐步发展成为独立的学科体系，成为现代管理学的重要分支。

2. 国内工程项目管理的发展历程

1) 中国古代工程项目管理

中国古代诞生了很多伟大的工程项目，如万里长城、都江堰、故宫、京杭大运河等，这些项目工程量大，建造过程复杂，其中必然要运用到项目管理的思想和方法，只不过由于古代工匠的社会地位较低，这些思想和方法大部分都没有被系统地记载下来，只有在一些书籍中可以零星找到一些古代项目管理的痕迹。如孙子兵法"庙算多者胜"，国家的建设必有"庙算"，即项目计划；南京明代城墙建设时在每块砖上刻下生产者的名字，以加强质量控制。

2) 中国现代工程项目管理

中国现代工程项目管理的起步并不晚，最早于20世纪60年代由华罗庚教授引进和推广了网络计划技术，结合中国"统筹兼顾，全面安排"的指导思想，将这一技术称为"统筹法"，并在一系列重点工程中应用，取得了良好的经济效益和社会效益。

1966—1976年国内工程建设全面停滞，项目管理的推广工作也无从开展。1984年，中国开始改革开放，在利用世界银行贷款建设的鲁布革水电站引水导流项目中，日本大成株式会社运用现代项目管理方法对项目进行高效管理，使该项目的投资额度降低40%，工期也大大缩短，对中国的投资建设领域产生很大的触动。基于鲁布革水电站的经验，1987年原国家计委、原建设部等有关部门联合发出通知，在一批试点企业和建设单位中要求采用项目管理施工法，并开始着手建立我国的项目经理认证制度。1991年原建设部进一步提出把试点工作转变为全行业推进的综合改革，全面推广项目管理和项目经理负责制。

3. 工程项目管理的发展趋势

1) 项目管理的全球化

知识经济时代的一个重要特点是知识与经济的全球化。因为竞争的需要和信息技术的支撑，促使了项目管理的全球化发展，使国与国之间的项目合作日益增多，国际化的专业活动日益频繁，项目管理专业信息实现了前所未有的国际共享。

2) 关于项目管理的多元化发展

由于人类社会的大部分活动都可以按项目来运作，因此当代的项目管理已深入到各行各业，以不同的类型，不同的规模出现。

3) 项目管理的专业化学科发展

近十年来，项目管理的专业化也有了明显的进展，主要反映在以下3个方面。

（1）项目管理知识体系在不断发展和完善之中。美国 PMI 从 1984 年提出 PMBOK 至今，数易其稿，并已将其作为该组织专业证书制考试的主要内容。欧洲 IPMA 和其他各国的项目管理组织也纷纷提出了自己的体系。

（2）学历教育从学士、硕士到博士，非学历教育从基层项目管理人员到高层项目经理，形成了层次化的教育体系。

（3）对项目与项目管理的学科探索正在积极进行之中。有分析性的，也有综合性的；有原理概念性的，也有工具方法性的。项目管理学科正逐渐走向成熟。

1.3.2 项目管理的知识体系

管理项目需要许多知识和方法。项目管理是在第二次世界大战以后发展起来的，项目管理工作者们在几十年的实践中感觉到，虽然从事的项目类型不同，但是其中仍有一些共同之处，因此他们就自发组织起来共同探讨这些共性主题，即项目管理知识体系的建立。项目管理知识体系就是项目管理所需知识和方法的总和。其中一部分知识和方法是项目管理学科所独有的，或以独特的方式表达并普遍被接受的，例如项目和项目管理的定义、属性，项目生命期、干系人概念，项目工作分解结构、网络计划技术等，这是项目管理学科的主体。

管理项目还需要用到其他两类知识和方法：一类是通用的管理知识和方法，譬如领导与激励、决策与控制、组织与策划、谈判与沟通、财务与会计，以及人事管理、营销管理、系统科学、行为科学等；另一类是各种应用领域的特殊管理知识和方法，如信息技术、医药、工程设计与施工、军事、行政、环境保护、社会改革等。

目前，项目管理领域有三个广为流行的知识体系：一是以欧洲国家为主体的体系——ICB，由国际项目管理协会（IPMA）编制；二是以美国为主的体系——PMBOK，由美国项目管理会（PMI）编制；三是以英国为主的体系——PRINCE（受控环境下的项目管理），由英国政府商务部（OGC）开发。下面重点介绍 ICB、PMBOK 及中国的项目管理知识体系。

1. 国际项目管理协会（IPMA）的知识体系（ICB）

国际项目管理协会（IPMA）的项目管理知识体系（ICB，国际项目管理资质标准）包括项目管理中知识和经验的 42 个要素（28 个核心要素和 14 个附加要素），个人素质的 8 个方面和总体印象的 10 个方面，并要求参与该体系的成员国必须建立适应本国项目管理背景的项目管理知识体系、按照 ICB 转换规则建立本国的国际项目管理专业资质认证国家标准——NCB。

ICB 的 42 个要素如下。

28 个核心要素：①项目和项目管理；②项目管理的实施；③按项目进行管理；④系统方法与综合；⑤项目背景；⑥项目阶段与生命周期；⑦项目开发与评估；⑧项目目标与策略；⑨项目成功与失败的标准；⑩项目启动；⑪项目收尾；⑫项目结构；⑬范围与内容；⑭时间进度；⑮资源；⑯项目费用与融资；⑰技术状态与变化；⑱项目风险；⑲效果量度；⑳项目控制；㉑信息、文档与报告；㉒项目组织；㉓团队工作；㉔领导；㉕沟通；㉖冲突与危机；㉗采购与合同；㉘项目质量管理。

14 个附加要素：①项目信息管理；②标准和规则；③问题解决；④谈判、会议；

⑤长期组织;⑥业务流程;⑦人力资源开发;⑧组织的学习;⑨变化管理;⑩行销、产品管理;⑪系统管理;⑫安全、健康与环境;⑬法律方面;⑭财务与会计。

2. 美国项目管理协会(PMI)的知识体系(PMBOK)

从1981年美国项目管理协会(PMI)组委会批准总结实践经验、制定项目管理"标准"的研究开始,经过三十多年的实践、探索、总结、提高和完善,2013年1月1日《项目管理知识体系指南》(Project Management Body of Knowledge,PMBOK)第5版正式颁布。PMBOK第5版提出了十大知识领域和47个过程,形成了一套独特而完整的科学体系。具体如表1-3所示。

表1-3 项目管理知识体系(PMBOK指南)第5版 知识体系表

过程组	启动过程组	规划过程组	执行过程组	监控过程组	收尾过程组
项目整合管理	制订项目章程	制订项目管理计划	指导与管理项目工作	监控项目工作 实施整体变更控制	结束项目或阶段
项目范围管理		规范范围管理 收集需求 定义范围 创建WBS 确认范围		控制范围	
项目时间管理		规划进度管理 定义活动 排列活动顺序 估算活动资源 估算活动持续时间 制定进度计划		控制进度	
项目成本管理		规划成本管理 估算成本 制定预算		控制成本	
项目质量管理		规划质量管理	实施质量保证	控制质量	
项目人力资源管理		规划人力资源管理 组件项目团队	建设项目团队	管理项目团队	
项目沟通管理		规划沟通管理	管理沟通	控制沟通	
项目风险管理		规划风险管理 识别风险 实施定性风险分析 实施定量风险分析 规划风险应对		控制风险	
项目采购管理		规划采购管理	实施采购	控制采购	结束采购
项目干系人管理	识别干系人	规划干系人管理		控制干系人参与	

3. 中国项目管理委员会(PMRC)的知识体系(C-PMBOK)

中国项目管理知识体系(Chinese-Project Management Body of Knowledge, C-PMBOK)是由中国项目管理研究委员会(PMRC)发起并组织实施的，2001年7月推出了第1版，2006年10月推出其第2版。

中国项目管理知识体系(C-PMBOK)以"与国际接轨并具有中国特色、兼顾知识体系的完整性和开放性、逐步完善和取得广泛的认同"为基本原则来编写，它吸取了世界各国PMBOK中已经成熟的内容和先进的概念和方法，遵循国际惯例，采用国际通用的术语，用中国人容易接受的方式和习惯来组织和阐述这些知识内容，反映了中国由计划经济向社会主义市场经济转型阶段的社会经济状况和实际需要。它尽可能覆盖了项目管理所涉及的各方面知识，形成了以项目管理共性知识为核心内容并方便在此基础上补充和扩展的框架。为了使C-PMBOK取得项目管理相关的各界人士的广泛认同，C-PMBOK首先完成了中国项目管理知识体系纲要，并确认C-PMBOK的编写是一个逐步完善的过程，它应注重反映在中国项目实践中证明是正确的、适用的，以及能够被广泛接受的内容。

C-PMBOK的基本框架(的)如图1.2所示。

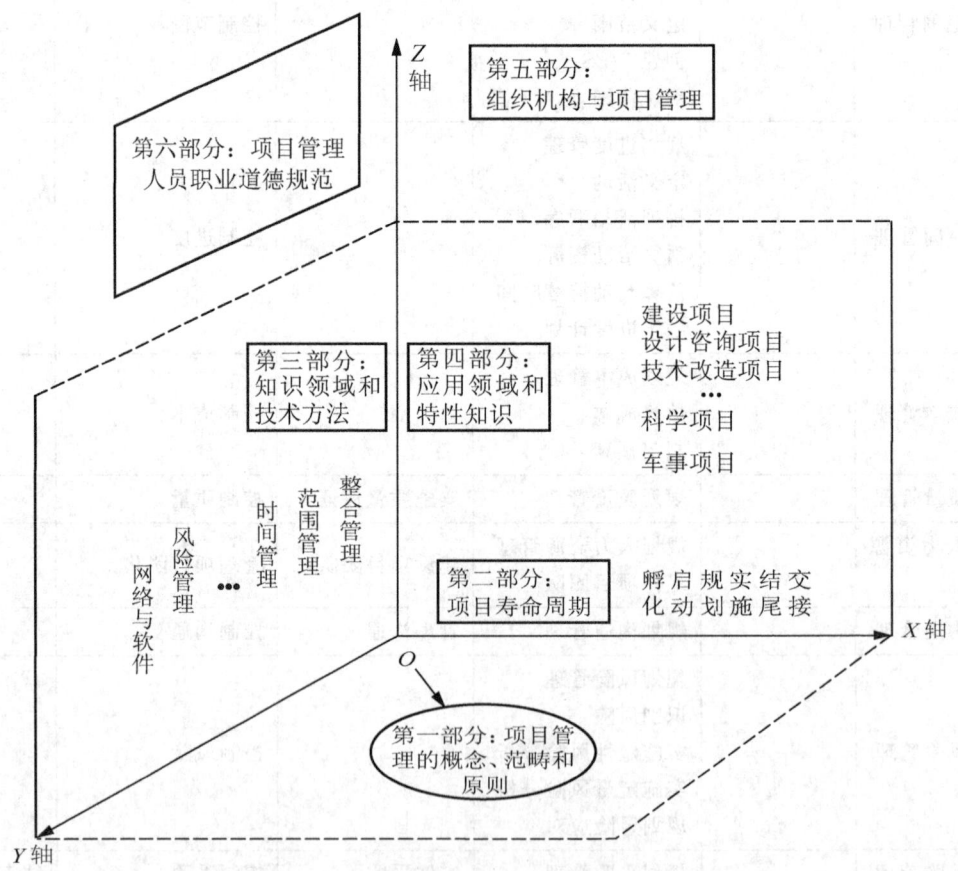

图1.2 C-PMBOK中国项目管理知识体系纲要的结构示意图

1.4 工程项目全生命周期

1.4.1 项目全生命周期的概念

项目的生命周期认为项目是一项具有起点、中间过程和终点的独特活动。传统的项目管理认为项目的生命周期包括4个阶段,即概念、规划、实施和收尾。这种思想是短视和不负责任的,因为一个项目在经历了概念、规划、实施和收尾工作之后,紧接着将是时间最漫长的运营与维护阶段,而运营与维护阶段也直接关系到该项目的效益。良好的运营与维护能很大程度上提高客户的认知度,保证项目的成功。项目全生命周期包括的阶段如图1.3所示。

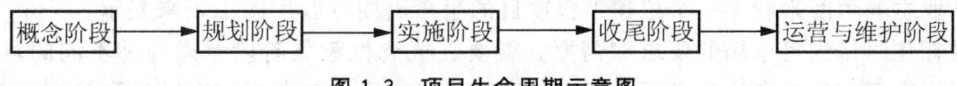

图 1.3 项目生命周期示意图

项目全生命周期 5 个阶段分别包括若干具体工作,如表 1-4 所示。

表 1-4 项目全生命周期各阶段工作内容

阶　　段	工 作 内 容
概念阶段	定义项目 确定关键角色 识别环境 测算预算和时间 可行性研究 确定项目目标
规划阶段	评价资源约束条件 确定项目组织 制订进度计划 风险评估
实施阶段	获取材料及服务 监理项目组织 有效的沟通和激励 信息管理 项目监督 应对变化 明确业绩

续表

阶　　段	工 作 内 容
收尾阶段	评估与验收 培训职能人员 处理资源 分流项目成员
运营与维护阶段	了解客户需求 估计维护费用 保证高效运转的技术支持

1.4.2　工程项目全生命周期概述

从业主的角度来看，一个拟建工程项目的生命周期可以用图1.4来表示。一个工程项目想要抓住时机满足市场的要求和需要，就要在概念性策划阶段考虑各种不同的可能性，分析每一方案的技术和经济可行性，以便选择最优方案。对所提方案的融资计划也要制订出来，同时应在考虑工期和可用现金流的基础上制定一个工程建设项目的实施进度方案。在明确地定义工程范围之后，要有详细的施工图设计用以指导施工，有明确的工程预算作为工程造价控制的依据。在物资采购和工程施工阶段，材料的交付和工程现场的施工都应该仔细的进行规划和控制。施工完毕之后，在工程交付使用之前通常都有一个短暂的试用期。最后，工程项目的最终管理权被移交给业主。

当然，图1.4所示的各阶段可能并不是严格按顺序进行的。根据工程的实际情况、工程规模大小和时间上的紧迫性，一些阶段可能会重复，而另外一些可能会平行开展或是搭接进行。此外，业主可能没有足够的能力来承担工程项目各阶段的管理工作，因此会寻求专职项目管理人员的帮助(如我国的建设监理)。从业主的角度来审视整个工程的生命周期，就应该把注意力集中在工程所有阶段中不同参与方的角色和他们按合同要求应该做的工作上。

工程项目的生命周期是复杂的。但是，正如图1.4所示，这个过程可以被分解成几个阶段，不同阶段的成果合在一起就组成了这个工程项目的最终成果。一般是业主在前期策

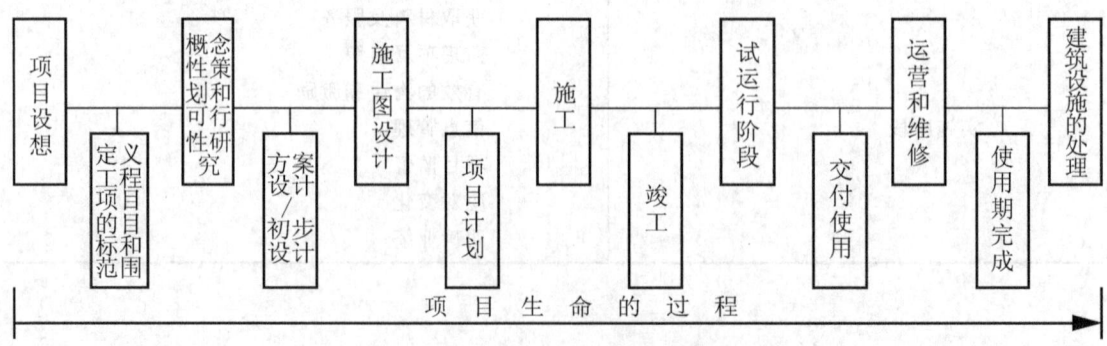

图1.4　工程项目生命周期示意图

划和计划阶段直接参与有关的工作,但逐渐地,由于工程的复杂性,业主会在外界聘请专业人员来作为自己的项目咨询人员。

本 章 小 结

通过学习本章,可以初步理解项目、工程项目的概念和特点,项目与日常运作之间存在哪些区别。21 世纪作为项目的世纪,熟悉项目管理学科的发展历程和国内外知识体系的构成有助于学习者在今后的项目管理工作中找到差距,扬长避短。

项目不论大小,都有其完整的生命周期,生命周期的划分和各个阶段所包含的主要工作也是学习者需要掌握的内容。

习 题

1. 填空题

(1) 现代项目管理认为,每个项目应具有 4 个目标,即:_____、_____、_____ 和 _____。

(2) 人类有组织的活动可以分为两类:_____ 和 _____。

(3) _____ 是项目管理者的首要目标。

(4) 项目全生命周期包括_____、_____、_____、_____ 和 _____ 5 个阶段。

(5) 现代工程项目管理的发展具备_____、_____ 和 _____ 的趋势。

2. 选择题

(1) 以下活动属于项目的是(　　)。(多选)
A. 班级组织一次秋游　　　　　　B. 南京组织青奥会
C. 生产车间组装手机　　　　　　D. 进行一次科研项目研究

(2) 以下关于项目和日常作业区别的描述中,正确的是(　　)。(多选)
A. 项目没有明确的开始和结束时间
B. 日常作业是在相对封闭的环境中进行的,不确定因素少
C. 项目受资源的约束大
D. 日常作业的组织是富有弹性的组织

(3) 下列关于项目的四维目标的描述,正确的是(　　)。(多选)
A. 如何让项目的产品使客户满意,是项目管理者的首要目标
B. 项目的质量目标越高越好
C. 通常情况下,进度目标和投资目标成反比
D. 通常情况下,投资目标和质量目标成反比

(4) 以下属于工程实体的特殊性的是(　　)。(多选)
A. 工程项目实体体型庞大　　　　B. 空间上的固定性

C. 工程项目实体的单件性　　　　D. 建造过程的流动性

（5）以下属于工程项目建造过程的特殊性的是（　　）。（多选）

A. 建造周期长　　　　　　　　　B. 空间上的固定性
C. 建造过程的流动性　　　　　　D. 受环境的影响大

第2章 工程项目策划与决策

教学目标

本章主要讲述工程项目策划与决策的基本理论和方法。通过学习本章，应达到以下目标：

（1）了解工程项目策划的概念、分类、目的和项目管理规划的编制；
（2）熟悉可行性研究的概念、主要内容和组织结构设计的原则；
（3）掌握可行性研究的作用、阶段、工程项目管理模式和组织结构的基本形式。

教学要求

知识要点	能力要求	相关知识
工程项目策划	（1）了解策划的概念、分类、作用； （2）明确工程项目前期策划的过程和主要工作	（1）项目构思的产生和选择； （2）项目的目标设计和项目定义； （3）项目建议书
工程项目可行性研究	（1）明确可行性研究作用、阶段划分； （2）熟悉可行性研究的主要内容	（1）可行性研究的概念和步骤； （2）可行性研究的作用和阶段划分； （3）可行性研究的主要内容和报批
工程项目管理模式策划	掌握几种重要的工程项目管理模式	（1）工程项目业主方管理模式； （2）工程项目的承发包管理模式； （3）工程项目融资管理模式
工程项目管理规划	了解项目管理规划的编制	（1）工程项目管理规划大纲； （2）项目管理实施规划
工程项目管理的组织	（1）遵循组织结构设计原则； （2）确定项目管理的组织结构	（1）组织、组织结构概念； （2）组织结构设计的原则； （3）直线型、职能型、直线参谋型、直线职能参谋型、矩阵型组织结构

 基本概念

工程项目策划；工程项目可行性研究；BOT模式；EPC/T模式；代建制模式；组织；组织结构

 **引例**

策划与决策是工程项目前期的两项重要任务。科学的决策需要策划，项目策划是工程项目建设成功

的前提,是项目管理的一个重要组成部分。而对于一个项目来说,最大的失误莫过于决策的失误。

1991年开工建设,1994年投产,总投资达7.8亿元的冶钢170毫米无缝钢管厂,投产四年不仅未赚一分钱,反而亏损4.3亿元。时任湖北冶钢集团有限公司董事长刘建新称,市场预测不准、决策严重失误是这一项目失败的根本原因。

2.1 工程项目策划

2.1.1 工程项目策划的概念

工程项目策划是指通过调查研究和收集资料,在充分占有信息的基础上,针对工程项目的决策和实施,或决策和实施的某个问题,进行组织、管理、经济和技术方面的科学分析和论证,旨在为项目建设的决策和实施增值。其增值反映在以下几方面。

(1) 有利于项目的使用功能和建设质量的提高。
(2) 有利于合理地平衡建设成本和运营成本的关系。
(3) 有利于实现合理的建设周期。
(4) 有利于提高社会效益和经济效益。
(5) 有利于人类生活和工作的环境保护。
(6) 有利于建筑环境的改善。
(7) 有利于建设过程的组织和协调等。

2.1.2 工程项目策划的分类

工程项目策划可按多种方法进行分类。

1. 按项目策划的范围

按项目策划的范围可分为项目总体策划和项目局部策划。项目总体策划一般指在项目决策阶段所进行的全面策划;局部策划是指对全面策划分解后的一个单项性或专业性问题的策划。

2. 按策划项目的性质

按策划项目的性质分为新建项目策划、改建项目策划、扩建项目策划、迁建项目策划、恢复项目策划。

3. 按项目建设程序

按工程项目建设程序可分为工程项目决策阶段的策划和工程项目实施阶段的策划。

1) 工程项目决策阶段的策划

工程项目决策阶段的策划(简称项目决策策划,又称为项目构思策划、项目前期策划)是在项目决策阶段所进行的总体策划,它的主要任务是提出项目的构思、进行项目的定义和的定位,全面构思一个待建工程项目。即回答建设什么及为什么要建设的问题。

工程项目的提出,一般依据的是国际国内社会经济的发展趋势和当地远近期规划,以及提出者经营、生产或生活的需要。因此,项目决策策划必须以国家及当地法律法规和有关方针政策为依据,并结合国际国内社会经济的发展趋势和实际的建设条件进行。

项目决策策划的主要内容包括:①项目性质、用途、建设规模和建设水准的策划;②项目在社会经济发展中的地位、作用和影响力的策划;③项目的总体功能、项目系统内部各单项单位工程的构成,以及各自的功能和相互关系、项目内部系统与外部系统的协调和配套的策划;④其他与项目构思有关的重要环节的策划。

2) 工程项目实施阶段的策划

工程项目实施阶段的策划(简称为项目实施策划)是指把项目决策付诸实施而形成的具有可行性、可操作性和指导性的项目实施方案。其是在实施阶段的前期完成,为项目管理服务,最主要的任务是确定如何组织开发和建设该项目,即回答怎么建的问题。项目实施策划一般包括以下内容:①项目组织策划。②项目融资策划。③项目控制策划。④项目管理策划。

除此之外,有的项目还进行项目运营策划。项目运营策划在项目实施阶段完成,用于指导项目动用准备和项目运营,并在项目运营阶段进行调整和完善。

2.1.3 工程项目策划的作用

1. 明确项目系统的构建框架

工程项目策划的首要任务是根据项目建设意图进行项目的定义和定位,全面构思一个拟建的项目系统。在明确项目的定义和定位的基础上,通过项目系统的功能分析,确定项目系统的组成结构,使其形成完整配套的能力。提出项目系统的构建框架,使项目的基本构想变为具有明确的内容和要求的行动方案,是进行项目决策和实施的基础。

2. 为项目决策提供保证

根据工程项目的建设程序,工程项目投资决策是建立在项目的可行性研究分析评价基础上的,可行性研究中的财务评价、国民经济评价和社会评价的结论是项目投资的重要决策依据。可行性研究的前提是建设方案本身及其所依据的社会经济环境、市场和技术水平,而一个与社会经济环境、市场和技术水平相适应的建设方案的产生,并不是由投资者的主观愿望和某些意图的简单构想就能完成的,必须通过专家的认真构思和具体策划,并进行实施的可能性和可操作性分析,才能使建设方案建立在可运作的基础上。因此,只有经过科学的、周密的项目策划,才能为项目的投资决策提供客观的、科学的基本保证。

3. 全面指导项目管理工作

工程项目策划是根据策划理论和原则,密切结合具体项目的整体特征,对项目的发展和实施管理的全过程进行描述。不仅要把握项目系统总体发展的规律和条件,同时还深入到项目系统构成的各个层面,针对项目各个阶段的发展变化对项目管理方案提出系统的具有可操作性的构想。因此,项目策划可直接成为指导项目实施和项目管理的基本依据。

2.1.4 工程项目前期策划的过程和主要工作

工程项目前期策划是一个相当复杂的过程，不同性质的项目前期策划的内容不同，工作步骤也不完全一样，大致过程如图2.1所示。

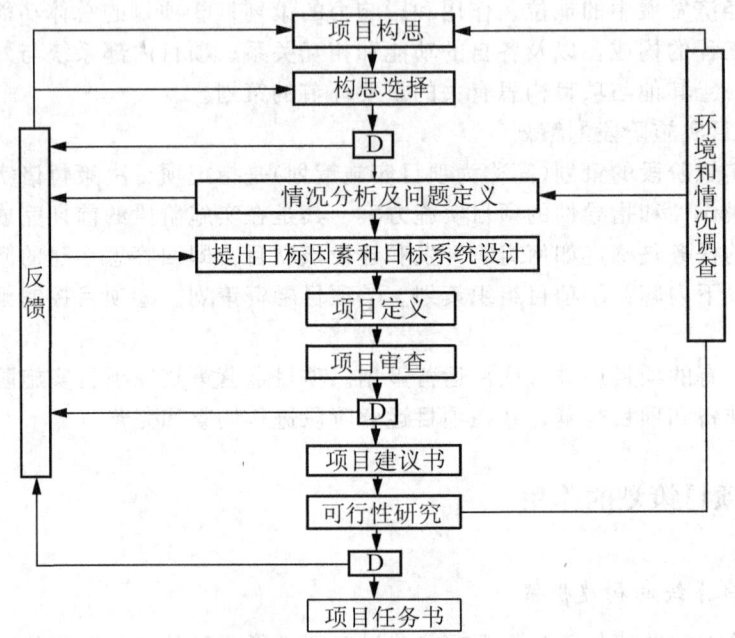

图 2.1 项目前期策划过程

1. 项目构思的产生和选择

任何项目都起源于项目的构思，对于不同的项目和不同的项目参加者，项目构思的起因不同，可能有以下几种。

(1) 通过市场研究发现新的投资机会、有利的投资领域和投资地点。
(2) 解决上层系统运行存在问题或困难。
(3) 实现上层组织的发展战略。
(4) 寻求项目业务机会等。

项目构思可能会很多，人们达到目的的途径和方法也可能很多，必须在它们中间作出选择，并经权力部门批准，以作进一步的研究。

2. 项目的目标设计和项目定义

1) 情况的分析和问题的研究

要进行成功的策划，必须有真实、完整的数据资料，为此应对上层系统状况、市场状况、组织状况、自然环境进行调查，对其中的问题进行全面罗列、分析、研究，确定问题的原因，为正确的项目目标设计和决策提供依据。

2) 项目的目标设计

工程项目的目标设计是项目决策策划的重要内容，也是工程项目实施的依据。要针对实际情况和存在的问题提出目标因素，对目标因素进行优化，建立目标系统。

目标因素是指目标的构成要素，通常包括如下几类：①反映工程项目解决问题的程度。这是项目建成后所实现的功能和所达到的运行状态，如拟解决多少人的居住问题，能解决多大的交通流量，项目产品的的年产量或年增加量或项目产品的市场占有份额等。②工程项目本身的目标因素。如工程项目的建设规模、投产后的产值目标、利润目标、投资收益率和项目的时间目标等。③与工程项目相关的其他目标因素。如工程项目对自然和生态环境的影响，工程项目增加的就业人数，工程项目对企业或当地其他产业部门的连带影响，对国民经济和地方发展的贡献等。

3）项目的定义

项目的定义是指划定项目的目标系统范围，对项目的各个目标作出说明，并根据项目总目标对项目的总体实施方案进行策划。

4）项目的审查

项目的审查主要是对项目构思、情况和问题的调查和分析、目标设计过程和结果的审查。

5）提出项目建议书

项目建议书是对环境条件、存在问题、项目总体目标、项目定义和总体方案的说明和细化，同时提出在可行性研究中需考虑的各个细节和指标。

3. 可行性研究

即提出实施方案，并对实施方案进行全面的技术经济论证，看能否实现目标，它的结果作为项目决策的依据。可行性研究是项目前期决策阶段最重要的工作。

2.1.5　项目建议书

项目建议书是鉴别项目投资方向，对拟建项目的一个总体轮廓设想，着重从宏观上对项目建设的必要性作出分析衡量，并初步分析项目建设的可能性，向决策者提出建议，推荐项目。

1. 项目建议书的基本内容

项目建议书一般应包括：①建设项目提出的依据和必要性；②产品方案、市场前景、拟建规模和建设地点的初步设想；③资源状况、建设条件、协作关系及引进国别和厂商的初步分析；④投资估算和资金筹措的设想；⑤项目建设进度的设想；⑥项目经济效益和社会效益的初步测算；⑦结论与建议。

2. 项目建议书的编制和审批

1）编制单位

按照建设项目的隶属关系，由有关部门、地区、企业或投资人根据国民经济和社会发展的长远规划、行业规划、地区规划及经济建设方针、任务和技术经济政策等要求，结合资源情况、企业战略、建设条件等，在广泛调查研究、收集资料、踏勘建设地点、初步分析投资效果的基础上来进行编制。

2）审批

根据《国务院关于投资体制改革的决定》（国发［2004］20号），政府对于投资项目的管理分为审批、核准和备案3种方式。对于政府投资项目或使用政府性资金、国际金融组织和外国政府贷款投资建设的项目，继续实行审批制；对于企业不使用政府性资金投资建设的项目，一律不再实行审批制，区别不同情况实行核准制和备案制。

继续审批项目建议书的建设项目包括以下几类。

（1）采用政府直接投资和资本金注入方式的建设项目，由国家发展和改革委员会审批或由国家发展和改革委员会审核报国务院审批；地方政府投资项目由国家发展和改革委员会审批。

（2）使用中央预算内投资、中央专项建设基金、中央统还国外贷款5亿元及以上的项目，由国家发展和改革委员会审核报国务院审批。

（3）使用中央预算内投资、中央专项建设基金、统借自还国外贷款的总投资50亿元及以上项目，由国家发展和改革委员会审核报国务院审批。

（4）对于借用世界银行、亚洲开发银行、国际农业发展基金会等国际金融组织贷款和外国政府贷款及与贷款混合使用的赠款、联合融资等国际金融组织和外国政府贷款投资项目：①由中央统借统还的项目，按照中央政府直接投资项目进行管理，其项目建议书由国家发展和改革委员会审批或审核后报国务院审批；②由省级政府负责偿还或提供还款担保的项目，按照省级政府直接投资项目进行管理，除应当报国务院及国家发展和改革委员会审批的项目外，其他项目的建议书均由省级发展和改革委员会审批，审批权限不得下放。

项目建议书获得批准并不表明项目可以投资，项目建议书不是项目的最终决策，只是国家选择建设项目和有根据地进行可行性研究的依据。

 案例 2-1

A医院新建综合楼项目建议书

一、总论

背景：为了全面落实《××市区域卫生规划》，加快医疗卫生领域的改革与发展，合理配置和有效利用卫生资源，提高卫生综合服务能力，以满足人民群众对医疗卫生服务的需求，成立了医疗卫生领域工作的重要任务。

1. 项目概况

项目名称：A医院新建综合楼项目

建设内容：新建综合楼规划占地面积约14 332 m^2，建筑面积35 560 m^2，地下1层，地上9层，裙房3层，设病床300张。项目总投资16 212.18万元，计划2年内建成。

2. 项目建设编制依据

《××市区域卫生规划》（2001—2010年）与A医院综合楼建设方案。

二、项目建设的必要性

（1）项目建设是实施《××市区域卫生规划》的需要。

（2）项目建设是改善就医环境、建设区"龙头医院"的需要。

（3）项目建设是满足日益增长的就医需求、改进管理的需要。

三、项目选址

该项目依照周边城市道路交通条件,总体规划构想将医院主入口设置在北侧,开向西青道,于门急诊医技楼背侧及东侧设置集散广场,用于疏导人流;急诊入口位于建筑东北端,规划有流畅的急救通道;住院部、后勤通道及职工出入口设置在东侧,开向二经路,兼做污物通道。其交通组织合理,人流、物流及污物通道互不干扰,方案较为可行。

四、总体方案

新建综合楼一座,总建筑面积35 560m²,床位300张,日门诊接待能力1 800人,其设施规模及水平达到现代化综合二级甲等医院要求。

项目主要技术经济指标如表2-1所示。

表2-1 项目主要经济指标

序号	名称	单位	指标	备注
1	病床位置	张	300	
2	规划占地面积	m²	14 332	
2	建筑占地面积	m²	6 111	
4	综合楼总建筑面积	m²	35 560	
	其中:地上建筑	m²	33 129	地上9层
	地下面积	m²	2 431	
	道路、广场面积	m²	5265	
	建筑密度	%	32.2	
	容积率		1.75	
	绿地率	%	40	含绿地停车
	机动车停车位	个	160	
5	公用工程			
	日最高用水量	m²/天	681.3	
	用电计算总负荷	kVA	2 845	
6	总投资	万元	16 212.18	

五、建筑工程

本工程构想为一栋地下1层、地上9层、裙房3层,内部集门诊、急诊、住院于一体的综合性建筑。建筑规划用地18 976m²,可用地10 220m²。建筑首层面积约6 111m²,2、3层每层面积约为5 841m²,4~9层每层面积约为2 431m²,局部第10层面积约为750m²,地下1层面积约为2 431m²,总建筑面积35 560m²。

六、公用工程

1. 道路交通(略)
2. 给排水(略)
3. 采暖通风(略)
4. 电气(略)
5. 设备(略)
6. 人防工程(略)
7. 无障碍设计(略)

七、环境保护(略)

八、消防(略)

九、劳动安全与卫生防疫(略)

十、投资估算及资金筹措

1. 投资估算编制依据

(1) 国家发改委与建设部颁发的《投资项目可行性研究指南》规定的投资估算范围。

(2) ××市建筑、安装工程预算基价(2004年)及2004年××市建设委员会颁发的有关工程造价信息。

(3) 国内类似项目的投资。

(4) 其他费用依据国家及××市有关取费标准计取。

(5) 本建议书拟定的方案。

2. 投资估算编制说明(略)

3. 投资估算(略)

4. 资金筹措与投资计划

本项目总投资16 212.18万元人民币。资金来源全部为区政府财政资金。本项目总投资计划在3年内投入。第1年投入比例为30%，第2年投入比例为60%，第3年投入比例为10%。

十一、初步经济分析

1. 编制依据

(1) 国家现行的相关财税制度与规定。

(2) 项目单位提供的有关资料、财务报表等。

2. 关于本项目基础数据的确定原则

(1) 收入估算。A医院收入主要包括财政补助收入、医疗收入、药品收入、其他收入。预测医疗收入约2 199万元，财政补助收入约286万元，药品、制剂收入约1 967万元，由此，估计年均收入约为4 452万元。

(2) 支出估算。主要包括医疗支出、药品支出、财政专项支出和其他支出。根据目前情况统计，估计医疗性支出约为1 455万元，药品支出约为1 635万元，工资性支出及管理费约为1 317万元，由此，估计年平均支出约为4 407万元。

所以，新建综合楼工程完工后，预计年收入总额4 452万元，年支出总额4 407万元，不会给地方财政造成额外负担。

十二、项目实施进度表

项目建议书编制及审批：2006.1—2006.6

可行性研究编制及审批：2006.6—2006.7

扩建及施工图设计：2006.7—2006.9

基础工程：2006.9—2007.2

主体工程：2007.2—2008.1

装修工程及设备安装：2008.1—2008.4

竣工验收及投入使用：2008.4—2008.5

十三、结论(简略)

综合上述内容，应申请上级部门尽早批复立项，然后再作进一步可行性论证。

资料来源：王雪青. 工程项目管理[M]. 北京：高等教育出版社，2011.

2.2 工程项目可行性研究

对工程项目进行可行性研究是工程项目管理中的一项重要的基础性工作,是保证建设项目以最小投入获取最佳效果的科学方法。可行性研究在项目投资决策和项目建设与管理中具有十分重要的作用。

2.2.1 可行性研究的概念

项目可行性研究是在项目是指否决策建设之前,对项目有关的技术、经济、社会、环境等各方面进行调查研究,从技术经济角度上分析论证各种可能的拟建方案,研究技术上的先进性、适用性与可靠性,经济上的合理性、有效性与建设上的可能性,进而对项目建成后的经济效益、社会效益、环境效益等进行科学的预测和评价,为项目投资决策提供依据。

可行性研究是在项目投资决策之前,运用科学的手段和方法,对项目建设方案所进行的系统的、科学的、综合的研究、分析、论证的一种工作方法。它的目的是保证拟建项目在技术上先进、可行,经济上合理、有利。

2.2.2 可行性研究的产生和发展

可行性研究最早应用是在 20 世纪 30 年代。当时美国为了开发田纳西流域而首次进行了可行性研究,事先对该工程项目的建设必要性、技术先进性、经济合理性等进行了科学的分析论证,为该项目的开发和利用带来了显著的成效。第二次世界大战以后,特别是在 20 世纪 60 年代以来,随着科学技术、经济和管理的不断发展,可行性研究得到了迅速发展,形成了一套比较完善的理论、工作程序和评价方法。它的应用范围也不断扩大,不仅应用于投资项目的决策分析、新产品的开发,还渗透到工农业生产经营管理、区域发展规划等多方面。1978 年,联合国工业发展组织(简称 UNIDO)编写了《工业可行性研究手册》,简称为《手册》,用于指导工业投资开发项目可行性研究。1992 年,联合国工业发展组织在总结了《手册》应用十余年经验的基础上,改写了《手册》第 2 版。目前,联合国、世界银行、亚洲开发银行等国际组织援助发展中国家的投资项目,都普遍采用了可行性研究方法。

中国政府结合中国建设具体情况,吸收了这一国际上成功的经验,对开展可行性研究提出了具体要求。1979 年,国家有关部门邀请世界银行专家在中国举办可行性研究讲习班,介绍国外的可行性研究方法,此后,各部门又举办了多次可行性研究研讨班,开展对可行性研究的学习,并组织翻译出版了《工业可行性研究手册》和其他相关出版物。1981 年 1 月,国务院在《技术引进和设备进口工作暂行条例》中,明确规定"所有技术引进和设备进口项目,都要编制项目建议书和可行性研究报告"。1983 年 2 月国家计划委员会制定和颁发了《建设项目进行可行性研究的试行管理办法》,1991 年又对此作了修订,该办法对我国基本建设项目可行性研究的编制程序、内容、审批等进行了规定。1993 年由国家计划委员会、建设部发布了《建设项目经济评价方法与参数》(第2版)。2004年7月《国务院关于投资体制改革的决定》中提出,彻底改革不分投资主体、不分资金来源、不分项目性质,一律按投资规律大小分别由各级政府及有关部门审批的办法,对于企业不使用政府投资建设的项目,一律不再实行审批制,区别不同情况实行核准制和备案制。2006年7月3日,由国家发展和改革委员会与住房和城乡建设部以发改投资[2006] 1325号文印发了《建设项目经济评价方法与参数》(第3版),要求在开展建设项目经济评价工作中使用。《方法与参数》(第3版)的内容与1993年的第2版比较,方法部分和结构比第2版有较大调整,内容也比第2版更丰富。这是我国投资建设、工程咨询和工程建设领域里的一件大事。至此,中国有关建设项目可行性研究工作的管理已日趋完善,基本上能够满足建设项目决策的需要。

总之,随着对工程建设正、反两方面经验、教训的总结、反思,国内外各界都非常重视项目投资前的研究工作,无论新建或改扩建工程,都把项目可行性研究作为工程建设的首要环节,以综合论证拟建项目在技术上的先进性、可行性和经济上的合理性、赢利性。

2.2.3 可行性研究的作用

(1) 作为项目投资决策的依据。可行性研究对于工程项目有关的各个方面都进行了调查研究和分析,并论证了工程项目的先进性、合理性、经济性和环境性,以及其他方面的可行性,项目决策者主要是依据可行性研究的结果来作项目是否应该投资和应该如何投资的决策。

(2) 作为编制设计文件的依据。可行性研究工作中,对项目的建设方案、产品方案、建设规模、厂址、工艺流程、主要设备选型和总图布置等方面都进行了比较详细的论证和研究,可直接作为初步设计的准则和依据,而且不能随意改动。

(3) 作为筹集资金和向银行申请贷款的依据。一般的金融机构在进行建设项目的贷款时,不仅要看贷款主体本身的资产、信用及效益情况,而且还要考察项目自身的情况,可行性研究报告是最重要的参考依据。对于世界银行等具有福利性的国际金融组织来讲,可行性研究报告是申请项目贷款时必不可少的重要文件。在我国,国家开发银行、建设银行、工商银行等在进行大额贷款时,一般也要审查项目的可行性研究报告。风险投资机构不同于一般的金融机构,它是以项目成果作为贷款回收的担保,因而需要对贷款的项目进行研究和了解,其了解的内容在很大程度上来自于项目的可行性研究报告。

(4) 作为与各协作单位签订合同和有关协议的依据。根据项目的可行性研究报告,项目建设单位可以与有关协作单位确定供水、供电、供气、运输、通信、原料、燃料等供应的协议。

(5) 作为环保部门、地方政府和规划部门审批项目的依据。建设项目开工前,必须由地方政府审批土地,规划部门审查项目建设是否符合城市规划,环保部门审查项目对环境的影响。这些审查都以可行性研究报告中总图布置、环境及生态保护方案等方面的论证为依据。因此,可行性研究报告为建设项目申请执照提供了依据。

(6) 作为项目科研试验、机构设置、职工培训和生产组织的依据。根据项目的可行性研究报告,对一些重大和疑难技术问题进行科学研究,解决技术难题,使技术方案更合理。同时,根据批准的可行性研究报告,进行与项目有关的生产组织工作;包括进行职工技术培训、设置相应的组织机构及合理的组织生产等。

（7）作为项目工程建设的基础资料。可行性研究报告中所附的工程地质、水文气象、地形、矿物资源等所有的分析论证资料，是检验工程质量和整个工程寿命期内追查事故责任的依据。

（8）作为项目后评价的依据。建设项目的后评价是指在项目建成竣工验收并运行一段时间以后，评价项目实际运营效果是否达到预期目标。建设项目的预期目标是在可行性研究报告中确定的，因此，后评价应以可行性研究报告为依据，评价项目目标实现程度。

2.2.4 可行性研究的阶段和步骤

1. 可行性研究的阶段

根据可行性研究深度的不同，可以把可行性研究分为机会研究、初步可行性研究、详细可行性研究（最终研究，或称可行性研究）、项目评估与决策 4 个阶段。

1）机会研究阶段

机会研究的主要任务是为建设项目的投资方向和设想提出建议，即在一个确定的地区和部门内，根据自然资源、市场需求、国家产业政策和国际贸易情况，通过调查、预测和分析研究，选择建设项目，寻找最佳的投资机会。

机会研究是比较粗略的，投资费用和生产（或营业）成本一般根据同类项目加以推断，误差一般要求约为 $\pm 30\%$，研究费用一般约占总投资额的 $0.2\% \sim 1.0\%$，时间一般为 $1 \sim 3$ 个月。

2）初步可行性研究阶段

初步可行性研究，也称为预可行性研究，是正式的详细可行性研究前的预备性研究阶段。主要是在项目建议书的基础上，进一步确认项目建设的必要性，初步进行方案的比较和选择，判断是否需要进行详细可行性研究。

这一阶段主要解决以下问题：一是弄清项目的概貌，包括建设规模、产品方案、原材料供应、厂址、工艺技术、组织机构设置和进度计划；二是对关键问题进行专题的辅助研究；三是初步估算投资额、成本和收入，计算主要经济效益指标；四是对众多的方案进行初步选择。

初步可行性研究得出的投资额误差一般要求约为 $\pm 20\%$，研究费用一般约占总投资额的 $0.25\% \sim 1.25\%$，时间一般为 $4 \sim 6$ 个月。

3）详细可行性研究阶段

详细可行性研究阶段又称为最终可行性研究阶段，通常简称为可行性研究，是项目前期研究的关键环节，是项目投资决策的基础。它为项目决策提供技术、经济、商业方面的评价依据，为项目的具体实施提供科学依据。

详细可行性研究的成果是可行性研究报告，这个报告必须对拟建项目给出明确的可行或不可行的结论。投资误差额一般要求约为 $\pm 10\%$，研究费用一般约占总投资额的 $0.2\% \sim 1.0\%$（大项目）或 $1.0\% \sim 3.0\%$（中小项目），时间一般为 $8 \sim 12$ 个月或更长。

4）项目评估与决策阶段

项目评估与决策是对可行性研究报告进行评估和审查，分析它的内容是否全面，所采用的研究方法是否正确，判断可行性研究结论的可靠性和真实性，对项目作出最终决策。

可行性研究各阶段的对比参照表2-2。

表2-2 项目可行性研究的阶段及内容深度比较

工作阶段 项目	机会研究	初步可行性研究	详细可行性研究	项目评估与决策
工作性质	项目设想	项目初选	项目拟定	项目评估
工作内容	鉴别投资方向，寻找投资机会（地区、行业、资源和项目的机会研究），提出项目投资建议	对项目作专题辅助研究，广泛分析、筛选方案，确定项目的初步可行性研究	对项目进行深入细致的技术经济论证，重点对项目进行财务效益和经济效益分析评价，作多方案比较，提出项目投资的可行性和选择依据标准	综合分析各种效益，对可行性研究报告进行评估和审核，分析判断项目可行性研究的可靠性和真实性，对项目作出最终决策
工作成果及作用	提出项目建议，作为制订经济计划和编制项目建议书的基础，为初步选择投资项目提供依据	编制初步可行性研究报告，判定是否有必要进行下一步详细可行性研究，进一步判明建设项目的生命力	编制可行性研究报告，作为项目投资决策的基础和重要依据	提出项目评估报告，为投资决策提供最后决策依据，决定项目取舍和选择最佳投资方案
估算精度（%）	30	20	10	10
费用占总投资的百分比（%）	0.2~1.0	0.25~1.25	大项目：0.2~1.0 中小项目：1.0~3.0	
需要时间/月	1~3	4~6	8~12 或更长	—

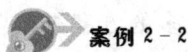

案例 2-2

黄河小浪底工程的论证决策过程

小浪底水利枢纽是黄河干流三门峡以下唯一能够取得较大库容的控制性工程，既可较好地控制黄河洪水，又可利用其淤沙库容拦截泥沙，进行调水调沙运用，减缓下游河床的淤积抬高。黄河小浪底的开发论证经历了近半个世纪的漫长历程。

1. 小浪底坝址的历次论证

新中国成立以后，为了实现"变害河为利河"的治黄总目标，在大力进行下游修防保证防洪安全的同时，积极开展了治本的各项准备工作，广泛开展了黄河水文、地质、社经等基本资料的收集和研究。

1955年7月，在全国一届人大二次会议上审议通过了《关于根治黄河水害和开发黄河水利的综合规划》的报告，标志着治理黄河事业进入了一个全面治理、综合开发的新阶段，是治黄史上的里程碑。按照这个规划，在黄河干流上要建设46个梯级工程，三门峡被选择作为第一期重点开发工程。黄河技经报告确定三门峡水库正常高水位350m，总库容360亿立方米，设计允许泄量8 000m³/s。报告认为三门峡水库与伊、洛、沁河水库联合运用，黄河下游防洪问题将得到全部解决。规划中的小浪底为第40级工程,壅高水位27m(低坝方案),总库容2.4亿立方米,装机300MW,为径流式电站。三门峡至小浪底130km,河段规划有任家堆、八里胡同和小浪底三个梯级。按照这个规划,三门峡水库共淹没农田200万亩,迁移人口60万人。为了减轻移民困难,库水位拟采取分期抬高初期最高水位不超过335.5m,共需移民21.5万人,其余移民可根据需要在15~20年内陆续迁移。规划水库堆沙库容147亿立方米,认为库区泥沙淤积问题必须与黄土高原内全面的水土保持措施结合起来解决。

1958年12月,水利部黄河水利委员会(以下简称黄委会)在完成的《黄河综合治理三大规划草案》中,提出三门峡至小浪底区间的二级开发方案,即八里胡同与小浪底合并成一级开发(小浪底中坝方案),壅高水位96m,总库容41.5亿立方米,开发任务为发电、防洪和灌溉,装机1 220MW。1959年12月,黄委会在完成的《黄河下游综合利用补充报告(草案)》中,又提出任家堆、八里胡同、小浪底三级开发合并为一级开发方案,正常高水位280m,总库容117亿立方米,装机2 200MW,枢纽的主要任务为发电、灌溉。

2. 小浪底工程的开发目标定位

三门峡水库由于严重淤积,潼关高程抬高,渭河泄流不畅,影响了防洪。1958年花园口出现以三门峡至花园口区间暴雨洪水为主的大洪水,洪峰流量22 300m³/s,说明黄河下游的防洪问题仍十分严重。在1967年的山西、陕西、河南、山东四省治黄会议上就提出了兴建小浪底水库的问题。1970年黄委会在所编制的《黄河三秦间(三门峡至秦厂)干流规划报告》中,提出小浪底水库正常高水位265m,总库容91.5亿立方米的三小间河段一级开发方案,枢纽任务为防洪、防凌、发电、灌溉,首次把小浪底主要开发目标由发电灌溉改为防洪和防凌。

1975年8月上旬,淮河流域发生罕见的特大暴雨,造成库坝失事,给国民经济和人民生命财产带来严重损失,这为黄河下游防洪安全又一次敲响了警钟。经过分析,如果这场暴雨北移至三门峡至花园口区间,可能产生4万立方米/秒以上的特大洪水,远远超过下游的防护标准,必将会发生严重后果。为此,河南、山东两省和水利电力部联合向国务院报送《关于防御黄河下游特大洪水意见的报告》,提出在三门峡以下黄河干流上修建小浪底水库或桃花峪水库;于1976年6月提出《黄河小浪底水库规划报告》,推荐小浪底正常高水位275m的高坝方案,总库容112亿立方米,电站装机1 150MW,并把防洪和减淤作为开发任务的重点。1980年11月水利部对小浪底、桃花峪工程规划进行了审查讨论,认为小浪底优于桃花峪水库,责成黄河委会抓紧小浪底水库设计工作。

1983年3月,国家计委和中国农村发展研究中心在北京联合召开了小浪底水库工程论证会,参加会议的有国务院有关部委、省市和科研、设计、高等院校的领导、专家和工程技术人员近百人。代表们对兴建小浪底工程的重要性取得了共识。会后,宋平和杜润生向国务院提出了《关于小浪底水库论证报告》。报告指出,小浪底水库处在控制黄河下游水沙的关键部位,是黄河干流三门峡以下唯一能够取得较大库容的重大控制工程,在治黄中具有重要的战略地位,小浪底水库的主要任务应该是防洪减淤。

3. 立项决策

1984年8月,黄委会设计院完成了《黄河小浪底水利枢纽可行性研究报告》,原水利电力部组织专家进行了审查。审查意见认为兴建小浪底水利枢纽是非常必要的,同意小浪底水利枢纽的开发任务为"以防洪(包括防凌)、减淤为主,兼顾供水、灌溉和发电"。工程最终规模应力争达到可行性研究报告中推荐的最高蓄水位275m的方案。同意小浪底枢纽为一级工程,主体工程为一级建筑物。可行性研究报告提出施工期为11年,总投资34亿元。要求在初步设计中进一步研究采用新技术,改进施工方法,提出经济合理并切实可行的工期和造价。

1984年12月,原水利电力部在"关于下达黄河小浪底水利枢纽设计任务书"的通知中指出:鉴于小浪底水利枢纽的水文、泥沙及工程地质条件复杂,工程量较大,国内尚缺乏实际经验,因此经国家计委批准,初步设计中有关工程地质评价和处理方法,枢纽总体布置和水工建筑物设计,以及施工方法、总工期和工程概算等部分,由黄委会和美国柏克德公司进行轮廓设计,其余部分由黄委会负责完成,并汇总成统一的初步设计。

1986年5月,原国家发展计划委员会委托中国国际工程咨询公司对小浪底水利枢纽设计任务书进行了评估。评估意见认为，小浪底水利枢纽是当前治理黄河下游现实可行的方案，明确小浪底水利枢纽的开发目标为"以防洪（包括防凌）、减淤为主，兼顾供水、灌溉和发电，蓄清排浑，除害兴利，综合利用"。正常高水位275m，水库总库容126.5亿立方米，其中防洪和调水调沙共51亿立方米为长期有效库容。设计正常死水位230m，淤沙库容75.5亿立方米，枢纽按千年一遇洪水设计，万年一遇洪水校核。电站装机6×260MW。评估意见认为，在水工设计安全可靠的条件成熟和财力许可时，宜尽早兴建小浪底水利枢纽。原国家发展计划委员会以计农［1987］52号文"关于审批黄河小浪底水利枢纽工程设计任务书的请示"呈报国务院，并以计农［1987］177号文通知水利部，上述请示业经国务院领导批准。黄委会设计院按计委批示于1987年2月—1988年7月全面开展小浪底水利枢纽初步设计工作。

资料来源：郑文新. 土木工程项目管理［M］. 北京：北京大学出版社，2011.

2. 可行性研究的步骤

可行性研究是一项专业性和技术性非常强的工作，为了按时高质量地完成可行性研究报告，必须按一定的步骤进行。可行性研究报告的编制步骤大致可以概括为图2.2。

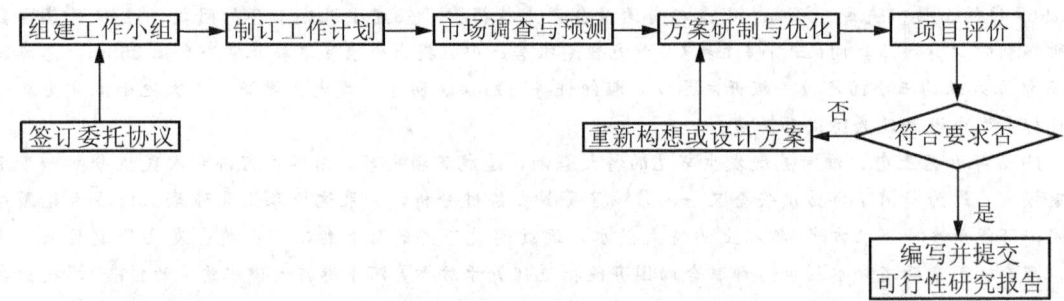

图2.2 可行性研究的编制步骤

1）签订委托协议

可行性研究编制单位与委托单位，应就项目可行性研究工作的范围、内容、重点、深度要求、完成时间、经费预算和质量要求交换意见，并签订委托协议，据此开展可行性研究各阶段的工作。

2）组建工作小组

根据委托项目可行性研究的范围、内容、技术难度、工作量、时间要求等组建项目可行性研究工作小组。一般工业项目和交通项目可分为市场组、工作技术组、设备组、工程组、总图运输及公用工程组、环保组、技术经济组等专业组。各专业组的工作一般应由项目负责人统筹协调。

3）制订工作计划

内容包括各项研究工作开展的步骤、方式、进度安排、人员配备、工作保证条件、工作质量评定标准和费用预算，并与委托单位交换意见。

4）市场调查与预测

市场调查的范围包括地区及国内外市场、有关企事业单位和行业主管部门等，主要搜集项目建设、生产运营等各方面所必需的信息资料和数据。市场预测主要是利用市场调查所获得的信息资料，对项目产品未来市场供应和需求信息进行定性与定量分析。

5）方案研制与优化

在调查研究、搜集资料的基础上，针对项目的建设规模、产品规格、场址、工艺、设备、总图、运输、原材料供应、公用工程和辅助工程组织机构设置、实施进度等，提出备选方案。进行方案论证比选优化后，提出推荐方案。

6）项目评价

对推荐方案进行环境评价、财务评价、国民经济评价及风险分析，以判别项目的环境可行性、经济合理性和抗风险能力。当有关评价指标结论不足以支持项目方案成立时，应重新构想方案或对原设计方案进行调整，有时甚至完全否定该项目。

7）编写并提交可行性研究报告

由各专业组分工编写专业方案报告，经项目负责人衔接、协调和综合汇总后，提出可行性研究报告初稿。再与委托单位交换意见，修改完善后，向委托方提交正式的可行性研究报告。

2.2.5 可行性研究报告的内容

根据原国家发展计划委员会审定发行的《投资项目可行性研究指南》（2002年版）中"可行性研究报告编制步骤与要求"中的规定，工业项目可行性研究报告的内容包括以下方面。

1. 总论

总论是对拟建项目概况性的论述，主要包括以下内容。

（1）项目提出的背景与概况。

（2）可行性研究报告编制的依据。

（3）项目建设条件。

（4）问题与建议。

2. 市场预测

市场预测包括市场调查和预测，是可行性研究的重要环节，主要包括以下内容。

（1）市场现状调查。

（2）产品供需预测。

（3）价格预测。

（4）竞争力与营销策略。

（5）市场风险分析。

3. 资源条件分析

资源是工程建设项目的重要条件，对其进行分析的主要内容包括以下几项。

（1）资源的可利用量。

（2）资源的品质情况。

（3）资源的赋存条件。

（4）资源的开发价值。

4. 建设规模与产品方案

（1）建设规模与产品方案的构成。

(2) 建设规模与产品方案的比较。
(3) 推荐的建设规模与产品方案。
(4) 技术改造项目推荐方案与原企业设施利用的合理性。

5. 场(厂)址选择

(1) 场(厂)址现状及建设条件描述。
(2) 场(厂)址方案比较。
(3) 推荐场(厂)址方案。
(4) 技术改造项目场(厂)址与原企业场(厂)址的关系。

6. 技术设备工程方案

(1) 技术方案选择。
(2) 主要设备方案选择。
(3) 工程方案选择。
(4) 技术改造项目技术设备方案与改造前方案比较。

7. 原材料、燃料供应

(1) 主要原材料供应方案选择。
(2) 燃料供应方案选择。

8. 总图、运输方案与公用辅助设施

(1) 总图布置方案。
(2) 场(厂)内外运输方案。
(3) 公用工程与辅助工程方案。
(4) 技术改造项目与原企业设施的协助配套。

9. 节能措施

(1) 节能措施。
(2) 耗指标分析(技术改造项目应与原企业能耗比较)。

10. 节水措施

(1) 节水措施。
(2) 水耗指标分析(技术改造项目应与原企业水耗比较)。

11. 环境影响评价

(1) 环境推荐调查。
(2) 影响环境因素分析。
(3) 环境保护措施。
(4) 技术改造项目与原企业环境状况比较。

12. 劳动安全、卫生与消防

(1) 危险因素和危害程度分析。
(2) 安全防范措施。

(3) 卫生保健措施。
(4) 消防措施。
(5) 技术改造项目与原企业的比较。

13. 组织机构与人力资源配置

(1) 组织机构设置及其适应性分析。
(2) 人力资源配置。
(3) 员工培训。

14. 项目实施进度

(1) 建设工期。
(2) 实施进度安排。
(3) 技术改造项目的建设与生产的衔接。

15. 投资估算

(1) 投资估算范围与依据。
(2) 建设投资估算。
(3) 流动资金估算。
(4) 总投资额及分年投资计划。

16. 融资方案

(1) 融资组织形式选择。
(2) 资本金筹措。
(3) 债务资金筹措。
(4) 融资方案分析。

17. 财务分析

(1) 财务评价基础数据与评价参数选取。
(2) 销售收入与成本费用估算。
(3) 编制财务评价报表。
(4) 赢利能力分析。
(5) 偿债能力分析。
(6) 不确定性分析。
(7) 财务评价结论。

18. 国民经济评价

(1) 影子价格与评价参数选取。
(2) 效益与费用调整范围。
(3) 效益与费用数值调整。
(4) 编制国民经济评价报表。
(5) 计算国民经济评价指标。
(6) 国民经济评价结论。

19. 社会评价

（1）项目对社会影响分析。
（2）项目所在地互适性分析。
（3）社会风险分析。
（4）社会评价结论。

20. 风险分析

（1）项目主要风险。
（2）风险程度分析。
（3）防范与降低风险对此。

21. 研究结论与建议

（1）推荐方案总体描述。
（2）推荐方案的优缺点描述。
（3）主要对比方案。
（4）结论与建议。

应该指出的是，由于建设项目的类型繁多，且每一类项目各有特点，因此，可行性研究的具体内容也有区别，在具体编制各类项目的可行性研究报告时，应按照各类项目的现行可行性研究报告编制规定进行，如《水利水电工程可行性研究报告编制规程》《农业综合开发土地治理项目可行性研究报告提纲》、国家经济贸易委员会《关于编制外商投资商业项目可行性研究报告（代项目建议书）有关问题的通知》等。

2.2.6 可行性研究的报批

根据《国务院关于投资体制改革的决定》（国发［2004］20号），建设项目可行性研究报告的审批与项目建议书的审批相同，即：对于政府投资项目或使用政府性资金、国际金融组织和外国政府贷款投资建设的项目，继续实行审批制，需报批可行性研究报告；对于企业不使用政府性投资资金（国际金融组织和外国政府贷款属于国家主权外债，按照政府性投资资金项目管理办法管理）的项目，一律不再实行审批制，区别不同情况实行核准制和备案制，无须报批项目可行性研究报告。

2.3 工程项目管理模式策划

工程项目管理模式是指一个工程项目建设的基本组织模式及在完成项目过程中各参与方所扮演的角色及合同关系。工程项目管理的模式确定了工程项目管理的总体框架及项目参与各方的职责、义务和风险分担，因而在很大程度上决定了项目的合同管理方式，以及造价、工程质量和建设速度。工程项目管理模式的选择是项目策划阶段的重要工作之一。多年来，在工程实践中形成了多种工程项目管理模式，并且这些模式正在不断得到创新和完善。管理模式可以从不同的角度进行分类，本节从工程项目管理的内涵角度进行分类，可以分为业主方管理模式、承发包方管理模式和项目融资管理模式。

2.3.1 工程项目业主方管理模式

1. 业主自行管理模式

业主自行组织项目管理机构进行全过程项目管理，项目完成后，项目管理机构即解散。由于项目管理机构是临时的，所以往往缺乏经验，不利于项目目标的实现。另外，业主也经常聘用投资咨询、监理公司等协助进行部分管理，但主要工作由业主方自行完成。

2. 业主委托管理模式

1) 项目管理(Project Management，PM)服务模式

项目管理服务模式是指从事工程项目管理的企业受业主委托，按照合同约定，代表业主对工程项目的组织实施进行全过程或若干阶段的管理和服务。

项目管理企业按照合同约定，在工程项目决策阶段，为业主编制可行性研究报告，进行可行性分析和项目策划；在工程项目的准备和实施阶段，为业主提供招标代理、设计管理、采购管理、施工管理和试运行等服务，代表业主对工程项目进行质量、安全、进度、费用、合同、信息等管理和控制。项目管理企业不直接与该工程项目的总承包企业或勘察、设计、供货、施工等企业签订合同。项目管理企业一般应按照合同约定承担相应的管理责任。

采用 PM 模式的优点是能够利用专业项目管理单位的管理经验，有利于缩短项目工期，对总成本、进度和质量控制比传统的施工合同更有效。但是，增加了业主的额外费用；业主与设计单位之间通过项目管理单位进行沟通，不利于提高沟通质量；项目管理单位的职责不易明确。因而，PM 模式主要用于大型项目或大型复杂项目，特别是业主的管理能力不强的情况。

2) 项目管理承包(Project Management Contracting，PMC)模式

项目管理承包模式在我国建设领域中还是一个新的管理方式，近几年来国内在大型合资项目中有所应用。项目管理承包是指工程项目管理企业按照合同约定，除完成项目管理服务(PM)的全部工作内容外，还可以负责完成合同约定的工程初步设计(基础工程设计)等工作。该模式把项目分为两个阶段来实施，即定义阶段和执行阶段。项目管理承包模式如图 2.3 所示。管理承包商一方面与业主签订合同，另一方面与施工承包商签订合同，一般情况下，PMC 管理承包单位不参与具体工程施工，而是将施工任务分包给施工承包商。项目管理承包企业一般应当按照合同约定承担一定的管理风险和经济责任。PMC 模式多用于大型的、技术含量高的项目中。

采用 PMC 模式可充分发挥管理承包商在项目管理方面的专业技能，统一协调和管理项目的设计与施工，减少矛盾；管理承包商负责管理施工前阶段和施工阶段，有利于减少设计变更；业主与管理承包商的合同关系简单、组织协调比较有利，可以提早开工，有利于缩短工期。PMC 模式的缺点是业主与施工承包商没有合同关系，控制施工难度较大；业主对工程费用也不能直接控制，费用目标控制存在很大风险。

3) "代建制"模式

1993 年开始，中国部分省市针对政府投资项目"投资、建设、管理、使用"四位一

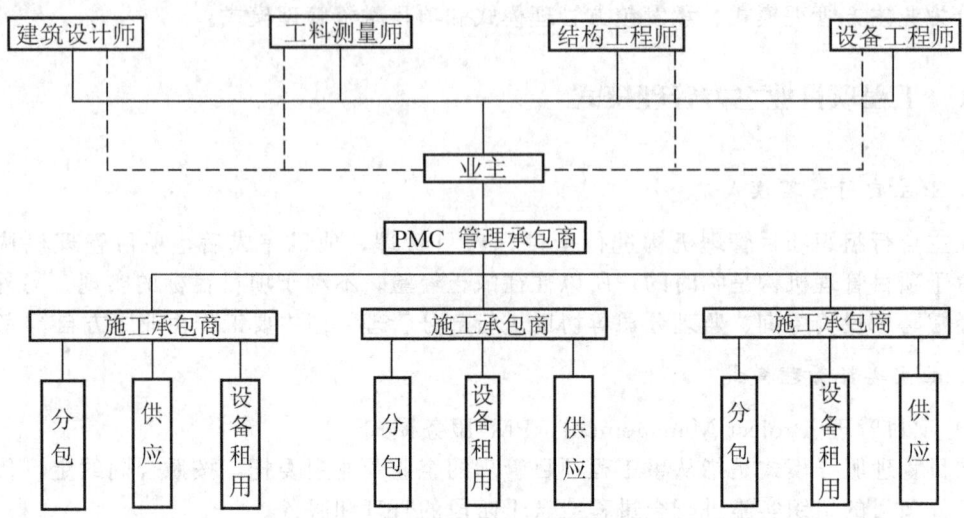

图 2.3 项目管理承包(PMC)模式

体的弊端，以及由此导致的各方行为主体责任不明确、过程无法有效控制等问题，通过采用招标或直接委托等方式，将一些基础设施和社会公益性的政府投资项目委托给一些有实力的专业公司，由这些公司代替业主对项目实施建设，并在改革中不断对这种方法加以完善，逐步发展成为现在的项目代建制度。

"代建制"是指投资方经过规定的程序，委托相应资质的工程管理公司或具备相应工程管理能力的其他企业、代理投资人或建设单位组织和管理项目建设的模式。"代建制"是一种特殊的项目管理方式。"代建制"除项目管理的内容外，还包括项目策划，报批，办规划、土地、环评、消防、市政、人防、绿化、开工等手续，采购施工承包商和监理服务单位等内容。

2004年7月16日，国务院正式批准的《关于投资体制改革的决定》指出：对非经营性政府投资项目加快推行"代建制"，即通过招标等方式，选择专业化的项目管理单位负责建设实施，严格控制项目投资、质量和工期，竣工验收后移交给使用单位。

从工程项目的代建范围来分，"代建制"的实施方式分为全过程代建和两阶段代建。

(1) 全过程代建。即委托人根据批准的项目建议书，面向社会招标代建人，由代建人根据批准的项目建议书，从项目的可研报告开始介入，负责可研报告、初步设计、建设实施乃至于竣工验收的管理。

(2) 两阶段代建。即将建设项目分为项目前期工作阶段代建和项目建设实施阶段代建。

4) 代理型 CM 模式（"Agency" CM 模式）

CM(Construction Management)模式又称阶段发包方式(Phased Construction Method)或快速轨道方式(Fast Track Method)，是国外较为流行的一种管理模式。其最早产生于美国。1968年，汤姆森等人受美国建筑基金会的委托，在美国纽约州立大学研究关于如何加快设计和施工速度及如何改进控制方法的报告中，通过对许多大建筑公司的调查，在综合各方面经验的基础上，提出了快速路径方法，又称为阶段施工法。这种方法的基本特征是将设计工作分为若干阶段（如基础工程、上部结构工程、装修工程、安装工程）完成，每一阶段设计工作完成后,就组织相应工程内容的施工招标,确定施工单位后即开始相应工程内容的施工。与此同时,下一阶段的设计工作继续进行,完成后再组织相应的施工招标,确定相应的施工单位。其建设实施与传统模式比较如图 2.4 所示。

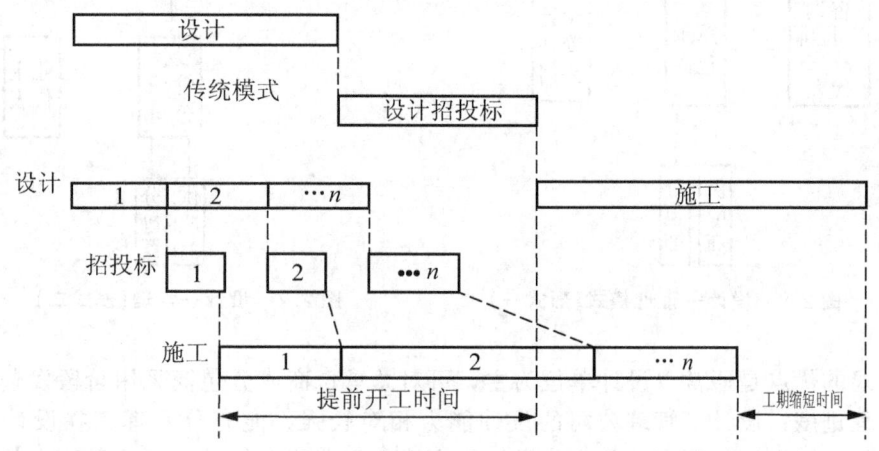

图 2.4 CM 模式与传统模式比较

CM 模式可分为代理型 CM 模式(如图 2.5 所示)和风险型 CM 模式两种。

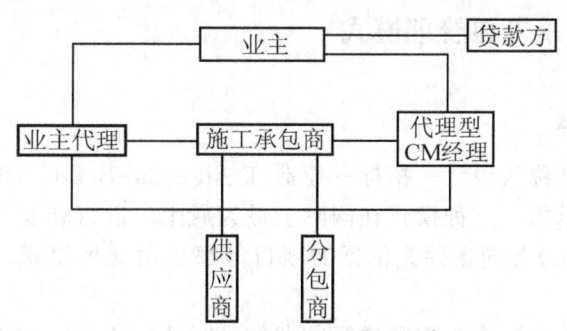

图 2.5 代理型 CM 管理模式

在代理型 CM 模式中,业主直接与承包商签订合同;而风险型 CM 模式是 CM 经理直接与承包商签订合同。采用代理型 CM 模式,CM 经理作为业主的咨询人员和现场代理,为业主提供某一阶段或全过程的服务,CM 经理的工作是负责协调设计和施工之间及不同承包商之间的关系。项目管理公司的报酬一般是以固定酬金加管理费的办法计取的。

代理型 CM 模式的优点是业主可自由选定工程咨询人员;招标前可确定完整的工作范围和项目原则;完善的管理与技术支持;缩短工期,节省投资。缺点是 CM 经理不对进度和成本作出保证;索赔与变更的费用可能较高,业主风险大。

5) 设计—管理模式

设计—管理模式通常是指由同一单位向业主提供设计和施工管理服务的项目管理方式。设计—管理模式可以通过两种方式实施,如图 2.6 和图 2.7 所示。

形式一是业主与设计—管理公司和施工总承包商分别签订合同,由设计—管理公司负责设计并对项目实施进行管理。形式二是业主只与设计—管理公司签订合同,由设计公司分别与各个单独的承包商和供应商签订分包合同。

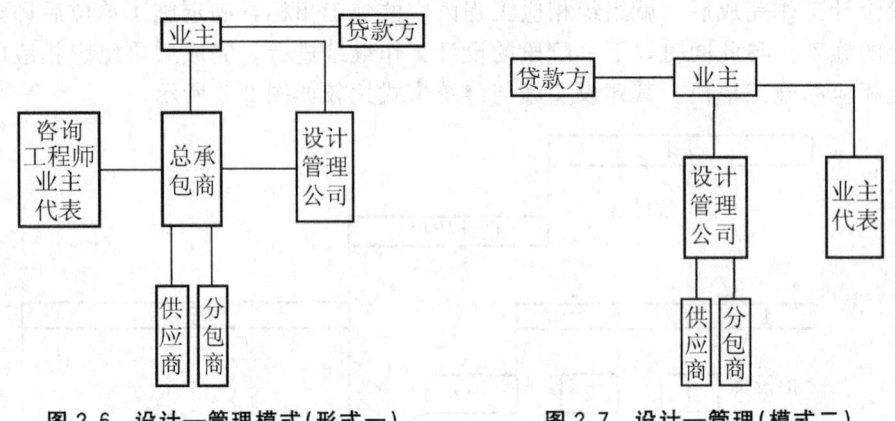

图 2.6　设计—管理模式（形式一）　　　　图 2.7　设计—管理（模式二）

该模式的优点是通常以设计单位为主，可对总承包商或分包商采用阶段发包方式，从而加快工程进度；设计—管理公司的设计能力相对较强，能充分发挥其在设计方面的长项。缺点是由于设计—管理公司往往设计能力强，管理能力较差，因此无法有效管理施工承包商。

2.3.2　工程项目的承发包管理模式

1. 传统的发包模式

传统的发包模式又称为设计—招标—建造（Design-Bid-Build，DBB）模式，将设计、施工分别委托不同单位承担。这种模式在国际上最为通用，世行和亚行贷款项目及以国际咨询工程师联合会（FIDIC）合同条件为依据的项目等都采用这种模式。目前中国大部分工程项目采用这种模式。

这种模式由业主委托咨询工程师进行前期的可行性研究等工作，待项目立项后再进行设计，设计基本完成后协助业主通过招标选择承包商。业主和承包商签订工程施工合同，由承包商与分包商和供应商单独订立分包及设备材料的供应合同并组织实施。业主一般指派业主代表与咨询方和承包商联系，负责有关的项目管理工作。施工阶段的进度控制、质量控制、费用控制、安全控制等工作一般授权监理工程师进行。

这种模式的优点是：①管理方法比较成熟；②业主可自由选择咨询设计人员和监理单位，可控制设计要点；③通过招标来竞争价格对业主有利；④可采用标准的合同文本。

这种模式的缺点是：①工期太长；②管理和协调工作较复杂，业主管理费用较高，前期投入大；③总造价不易控制，变更时容易引起较多索赔；④出现质量事故时，设计和施工双方容易互相推卸责任。

2. 设计—建造（Design-Build，DB）模式

设计—建造模式是指工程总承包企业按照合同约定，承担工程项目设计和施工，并对承包工程的质量、安全、工期、造价全面负责的模式。该模式（如图 2.7 所示）因设计由承包商负责，减少了索赔；施工经验能够融入设计过程中，有利于提高可建造性；对投资和完工日期有实质的保障。但业主无法参与设计单位的选择，对最终设计和细节的控制能力

降低，总价包干可能影响项目的设计和施工质量。DB 模式比较适合于房屋建筑和大中型土木、电力、水利、机械等工程项目。

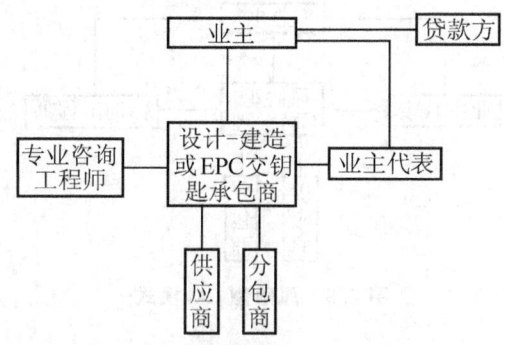

图 2.8　设计—建筑、EPC 模式

3. 设计—采购—施工/交钥匙（Engineering-Procurement-Construction/Turnkey，EPC/T）模式

EPC/T 模式指工程总承包企业按照合同约定，承担工程项目的设计、采购、施工、试运行服务等工作，并对承包工程的质量、安全、工期、造价全面负责，使业主获得一个现成的工程，由业主"转动钥匙"就可以运行。1999 年国际咨询工程师联合会（FIDIC）在对原有的合同文本进行全面修订的基础上，出版了《设计采购施工/交钥匙工程合同条件》（又称为"银皮书"）。EPC 工程管理模式代表了现代西方工程项目管理的主流。通过 EPC 工程项目公司的总承包，可以比较容易地解决设计、采购、施工、试运转整个过程的不同环节中存在的突出矛盾，使工程项目实施获得优质、高效、低成本的效果。EPC 模式主要适用于化工、冶金、电站、铁路等大型基础设施工程，以及含有机电设备的采购和安装的工程项目等。

4. 风险型 CM 模式

在这种模式中，风险型 CM 经理同时也担任施工总承包商的角色，往往将施工任务分包出去，业主要求 CM 经理提出保证最大工程费用（Guaranteed Maximum Price，GMP），以保证业主的投资控制。GMP 包括工程的预算总成本和 CM 经理的酬金。如最后结算超过 GMP，由 CM 公司赔偿；低于 GMP，节约的投资归业主，但可对承包商按约定比例奖励。CM 承包商不从事设计和施工，主要从事项目管理。

风险型 CM 模式（如图 2.9 所示）的优点是可提前开工提前竣工；业主任务较轻，风险较小。缺点是总成本中包含设计和投标的不确定因素；选择风险型 CM 公司困难。

2.3.3　工程项目融资管理模式

工程项目融资管理模式决定了项目的治理机构，是项目策划阶段的首要工作。工程项目融资模式有狭义和广义之分。狭义的工程项目融资模式是指从工程项目融资实践中所总结、提炼出来的一种范式，其规定了融资各方的基本经济法律关系。广义的工程项目融资模式是指为满足工程建设资金的需求，工程项目发起人/投资人所采用的不同融资方式的组合，以及其中所包含的融资各方的经济法律关系。融资方式是指资金短缺者获取资金的

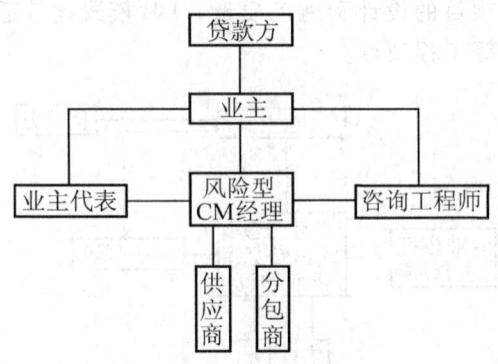

图 2.9 风险型 CM 模式

形式、手段、途径和渠道。

1. BOT 模式

BOT(Build-Operate-Transfer，建造—运营—移交)是目前国际上流行的一种个体融资方式。它的巨大吸引力正在被越来越多的国家，包括发达国家和发展中国家所认识。

1) BOT 的概念

BOT 是政府通过特许权协议，授权项目发起人联合其他公司/股东为某个项目成立专门的项目公司，负责该项目的融资、设计、建造、运营和维护，在规定的特许期内向该项目的使用者收取适当的费用，由此回收项目的投资、经营和维护等成本，并获得合理的回报，特许期满后，项目公司将项目(一般免费)移交给东道国地方政府。BOT 方式中的各参与方还包括地方政府、各类金融机构、运营公司、保险公司等，他们为项目的成功实施承担各自的职责。BOT 是一种有限追索权的项目融资(Limited-recourse Project Financing)方式，贷款人只承担有限的责任和义务，债权人只能对项目发起人(项目公司)在一个规定的范围、时间和金额上实现追索，即只能以项目自身的资产和运行时的现金流作为偿还贷款的来源，而不能追索到项目以外或相关担保以外的资产，如项目发起人所在的母公司的资产。BOT 方式的典型结构框架如图 2.10 所示。

2) BOT 的产生

有人认为，BOT 概念可追溯到 19 世纪和 20 世纪初期的特许制度。也有人认为，现代 BOT 方式是以公共部门和私营部门伙伴关系为基础而设计和实施的，其中个体部门以其融资能力和运作效率切实服务于公共利益。

20 世纪六七十年代，许多发达国家出现了公共实施供给不足、公共部门效率低下、管理落后的问题，与此同时政府的财政预算越来越紧，基础设施供给矛盾突出。而且当时西方发达国家调整经济政策促进了 20 世纪 80 年代工业经济的发展，相对而言，政府能用于基础设施建设的配套资金更为滞后，这使得解决公共资金不足和国民经济效率低下的问题越来越迫切。为了解决政府资金不足，土耳其总理厄扎尔于 1984 年首次提出了 BOT 概念，将某些公共项目私有化。从此，一些国家和地区大力采用 BOT 方式进行基础设施基础建设，使之逐渐成为一种公共项目私营化的流行方式。

3) BOT 的衍生方式

目前在世界上许多国家都在研究和采用 BOT 方式，各国在 BOT 方式实践的基础上，又发展了多种引申的方式，如：BOOT(Build-Own-Operate-Transfer，建造—拥有—运营

第2章 工程项目策划与决策

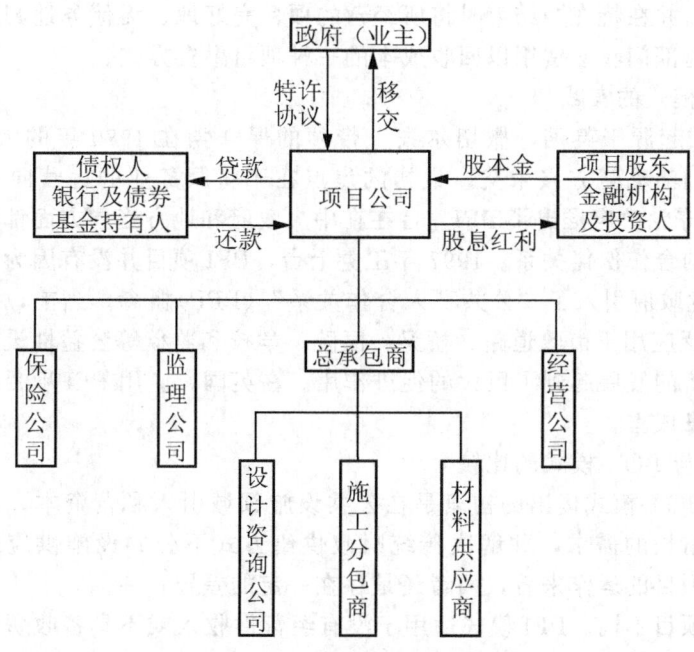

图 2.10 BOT 模式结构图

—移交);BOO(Build-Own-Operate,建造—拥有—运营);BLT(Build-Lease-Transfer,建造—租赁—移交);BT(Build-Transfer,建造—移交)等。这些衍生模式虽然在具体操作上与 BOT 存在一些差异,但在思路上与 BOT 无实质性差异。

4) BOT 的适用范围

BOT 方式大多用在基础设施项目上,如电厂、机场、公路、隧道、港口、水处理厂等公共项目。

5) BOT 方式的优缺点

从政府角度来看 BOT 的优点是:开辟新的公共项目资金渠道,弥补政府资金的不足,吸引更多的投资者;减轻政府财政负担和国际债务,优化项目,降低成本;减少政府管理项目的负担;扩大地方政府的资金来源,引进外国的现金技术和管理,转移风险。

从项目公司来看 BOT 的优点是:可获得潜在的巨额利润,扩大经营活动空间;若项目在别国进行,还可以促进私营机构所在国的对外贸易,减轻市场竞争的压力,提高国际经营能力。

从政府角度来看 BOT 的缺点是:使用价格较高,造成国民不满;耗时长,因为风险多/合同结构复杂,谈判难;外商/私营公司可能出现掠夺性经营。

从项目公司角度来看 BOT 的缺点是:融资成本较高;投资额大、融/投资期长、收益不确定性大;合同文件繁多、复杂。

2. PFI 模式

1) PFI 的概念

PFI(Private Finance Initiative,私人主动融资)模式是近年来在公共设施领域引入私人资本的一种融资模式。具体是指政府部门根据社会对公共设施的需求,提出需要建设的项目,通过招投标,由获得特许权的私营部门或其组建的 SPV 进行公共设施项目的设计、施工与维修保养，并在特许期结束时将所经营的项目完好地、无债务地归还政府，而私营部门则定期从政府部门收取费用以回收成本的一种项目融资方式。

2) PFI融资模式的实践

PFI融资模式起源于英国。撒切尔夫人带领的保守党在1979年的大选中获胜以来，私人参与公共部门活动就方兴未艾，最初的焦点在于将服务业的运营向外发包给私人部分。1992年，保守党政府推出了PFI，旨在在中央政府和地方当局方面都进一步加强公共部分与私人部分的合作伙伴关系。1997年工党上台，PFI项目并没有因为政党的交迭而停滞；正相反，工党政府引入了"公共私人合作关系"（PPP）概念。当前，在日本、美国等发达国家PFI广泛应用于市政道路、桥梁、医院、学校和监狱等公益性设施建设项目，对这些国家国民经济的发展起到了巨大的促进作用。在英国，应用PFI项目融资模式，极大地降低了项目开发成本。

3) PFI模式与BOT模式的比较

PFI模式与BOT模式提出的初衷是在公共设施领域引入私营资本，以满足经济社会对公共设施快速增长的需求，并解决传统财政供给方式下公共设施供应的低效现象。但是，从公共设施项目的运作来看，两者还是存在一定的差异。

(1) 适用的项目不同。PFI模式适用于没有经营性收入或不具备收费条件的公益性基础设施项目；而BOT模式是只适用于经营性或具备收费条件的基础设施项目，如发电厂、城市供水和污水处理项目、收费公路、桥梁、机场、港口等，这些项目都是一些投资较大、建设周期长和可以自己运营获利的项目。

(2) 项目管理方式不同。PFI模式对项目实施开放式管理。首先对于项目的建设，PFI模式中政府部门仅仅提出社会需求，有潜在的投标人提出具体建设方案，并经过与"最优投标者"谈判后，由政府部门与私营部门共同协商确定最终方案；而BOT模式则事先由政府确定方案，再进行招标谈判。其次，对于项目所在地的土地提供方式及以后的运营收益分配或政府补贴额度等，PFI模式都要综合当时政府和私营部门的财力、预计的项目效益及合同的期限等多种因素确定，不同于BOT模式对这些问题事先都有框架性的文件规定，如土地在BOT模式中是由政府无偿提供的，无须谈判，而且在BOT模式中，一般都需要政府对最低收益等做出实质性的担保。所以，PFI模式比BOT模式有更大的灵活性。

(3) 合同期满后项目运营权处理方式不同。PFI模式在合同期满后，如果私营部门通过正常经营未达到合同规定的收益，则可以继续拥有或通过续租的方式获得运营权，这是在前期合同谈判中需要确定的。而BOT模式则明确规定，在特许权期满后，所建项目资产将无偿地交给政府，由政府拥有和管理。

(4) 政府部门会计处理方式不同。在PFI模式中，最终要由政府定期支付项目建设、维护费用，体现在政府部门的会计报表中为当期费用支出。在BOT模式中，BOT项目的投资并不反映在政府部门的资产负债表上，除非政府部门提供了股权资金或债务资金。

2.3.4 工程项目管理模式的选择

多种工程项目管理模式是在国内外长期实践中形成的，并得到普遍认可的一些惯例。这些模式还在不断地得到创新和完善。

每一种模式都有其优势和局限性,适应于不同种类的工程项目。项目管理者可根据工程项目的特点选择合适的工程项目管理模式。

业主方在选择工程项目管理模式时,应考虑的主要因素包括以下几项。

(1) 项目的复杂性和对项目的进度、质量、投资等方面的要求。

(2) 投资、融资有关各方对项目的特殊要求。

(3) 法律、法规、部门规章,以及项目所在地政府的要求。

(4) 项目管理者和参与者对该管理模式认知和熟悉的程度。

(5) 项目的风险分担,即项目各方承担风险的能力和管理风险的水平。

(6) 项目实施所在地建设市场的适应性,在市场上能否找到合格的实施单位(承包商、管理分包商等)。

一个项目也可以选择多种项目管理模式。当业主方的项目管理能力比较强时,可将一个工程建设项目划分为几个部分,分别采用不同的项目管理模式。一般来说,工程项目管理的模式由业主方选定,但总承包商也可选用一些其需要的项目管理模式。工程咨询方也应充分了解和熟悉国际上通用的和新发展的项目管理模式,为业主选择项目管理模式当好顾问,在项目实施过程中协助业主方做好项目管理。

2.4 工程项目管理规划

《建设工程项目管理规范》(GB/T 50326—2006)对项目管理规划作了如下的术语解释:"项目管理规划作为指导项目管理的纲领性文件,应对项目管理的目标、依据、内容、组织、资源、方法、程序、和控制措施进行确定"。在该规范中,把项目管理规划分为项目管理规划大纲和项目管理实施规划两种类型。项目管理规划大纲应由组织的管理层或组织委托的项目管理单位编制。项目管理实施规划应由项目经理编制。大中型项目应单独编制项目管理实施规划;承包人的项目管理规划可以用施工组织设计或质量计划代替,但应该能够满足项目管理实施规划的要求。

2.4.1 工程项目管理规划大纲

项目管理规划大纲是项目管理工作中具有战略性、全局性和宏观性的指导性文件。

1. 编制依据

(1) 可行性研究报告。

(2) 设计文件、标准、规范与有关规定。

(3) 招标文件及有关合同文件。

(4) 相关市场信息与环境信息。

2. 编制程序

(1) 明确项目目标。

(2) 分析项目环境和条件。

(3) 收集项目的有关资料和信息。

(4) 确定项目管理组织模式，结构和职责。
(5) 明确项目管理内容。
(6) 编制项目目标计划和资源计划。
(7) 汇总整理，报送审批。

3. 编制内容

编制内容组织应根据需要选定。

(1) 项目概况。
(2) 项目范围管理规划。
(3) 项目管理目标规划。
(4) 项目管理组织规划。
(5) 项目成本管理规划。
(6) 项目进度管理规划。
(7) 项目质量管理规划。
(8) 项目职业健康安全与环境管理规划。
(9) 项目采购与资源管理规划。
(10) 项目信息管理规划。
(11) 项目沟通管理规划。
(12) 项目风险管理规划。
(13) 项目收尾管理规划。

2.4.2 项目管理实施规划

项目管理实施规划应对项目管理规划大纲进行细化，使其具有可操作性。

1. 编制依据

(1) 项目管理规划大纲。
(2) 项目条件和环境分析资料。
(3) 工程合同及相关文件。
(4) 同类项目的相关资料。

2. 编制程序

(1) 了解项目相关各方的要求。
(2) 分析项目条件和环境。
(3) 熟悉相关法规和文件。
(4) 组织编制。
(5) 履行报批手续。

3. 编制内容

编制内容组织应根据需要选定。

(1) 项目概况。

(2) 总体工作计划。
(3) 组织方案。
(4) 技术方案。
(5) 进度计划。
(6) 质量计划。
(7) 职业健康安全与环境管理计划。
(8) 成本计划。
(9) 资源需求计划。
(10) 风险管理计划。
(11) 信息管理计划。
(12) 项目沟通管理计划。
(13) 项目收尾管理计划。
(14) 项目现场平面布置图。
(15) 项目目标控制措施。
(16) 技术经济指标。

2.5 工程项目管理的组织策划

2.5.1 组织和组织结构概念

1. 组织

"组织"一词有两个含义，其一是作为名词，指组织机构；其二是作为动词，指组织工作(或行为、活动)。

2. 组织结构

组织结构是指表现组织内部各部门、各层级排列顺序、空间位置、聚集状态、联系方式及各要素之间的相互关系的一种模式。一般以组织系统图来表示。组织系统图的基本表现形式有组织结构图、职位描述、工作流程图等。

2.5.2 组织结构设计的原则

项目的组织结构设计，关系的项目管理的成败，所以项目组织结构设计应遵循下述8个原则。

1. 任务目标原则

任何一个组织都有特定的任务目标，任务目标是组织存在的前提。组织的设立、调整、合并或取消都应以是否对其目标实现有利为衡量标准。没有任务目标的组织是没有存在价值的。所以在进行组织结构设计时，要因目标而设事，因事设职，使"事事有人做"，而非"人人有事做",因职定岗、定责,因责而授权。这是组织结构设计应遵循的客观规律,颠倒这种规律或离开项目目标,就会导致组织的低效或失败。

2. 专业分工与协作统一原则

分工是为了提高项目管理的工作效率,把组织的任务目标分解成各级、各部门以至各个职位的任务和目标,明确"干什么"和"怎么干"。分工要严密,每项工作都要有人负责,每个人负责他所熟悉的工作,这样才能提高效率。

有分工就必须有协作,组织中只有分工没有协作,组织就不能有效运作。协作包括部门之间和部门内部的协调及配合。对于每个部门和每个职工的工作内容、工作范围、相互关系协作方法等都应有明确规定。

3. 命令统一原则

命令统一是指组织的任何一级只能有一个人负责,正职领导副职,副职对正职负责;上级指示从上到下逐级传达,上级不能越级指挥下级,但可以越级检查工作;下级只接受一个上级的命令和指挥,只向一个上级汇报并向他负责,下级必须服从直接上级的命令和指挥,如有不同意见,可以越级上述。这样上下级之间形成一条指挥链,从最高层到最底层的等级链必须是连续的,不能中断,并明确上下级的职责和权利。遵循命令统一原则可以消除多头领导和无人负责现象。

4. 管理跨度与管理层次统一

管理跨度即管理幅度,是指上级管理者能够直接管理的下级人数。管理层次是指从最高层管理者到最低层执行者的等级层次。管理跨度与管理层次是相互联系和制约的,二者成反比例的关系,即管理跨度越小,则管理层次太多;反之,管理跨度越大,则管理层次越少。若层次太多,用于管理的非直接生产费用就越多,同时,向下传达的指示就越容易发生遗漏和曲解,上下级之间信息沟通就越复杂。若层次太少,则上级负担过重,有失控的危险。

5. 集权与分权相结合

集权是指把权力集中在上级领导的手中。而分权是指经领导的授权,将部分权利分派给下级。合理的分权既可以保证指挥的统一,又可以保证下级有相应的权力来完成自己的职责,能发挥下级的主动性和创造性。人的精力和能力是有限的,为了保证有效的管理,必须实行集权与分权相结合的领导体制。在一个健全的组织中不存在绝对的集权,绝对的集权意味着没有下属主管,也不存在绝对的分权,绝对的分权意味着上级领导职位的消失,也就不存在组织了。

在具体的组织中,该集中的权利集中起来,该下放的权利就应该分给下级。究竟哪些权利应该集中,哪些权力应该下放,不可能有统一的模式,往往是根据组织的具体性质结合一定的管理经验来确定。从当今国内外组织管理的实际情况来看,侧重于分权管理是组织发展的主要趋势。

6. 精干高效

精干是指在保证工作按质按量完成的前提下的最少人员。因为多一个人就多一个发生故障的因素,人员过多,不仅费用会增加,而且可能办不好事甚至会误事,人多容易助长推诿拖拉的风气，造成效率低下。效能包括工作效率和工作质量。队伍精干是提高效能的前提。精干高效不单单是组织结构设计的原则，也是组织联系和运转的要求。

7. 职、权、责、利相对应

有了分工，就意味着明确了职务，承担了责任，就要有与职务和责任相等的权力，并有相应的权益。这个原则要求职务要实在、责任要明确、权利要恰当、利益要合理。

8. 稳定性与适应性相结合

首先，组织必须具有一定的稳定性，这样可使组织中的每个人工作相对稳定，相互之间的关系也相对稳定，这是组织能正常开展生产经营的必要条件，如果组织结构经常变动，必然会引起人员、分工、职责和协调等各方面的变动，人员需要一个磨合和适应的过程，从而给组织的正常运转带来影响。其次，企业组织结构又必须具有一定的适应性。由于任何组织的外部环境和内部条件是在不断变化的，如果组织结构、组织职责不注意适应这种变化，企业就缺乏生命力、缺乏经营活力。因此，应该根据行业特点、生产规模、专业技术复杂程度、专业化水平、市场需求等进行相应的动态调整。组织应该强调并贯彻这一原则，应在保持稳定性的基础上进一步加强和提高组织结构的适应性。

2.5.3 组织结构的基本形式

组织结构的形式多种多样，随着社会生产力水平的提高和科学技术的发展，还将产生新的组织结构形式。参与工程项目管理的各方应根据具体过程建设项目的特点，工程项目的承发包模式和合同要求，结合企业的自身情况，选择合适的项目组织结构形式。

1. 直线型组织结构

直线型又称军队式结构，是一种最早、最简单的组织结构形式。直线型组织结构形式如图 2.11 所示。

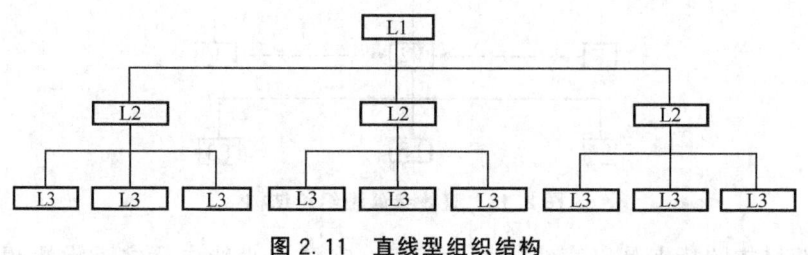

图 2.11 直线型组织结构

直线型组织结构的特点是每个工作部门只有一个指令源，避免了由于矛盾的指令而影响组织系统的运行。其优点是结构简单，命令统一，权责分明，秩序井然，联系简捷，工作效率高。缺点是专业分工不明确，横向联系差，对主管的知识及能力要求高。这种组织结构适用于企业规模不大，职工人数不多，生产和管理工作都比较简单的情况或现场作业管理。

2. 职能型组织结构

职能型是在泰勒的管理思想的基础上发展起来的一种项目组织形式，是一种传统的组织结构形式。它是按照职能原则建立的项目组织，职能型组织结构也称为部门控制式组织结构。职能型组织结构形式如图2.12所示。在图中F表示职能部门，$L_i(i=1，2，3)$表示直线部门。

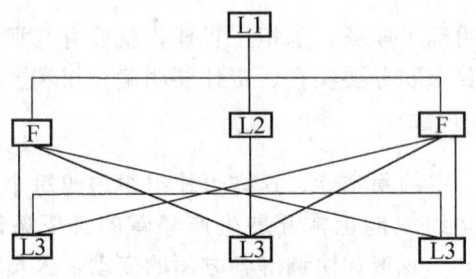

图2.12　职能型组织结构

职能型组织结构的特点是各级直线主管都配有通晓所涉及业务的各种专门人员，直接向下级发出指示。即组织内除直线主管外还应相应地设立一些职能部门，分担某些职能管理的业务，这些职能部门有权向下级部门下达命令和指示。因此，下级部门除接受上级直线主管的领导外，还必须接受上级各职能部门的领导和指示。

职能型组织结构的优点是能够发挥职能部门的专业化管理作用，大大提高了管理的专业化程度。缺点是每个职能部门都具有直接指挥权，妨碍了组织必要的集中领导和统一指挥，容易形成多头领导，导致基层无所适从，造成管理混乱。

3. 直线参谋型组织结构

直线职能型组织结构是现代工业中最常见的一种结构形式，而且在大中型组织中尤为普遍。其组织结构图如图2.13所示，图中$L_i(i=1，2，3)$表示直线部门，F表示职能部门，"- - →"表示参谋关系。

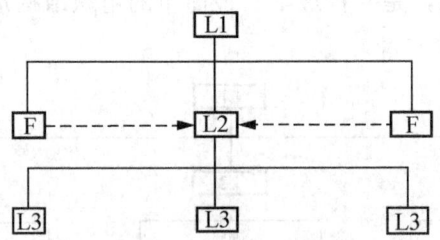

图2.13　直线参谋型组织结构

这种组织结构的特点是以直线指挥为基础，在各级直线主管之下设置相应的职能部门，作为该级主管的参谋部。职能部门只能给同级主管充当参谋、助手，提出建议或提供咨询，职能部门订定的计划、方案以及有关指令，统一由直线主管批准下达，职能部门没有指挥和命令的权利。

直线参谋型组织结构的优点是既保持了直线型组织结构的优点，各级直线主管又有相应的参谋和助手，可以发挥职能部门的作用。缺点是过多强调直线集中指挥，职能部门的主动性和积极性受到限制，作用未能充分发挥，部门间横向联系差。这种组织结构形式比较适合于中小型组织。

4. 直线职能参谋型组织结构

直线职能参谋型是直线参谋型组织结构的补充和发展。这种组织结构是在坚持直线指挥的前提下，直线主管授予职能部门一定的决策权、控制权和协调权，即职能职权。职能部门在被授予的权限范围内，可以直接指挥下级直线部门。职能职权的授予应谨慎，如运用得当，可以大大提高管理的有效性；反之，则可能削弱直线职权，引起管理的混乱。直线职能参谋型组织结构如图 2.14 所示，其中 $Li(i=1,2,3)$ 表示直线部门，F 表示职能部门，"——"表示直线职权，"……"表示职能职权。这种组织结构形式为国内大部分企业（包括工程建设类企业）所采用。

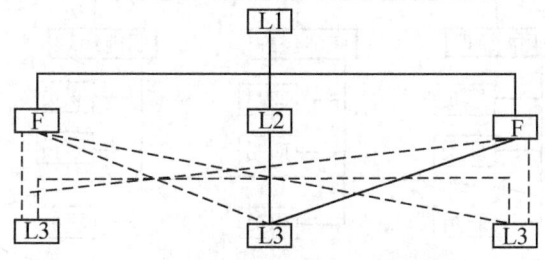

图 2.14　直线职能参谋型组织结构

5. 矩阵型组织结构

矩阵型组织结构是在第二次世界大战后首先在美国出现的，它是为适应在一个组织内同时有几个项目需要完成，而每个项目又需要有不同专长的人在一起工作才能完成这一特殊的要求产生的。这种组织结构的特点是既有按职能划分的纵向组织部门，又有按规划目标（产品或工程项目）划分的横向组织部门，两者结合，形成一个阵。其组织结构形式如图 2.15 所示。

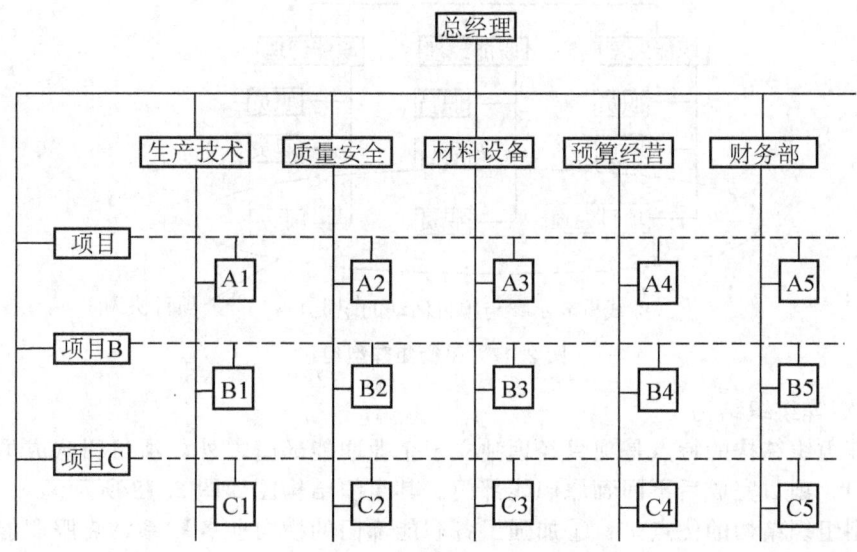

图 2.15　矩阵型组织结构图

在矩阵型组织结构中，横向组织部门的项目小组中设有负责人，在组织的直接领导下进行工作,负责完成最终产品或项目。为完成规划目标所需要的各类专业人员从各职能部门抽调,他们既接受本职能部门的领导,又接受项目小组的领导。一旦任务目标完成,该项目小组即告解散,其成员仍回原职能部门工作。矩阵型组织结构又分为弱矩阵、平衡矩阵和强矩阵。

1) 弱矩阵组织结构

弱矩阵组织结构的特点是从企业相关职能部门安排专门人员组成项目团队,但无专职的项目经理,该组织结构形式偏向于职能型组织结构。其组织结构图如图2.16所示。

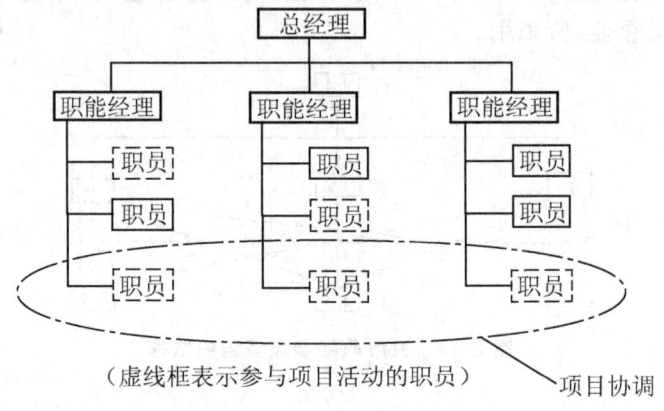

图2.16 弱矩阵型组织

2) 平衡矩阵组织结构

平衡矩阵组织结构的特点是从企业相关职能部门安排专门人员组成项目团队,有专职的项目经理,且项目经理一般从企业某职能部门选聘。其组织结构图如图2.17所示。

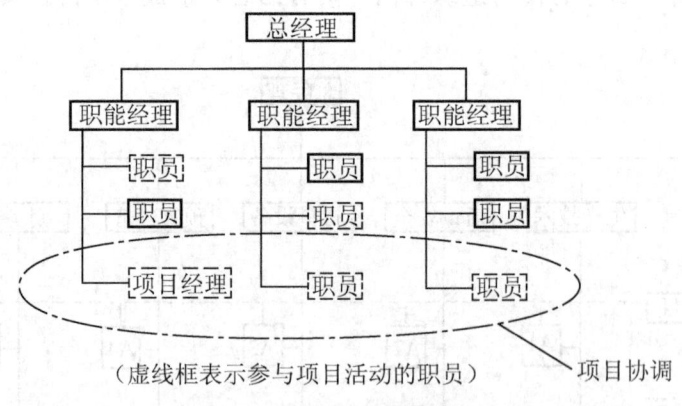

图2.17 平衡矩阵型组织

3) 强矩阵组织结构

强矩阵组织结构的特点是项目经理独立于企业职能部门之外,项目团队成员来源于相关职能部门,项目完成后再回到原职能部门。其组织结构图如图2.18所示。

矩阵型组织结构的优点是:①加强了各职能部门的横向业务联系,克服职能部门相互脱节、各自为政的现象;②专业人员和相关资源得到充分、合理的利用;③有利于个人业务素质和综合能力的提高日;④具有较大的机动性和灵活性,能很好地适应动态管理和优化组合。

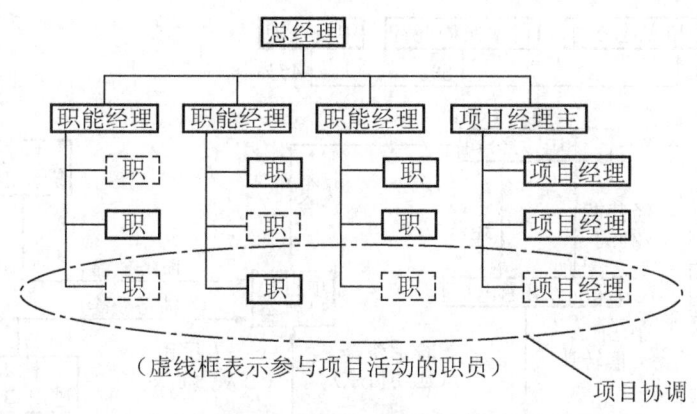

图 2.18　强矩阵型组织

矩阵型组织结构的缺点是：①组织成员受双重领导。当来自项目和来自职能部门两方面的领导的意见不一致时，组织成员就会感到无所适从，出了问题也难以查清责任。②管理要求高，协调较困难。由于矩阵型组织结构的复杂性，对企业管理和项目管理的水平、领导者的素质、沟通渠道的畅通、组织结构的办事效率等均有较高的要求，协调也有一定的难度。③经常出现项目经理的责任与权力不统一的现象。一般情况下，职能部门对项目组织成员的控制力大于项目经理的控制力，导致项目经理的责任大于权力，工作难以开展。项目组织成员受到职能部门的控制，所以凝结在项目上的力量减弱，使项目组织的作用发挥受到影响。

矩阵型组织结构主要适用于大型复杂的项目和同时承担多个项目的企业。

以上介绍的 5 种组织结构类型是参与工程项目管理各方用得最多的基本组织形式。这些类型是对实际存在的组织结构形式一定程度上的理论抽象，仅仅是一个框架，现实组织要比这些框架丰富得多。实际的组织结构很少是纯粹的一种类型，而是多种类型的综合。随着社会的发展，组织结构的类型必将得到进一步的发展和完善。

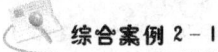 综合案例 2-1

广东省深圳沙角火力发电厂 B 处项目融资

1. 项目背景

广东深圳沙角火力发电厂 B 处（以下简称深圳沙角 B 电厂）于 1984 年签署合资协议，1986 年完成融资安排并动工兴建，并在 1988 年建成投入使用。深圳沙角 B 电厂的总装机容量为 70 万千瓦，由两台 35 万千瓦发电机组成。项目总投资为 42 亿港币，按 1986 年汇率计算为 5.4 亿美元。这是中国最早的一个有限追索的项目融资案例，也是事实上中国第一次使用 BOT 融资概念兴建的项目融资案例。沙角 B 电厂的融资安排本身也比较合理，是亚洲发展中国家采用 BOT 方式兴建项目的典型。在亚洲发展中国家中，尽管有许多国家不断提出采用 BOT 融资模式兴建基础设施，但是在实际应用中却都因为这样或那样的问题无法解决而搁浅。到 1991 年为止，真正成功地采用 BOT 模式兴建的电厂只有两家——中国的深圳沙角 B 电厂和菲律宾马尼拉拿渥它（Navotas）电厂。

2. 深圳沙角 B 电厂的投资结构和资金结构

深圳沙角 B 电厂采用中外合作经营方式兴建，其投资结构和资金结构详见图 2.19。

中方为深圳特区电力开发公司（A 方），外方是一家在香港注册的专门为该项目成立的公司——合和电力（中国）有限公司（B 方），项目合作期为 10 年。在合作期内，B 方负责安排提供项目的全部外汇资

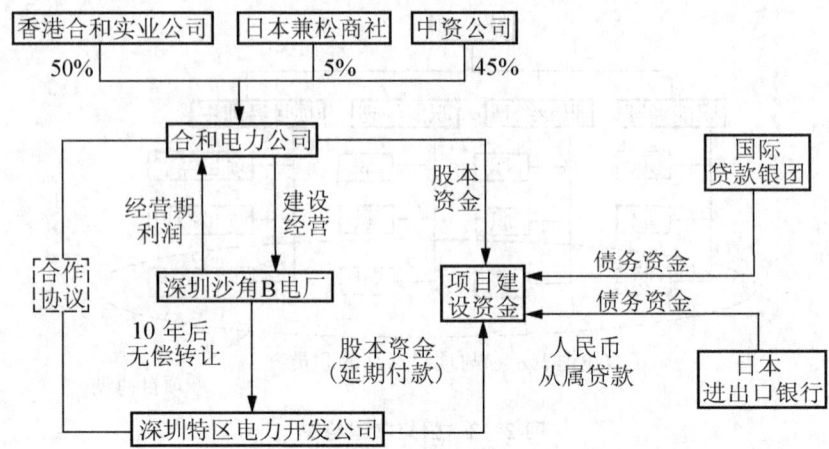

图 2.19 深圳沙角 B 电厂项目的投资结构和资金结构

金,组织项目建设,并负责经营电厂 10 年(合作期)。作为回报,B 方获得在扣除项目经营成本、煤炭成本和支付给 A 方的管理费之后 100% 的项目收益。合作期满时,B 方将深圳沙角 B 电厂的资产所有权和控制权无偿地转让给 A 方,退出该项目。

在合作期间,A 方主要承担的义务包括:①提供项目使用的土地、工厂的操作人员,以及为项目安排优惠的税收政策;②为项目提供一个具有"供货或付款"(Supply or Pay)性质的煤炭供应协议;③为项目提供一个具有"提货与付款"(Take and Pay)性质的电力购买协议;④为 B 方提供一个具有"资金缺额担保"性质的贷款协议,同意在一定的条件下,如果项目支出大于项目收入则为 B 方提供一定数额的贷款。

深圳沙角 B 电厂的资金结构包括股本资金、从属性贷款和项目贷款三种形式,其具体的资金构成如下(以 1986 年汇率换算为美元)。

(1) 股本资金:股东从属性贷款(3.0 亿港币)385 万美元;人民币延期付款(5 334 万人民币)1 670 万美元。

(2) 从属性贷款:A 方的人民币贷款(2.95 亿人民币)9 240 万美元。

(3) 项目贷款:日本进出口银行的固定利率日元出口信贷(496 亿日元)26 140 万美元;
国际贷款银团的欧洲日元贷款(105.61 亿日元)5 560 万美元和港币贷款(5.86 亿港币)7 500 万美元。

3. 深圳沙角 B 电厂的融资模式

根据合作协议安排,在深圳沙角 B 电厂项目中,除人民币资金之外的全部外汇资金安排由 B 方负责,项目合资 B 方——合和电力(中国)有限公司利用项目合资 A 方提供的信用保证,为项目安排了一个有限追索的项目融资结构,如图 2.20 所示。

在融资结构中:

(1) B 方与以日本三井公司等几个主要日本公司组成的电厂设备供应和工程承包财团谈判获得了一个固定价格的"交钥匙"合同。这个财团在一个固定日期(1988 年 4 月 1 日)和一个"交钥匙"合同的基础上,负责项目的设计、建设和试运行,并且同意为项目在试运行和初期生产阶段提供技术操作人员。通过这种方式,项目的一个主要风险即完工风险被成功地从项目投资者身上转移出去了。

(2) 融资结构使用了日本政府进出口银行的出口信贷作为债务资金的主要来源,用以支持日本公司在项目中的设备出口。但是,日本进出口银行并不承担项目的风险,一个由大约 50 家银行组成的国际贷款银团为日本进出口银行提供了一个项目风险担保,并且为项目提供欧洲日元贷款和港币贷款。

(3) A 方对项目的主要承诺(也即是对 B 方的承诺)是电力购买协议和煤炭供应协议,以及广东省国际信托投资公司对 A 承诺的担保。B 方在安排项目融资时将两个协议的权益及有关担保转让给项目融资的贷款银团,作为项目融资结构的主要信用保证。

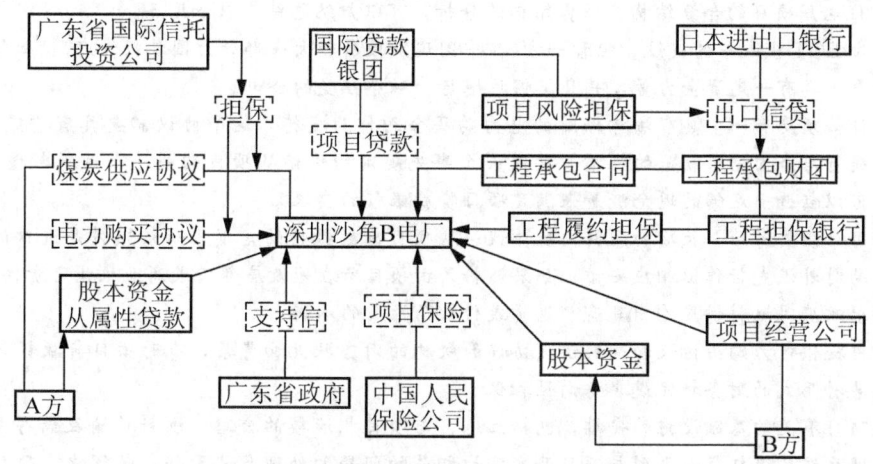

图 2.20　深圳沙角 B 电厂项目融资结构

(4) 在 A 方与 B 方之间，对于项目现金流量中的外汇问题也做了适当的安排。在合作期间，项目的电力销售收入的 50% 支付人民币，50% 支付外汇。人民币收入部分用以支付项目煤炭的购买成本和人民币形式发生的项目经营费用，外汇收入部分支付以外汇形式发生的项目经营费用，包括项目贷款债务偿还和支付 B 方的利润。A 方承担项目经营费用和外汇贷款债务偿还部分的全部汇率风险；但是，对于 B 方的利润收入部分汇率风险则由双方共同分担，30% 由 A 方承担，70% 由 B 方承担。

4. 融资模式中的信用保证结构

从上图可以看出，项目的信用保证结构由以下几个部分组成。

(1) A 方的电力购买协议。这是一个具有"提货与付款"性质的协议，规定 A 方在项目生产期间按照事先规定的价格从项目中购买一个确定的最低数量的发电量，从而排除了项目的主要市场风险。

(2) A 方的煤炭供应协议。这是一个具有"供货或付款"性质的合同，规定 A 方负责按照一个固定的价格提供项目发电所需的全部煤炭，这个安排实际上排除了项目的能源价格及供应风险，以及大部分的生产成本超支风险。

(3) 广东省国际信托投资公司为 A 方的电力购买协议和煤炭供应协议所提供的担保。

(4) 广东省政府为上述三项安排所出具的支持信。虽然支持信并不具备法律约束力，但是，一个有信誉的机构出具的支持信，作为一种意向性担保，在项目融资安排中具有相当的分量。

(5) 设备供应及工程承包财团所提供的"交钥匙"工程建设合约，以及为其提供担保的银行所安排的履约担保，构成了项目的完工担保，排除了项目融资贷款银团对项目完工风险的顾虑。

(6) 中国人民保险公司安排的项目保险。项目保险是电站项目融资中不可缺少的一个组成部分，这种保险通常包括对出现资产损害、机械设备故障，以及相应发生的损失的保险，在有些情况下也包括对项目不能按期投产情况的保险。

通过以上 6 点，可以清楚地勾画出深圳沙角 B 电厂项目的种种风险要素是如何在与项目建设有关的各个方面之间进行分配的。这种项目风险的分担是一个成功的项目融资结构所不可缺少的条件。

5. 融资结构简评

深圳沙角 B 电厂项目是中国的第一个（同时是世界上最早的几个）事实上按照 BOT 模式概念组成起来的项目融资。所谓事实上的 BOT 融资模式，是指从形式上深圳沙角 B 电厂项目的建设和融资并不是依靠政府特许权合约为基础组织起来的，而是合资双方（A 方和 B 方）根据合作协议及几个商业合约为基础组织起来的。但是，事实上，由于合资 A 方和广东省国际信托投资公司的政府背景，以及广东省政府的支持，项目的合作协议及其商业合约具备了明显政府特许权合约的性质。

从 1993 年下半年开始，采用 BOT 模式集资建设基础设施项目，引进国外先进技术和管理经验成为中国基础设施项目开发的一个热点。然而，怎样才能有效地为电厂项目安排一个 BOT 项目融资呢？通过对深圳沙角B电厂项目的合资结构及融资结构的分析，可以归纳总结出以下几点。

（1）作为BOT模式中的建设、经营一方（在中国现阶段有较大一部分为国外投资者），必须是一个有电力工业背景，具有一定资金力量，并且能够被银行金融界接受的公司。

（2）项目必须要有一个具有法律保障的电力购买合约作为支持，这个协议需要具有"提货与付款"或者"无论提货与否均需付款"的性质，按照一个事先规定的价格从项目购买一个最低数量的发电量，以保证项目可以创造出足够的现金流量来满足项目贷款银行的要求。

（3）项目必须要有一个长期的燃料供应协议；从项目贷款银行的角度，如果燃料是进口的，通常会要求有关当局对外汇支付作出相应安排；如果燃料是由项目所在地政府部门或商业机构负责供应或安排，则通常会要求政府对燃料供应作出具有"供货或付款"性质的承诺。

（4）根据提供电力购买协议和燃料供应协议的机构的财务状况和背景，有时项目贷款银行会要求更高一级机构某种形式的财务担保或者意向性担保。

（5）与项目有关的基础设施的安排，包括土地、与项目相连接的公路、燃料传输及储存系统、水资源供应、电网系统的连接等一系列与项目开发密切相关的问题的处理及其责任，必须要在项目文件中作出明确的规定。

（6）与项目有关的政府批准，包括有关外汇资金、外汇利润汇出、汇率风险等一系列问题，必须在项目动工之前，得到批准和作出相应的安排，否则很难吸引银行加入到项目融资的贷款银团行列。

本 章 小 结

本章涉及了工程项目管理前期的主要工作，全面介绍了工程项目策划与决策的具体内容。在此基础上，详细阐述了工程项目可行性研究、工程项目管理模式、工程项目管理规划和工程项目管理的组织。

可行性研究是建设项目投资前期的一项重要工作，是项目投资决策的重要依据。工程项目管理的模式确定了工程项目管理的总体框架，以及项目参与各方的职责、义务和风险分担，因而在很大程度上决定了项目的合同管理方式及造价、工程质量和建设速度。工程项目管理的组织是工程项目目标能否实现的决定性因素，要依据各种组织结构的特点、企业的特点和项目所处的环境等作出适当的选择。

习　　题

1. 填空题

（1）传统的发包模式又称为_____（DBB）模式，其是将设计、施工分别委托不同单位承担。

（2）CM模式是国外较为流行的一种管理模式，可分为_____和_____两种。

（3）《建设工程项目管理规范》（GB/T 50326—2006）规定，项目管理规划应包括_____和_____两种文件。

（4）根据《建设工程项目管理规范》的规定，项目管理实施规划应由_____组织编制。

(5) _____又称军队式结构，是一种最早、最简单的组织结构形式。

2. 选择题

(1) 建设工程项目策划的目的是（　　）。（单选）
　　A. 充分占有项目信息　　　　　　　B. 为项目建设的决策和实施增值
　　C. 进行知识管理　　　　　　　　　D. 进行组织管理技术经济等方面的分析

(2) 投资估算的精确度为±30%，研究费用一般占总投资的0.2%～1%，该阶段为（　　）。（单选）
　　A. 投资机会研究　　　　　　　　　B. 初步可行性研究
　　C. 详细可行性研究　　　　　　　　D. 项目的评估和决策

(3) 在国际上，设计、采购和建造任务综合的承包被简称为（　　）。（单选）
　　A. EPC承包　　　B. BOT承包　　　C. D+B承包　　　D. CM总承包

(4) 建设工程项目管理规划是指导项目管理工作的（　　）文件。（单选）
　　A. 操作性　　　B. 实施性　　　C. 纲领性　　　D. 作业性

(5) 建设工程项目管理规划涉及项目整个实施阶段，它属于（　　）项目管理的范畴。（单选）
　　A. 供应方　　　B. 设计单位　　　C. 施工方　　　D. 业主方

(6) 在（　　）组织机构中，项目管理班子的成员接受项目经理和职能部门经理的双重领导。（单选）
　　A. 职能式　　　B. 矩阵式　　　C. 直线式　　　D. 项目式

3. 简答题

(1) 什么是工程项目策划？其可分为哪几种类型？
(2) 工程项目策划的作用有哪些？
(3) 简述工程项目前期策划的过程。
(4) 什么是工程项目可行性研究？可行性研究的作用有哪些？
(5) 项目建议书应包括哪些内容？
(6) 简述可行性研究的主要内容。
(7) 代理型CM模式和风险型CM模式的优缺点分别是什么？
(8) 何谓BOT模式？有何优点？
(9) 传统的发包模式有何优缺点？
(10) 组织结构设计的基本原则是什么？
(11) 矩阵型组织结构有什么优缺点？该种结构适用于那些情形？
(12) 试叙述工程项目组织结构的基本形式。

第3章 工程项目招投标

教学目标

本章主要讲述工程项目招标投标的流程就各个流程的相关规定。通过学习本章,应达到以下目标:

(1) 掌握工程项目招标投标的主要流程;
(2) 掌握工程项目开标、评标、定标的相关规定;
(3) 熟悉勘察设计招标、监理招标的特点。

教学要求

知识要点	能力要求	相关知识
招投标概论	(1) 理解招标投标的定义; (2) 熟悉招标投标的发展历史; (3) 掌握必须招标的工程项目的规模和范围; (4) 掌握工程项目招标的程序; (5) 掌握工程项目的招标方式及区别	(1) 必须招标的工程项目和范围; (2) 工程项目招标的方式; (3) 招标的组织方式; (4) 工程项目招标的程序; (5) 标段的划分
建设工程招投标	(1) 熟悉建设工程招标过程中主要的文件; (2) 熟悉投标文件包含的主要内容; (3) 掌握常见的投标策略和技巧; (4) 掌握开标、评标、定标过程中的主要规定	(1) 招标公告和投标邀请书; (2) 资格审查; (3) 招标文件和投标文件; (4) 投标保证金和联合体投标; (5) 开标、评标、定标、签约; (6) 评标办法
工程项目勘察设计招投标	(1) 理解勘察设计招标的特点; (2) 熟悉勘察设计招标文件的内容; (3) 熟悉勘察设计评标	(1) 勘察设计招标; (2) 勘察设计招标文件; (3) 勘察设计评标办法
工程监理招投标	(1) 理解工程监理招标的特点; (2) 熟悉监理招标文件的内容; (3) 熟悉监理评标	(1) 监理招标; (2) 监理招标文件; (3) 监理评标

基本概念

招标;投标;开标;评标;定标;联合体投标;投标保证金;投标有效期;废标

引例

2009 年 4 月,安徽省合肥市纪委查处了政府采购项目中担任招标评委的 7 位专家涉嫌收受同一电梯销售公司负责人夏某贿赂一案。之后，涉嫌受贿的7位专家评委被移交合肥市庐阳区人民检察院查处。昨天，合肥市庐阳区人民法院对其中的一名专家孙伟敏收受电梯供货商5万元贿赂一案进行公开开庭审理。在接下来的一周里，其余6名专家将因为相同的原因走上被告席。

孙伟敏原是安徽电梯厂工程师，后被合肥市招标投标中心聘为评估专家。据公诉机关指控，去年6月，孙伟敏被抽选为瑶海区"碧水雅居"电梯采购项目评审委员会成员。评标前，他接到市招投标中心前任专家谭燎原打来的电话，让其在为投标单位——安徽康力电梯工程有限公司评标时"关照"一下，事后该公司定会表示"感谢"。孙伟敏答应帮忙，并在随后的评标中为康力公司打了较高分。最终康力公司果然中标。

2008年7月，为表示感谢，该公司经理夏某请其吃饭，并当场奉上1万元现金。之后，孙伟敏在"滨湖和园""滨湖家园"两个小区的电梯采购项目中如法炮制，康力公司一路中标，孙伟敏分两次收受人民币共计4万元。

孙伟敏对自己的犯罪事实供认不讳，并表达了悔过之意。此案未当庭宣判。

这起案件虽然案值不大，但案件涉及领域新、人员多、手段直接，尤其是发生在评标专家这一新的群体中，具有一定的典型性和苗头性，应引起足够重视。

那么，作为世界通用的商品和服务的采购方式，招投标为何成为工程建设领域腐败发生的重灾区，招投标在操作过程中具体有哪些具体规定呢？我们将在本章中寻找答案。

3.1 招投标概述

3.1.1 招投标的概念

招标投标，是在市场经济条件下进行大宗货物采购、建设工程承包，以及咨询服务提供时，广泛采用的一种竞争性公开交易方式。在招投标过程中，招标人首先提出招标标的在质量、期限、价格等方面的具体要求，投标人通过提交投标文件参与竞争，招标人择优选择中标人并与之签订合同。招标、投标是招标采购活动的两个方面，招标是招标人的工作，投标是投标人的工作，招标人和投标人共同完成招标采购交易过程。

工程招投标，是招标人通过发布招标公告或招标邀请书的形式向承包商发出要约邀请，提出拟建工程的概况、数量、质量、技术要求、工期要求，以及对承包商的资格要求，然后由承包商根据招标文件的要求，编写并提交投标文件，招标人通过评审投标文件并择优选择承包商，双方签订合同，完成中标工程建设任务。

招标投标起源于西方工业化国家政府和公共部门的政府采购。1782年，英国政府设立文具公用局，规定各个机关公文的印刷、用具的购买等均归其管理。1861年，美国国会通过一项联邦法案，规定超过一定限额的联邦政府采购必须采用公开招标方式。之后，西方和世界银行等国际组织在货物采购、工程承包、咨询服务提供等交易活动中积极推行招标投标，招标投标已经成为各国和国际组织广泛认可和采用的国际惯例。通过招标采购可以最大限度地增加政府采购的透明度，节约公共投资，促进公平竞争，提高公共资金使用效率。

中国最早将招商比价(招标投标)方式运用于工程承包的是1902年张之洞创办的湖北

制革厂，5家营造商参加开价比价，结果张同升以1 270.1两白银的开价中标，并签订了以质量保证、施工工期、付款方法为主要内容的工程承包合同。1918年，汉阳铁厂的两项扩建工程曾在汉口《新闻报》刊登广告，公开招标。

新中国的招标投标是改革开放的产物。1980年，《国务院关于开展和保护社会主义竞争的暂行规定》中提出，对一些适宜承包的生产建设项目和经营项目，可以试行招标投标。

1983年，在世界银行提供贷款的云南鲁布革水电站引水系统工程中，首次采用了面向全球的竞争性公开招标方式，评标方式为最低价中标。最终，日本大成株式会社以8 643万元(低于标底43%)投标报价中标，并成为该工程的总承包商。该工程于1984年11月开工，1988年12月竣工，日本大成株式会社通过精细组织、科学管理和使用先进技术，实现了工程质量优、用工用料省、工程造价低的预期效果，创造了"鲁布革经验"，并在当时引起了一股学习和研究的风潮。自此，招标投标制得到了社会认可，并被作为成功经验保存下来，被广泛运用于工程建设领域。

3.1.2 强制招标的工程项目范围和规模标准

强制招标的工程项目，是指属于法律规定的强制招标工程范围，且达到一定规模标准以上的工程项目，必须采用招标方式进行采购。

1. 强制招标的工程项目范围

根据《中华人民共和国招投标法》(以下简称《招标投标法》)的规定，原国家发展计划委员会于2000年颁布了《工程建设项目招标范围和规模标准规定》，明确了强制招标的工程项目的范围。在中国境内进行下列工程建设项目包括项目的勘察、设计、施工、监理，以及与工程建设有关的重要设备、材料等的采购，必须进行招标。

(1) 关系社会公共利益、公众安全的基础设施项目，范围包括：①煤炭、石油、天然气、电力、新能源等能源项目；②铁路、公路、管道、水运、航空以及其他交通运输业等交通运输项目；③邮政、电信枢纽、通信、信息网络等邮电通信项目；④防洪、灌溉、排涝、引(供)水、滩涂治理、水土保持、水利枢纽等水利项目；⑤道路、桥梁、地铁和轻轨交通、污水排放及处理、垃圾处理、地下管道、公共停车场等城市设施项目；⑥生态环境保护项目；⑦其他基础设施项目。

(2) 关系社会公共利益、公众安全的公用事业项目，范围包括：①供水、供电、供气、供热等市政工程项目；②科技、教育、文化等项目；③体育、旅游等项目；④卫生、社会福利等项目；⑤商品住宅，包括经济适用住房；⑥其他公用事业项目。

(3) 使用国有资金投资项目，范围包括：①使用各级财政预算资金的项目；②使用纳入财政管理的各种政府性专项建设基金的项目；③使用国有企业事业单位自有资金，并且国有资产投资者实际拥有控制权的项目。

(4) 国家融资项目，范围包括：①使用国家发行债券所筹资金的项目；②使用国家对外借款或者担保所筹资金的项目；③使用国家政策性贷款的项目；④国家授权投资主体融资的项目；⑤国家特许的融资项目。

(5) 使用国际组织或者外国政府资金的项目，范围包括：①使用世界银行、亚洲开发银行等国际组织贷款资金的项目；②使用外国政府及其机构贷款资金的项目；③使用国际组织或者外国政府援助资金的项目。

《招标投标法》同时规定，任何单位和个人不得将依法必须招标的项目化整为零或者以其他任何方式规避招标。

2. 强制招标工程项目的规模标准

根据《招标投标法》的规定，原国家发展计划委员会于2000年颁布了《工程建设项目招标范围和规模标准规定》，明确了强制招标的工程项目的规模标准。当属于强制招标范围的工程建设项目，包括建设项目的勘察、设计、施工、监理，以及与工程建设有关的重要设备、材料等的采购，达到下列标准之一的，必须进行招标。

(1) 施工单项合同估算价在200万元人民币以上的。
(2) 重要设备、材料等货物的采购，单项合同估算价在100万元人民币以上的。
(3) 勘察、设计、监理等服务的采购，单项合同估算价在50万元人民币以上的。
(4) 单项合同估算价低于第(1)、(2)、(3)项的规模标准，但是项目总投资额在3 000万元人民币以上的。

3. 可以不进行招标的工程项目

当工程项目属于强制招标的工程范围，且达到一定的规模标准以上时，必须进行招标。因此，不属于强制招标的工程项目既可以自愿进行招标，也可以不进行招标。但是，在某些特殊情况下，即使符合强制招标条件(范围标准和规模标准)的工程项目也可以不进行招标。

根据《招标投标法》和《工程建设项目施工招标投标办法》的规定，实行审批制的工程项目，有下列情形之一的，由审批部门批准，可以不进行施工招标。

(1) 涉及国家安全、国家秘密或者抢险救灾而不适宜招标的。
(2) 属于利用扶贫资金实行以工代赈需要使用农民工的。
(3) 施工主要技术采用特定的专利或者专有技术的。
(4) 施工企业自建自用的工程，且该施工企业资质等级符合工程要求的。
(5) 在建工程追加的附属小型工程或者主体加层工程，原中标人仍具备承包能力的。
(6) 法律和行政法规规定的其他情形。

对于不需要审批但依法必须招标的工程项目，有上述规定情形之一的，经批准，可以不进行施工招标。

《建设工程勘察设计管理条例》也规定了可以直接发包，不需要进行招标的勘察、设计项目。

(1) 采用特定的专利或者专有技术的。
(2) 建筑艺术造型有特殊要求的。
(3) 国务院规定的其他建设工程的勘察、设计。

2012年颁布实施的《中华人民共和国招标投标法实施条例》中规定，除《招标投标法》规定的可以不进行招标的特殊情况外，有下列情形之一的，可以不进行招标。

(1) 需要采用不可替代的专利或者专有技术。
(2) 采购人依法能够自行建设、生产或者提供。
(3) 已通过招标方式选定的特许经营项目投资人依法能够自行建设、生产或者提供。

(4) 需要向原中标人采购工程、货物或者服务，否则将影响施工或者功能配套要求。

(5) 国家规定的其他特殊情形。

3.1.3 工程项目招标程序

招标投标的显著特点是招标投标活动遵循严格规范的程序。根据《招标投标法》规定，一个完整的招标投标程序，必须包括招标、投标、开标、评标、中标和签约6个阶段。如图3.1所示为某建筑工程招标流程图。

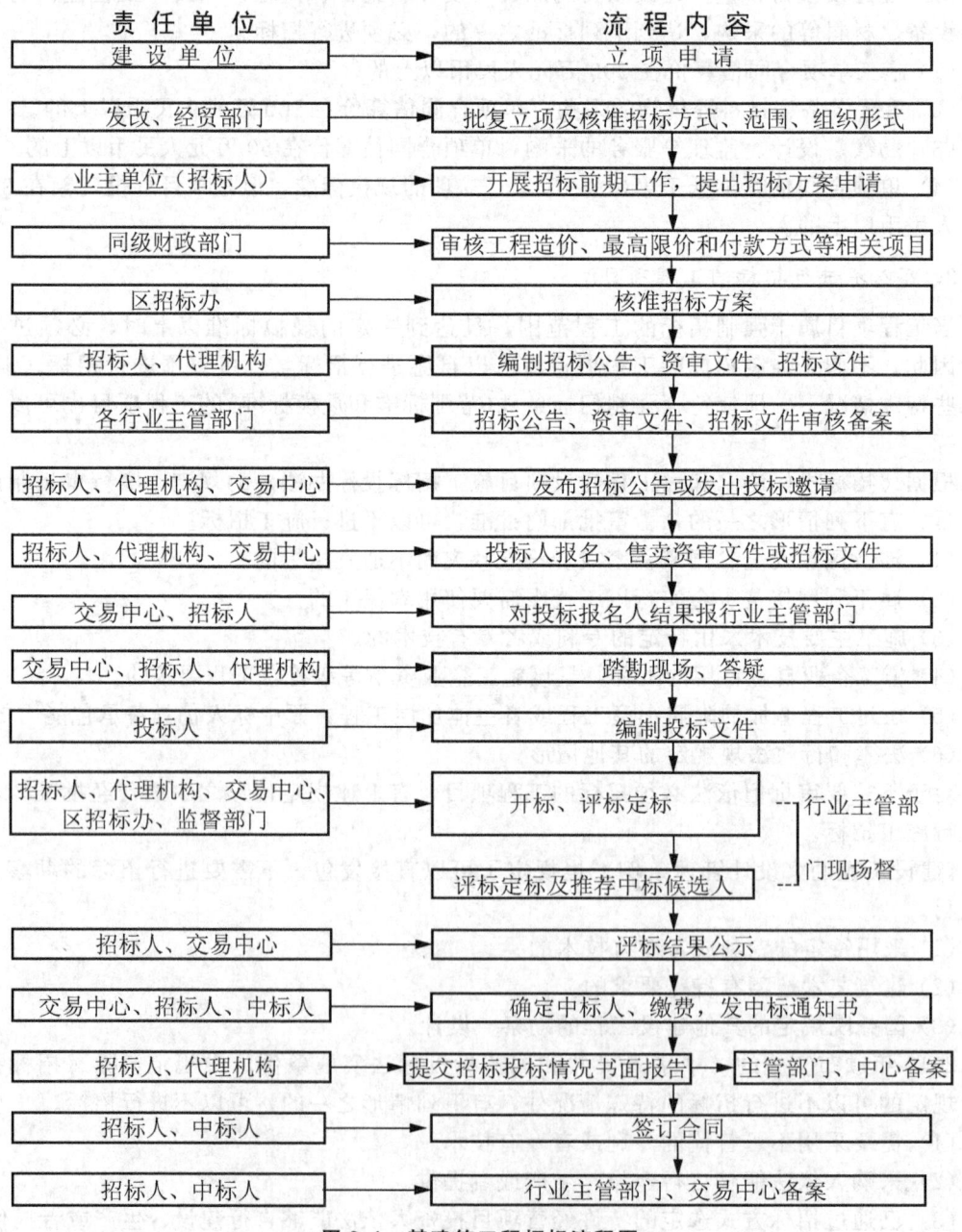

图3.1 某建筑工程招标流程图

(1) 招标。招标是指招标人按照国家有关规定履行项目审批手续、落实资金来源后，依法发布招标公告或投标邀请书，编制并发售招标文件等具体环节。根据项目特点和实际需要，有些招标项目还要委托招标代理机构，组织资格预审、组织现场踏勘、进行招标文件的澄清与修改等。投标人资格、评标标准和方法、合同主要条款等各项实质性条件和要求都需要在招标环节予以确定。因此，招标阶段对于整个招标投标过程是否合法、科学，能否实现招标目的，具有基础性影响。

(2) 投标。投标是指投标人根据招标文件的要求，编制并提交投标文件，响应招标的活动。投标人参与竞争并进行一次性投标报价是在投标环节完成的，在投标截止时间结束后，不能接受新的投标，投标人也不得更改投标报价及其他实质性内容。投标情况确定了竞争格局，是决定投标人能否中标、招标人能否取得预期效果的关键。

(3) 开标。即招标人按照招标文件确定的时间和地点，邀请所有投标人到场，当众开启投标人提交的投标文件，宣布投标人的名称、投标报价及投标文件中的其他重要内容。开标的最基本要求是公开，保障所有投标人的知情权，这也是维护各方合法权益的基本条件。

(4) 评标。招标人依法组建评标委员会，依据招标文件的规定和要求，对投标文件进行审查、评审和比较，确定中标候选人。评标是审查确定中标人的必经程序。由于依法必须招标项目的中标人必须按照评标委员会的推荐名单和顺序确定。因此，评标是否合法、规范、公平、公正，对于招标结果具有决定性作用。

(5) 中标。也称为定标，即招标人从评标委员会推荐的中标候选人中确定中标人，并向中标人发出中标通知书，并同时将中标结果通知所有未中标的投标人。按照法律规定，部分招标项目在确定中标候选人和中标人之后还应当依法进行公示。中标既是竞争结果的确定环节，也是发生异议、投诉、举报的环节，有关方面应当依法进行处理。

(6) 签约。中标通知书发出后，招标人和中标人应当按照招标文件和投标文件在规定的时间内订立书面合同，中标人按合同约定履行义务，完成中标项目。依法必须招标项目，招标人应当从确定中标人之日起15日内，向有关行政监督部门提交招标投标情况的书面报告。

3.1.4 工程项目招标方式及选择

招标主要有公开招标和邀请招标两种方式。公开招标，是招标人在指定的报刊、电子网络或其他媒体上发布招标公告，吸引众多的投标人参加投标竞争，招标人从中择优选择中标单位的招标方式。邀请招标，也称选择性招标，由招标人根据供应商或承包商的资信和业绩，选择一定数目的法人或其他组织（不能少于3家），向其发出投标邀请书，邀请他们参加投标竞争。这两种方式的区别主要体现在5个方面，如图3.2所示。

(1) 发布信息的方式不同。公开招标采用公告的形式发布，邀请招标采用投标邀请书的形式发布。

(2) 选择的范围不同。公开招标因使用招标公告的形式，针对的是一切潜在的对招标项目感兴趣的法人或者其他组织，招标人事先不知道投标人的数量；邀请招标针对已经了解的法人或者其他组织，而且事先已经知道投标人的数量。

(3) 竞争的范围不同。由于公开招标使所有符合条件的法人或者其他组织都有机会参

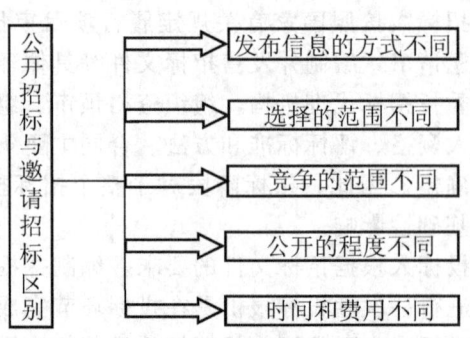

图 3.2　公开招标与邀请招标区别

加投标，竞争的范围较广，竞争性体现得也比较充分，招标人拥有绝对的选择余地，容易获得最佳招标效果；邀请招标中投标人的数目有限，竞争的范围有限，招标人拥有的选择余地相对较小，有可能提高中标的合同价。

（4）公开的程度不同。公开招标中，所有的活动都必须严格按照预先指定并为大家所知的程序和标准公开进行，大大减少了作弊的可能；相比而言，邀请招标的公开程度逊色一些，产生不法行为的机会也就多一些。

（5）时间和费用不同。由于邀请招标不发公告，招标文件只送几家，使整个招投标的时间大大缩短，招标费用也相应减少。公开招标的程序比较复杂，从发布公告，投标人作出反应，评标，到签订合同，有许多时间上的要求，要准备许多文件，因而耗时较长，费用也比较高。

由此可见，两种招标方式各有千秋，从不同的角度比较，会得出不同的结论。在实际中，各国或国际组织的做法也不尽一致。有的未给出倾向性的意见，而是把自由裁量权交给了招标人，由招标人根据项目的特点，自主决定采用公开招标或邀请招标方式，只要不违反法律规定，最大限度地实现了"公开、公平、公正"的原则即可。例如，"欧盟采购指令"规定，如果采购金额达到法定招标限额，采购单位有权在公开和邀请招标中自由选择。实际上，邀请招标在欧盟各国运用得非常广。世界贸易组织"政府采购协议"也对这两种方式孰优孰劣采取了未置可否的态度。但是，"世行采购指南"却把国际竞争性招标（公开招标）作为最能充分实现资金的经济和效率要求的方式，要求借款国以此作为最基本的采购方式。只有在国际竞争性招标不是最经济和有效的情况下，才可采用其他方式。

《招标投标法》和《工程建设项目施工招标投标办法》规定，对于依法必须进行招标的项目，以及国家重点工程、省重点工程、全部使用国有资金或者国有资金投资控股或者占主导地位的工程项目，应当采用公开招标。

但是，具有下列情形之一的，经批准可以采用邀请招标。

（1）项目技术复杂或有特殊要求，只有少量几家潜在投标人可供选择的。

（2）受自然地域环境限制的。

（3）涉及国家安全、国家秘密或者抢险救灾，适宜招标但不宜公开招标的。

（4）拟公开招标的费用与项目的价值相比，不值得的。

（5）法律法规规定不宜公开招标的。

3.1.5 招标组织方式

招标人可以根据自身能力和实际情况,选择自行招标或者委托招标代理机构进行招标。招标人具有编制招标文件和组织评标能力的,可以自行办理招标事宜。任何单位和个人不得强制其委托招标代理机构办理招标事宜。

招标人自行招标需要具备下列条件。

(1) 具有项目法人资格(或者法人资格)。

(2) 具有与招标项目规模和复杂程度相适应的工程技术、概预算、财务和工程管理等方面的专业技术力量。

(3) 有从事同类工程建设项目招标的经验。

(4) 设有专门的招标机构或者拥有3人以上专职招标业务人员。

(5) 熟悉和掌握招标投标法及有关法规规章。

无论招标人是否具备自行招标能力,招标人均可委托具有相应资质的招标代理机构办理招标事宜。招标代理机构应当具备下列条件。

(1) 有从事招标代理业务的营业场所和相应资金。

(2) 有能够编制招标文件和组织评标的相应专业力量。

(3) 有符合条件、并可以作为评标委员会成员的技术、经济等方面的专家库。

3.1.6 发包方式的选择和标段的划分

工程项目招标时,可以将一个工程项目整体招标,也可以将一个工程项目分为若干个单位工程,然后分别招标,即为工程分标,该单位工程称为一个标段。一个工程的若干标段可以同时招标,也可以分批招标;可以由数家承包人分别承包若干标段,也可由一个承包人承包一个工程的所有标段;同一工程的不同标段可采用不同的招标方式。这些取决于工程项目的规模、技术是否复杂、工期长短及工程建设环境等因素。

1. 工程分标的影响因素

(1) 工程和施工特点。对施工场地集中、工程量不大、技术上不复杂的工程,可不分标,以便于管理;但对于工程场地大、工程量大,有特殊技术要求的工程,应考虑分标。如一条道路的施工,不但施工战线长,而且工程量巨大,应根据沿河地形、河流、城镇和居民情况等对工程进行分标。

(2) 对工程造价的影响。大型、复杂的工程项目,如大型电站的建设,对承包人的施工能力、同类工程的施工经验、管理能力、施工设备等都有较高的要求,在这种情况下,如不进行分标,则整个建筑市场上具备资格和能力参与投标的承包企业的数量很少,导致竞争不足,最后的中标价提高。从这个角度而言,如果业主想降低工程造价,则可以考虑分标。

(3) 施工进度安排。施工总进度计划安排中,施工有时间先后的子项工程可考虑单独分标,而某些在施工进度中平行安排的子项工程,则综合考虑工程特征、施工间的相互干扰后再决定是否分标。

（4）施工现场的地形地貌及主体建筑物的布置情况。在标段划分时，应尽量避免承包人之间的相互干扰。如果场地狭小，再强行进行标段划分的话，可能会造成不同承包人工作界面之间的相互干扰，给发包人带来大量的协调工作。

（5）资金的筹措情况。在发包人资金不足的情况下，可以先部分进行工程招标，待剩余资金到位时再进行后续部分的招标。

2. 工程分标的一般原则

（1）各子项工程施工差异大时，尽量使每个子项工程单独招标，进行专业化施工。

（2）根据总进度安排，对某些独立性较强，且又制约其他工程的子项工程可先进行单独招标，有利于加快工程进度。

（3）当相邻两标段的施工干扰较多时，可考虑放弃划分标段。

（4）标段划分可以适当降低工程造价，但同时会给发包人带来大量的协调工作，发包人应根据自身的管理能力作出选择。

3.2 建设工程招投标

3.2.1 建设工程招标

1. 招标公告

招标公告的作用在于让潜在投标人获得招标信息，进行项目筛选，决定是否参与投标。招标人采用公开招标方式的，应当发布招标公告。依法必须进行招标的项目的招标公告，应当通过国家指定的报刊、信息网络或者其他媒介发布。

招标公告应当载明招标人的名称和地址、招标项目的性质、数量、实施地点和时间以及获取招标文件的办法等事项，施工项目的招标公告或者投标邀请书应当至少载明下列内容。

（1）招标人的名称和地址。

（2）招标项目的内容、规模、资金来源。

（3）招标项目的实施地点和工期。

（4）获取招标文件或者资格预审文件的地点、时间和费用。

（5）对投标人的资质等级与资格要求。

（6）递交投标文件的地点和投标截止日期。

招标公告的内容应当真实、准确和完整，在法律性质上属于要约邀请，招标公告一经发出，招标人不得随意更改。

招标公告的发布程序如图3.3所示。

2. 投标邀请书

招标人采用邀请招标方式的，应当向3个以上具备承担招标项目的能力、资信良好的特定的法人或者其他组织发出投标邀请书。投标邀请书的内容和招标公告的内容基本一

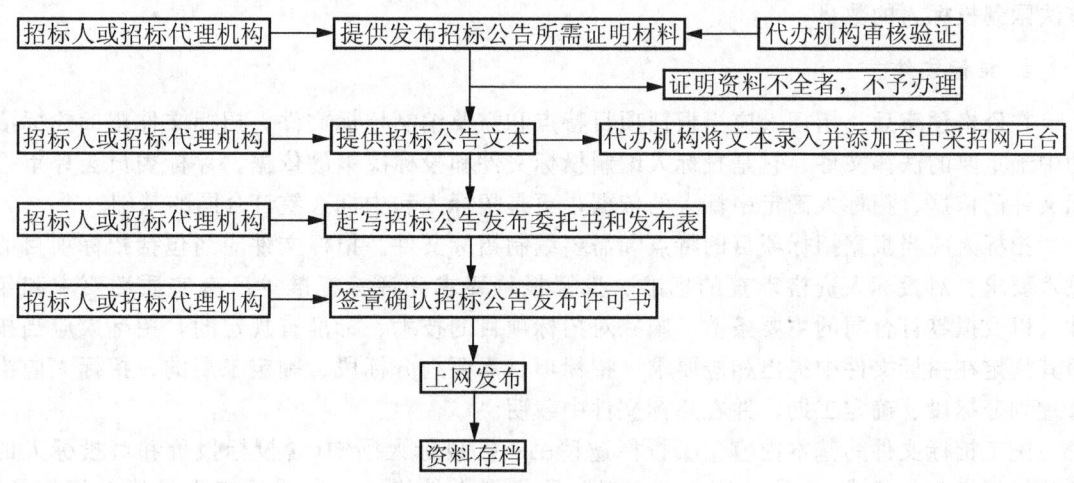

图 3.3　招标公告发布流程图

致，只需增加要求潜在投标人"确认"是否收到了投标邀请书的内容。如《标准施工招标文件》中关于投标邀请书的条款，就专门要求潜在投标人在规定时间以前，用传真或快递方式向招标人"确认"是否收到了投标邀请书。

3. 资格审查

资格审查是招标人的一项重要权利，旨在审查潜在投标人是否具备承担招标项目的资格和能力。通过资格审查，可以筛查出不具备履约能力的潜在投标人，减少潜在投标人数量，降低招标工作时间和费用，进而提高招标工作效率。

资格审查分为资格预审和资格后审。

1) 资格预审

资格预审是指在投标前对潜在投标人进行的资格审查。招标人应当发布资格预审公告，并在资格预审文件中载明资格预审的条件、标准和方法，招标人不得改变载明的资格条件或者以没有载明的资格条件对潜在投标人进行资格审查。资格预审不合格的潜在投标人不得参加投标。

2) 资格后审

资格后审，是指在开标后对投标人进行资格审查。招标人应当采用在招标文件中载明资格审查的条件、标准和方法，并且不得改变载明的资格条件或者以没有载明的资格条件对潜在的投标人进行资格后审。资格后审不合格的投标人的投标作为废标处理。

资格审查主要审查投标人是否具备如下条件。

(1) 具有独立订立合同的权利。

(2) 具有履行合同的能力，包括专业、技术资格和能力，资金、设备和其他物质条件状况，管理能力、经验、信誉和相应的从业人员。

(3) 没有处于被责令停业，投标资格被取消，财产被接管、冻结或破产的状态。

(4) 在最近 3 年内没有骗取中标和严重违约及重大工程质量问题。

(5) 法律、行政法规规定的其他资格条件。

资格审查时，招标人不得以不合理的条件限制、排斥潜在投标人或者投保人，不得对潜在投标人或者投标人实行歧视性待遇，任何单位和个人不得以行政手段或者其他不合理方法限制投标人的数量。

4. 招标文件

在资格预审后,招标人应当根据项目特点和需要编制招标文件。招标文件招标投标活动中最重要的法律文件,它是投标人编制投标文件和投标决策的依据、评标委员会评审投标文件的依据、招标人确定中标人的依据,更是招标人和中标人签订合同的基础。

招标人应当根据招标项目的特点和需要编制招标文件。招标文件应当包括招标项目的技术要求、对投标人资格审查的标准、投标报价要求和评标标准等所有实质性要求和条件,以及拟签订合同的主要条款。国家对招标项目的技术、标准有规定的,招标人应当按照其规定在招标文件中提出相应要求。招标项目需要划分标段、确定工期的,招标人应当合理划分标段、确定工期,并在招标文件中载明。

施工招标文件的基本内容:①投标邀请书;②投标人须知(含投标报价和对投标人的各项投标规定与要求);③合同主要条款;④投标文件格式;⑤采用工程量清单招标的,应当提供工程量清单;⑥技术条款;⑦设计图纸;⑧评标标准和方法;⑨投标辅助材料。

招标文件应符合下列规定。

1) 招标文件的内容应体现公平原则

招标文件不得要求或者标明特定的生产供应者,以及含有倾向性或者排斥潜在投标人的其他内容。

招标文件中规定的各项技术标准均不得要求或标明某一特定的专利、商标、名称、设计、原产地或生产供应者,不得含有倾向性或者排斥潜在投标人的其他内容。如果必须引用某一生产供应者的技术标准才能准确或清楚地说明拟招标的技术标准时,则应当在参照后面加上"或相当于"的字样。

2) 应包含招标项目所有实质性要求

招标文件中必须包括项目的技术要求、技术标准、对投标人资格审查的标准、投标报价要求、评标标准、标段、工期和拟签订合同的主要条款等实质性要求和条件。评标过程中,不得改变招标文件中规定的评标标准、方法和中标条件。

3) 给予投标人合理投标文件编制时间

招标人应当确定投标人编制投标文件所需要的合理时间。依法必须招标的项目,自招标文件开始发出之日起至投标人提交投标文件截止之日止,时间不得少于 20 日。

4) 确定适当的投标有效期

所谓投标有效期,是指招标人对投标人发出的要约作出承诺的期限。也可以理解为投标人为自己发出的投标文件承担法律责任的期限。按照《中华人民共和国合同法》的有关规定,作为要约人的投标人提交的投标文件属于要约。要约通过开标生效后,投标人就不能再行撤回。一旦作为受要约人的招标人作出承诺,并送达要约人,合同即告成立,要约人不得拒绝。在投标有效期截止前,投标人必须对自己提交的投标文件承担相应法律责任。

招标文件应该规定一个适当的投标有效期,以保证招标人有足够的时间完成评标和与中标人签订合同。投标有效期从投标人提交投标文件截止之日起计算,一般不宜超过 90 日。在投标有效期内,投标人提交的投标文件对投标人具有法律约束力,投标人不得补充、修改、撤回投标文件;否则,招标人有权没收其投标保证金并要求其赔偿损失。它一方面起到了约束投标人在投标有效期内不能随意更改和撤回投标的作用；另一方面也促使招标方加快评标、定标和签约过程，从而保证投标人的投标不至于由于招标方无限期拖延而增加投标人的风险。因为投标人的报价考虑了一定时期内的物价波动风险，一旦超过投标人考虑的时间段，风险将大大增大。投标有效期对招标人和投标人双方都起到了保护和约束的双重作用。

招标人对已发出的招标文件进行必要的澄清或者修改的，应当在招标文件要求提交投标文件截止时间至少 15 日前，以书面形式通知所有招标文件收受人。该澄清或者修改的内容为招标文件的组成部分。此处的"澄清"，是指招标人对招标文件中的遗漏、词义表述不清或对比较复杂事项进行的补充说明和回答投标人提出的问题；"修改"是指招标人对招标文件中出现的遗漏、差错、表述不清等问题认为必须进行的修订。

3.2.2 建设工程投标

1. 投标文件

投标人应当按照招标文件的要求编制投标文件。投标文件应当对招标文件的实质性要求作出响应。招标项目属于建设施工的，投标文件的内容应当包括拟派出的项目负责人与主要技术人员的简历、业绩和拟用于完成招标项目的机械设备等。

投标文件一般包括下列内容。
（1）投标函。
（2）投标报价。
（3）施工组织设计。
（4）商务和技术偏差表。

投标人根据招标文件载明的项目实际情况，拟在中标后将中标项目的部分非主体、非关键性工作进行分包的，应在投标文件中载明。

投标人应当在招标文件要求提交投标文件的截止时间前，将投标文件送达投标地点；在截止时间后送达的投标文件，招标人应当拒收。

招标人收到投标文件后，应当签收保存，不得开启。投标人少于 3 个的，招标人应当依法重新招标。

投标人在招标文件要求投标文件的截止时间前，可以补充、修改或者撤回已提交的投标文件，并书面通知招标人。补充、修改的内容构成投标文件的组成部分。

在提交投标文件截止时间后到招标文件规定的投标有效期终止之前，投标人不得补充、修改、替代或者撤回其投标文件。投标人补充、修改、替代投标文件的，招标人不予接受；投标人撤回投标文件的，其投标保证金将被没收。

2. 投标保证金

投标保证金是招标人设置的担保投标人谨慎投标的一种担保方式。为约束投标人的投标行为，保护招标人的利益，招标人通常会要求投标人提供投标保证金。当发生下列情形时，招标人有权没收投标保证金。
（1）投标人在投标有效期内撤回其投标文件。
（2）中标人未能在规定期限内提交履约保证金或者签订合同的。

招标人可以在招标文件中要求投标人提交投标保证金。投标保证金除现金外，可以是银行出具的银行保函、保兑支票、银行汇票或现金支票。投标保证金一般不得超过投标总价的 2%，但最高不得超过 80 万元人民币。投标保证金有效期应当超出投标有效期 30 天。

投标人应当按照招标文件要求的方式和金额，将投标保证金随投标文件提交给招标人。投标人不按招标文件要求提交投标保证金的，该投标文件将被拒绝，作废标处理。

案例 3-1

甲、乙两家单位已经获得了某工程投标人资格。甲在提交了一份投标文件后发现该投标文件技术方案还有待优化，并认为投标报价缺乏吸引力，遂于投标截止日期前 3 分钟重新提交了一份投标文件。乙为防止其投标文件被泄露，决定暂时不提交投标文件，等到投标截止日才提交，结果晚于投标截止时间 5 分钟才送达。招标人均受理了甲、乙的投标文件，同意其参加开标。其他投标人提出了异议。你认为招标人该如何处理？

[解] 本案的焦点是投标文件的递交、补充、修改、替代和撤回。《招标投标法》第 28 条规定，投标文件在投标截止时间后送达的，招标人应当拒收；《招标投标法》第 29 条规定，在投标截止时间前，投标人可以补充、修改或者撤回已经提交的投标文件。本案中，甲在投标截止时间前重新提交投标文件，招标人受理其投标文件的决定合法；乙在投标截止时间后送达投标文件，招标人受理其投标文件的决定不合法，应予拒收。

3. 联合体投标

联合体投标是指某承包单位为了承揽不适于自己单独承包的工程项目而与其他单位联合，共同以一个投标人身份参与投标活动的行为。

两个以上法人或者其他组织可以组成一个联合体，以一个投标人的身份共同投标，联合体以及联合体各方资质条件应符合如下要求。

（1）联合体各方均应当具备承担招标项目的相应能力。

（2）国家有关规定或者招标文件对投标人资格条件有规定的，联合体各方均应当具备规定的相应资格条件。

（3）由同一专业单位组成的联合体，按照资质等级较低的单位确定资质等级。

联合体各方应当签订共同投标协议，明确约定各方拟承担的工作和责任，并将共同投标协议连同投标文件一并提交招标人。

共同投标协议约定了组成联合体各成员单位在联合体中所承担的各自的工作范围，这个范围的确定也为建设单位判断该成员单位是否具备"相应的资格条件"提供了依据。共同投标协议也约定了组成联合体各成员单位在联合体中所承担的各自的责任，也为将来可能引发的纠纷的解决提供了必要的依据。没有附有联合体各方共同投标协议的联合体投标为废标。

联合体投标各方应承担以下责任。

（1）履行共同投标协议中约定的责任。共同投标协议中约定了联合体中各方应该承担的责任，各成员单位必须要按照该协议的约定认真履行自己的义务，否则对联合体其他成员构成违约。共同投标协议中约定责任也是各成员单位最终的责任承担方式。

（2）就中标项目对招标人承担连带责任。如果联合体中的一个成员没能按照合同约定履行义务，招标人可以要求联合体中任何一个成员承担不超过总债务的任何比例的债务，该单位无权拒绝。该单位在对招标人承担责任后，有权向其他成员追偿其超过共同投标协议约定债务的部分。

（3）不得重复投标。联合体各方签订共同投标协议后，不得再以自己的名义单独投标，也不得组成新的联合体或参加其他联合体的同一项目投标。

（4）不得随意改变联合体组成。联合体通过资格预审的，其组成的任何变化都必须在提交投标文件截止之日前征得招标人的同意。如果变化后的联合体，含有事先没有经过资格预审或者资格预审不合格的法人或者其他组织，或者使联合体的资质降到资格预审文件中规定的最低标准以下，招标人有权拒绝。

（5）必须指定联合体牵头人。联合体各方必须指定牵头人，授权其代表所有联合体成员负责投标和合同实施阶段的主办、协调工作，并向招标人提交由所有联合体成员法定代表人签署的授权书。应当以联合体各方或者联合体中牵头人的名义提交投标保证金，该保证金对联合体各成员具有约束力。

4．投标报价策略

1）生存型报价策略——保本微利策略

如夺标的目的是为了在该地区打开局面，树立信誉，占领市场和建立样板工程，则可采取微利保本策略，甚至不排除承担风险，宁愿先亏后赢，此策略适用以下情况：①投标对手多、竞争激烈、支付条件好、项目风险小；②技术难度小、工作量大、配套数量多、普遍愿意承揽的项目；③为开拓市场，急于寻找客户或解决企业目前的生产规模。

2）竞争型报价策略——常规价格策略

投标报价以竞争为手段，以开拓市场，低赢利为目标，在精确计算成本的基础上，充分估计各竞争对手的报价目标，以有竞争力的报价达到中标的目的。投标人处在以下几种情况下，应采取竞争型报价策略：①经营状况不景气，近期接受到的投标邀请较少；②竞争对手有威胁性；③试图打入新的地区；④开拓新的工程施工类型；⑤投标项目风险小，施工工艺简单、工程量大、社会效益好的项目；⑥附近有本企业其他正在施工的项目。这种策略是大多数企业采用的，也叫保本低利策略。

报价方法是根据系统设计方案，核定施工工作量，确定工程成本，经过风险分析，确定应得的预期利润后进行汇总，然后再结合竞争对手的情况及招标方的心理底价对不合理的费用和设备配套方案进行适当调整，确定最终投标价。

3）赢利型报价策略——高价策略

对一些技术含量高，施工难度大，工期要求紧，地质水文、气候条件较差的工程，往往竞争对手较少，企业凭借自己先进的施工技术和精良的机械装备，以及难得的施工资质，可采用高价中标的策略。例如，在三峡工程大江截流及二期围堰工程投标过程中，由于上游围堰工程（包括大江截流、堰体填筑及防渗系统工程）在国内外影响巨大，业主必须选择一个可靠的、能胜任的承包商来完成这一工期紧、难度大、技术要求高、专业性极强的项目，葛洲坝集团具有长江干流截流的特有施工资质，施工实力强，竞争对手弱，采用高价中标的策略，一举成功。符合下列情况的投标项目可采用高价策略：①专业技术要求高、技术密集型项目；②支付条件不理想、风险大的项目；③竞争对手少、各方面自己都占绝对优势的项目；④交工期甚短、设备和劳力超常规的项目；⑤特殊约定（如要求保密等）需有特殊条件的项目。

5. 投标报价技巧

投标报价方法是依据投标策略选择的,一个成功的投标策略必须运用与之相适应的报价方法才能取得理想的效果。能否科学、合理地运用投标技巧,使其在投标报价工作中发挥应有的作用,关系到最终能否中标,是整个投标报价工作的关键所在。

1) 不平衡报价法

不平衡报价法是指一个工程项目的投标报价,在总价基本确定后,如何调整内部各个项目的报价,以期既不提高总价,不影响中标,又能在结算时得到更理想的经济效益。常见的不平衡报价法有:①能够早日收回资金的项目,如前期措施费、基础工程、土石方工程等可以报价较高,以利资金周转,后期工程项目如设备安装、装饰工程等的报价可适当降低。②经过工程量核算,预计今后工程量会增加的项目,单价适当提高,这样在最终结算时可多赚钱,而将工程量有可能减少的项目单价降低,工程结算时损失不大。但是,这两种情况要统筹考虑,即对于清单工程量有错误的早期工程,如果工程量不可能完成而有可能降低的项目,则不能盲目抬高单价,要具体分析后再定。③设计图纸不明确,估计修改后工程量要增加的,可以提高单价,而工程内容说不清楚的,则可以降低一些单价。④在议标时,投标人一般都要压低标价。这时应该首先压低那些工程小的单价,这样即使压低了很多单价,总的标价也不会降低很多,而给招标人的感觉却是工程量清单上的单价大幅度下降,投标人颇有让利的诚意。⑤在其他项目费中要报工日单价和机械台班单价,可以高些,以便在日后招标人用工或使用机械时可多赢利。对于其他项目中的工程量要具体分析,是否报高价,高多少有一个限度,不然会抬高总报价。

虽然不平衡报价对投标人可以降低一定的风险,但报价必须要建立在对工程量清单表中的工程量风险仔细核对的基础上,特别是对于降低单价的项目,如工程量一旦增多,将会造成投标人的重大损失;同时一定要控制在合理幅度内,一般控制在10%以内,以免引起招标人反对,甚至导致个别清单项报价不合理而废标。如果不注意这一点,有时招标人会挑选出报价过高的项目,要求投标人进行单价分析,而围绕单价分析中过高的内容压价,以致投标人得不偿失。

2) 多方案报价法

有时招标文件中规定,可以提一个建议方案;或对于一些招标文件,如果发现工程范围不很明确,条款不清楚或很不公正,或者技术规范要求过于苛刻时,则要在充分估计风险的基础上,按多方案报价法处理。即是按原招标文件报一个价,然后再提出如果某条款作某些变动,报价可降低的额度。这样可以降低总造价,吸引招标人。投标人这时应组织一批有经验的设计和施工工程师,对原招标文件的设计方案仔细研究,提出更合理的方案以吸收招标人,促成自己的方案中标。这种新的建议可以降低总造价或提前竣工。但要注意的是对原招标方案一定要报价,而新方案报价是以供招标人比较的。

3) 突然降价法

报价是一件保密的工作,但是对手往往会通过各种渠道、手段来刺探情报,因之用此法可以在报价时迷惑竞争对手。即先按一般情况报价或表现出自己对该工程兴趣不大,到快要投标截止时,才突然降价。采用这种方法时,一定要在准备投标报价的过程中考虑好降价的幅度,在临近投标截止日期前,根据情况信息与分析判断,再作最后决策。采用突然降价法往往只降低总价,而要把降低的部分分摊到各清单项内,可采用不平衡报价进行，以期取得更高的效益。

4）先亏后赢法

对于大型分期建设的工程，在第一期工程投标时，可以将部分间接费分摊到第二期工程中去，少计算利润以争取中标。这样在第二期工程投标时，凭借第一期工程的经验，临时设施及创立的信誉，比较容易拿到第二期工程。但第二期工程遥遥无期时，则不可以这样考虑。

5）许诺优惠条件

投标报价附带优惠条件是行之有效的一种手段。招标人评标时，除了主要考虑报价和技术方案外，还要分析别的条件，如工期、支付条件等。所以在投标时主动提出提前竣工、低息贷款、赠给施工设备、免费转让新技术或某种技术专利、免费技术协作、代为培训人员等，均是吸引招标人、利于中标的辅助手段。

6）争取评标奖励

有时招标文件规定，对某些技术指标的评标，可以提供优于规定的指标值，评标时能给予适当的评标奖励。因此，投标人应该使招标人比较注重的指标适当地优于规定标准，可以获得适当的评标奖励，有利于在竞争中取胜。但要注意技术性能优于招标规定，将导致报价相应上涨，如果投标报价过高，即使获得评标奖励，也难以与报价上涨的部分相抵，这样评标奖励也就失去了意义。

 案例 3-2

资料：

(1) 付款条件：楚天大学教学楼工程在招标文件合同条款中规定：预付款数额为合同价的30%，开工后1天内支付，当第二阶段上部结构工程完成一半时付清基础工程和上部结构两个阶段的工程款且一次性全额扣回预付款项，第三阶段工程款按季度支付。

(2) 原预算：远大集团经造价工程师估算工程总价为9 000万元，总工期为24个月。其中：第一阶段基础工程造价为1 200万元，工期为6个月；第二阶段上部结构工程估价为4 800万元，工期为12个月；第三阶段装饰和安装工程估价为3 000万元，工期为6个月。

(3) 报价策略：承包商远大集团为了既不影响中标又能在中标后取得较好的收益，决定采用不平衡报价法对造价工程师的原估算作出适当调整，基础工程估算调整为1 300万元，结构工程估算调整为5 000万元，装饰和安装工程估算调整为2 700万元。

(4) 调整意见：承包商远大集团建议业主方将支付条件改为：预付款为合同价的25%，工程款仍按季支付，其余条款不变。

(5) 已知条件：1年期的存款利息率为3%。1年期的1元复利现值系数为0.970；2年期的1元复利现值系数为0.942。

问题：① 该承包商所运用的不平衡报价法是否恰当？为什么？

② 除了不平衡报价法，该承包商还运用了哪一种报价技巧？运用是否得当？

【解】

1. 计算调整额与调整幅度

(1) 调整额：

基础工程调增额＝1 300－1 200＝100（万元）；

上部结构调增额＝5 000－4 800＝200（万元）；

装饰工程调减额＝2 700－3 000＝300（万元）。

(2) 调整幅度：

基础工程调增幅度＝100/1 200×100%＝8.33%；

上部结构调增幅度＝200/4 800×100%＝4.17%；

装饰工程调减幅度＝－300/3 000×100%＝10%。

2. 原合同条件下的账款信息：

(1) 预付款＝9 000×30%＝2 700万元；

(2) 一年以后付款＝(1 200＋4 800)－2 700＝3 300万元；

(3) 最后的尾款＝3 000万元(分两季支付，每季末付1 500万元)；

(4) 原合同工程款的现值＝2 700＋3 300×0.970＋1 500×0.942/12×9＋1 500×0.942

＝2 700＋3 201＋1 059.75＋1 413

＝8 373.75(万元)；

(5) 当上部结构完成一半时已收回静态资金的比重＝(2 700＋3 300)/9 000×100%＝67%；

当上部结构完成一半时已收回动态资金的比重＝(2 700＋3 201)/9 000×100%＝66%。

3. 修改合同后的账款信息

(1) 预付款＝9 000×25%＝2 250(万元)；

(2) 一年后付款＝1 300＋5 000－2 250＝4 050(万元)；

(3) 尾款＝2 700万元(按两季支付，每季末付1 350万元)；

(4) 修改合同的工程款现值＝2 250＋4 050×0.970＋1 350×0.942/12×9＋1 350×0.942

＝2 250＋3 928.5＋953.775＋1 271.7＝8 403.975(万元)；

(5) 当上部结构完成一半时已收回静态资金比重＝(2 250＋4 050)/9 000×100%＝70%；

当上部结构完成一半时已收回动态资金比重＝(2 250＋3 928.5)/9 000×100%＝69%。

4. 比较分析

(1) 调整后净增加的现值＝8 403.975－8 373.75＝30.225(万元)；

(2) 收回工程款的比重：

从静态上看，调整后为70%比未调整前的67%增加了3个百分点；

从动态上看，调整后为69%比未调整前的66%也增加了3个百分点。

(3) 计算证明调整策略是正确的，因为能够增加远大集团的货币增值率。

【结论】

① 该工程运用不平衡报价法恰当。因为该承包商是将属于前期工程的基础工程和主体结构工程的报价调高，而将属于后期工程的装饰和安装工程的报价调低，这样可以在施工的早期阶段收到较多的工程款，从而提高承包商所得工程款的现值达到三十多万元；而且，这三类工程单价的调整幅度均在±10%以内，属于合理调整范围。

② 该承包商运用的另一种投标技巧就是多方案报价法，该报价技巧运用也恰当。因为承包商远大集团的报价既适用于原付款条件也适用于建议的付款条件。

3.2.3 建设工程开标

开标，即在招标投标活动中，由招标人主持，在招标文件预先载明的开标时间和开标地点，邀请所有投标人参加，公开宣布全部投标人的名称、投标价格及投标文件中其他主要内容，使招标投标当事人了解各个投标的关键信息，并且将相关情况记录在案。开标是招标投标活动中公开原则的重要体现。

开标应当在招标文件确定的提交投标文件截止时间的同一时间公开进行；开标地点应

当为招标文件中预先确定的地点。如果招标人需要修改开标时间和地点，应以书面形式通知所有招标文件的收受人，并应报工程所在地的县级以上建设行政主管部门备案。

开标由招标人主持，邀请所有投标人参加。投标人自主决定是否参加开标。招标人邀请所有投标人参加开标是法定的义务，投标人自主决定是否参加开标会是法定的权利。除了招标人和投标人外，招标人可以邀请除投标人以外的其他方面相关人员参加开标。招标人可以委托公证机构对开标情况进行公证。在实践中，招标人经常邀请行政监督部门、纪检监察部门等参加开标，对开标程序进行监督。

开标时，由投标人或者其推选的代表检查投标文件的密封情况，也可以由招标人委托的公证机构检查并公证；经确认无误后，由工作人员当众拆封，宣读投标人名称、投标价格和投标文件的其他主要内容。招标人在招标文件要求提交投标文件的截止时间前收到的所有投标文件，开标时都应当当众予以拆封、宣读。开标过程应当作记录，并存档备查。通常，开标的程序和内容包括密封情况检查、拆封、唱标及记录存档等。

投标文件有下列情形之一的，招标人不予受理。
（1）逾期送达的或者未送达指定地点的。
（2）未按招标文件要求密封的。

3.2.4　建设工程评标

评标，是指由招标人依法组建的评标委员会，根据法律规定和招标文件确定的评标方法和具体评标标准，对开标中所有拆封并唱标的投标文件进行评审，根据评审情况出具评标报告，并向招标人推荐中标候选人，或者根据招标人的授权直接确定中标人的过程。

1. 评标委员会

评标工作由评标委员会负责。评标委员会由招标人的代表和有关技术、经济等方面的专家组成，成员人数为5人以上单数，其中技术、经济等方面的专家不得少于成员总数的2/3。

评标专家应当从事相关领域工作满8年并具有高级职称或者具有同等专业水平，由招标人从国务院有关部门或者省、自治区、直辖市人民政府有关部门提供的专家名册或者招标代理机构的专家库内的相关专业的专家名单中确定；一般招标项目可以采取随机抽取方式，特殊招标项目可以由招标人直接确定。评标委员会成员的名单在中标结果确定前应当保密。

有下列情形之一的，不得担任评标委员会成员，并应当主动提出回避。
（1）投标人或者投标人主要负责人的近亲属。
（2）项目主管部门或者行政监督部门的人员。
（3）与投标人有经济利害关系，可能影响对投标公正评审的。
（4）曾因在招标、评标以及其他与招标投标有关活动中从事违法行为而受过行政处罚或刑事处罚的。

案例 3-3

某招标工程的开标程序由招标文件事先确定，当地招标办公室主任全程监督并主持了开标过程。评标委员会由6人组成,其中:2人来自招标单位,1人为招标办代表,另外3人通过专家系统随机抽取产生。请指出本案中的不妥之处。

【解】 《招标投标法》第35条规定,"开标由招标人主持,邀请所有投标人参加";《招标投标法》第37条及配套法规规定"评标委员会由招标人的代表和有关技术、经济等方面的专家组成,成员人数为5人以上单数,其中技术、经济等方面的专家不得少于成员总数的2/3"。因此,本案中的不妥之处主要有:①招标办公室主任主持开标过程(应由招标人主持);②评标委员会由6人组成(应为5人以上单数);③招标办代表进入评标委员会;④外聘的技术、经济专家总数低于2/3。

评标委员会主要履行下列义务。

(1) 依法评审比较投标文件,出具个人评审意见。评标委员会成员最基本权利和主要义务,即依法按照招标文件确定的评标标准和方法,运用个人相关的能力、知识和信息,对投标文件进行全面评审和比较,在评标工作中发表并出具个人评审意见,行使评审表决权。评标委员会成员应对其参加评标的工作及出具的评审意见,依法承担个人责任。评标专家依法对投标文件进行独立评审,提出评审意见,不受任何单位或个人的干预。

(2) 签署评标报告。评标委员会直接的工作成果体现为评标报告。评标报告汇集、总结了评标委员会全部成员的评审意见,由每个成员签字认定后,以评标委员会的名义出具。

(3) 遵守职业道德。评标委员会成员在投标文件评审直至提出评标报告的全过程中,均应恪守职责,认真、公正、诚实、廉洁地履行职责,这是每个成员最根本的义务。评标委员会成员不得与任何投标人或者与招标结果有利害关系的人进行私下接触,不得收受投标人、中介人、其他利害关系人的财物或者其他好处,不得彼此之间进行私下串通。评标委员会成员如果发现存在依法不应参加评标工作的情况,还应立即披露并提出回避。

(4) 履行保密义务。评标委员会成员和参与评标的有关工作人员不得私自透露对投标文件的评审和比较、中标候选人的推荐情况,以及与评标有关的其他情况。

(5) 有关协助和配合义务。对于评标工作和评标结果发生的质疑和投诉,招标人、招标代理机构及有关主管部门依法处理质疑和投诉时,评标委员会成员应配合有关部门的投诉处理工作,配合招标人答复投标人的质疑。协助、配合有关行政监督部门的监督和检查工作,对发现的违规违法情况加以制止,向有关方面反映、报告评标过程中的问题等。

2. 评标办法

评标时,必须使用招标文件中确定的评标办法对招标文件进行评审。常用的评标办法包括:专家评议法、最低投标价法、最低评标价法、综合评分法等。

(1) 专家评议法。由评标委员会根据预先确定的拟评定的内容,如工程报价、合理工期、主要材料消耗、施工方案、工程质量和安全保证措施等项目,经过认真分析、横向比较和调查后进行综合评议。最终通过协商和投票,选择各项都很优良的投标人作为中标候选人推荐给业主。该方法操作简单,用时较短,但是仅仅限于定性分析,评议的科学性较差,容易受主观因素的影响。

(2) 最低投标价法。在满足基本技术要求的情况下,报价最低的投标人为中标候选人,但是报价低于成本价的除外。

(3) 最低评标价法。以评标价作为衡量标准,选择评标价最低的投标人作为中标候选人。评标价并不是投标价,而是将一些因素折算成价格,然后再排定标书次序,评标价最低的投标人排名靠前。

(4) 综合评估法。评标委员会事先根据招标项目特点确定评价指标，并在招标文件中明确评价各个评价指标的评分细则和权重，评标时根据评分细则逐项评分，乘以权重，最后得出该标书的总分，总分最高的排名靠前。

综合评估法适用于不宜采用经评审的最低投标价法进行评标的招标项目。其要点如下。

① 综合评估法推荐中标候选人的原则：综合评估法推荐能够最大限度地满足招标文件中规定的各项综合评价标准的投标，作为中标候选人。

② 使各投标文件具有可比性。综合评估法是通过量化各投标文件对招标要求的满足程度，进行评标和选定中标候选人的。评标委员会对各个评审因素进行量化时，应当将量化指标建立在同一基础或同一标准上，使各投标文件具有可比性。评标中需量化的因素及其权重应当在招标文件中明确规定。

③ 衡量各投标满足招标要求的程度。综合评估法采用将技术指标折算为货币或者综合评分的方法，分别对技术部分和商务部分进行量化的评审，然后将每一投标文件两部分的量化结果，按照招标文件明确规定的计权方法进行加权，算出每一投标的综合评估价或者综合评估分，并确定中标候选人名单。

④ 综合评估比较表。运用综合评估法完成评标后，评标委员会应当拟定一份综合评估比较表，连同书面的评标报告提交给招标人。综合评估比较表应当载明投标人的投标报价、所做的任何修正、对商务偏差的调整、对技术偏差的调整、对各评审因素的评估和对每一投标的最终评审结果。

⑤ 备选标的评审。招标文件允许投标人投备选标的，评标委员会可以对中标人的备选标进行评审，并决定是否采纳。不符合中标条件的投标人的备选标不予考虑。

⑥ 划分有多个单项合同的招标项目的评审。对于此类招标项目，招标文件允许投标人为获得整个项目合同而提出优惠，评标委员会可以对投标人提出的优惠进行审查，并决定是否将招标项目作为一个整体合同授予中标人。整体合同中标人的投标应当是最有利于招标人的投标。

3. 评标原则

评标过程中，应严格遵守下列原则。

1) 评标活动应当遵循公平、公正原则

（1）评标委员会应当根据招标文件规定的评标标准和办法进行评标，对投标文件进行系统的评审和比较。没有在招标文件中规定的评标标准和办法，不得作为评标的依据。招标文件规定的评标标准和办法应当合理，不得含有倾向或者排斥潜在投标人的内容，不得妨碍或者限制投标人之间的竞争。

（2）评标过程应当保密。有关标书的审查、澄清、评比和比较的有关资料、授予合同的信息等均不得向无关人员泄露。对于投标人的任何施加影响的行为，都应给予取消其投标资格的处罚。

2) 评标活动应当遵循科学、合理的原则

评标委员会可以以书面形式，要求投标人对投标文件中含义不明确、对同类问题表述不一致，或者有明显文字和计算错误的内容，作必要的澄清、说明或补正，但是不得改变投标文件的实质性内容。

案例 3-4

表 3-1 某工程项目采用的综合评分法评标细则

评分因素		细项说明及评分标准	得分	总分
技术标评分（总分60分）	投标人的综合实力和信誉（总分12分）	具有建筑施工总承包一级，地基与基础专业承包一级，钢结构工程专业承包二级及以上（最高8分）；具备其中一项，建施4分，地基2分，钢构2分，都具备8分	8	60
		综合实力及经营状况（最高4分）：一般，2分；较好，4分	4	
	项目经理及项目小组配备（总分12分）	项目经理及项目部人员有承担过医药类项目的工作业绩（最高3分）：同类项目的工作业绩≥2项，3分；同类项目的工作业绩≥1项，1.5分	3	
		业主反馈及其他评价（最高3分）：较好，3分；好，2分；一般，1分	3	
		在建工程SURVEY（最高6分）：现场管理及施工文件（方案、安全、进度……）系统合理组织完善，6分；一般，3分	6	
	投标人同类项目业绩（包括国际、国内）（总分4分）	近5年已完成同类项目（最高2分）：完成同类项目≥3项，1分；完成同类项目≥5项，2分	2	
		目前正在履行的同类项目（最高2分）：同类项目≥1项，1分；同类项目≥2项，2分	2	
	投标人在项目所在地同类项目业绩（总分3分）	近5年在项目所在地已完成或正在履行同类项目（最高3分）：同类项目≥2项，2分；完成同类项目≥4项，3分；非同类项目一律1分	3	
	施工方案（总分25分）	施工方案及平面布置合理性（0~3分）	3	
		施工进度计划及保证措施（0~5分）	5	
		质量、安全措施及质量保证体系（0~5分）	5	
		文明施工措施（0~4分）	4	
		项目重点与难点分析及合理化建议（0~5分）	5	
	施工工期（总分3分）	工期满足招标文件要求（0~1分）	1	
		对工期有承诺及有违约经济处罚措施（0~2分）	2	
	工程质量（总分4分）	工程质量符合招标文件要求（0~1分）	1	
		对质量有承诺，有违约经济处罚措施（0~3分）	3	

商务标评标方法：

以标底40%与各厂商报价算数平均数60%之和为基准价，最高或最低价格高于或低于次高或次低报价15%的厂商，在计算承包商算数平均数时不予考虑。且该厂商商务标得分为15分，以基准价为满分，报价比基准价每下降1%，扣1分，最多扣10分；报价比基准每高1%，扣2分，扣分不保底。

单价与合价不一致时以单价为准，但当评标委员会认为单价有明显的小数点错位的，则以合价为准。

经修正的投标书必须经投标人同意才具有约束力。如果投标人对评标委员会按规定进行的修正不同意时，应当视为拒绝投标，投标保证金不予退还。

3）评标活动应当遵循竞争和择优的原则

（1）评标委员会可以否决全部投标。评标委员会对各投标文件评审后认为所有投标文件都不符合招标文件要求的，可以否决所有投标。

（2）有效的投标书不足三个时不予评标。有效投标不足三个，使得投标明显缺乏竞争性，失去了招标的意义，达不到招标的目的，本次招标无效，不予评标。

（3）重新招标。有效投标人少于三个或者所有投标被评标委员会否决的，招标人应当依法重新招标。

4．评标程序

投标文件评审包括评标准备、初步评审、澄清、详细评审、提交评标报告和推荐中标候选人。

1）评标准备

（1）认真研究招标文件。通过认真研究，熟悉招标文件中的以下内容。

① 招标的目标。

② 招标项目的范围和性质。

③ 招标文件中规定的主要技术要求、标准和商务条款。

④ 招标文件规定的评标标准、评标方法和在评标过程中考虑的相关因素。

（2）招标人向评标委员会提供评标所需的重要信息和数据。

（3）编制评标需用的表格。需要编制的表格有：标价比较表或综合评估比较表。

2）初步评审

初步评审，又称投标文件的符合性鉴定。通过初评，将投标文件分为响应性投标和非响应性投标两大类。响应性投标是指投标文件的内容与招标文件所规定的要求、条件、合同协议条款和规范等相符，无显著差别或保留，并且按照招标文件的规定提交了投标担保的投标；非响应性投标是指投标文件的内容与招标文件的规定有重大偏差，或者是未按招标文件的规定提交担保的投标。响应性投标可以进入详细评标。

（1）投标文件排序。评标委员会应当按照投标报价的高低或者招标文件规定的其他方法对投标文件进行排序。

（2）废标。废标情况见后文详述。

（3）重大偏差。存在重大偏差的投标文件，属于非响应性投标。

① 没有按照招标文件要求提供投标担保或所提供的投标担保有瑕疵。

② 投标文件没有投标人授权代表的签字和加盖公章。

③ 投标文件载明的招标项目完成期限超过招标文件规定的期限。

④ 明显不符合技术规范、技术标准的要求。

⑤ 投标文件载明的货物包装方式、检验标准和方法等不符合招标文件的要求。
⑥ 投标文件附有招标人不能接受的条件。
⑦ 不符合招标文件中规定的其他实质性要求。
(4) 细微偏差。细微偏差是指投标文件在实质上响应招标文件的要求，但在个别地方存在漏项或者提供了不完整的技术信息和数据等情况。
① 细微偏差不影响投标文件的有效性。
② 评标委员会应当书面要求存在细微偏差的投标人在评标结束前予以补正。

3) 澄清

评标委员会可以要求投标人对投标文件中含义不明确的内容作必要的澄清或者说明，但是澄清或者说明不得超出投标文件的范围或者改变投标文件的实质性内容。

4) 详细评审

经初步评审合格的投标文件，评标委员会应当根据招标文件确定的评标标准和方法，对其技术部分和商务部分作进一步评审、比较。

评标和定标应当在投标有效期结束日30个工作日前完成。不能在投标有效期结束日30个工作日前完成评标和定标的，招标人应当通知所有投标人延长投标有效期。招标文件应当载明投标有效期。投标有效期从提交投标文件截止日起计算。

5) 提交评标报告和推荐中标候选人

评标委员会签署并向招标人提交评标报告，推荐中标候选人，评标委员会也可以根据招标人的授权，直接按照评标结果，确定中标人。

中标人的投标应当符合下列条件之一：能够最大限度地满足招标文件中规定的各项综合评价标准；能够满足招标文件的实质性要求，并且经评审的投标价格最低，但是投标价格低于成本的除外。评标委员会在评标报告中应依法推荐1～3名中标候选人，并对推荐的中标候选人进行排序。

5. 评标报告

评标委员会完成评标后，应当向招标人提出书面评标报告，并推荐合格的中标候选人。招标人、招标代理机构和有关主管部门，无权改变、剥夺评标委员会推荐中标候选人的法定权利，不得脱离评标报告，在中标候选人之外确定中标人。

评标委员会完成评标后，应当向招标人提交书面评标报告，并抄送有关行政监督部门，评标报告应当如实记载以下内容。

(1) 基本情况和数据表。
(2) 评标委员会成员名单。
(3) 开标记录。
(4) 符合要求的投标一览表。
(5) 废标情况说明。
(6) 评标标准、评标方法或者评标因素一览表。
(7) 经评审的价格或者评分比较一览表。
(8) 经评审的投标人排序。
(9) 推荐的中标候选人名单与签订合同前要处理的事宜。
(10) 澄清、说明、补正事项纪要。

评标报告由评标委员会全体成员签字。对评标结论持有异议的评标委员会成员可以书面阐述不同意见及其理由。评标委员会成员拒绝在评标报告上签字且不陈述其不同意见和理由的，视为同意评标结论。评标委员会应当对此作出书面说明并记录在案。

6. 废标情况

评标过程中，评标委员会如果发现法定的废标情形的，可以决定对个别或所有投标文件作废标处理；如果发现有效投标不足，以致投标明显缺乏竞争，则可以依法否决所有投标；如果发生投标人不足3个或所有的投标被否决等法定情形，招标人应依法重新招标。

废标，也称为按无效投标处理，是指评标委员会依据法律规定和招标文件的明确规定，在评标过程中对投标文件依法作出的取消其中标资格、不再予以评审的处理决定。有下列四种情形之一的，可按废标处理。

（1）评标委员会发现投标人以他人的名义投标、串通投标、以行贿手段谋取中标或者以其他弄虚作假方式投标的，该投标人的投标应作废标处理。

（2）评标委员会发现投标人的报价明显低于其他投标报价或者在设有标底时明显低于标底，使得其投标报价可能低于其个别成本的，应当要求该投标人作出书面说明并提供相关证明材料。投标人不能合理说明或者不能提供相关证明材料的，由评标委员会认定该投标人以低于成本报价竞标，其投标应作废标处理。

（3）投标人资格条件不符合国家有关规定和招标文件要求的，或者拒不按照要求对投标文件进行澄清、说明或者补正的，评标委员会可以否决其投标。

（4）未能在实质上响应招标文件要求的投标，应作废标处理。投标文件有下列情况之一的，属于未能对招标文件作出实质性响应的重大偏差。

① 没有按照招标文件要求提供投标担保或者所提供的投标担保有瑕疵。
② 投标文件没有投标人授权代表签字和加盖公章。
③ 投标文件载明的招标项目完成期限超过招标文件规定的期限。
④ 明显不符合技术规格、技术标准的要求。
⑤ 投标文件载明的货物包装方式、检验标准和方法等不符合招标文件的要求。
⑥ 投标文件附有招标人不能接受的条件。
⑦ 不符合招标文件中规定的其他实质性要求。

3.2.5 中标、签约和履约

1. 中标

中标，是指招标人从中标候选人中择优确定中标人并与其签订工程合同的行为，被确定为合同当事人的民事主体是中标人。评标委员会负责评标并推荐合格中标候选人，而确定中标人的权利应归属招标人。当然，确定中标人的权利，招标人可以自己直接行使，也可以授权评标委员会直接确定中标人。

（1）评标委员会提出评标报告后，招标人一般应在15日内确定中标人，最迟应在投标有效期结束日的30个工作日前确定。否则，招标人应书面通知所有投标人延长投标有效期，投标人有权拒绝延期并收回投标保证金。同意延长投标有效期的投标人应当相应延长其投标担保的有效期，但不得修改投标文件的实质性内容。

(2) 招标人应当接受评标委员会推荐的中标候选人,不得在评标委员会推荐的中标候选人之外确定中标人。

(3) 依法强制招标的工程项目,招标人应当确定排名第一的中标候选人为中标人。排名第一的中标候选人放弃中标、因不可抗力提出不能履行合同,或者招标文件规定应当提交履约保证金而在规定期限内未能提交的,招标人可以确定排名第二的中标候选人为中标人;排名第二的中标候选人因同样原因不能签订合同的,招标人可以确定排名第三的中标候选人为中标人。

(4) 招标人可以依据评标报告和推荐的中标候选人自行确定中标人,招标人也可授权评标委员会直接确定中标人。

2. 中标公示和中标通知书

为确保招标投标活动公平、公正、公开进行,有利于社会监督,确定中标人后,中标结果应当公示或者公告。采用公开招标的,在中标通知书发出前,要将预中标人的情况在该工程项目招标公告发布的同一信息网络和建设工程交易中心予以公示,公示的时间最短应当不少于2个工作日。

公示结束后,招标人应当向中标人发出中标通知书,告知中标人中标的结果,并同时将中标结果通知所有未中标的投标人。

中标通知书,是由招标人向中标人发出通知并确认其中标的书面凭证。中标通知书对招标人和中标人具有法律效力,就法律性质而言,中标通知书属于承诺。中标通知书发出后,招标人改变中标结果的应当赔偿中标人的损失;中标人放弃中标的,招标人可以没收中标人提交的投标保证金或者要求中标人赔偿因其放弃中标导致的损失。

招标人不得向中标人提出压低报价、增加工作量、缩短工期等违背中标人意愿的要求,并以此作为发出中标通知书或签订工程合同的条件。

3. 履约担保与合同签订

招标人和中标人应当自中标通知书发出之日起30日内,按照招标文件和中标人的投标文件订立书面合同。

招标文件要求中标人提交履约保证金或者其他形式履约担保的,中标人应当提交,履约担保一般有银行保函、履约担保书和保留金,履约担保一般为建设工程合同金额的10%左右;中标人拒绝提供履约担保的,视为放弃中标。招标文件要求中标人提交履约保证金或者其他形式履约担保的,招标人应当同时向中标人提供工程款支付担保。招标人不得擅自提高履约保证金,也不得强制要求中标人垫付中标项目建设资金。

招标人和中标人不得再行订立背离合同实质性内容的其他协议。"实质性内容"是指关于投标报价、工期、施工组织方案、质量标准、招标范围和工程量等涉及招标人和中标人权利义务关系的实体内容。

4. 招标投标情况报告和合同备案

依法必须进行招标的项目,招标人应当自确定中标人之日起15日内,向有关行政监督部门提交招标投标情况的书面报告。施工招标书面报告至少应包括:①招标范围;②招标方式和发布招标公告的媒介;③招标文件中投标人须知、技术条款、评标标准和方法、合同主要条款等内容;④评标委员会的组成和评标报告;⑤中标结果。

除此之外，招标人和中标人签订合同后，还应将合同提交相关主管部门登记，办理合同备案手续。订立书面合同后 7 日内，中标人应当将合同送工程所在地县级以上建设行政主管部门备案。

5. 投标保证金返还

招标人一般应在招标活动结束之后，及时返还投标人的投标保证金，但投标人有招标文件规定投标保证金不予退还的行为除外。招标人与中标人签订合同后 5 个工作日内，招标人应向中标人和未中标人退还投标保证金。各类招标项目关于投标保证金的退还规定略有差异。

若投标人在投标过程中违反谨慎和诚信投标义务，招标人有权没收投标人提交的投标保证金，以维护其合法权益。中标通知书发出后，中标人放弃中标项目的，无正当理由不与招标人签订合同的，在签订合同时向招标人提出附加条件或者更改合同实质性内容的，或者拒不提交所要求的履约保证金的，招标人可取消其中标资格，并没收其投标保证金；给招标人的损失超过投标保证金数额的，中标人应当对超过部分予以赔偿；没有提交投标保证金的，应当对招标人的损失承担赔偿责任。

6. 合同履行

中标人应当按照合同约定履行合同义务，完成中标项目。中标人不得向他人转让中标项目，也不得将中标项目肢解后分别转让给其他人。

中标人根据合同约定或者经招标人同意，可将中标项目的部分非主体、非关键性工作分包给具有相应资质的分包单位完成。中标人和分包单位就中标项目对招标人承担连带责任。

案例 3-5

某财政资金投资建设的奥体中心被确定为省重点工程，拟公开招标选择总承包商，有五家单位通过了资格审查，取得了投标资格。由招标人主持开标，并在开标会议上公布了最新的评标标准和方法，作为招标文件的附件发送给各投标人。

开标后发现：A 提交的投标函中的投标报价字迹不清，难以辨别。经评审，评标委员会推荐 C、D、E 分别为第一、第二和第三中标候选人。招标人看重 D 的技术方案和丰富的施工经验将其确定为中标人，但是 D 的报价略高于 C，遂要求 D 以 C 的报价承包该项目，D 同意了招标人的要求，最后双方在发出中标通知书后第 35 天签订了正式的工程承包合同。

问题：

（1）在开标会上公布最新的评标标准和方法是否合法？为什么？

（2）A 的投标文件是否有效？为什么？

（3）招标人确定 D 为中标人是否合法？为什么？

（4）招标人在与 D 签订合同过程中有无不妥之处？若有，请指出并说明理由。

【解】（1）《招标投标法》第 40 条规定："应当按照招标文件确定的评标标准和方对投标文件进行评审和比较。"《评标委员会和评标方法暂行规定》第 17 条规定："评标委员会应当根据招标文件规定的评标标准和方法，对投标文件进行系统评审和比较。招标文件中没有规定的标准和方法不得作为评标的依据。"因此，本案中招标人在开标会议上公布最新的评标标准和方法，并将其作为评标依据的做法不合法。

（2）根据《招标投标法》和相关配套法规的规定，若投标文件没有实质响应招标文件的要求的，按废标处理。《工程建设项目施工招标投标办法》第50条明确规定，投标文件关键字迹模糊不清、无法辨认的，视为废标。本案中，A的投标报价字迹不清、无法辨认，属于该《办法》中规定的关键内容字迹不清，故A的投标文件无效，应按废标处理。

（3）招标人有权决定从评标委员会推荐的中标候选人中决定中标人，但是《评标委员会和评标方法暂行规定》第48条规定"对于使用国有资金的项目，招标人应当确定排名第一的中标候选人为中标人"。本案中，奥体中心为使用国有资金的项目，根据规定应以排名第一的C为中标人，招标人在C未放弃中标的情况下以排名第二的D为中标人不合法。

（4）《招标投标法》第46条规定，招标人和中标人应当自中标通知书发出之日起30日内，按照招标文件和中标人的投标文件订立书面合同。本案中，招标人在发出中标通知书后第35天、并在中标人D同意降低造价的情况下与其签订正式合同，应认定为不合法。

3.3 工程项目勘察设计招投标

3.3.1 工程勘察设计招标的特点

1. 勘察招标的特点

如果勘察工作仅委托勘察任务而无科研要求，委托工作大多属于用常规方法实施的内容（地形图测绘、岩土、水文勘察）。任务比较明确具体，可以在招标文件中给出任务的数量指标，如地质勘探的孔位、探眼数量、总钻探进尺长度等。

勘察任务可以单独委托给具有相应资质的勘察单位实施，也可以将其包括在设计招标任务中，由勘察设计总承包。也就是说，由具有相应能力的设计单位完成或由其选择承担勘察任务的专业勘察分包单位承包。采用总承包招标，在合同履行过程中招标人和监理可以减少合同实施过程中可能遇到的各种协调义务，而且能使勘察工作直接根据设计需要进行，满足设计对勘察资料精度、内容和进度的要求，必要时还可以进行补充勘察工作。

2. 设计招标的特点

投标人将招标人对项目的设想变为可实施的方案。

招标人在设计招标文件中对投标人所提出的要求比较模糊、各种指标不是很明确具体，只是简单介绍建设项目的实施条件、预期达到的技术经济指标、投资限额、进度要求等。投标人要根据招标条件、现场踏勘资料和相关文件资料，对建设项目的设想变为可实施的初步方案，然后在投标文件中分别报出各自对项目的构思方案、实施计划和设计费用报价。招标人通过开标、评标程序对各方案进行比较，综合评定择优确定中标方案和中标人。

3.3.2 勘察设计的招标文件

1. 勘察招标文件

勘察招标文件主要包括以下几项。

(1) 投标邀请书。
(2) 投标人须知及前附表。
(3) 合同协议书及条款。
(4) 工作范围与技术要求。
(5) 投标文件格式。
(6) 评标方法。

2. 设计招标文件

设计招标文件的主要内容包括以下几方面。

(1) 一般内容。投标须知、合同条件、现场考察与标前会议的时间、地点等。

(2) 设计依据文件和设计依据资料。设计依据文件是指设计任务书及其他有关的经主管部门批复的文件或者其复制件，以及提供设计所需资料的内容、方式和时间。

(3) 项目说明书。工作内容，设计范围、深度和进度要求，建设周期，投资限额等。

(4) 设计要求文件。设计要求文件又称设计大纲，是设计招标文件最重要的组成部分。内容包括：①设计文件编制依据。②规划要求、技术经济指标要求和平面布局要求。③结构形式和结构设计方面的要求。④设备、特殊工程、环保、消防等方面的要求。

3.3.3 勘察设计招标评标

招标人应在招标文件中合理、公正、科学地设置评标因素和评标方法，以利于优秀设计方案的甄别。

1. 评标因素的选择

实践证明，工程项目设计招标的核心是商务因素和技术因素，其次是经济因素。应根据项目特征和要求赋予相应的分值权重。鉴于工程项目设计属于智力服务，经济因素的权重不宜太高，一般不超过15%。

(1) 商务因素。工程设计招标的商务因素一般包括投标人的设计资质等级，管理体系认证，类似项目设计业绩，拟投入的设计团队人员的资格、业绩、经验，特别是总设计师、总建筑师等人的资格、业绩、经验，投标人的设计服务承诺和建议，投标人的设计周期和设计进度安排等内容。

(2) 技术因素。工程设计招标的技术因素一般包括项目的规划设计指标、总平面布局、单体平面布置、功能分区、立体空间设计、建筑创意造型、主要技术经济指标、节能环保、交通和结构、可实施性和持续性等内容。

(3) 经济因素。工程设计招标的经济因素主要是设计费投标报价及其合理性、设计费支付进度等。

2. 评标方法的选择

工程建设项目设计招标的评标方法通常采用综合评估法。实践中通常采用初步评审和详细评审两个步骤。

初步评审主要是评标委员会专家按照招标文件规定的要求，通过无记名投票方式对投标文件进行符合性审查，通过符合性审查的投标文件进入详细审查。

详细评审主要是评标委员会专家按照招标文件规定的要求，通过无记名投票方式对投标文件的商务、技术和经济的评价因素、内容进行具体的综合评估，按照综合得分从高到低进行排名，最后推荐前三名为中标候选人。

某民用建筑住宅工程设计招标中，招标人在招标文件的商务评标因素和标准的选择时，主要从投标人的设计资质、管理体系、业绩、团队等方面考虑，其商务评标因素和标准如表3-2所示。

表3-2 某民用建筑工程设计招标商务评分因素和标准

序号	评分项目	权重值	评分标准	分项分值	得分
1	设计资质及管理体系认证	10	企业设计资质符合招标文件规定的资质等级，是否通过ISO质量认证并成功运行一段时间	10	
2	类似项目设计业绩	30	近年完成类似项目业绩	15	
			类似项目是否投入使用	15	
3	投标人拟投入的项目设计团队人员资格、业绩情况	40	项目总设计师是否主持设计过类似工程	20	
			设计师技术水平（职称、论著、个人获奖情况）及同类工程业绩	10	
			设计组成员是否齐备	10	
4	投标人的设计周期和设计进度安排	10	工期是否合理并满足招标文件要求，为建设好本工程，设计单位提交的各项服务	10	
5	投标人的设计服务承诺和建议	10	服务承诺是否合理并满足招标文件要求，建议是否合理	10	

根据以上表3-2可以看出，招标人对投标人的业绩及项目团队的资格、业绩是比较在意的，也符合设计招标商务标评标因素和标准的设置要求，有利于保证项目设计质量。

3.4 工程监理招投标

3.4.1 建设工程监理招标投标的特点

区别与施工招标，监理招标主要具有下列特点。

（1）招标宗旨是对监理单位能力的选择。监理服务是监理单位的高智能投入，服务工作的好坏更多地取决于监理工作人员的业务专长、经验、判断能力、创新能力及风险意识。监理招标是能力竞争而不是价格竞争。

（2）报价在选择中居于次要地位。

（3）邀请投标人较少。选择监理单位时，一般邀请投标人的数量为3~5家。

3.4.2 建设监理招标文件

监理招标文件应当能够指导投标人提出实施监理工作的方案建议。主要内容有以下几项。

（1）投标须知。内容包括：工程项目综合说明、监理范围和业务、投标文件的编制及提交、无效投标文件的规定、投标起止时间、开标的时间和地点、招投标文件的澄清和修改、评标办法等。

（2）合同条件。招标人向投标人提出的为取得中标必须满足的（甚至是苛刻的）条件。投标人应认真分析其中可能存在的风险，防范意外的损失。

（3）业主提供的现场办公条件。交通、通信、住宿、办公用房等方面的办公条件。

（4）对监理人的要求。对监理人员、检测手段、解决工程技术难点等方面的要求。

（5）其他事项。

3.4.3 监理招标评标

1. 对投标文件的评审

（1）投标人的资质。

（2）监理大纲。评审监理大纲中的质量、进度、投资等控制方法的科学性、合理性。

（3）拟派的项目主要监理人员。重点是总监理工程师和主要专业工程师。

（4）用于本工程的检测设备和仪器或委托的检测单位的情况。通常有基本满足和完全满足工程监理的需要两类，不能满足需要的不予评审。

（5）监理费报价及其费用组成。

（6）企业信誉、监理业绩和招标文件要求的其他条件。

2. 投标文件的比较

对投标文件进行比较时，可以采用综合评分法。具体的评分方法应当在开标前确定，开标后不得更改。评分方法如表3-3所示。通过综合评分，取得分最高的2~3名投标人为中标候选人。

$$项目得分＝项目权重×项目评价分$$

表3-3 某民用建筑工程监理招标商务评分因素和标准

序号	评分项目	权重值	评分标准	分项分值	得分
1	投标人的资质	15	好(10)；中(5)；差(0)	15	
2	监理规划	15	好(10)；中(5)；差(0)	15	
3	总监理工程师资格及业绩	15	好(10)；中(5)；差(0)	15	
4	人员派驻计划及人员素质	10	好(10)；中(5)；差(0)	10	
5	检测手段	15	好(10)；中(5)；差(0)	15	

续表

序号	评分项目	权重值	评分标准	分项分值	得分
6	投标人的业绩及奖惩情况	10	好(10);中(5);差(0)	10	
7	监理费报价和费用组成	10	好(10);中(5);差(0)	10	
8	投标人社会信誉	10	好(10);中(5);差(0)	10	

本 章 小 结

　　作为国际惯例,招标投标是各国政府、国际组织和私人企业在大宗货物采购、建设工程承包和提供咨询服务时,广泛采用的一种竞争性公开交易方式。

　　现行《建筑法》确立了工程建设招标投标制度,2000年1月1日正式实施的《招标投标法》标志着我国工程建设招标投标实践和管理步入法制化轨道。目前,已经初步建立了较为完善的工程建设招标投标法规体系,其中,《招标投标法》和《建筑法》是调整工程建设招标投标活动的基本法,国务院部委颁布的部门规章则是现行招标投标法规的主要渊源。

　　《招标投标法》确立了工程建设招标投标的五项基本制度,即:(1)确立了建设工程强制招标制度;(2)明确招标投标活动应当遵循公开、公平、公正和诚实信用原则;(3)建立了对招标投标活动的行政监督体制;(4)明确了两种招标采购方式——公开招标和邀请招标;(5)确立了两种招标组织方式——招标人自行招标和委托招标代理机构办理招标。

　　完整的工程建设招标投标过程包括招标、投标、开标、评标、中标和签约六个阶段。招标投标过程中,任何招标投标活动均应遵循公开、公平、公正和诚实信用的基本原则,自觉接受有关部门和社会各界的监督,以严格规范的"阳光采购"程序实现预定的招标目的。

习　　题

1. 填空题

　　(1) 招标主要有_____和_____两种方式。

　　(2) 招标人采用公开招标方式的,应当发布_____;招标人采用邀请招标方式的,应当向3个以上具备承担招标项目的能力、资信良好的特定的法人或者其他组织发出_____。

　　(3) 投标保证金一般不得超过投标总价的_____,但最高不得超过_____万元人民币。

　　(4) 由同一专业单位组成的联合体,按照资质等级_____的单位确定资质等级。

　　(5) 如果发生投标人不足_____个或所有的投标被否决等法定情形的,招标人应依法重新招标。

(6) 招标人和中标人应当自中标通知书发出之日起_____日内，按照招标文件和中标人的投标文件订立书面合同。

2. 选择题

(1) 对于未中标的单位，招标单位应退还给其(　　)。(单选)
A. 参加投标的费用　　　　　　　　B. 购买招标文件的费用
C. 投标保证金　　　　　　　　　　D. 参加投标人员的旅差费

(2) 国家计委颁布的《建设工程项目招标范围和规模标准规定》中规定：施工单项合同估算价在(　　)万元人民币以上，必须进行招标。(单选)
A. 50　　　　　B. 100　　　　　C. 200　　　　　D. 300

(3) 开标会议应当由(　　)主持。(单选)
A. 招标人　　　　　　　　　　　　B. 投标人代表
C. 公证人员　　　　　　　　　　　D. 建设行政部门的工作人员

(4) 建设工程监理招标的宗旨是对监理单位(　　)的选择。(单选)
A. 报价　　　　　　　　　　　　　B. 能力
C. 资历信誉　　　　　　　　　　　D. 规模和经济实力

(5) 施工招标时，下列情况中(　　)属于废标。(多选)
A. 投标书未密封　　　　　　　　　B. 投标书逾期送达
C. 投标人未按要求提供投标担保　　D. 投标书未按规定格式填写
E. 投标单位递送标书后发觉有误，在截止日期前加补充函件的

(6) 投标单位有以下行为时，(　　)招标单位可视其为严重违约行为而没收投标保证金。(多选)
A. 通过资格预审后不投标　　　　　B. 不参加开标会议
C. 中标后拒绝签订合同　　　　　　D. 开标后要求撤回投标书
E. 不参加现场考察

(7) 以下(　　)情况是可以经有关部门的申请，不进行招标的。(多选)
A. 涉及国家安全、国家秘密或者抢险救灾而不适宜招标的
B. 属于利用扶贫资金实行以工代赈但未使用农民工的
C. 施工主要技术采用特定的专利或者专有技术的
D. 施工企业自建自用的工程
E. 在建工程追加的附属小型工程或者主体加层工程，原中标人仍具备承包能力的

(8) 下列各项中，属于常用投标技巧的有(　　)。(多选)
A. 突然降价法　　　　　　　　　　B. 多方案报价法
C. 不平衡报价法　　　　　　　　　D. 决策树法
E. 增加建议方案法

(9) 施工投标文件的编制内容包括(　　)。(多选)
A. 投标书　　　　　　　　　　　　B. 投标保证金
C. 合同条件　　　　　　　　　　　D. 具有标价的工程量清单与报价表
E. 对招标文件中的合同协议条款内容的确认和响应

3. 练习题

（1）[背景]某中央财政投资的大型基础设施项目，总投资超过10亿元，项目法人委托一家符合资质条件的工程招标代理公司全程代理招标事宜。在招标过程中发生如下事件。

事件1：在评标过程中，发现投标人D的投标文件中没有投标人授权代表签字；投标人H的单价与总价不一致，单价与工程量乘积大于投标文件的总价，招标文件中没有约定此类情况为重大偏差。

事件2：在评标过程中，评标委员会发现其中G投标人的投标报价低于原标底的30%。询标时，G投标人发来书面更改函，承认原报价存在遗漏，将报价整体上调至接近于标底的99%。

事件3：在评标过程中，投标人A发来书面更改函，对施工组织设计中存在的笔误进行了勘误，同时对其投标文件中，超过招标文件计划工期的投标工期调整为在招标文件约定计划工期基础上提前10日竣工。

事件4：经评审，各投标人综合得分的排序依次是H、E、G、A、F、C、B、D。有评标委员对此结果有异议，拒绝在评标报告上签字，但又不提出书面意见。

事件5：确定中标人H后，中标人H认为工程施工合同过分袒护招标人，需要对招标文件中的合同条件进行调整，特别是当事人双方的权利与义务；招标人同时提出在中标价的基础上降低10%的要求，否则招标人不签订施工合同。

问题：
① 事件1至事件5应如何处理？并简要陈述理由。
② 评标委员会应推荐哪三个投标人为中标候选人？

（2）[背景]某招标人计划采购一批高速公路机电设备，最初准备采用邀请招标的方式，后经咨询有关专家后，决定改为公开招标和资格预审方式。招标过程中发生以下事件。

事件1：2007年7月1日上午9：00开始发售资格预审文件，7月9日下午2：00为潜在投标人递交资格预审申请文件截止时间。

事件2：经评审，R_1合同段有7家单位通过资格预审，R_2合同段有4家单位通过资格预审，R_3合同段有2家单位通过资格预审。之后向3个合同段通过资格预审的潜在投标人发出投标邀请书。

事件3：本项目招标文件自7月15日开始发售，招标文件中规定投标保证金数额为每个合同段人民币100万元。

事件4：招标文件中规定2007年7月28日下午2：00为投标文件递交截止时间，并在同一时间举行开标。7月28日下午，一名外地投标人由于交通问题于2：10到达现场，当时开标还未正式开始，经与监督部门协商，招标人接受了该投标文件。

事件5：评标结束后，招标人于8月10日发出中标通知书，R_2合同段的中标人因为特殊原因于8月20日收到此中标通知书。经合同谈判，招标人与R_2合同段的中标人于9月15日签订了合同。

事件6：在中标通知书发出后，招标人认为R_1合同段的中标价格偏高，在合同谈判时要求R_1合同段的中标人降低价格。在降价10%后，招标人与R_1合同段的中标人签订合同。

问题：
（1）该项目如采用邀请招标是否合理？
（2）招标过程中存在哪些问题？请逐一进行分析。
（3）[背景]某市政工程项目有政府投资建设，建设单位委托某招标代理公司代理施工招标。

招标代理公司确定该项目采用公开招标方式招标，招标公告仅在当地政府规定的招标信息网上发布，招标文件对省内外投标人提出了不同要求。招标文件规定，投标担保可采用投标保证金或者投标保函方式，评标方法采用经评审的最低投标价法，投标有效期为60天。

发布施工招标信息后，共有12家潜在投标人参与投标。在对潜在投标人的资质条件、业绩进行资格审查后确定其中6家公司为投标人。开标后发现以下情况。

A的投标报价为8 000万元，为最低投标报价；B在开标后又提交了一份补充说明，表示可以降价5%；C提交的银行投标保函有效期为50天；D的投标函上盖有企业及其企业法定代表人的印章，没有项目负责人的印章；E与其他投标人组成投标联合体，附有各方资质证书，没有联合体共同投标协议；F的投标报价最高，故F在开标后第二天撤回其投标文件。

经评审，A被确定为第一中标候选人。发出中标通知书后，招标人与A进行合同谈判，希望A能够压缩工期、降低工程报价。后经双方协商一致，不压缩工期，A降低报价4%。

问题：
① 本项目招标公告和招标文件有无不妥之处？请说明理由。
② 招标代理公司对潜在投标人的资格预审是否恰当？请说明理由。
③ 请判断6家公司投标文件的有效性，并说明理由。
④ F的行为是否合法？请说明理由。若不合法，应如何处理？
⑤ 招标人与中标人A签订合同的行为是否妥当，合同价格应为多少？请说明理由。

第4章
工程项目进度管理

教学目标

本章主要讲述进度管理的基本理论和方法。通过学习本章，应达到以下目标：
(1) 理解进度计划管理的概念；
(2) 熟悉工程进度计划的编制；
(3) 掌握工程进度计划控制的措施和方法。

教学要求

知识要点	能力要求	相关知识
工程项目进度管理概述	(1) 理解进度和进度计划的概念； (2) 工程项目进度影响因素； (3) 工程项目进度管理过程； (4) 工程项目进度管理措施	(1) 工程项目进度控制的任务； (2) 工程项目进度管理目标
工程项目进度计划的编制	(1) 熟悉施工进度计划编制的依据和步骤；进度计划的执行； (2) 掌握网络图的绘制和时间参数计算进度检查	(1) 衡量进度的指标； (2) 进度计划系统的类型； (3) 进度计划的不同形式
工程项目进度计划的优化	工期优化 (1) 工期——费用优化； (2) 工期——资源优化	(1) 工期——费用优化的步骤； (2) 工期——资源优化的步骤
工程项目进度控制	(1) 进度控制； (2) 进度调整	(1) 进度控制原理； (2) 进度调整的方法和内容

基本概念

进度管理；工期优化；进度计划系统；流水施工；关键工作；时差；实际进度前锋线

引例

项目的目标，就是实施项目所要达到的期望结果，即项目所能交付的成果或服务。在工程项目管理过程中，引入 PDCA 管理方法，能确保施工质量，实现了预期的质量目标。如某学校建设教学楼、图书馆、实验楼、体育馆、工程训练中心等单项工程，2012 年 8 月进行施工建设，到 2013 年 8 月份交付使用。项目实施进度为前期工作 4 个月，工程实施阶段 12 个月，竣工交付使用阶段 1 个月。该项目部制定了详细的施工进度计划，针对建筑施工过程中可能出现的质量通病，结合工程的施工图设计深度、当地所供材料的特性等情况，经过周密调查，细致分析和充分论证，查寻潜在的质量影响因素，提出了相应的计划措施，抓住影响质量的关键重点，采取相应措施，使该项目顺利按合同工期完成任务。

4.1 工程项目进度管理概述

项目进度管理是工程项目管理中的中心控制内容之一，是保证项目按期完成，合理安排资源供应，节约建设成本的重要措施，也是衡量工程管理水平的标志。

4.1.1 工程项目进度管理

1. 工程项目进度

进度一般是指活动或工作进行的速度；工程项目进度，或称工程进度，指工程项目进行的速度。工程项目进度不能过慢或过快，工程进度过慢会导致工程项目工期拖延，引发业主的索赔；工程进度过快会增加资源的供应强度，进而增加工程成本，容易引发质量问题。因此，在现代工程项目管理中，进度已被赋予综合的含义，它将工程项目任务、工期、成本有机地结合起来，形成一个综合的指标，能全面反映项目的实施状况。

2. 工程项目进度计划

工程项目进度计划是指在既定施工方案的基础上，根据规定的工期和各种资源供应条件，对组成项目的各单位工程、各分部分项工程的施工顺序、施工起止时间及衔接关系进行合理安排的计划。项目进度计划是进行项目进度管理的重要依据，是保证项目按合同规定的日期交工，实现项目建设投资预期的经济效益、社会效益和环境效益的根本保障。

进度计划可分为：设计进度计划、施工进度计划和物资设备供应进度计划等。而施工进度计划，可按实施阶段分解为逐年、逐季、逐月等不同阶段的进度计划；也可按项目的结构分解为单位(项)工程、分部分项工程的进度计划。

3. 工程项目进度管理

工程项目进度管理是指对工程项目各阶段的工作内容、工作程序、持续时间和衔接关系编制进度计划，并将该计划付诸实施，在实施的过程中经常检查实际进度是否按计划要求进行，对出现的偏差分析原因，通过采取补救措施或调整修改原计划等方式进行管理，直至工程竣工、交付使用。进度控制的最终目的是确保项目进度总目标的实现，即工程项目的工期。

进度管理包括为确保项目按期完成所必需的所有过程，包括工作的定义、工作顺序安排、工作时间估算、进度计划和进度控制等。

4. 建设工程项目进度控制的任务

业主方进度控制的任务是控制整个项目实施阶段的进度，包括控制设计准备阶段的工作进度、设计工作进度、施工进度、物资采购工作进度，以及项目动用前准备阶段的工作进度。

设计方进度控制的任务是依据设计任务委托合同对设计工作进度的要求控制设计工作进度，这是设计方履行合同的义务。另外，设计方应尽可能使设计工作的进度与招标、施工和物资采购等工作进度相协调。在国际上，设计进度计划主要是确定各设计阶段的设计图纸（包括有关的说明）的出图计划，在出图计划中标明每张图纸的出图日期。

施工方进度控制的任务是依据施工任务委托合同对施工进度的要求控制施工工作进度，这是施工方履行合同的义务。在进度计划编制方面，施工方应视项目的特点和施工进度控制的需要，编制深度不同的控制性和直接指导项目施工的进度计划，以及按不同计划周期编制的计划，如年度、季度、月度和旬计划等。

供货方进度控制的任务是依据供货合同对供货的要求控制供货工作进度，这是供货方履行合同的义务。供货进度计划应包括供货的所有环节，如采购、加工制造、运输等。

5. 工程项目进度计划系统

从项目整体角度看，建设工程包括多个相互关联的进度计划，各项目参与方，各不同层次项目管理者都有他们的进度计划，他们组成了一个系统。对于总目标的实现而言，缺一不可。建设工程项目进度计划系统是项目进度控制的依据。由于各种进度计划编制所需要的必要资料是在项目进展过程中逐步形成的，因此项目进度计划系统的建立和完善也有一个过程，它是逐步形成的。比如没有设计的图纸和说明，是不能编制施工进度计划的。

根据项目进度控制不同的需要和不同的用途，业主方和项目各参与方可以构建多个不同的建设工程项目进度计划系统。

（1）由不同深度的计划构成进度计划系统，包括：①总进度规划（计划）；②项目子系统进度规划（计划）；③项目子系统中的单位工程（或单项工程）进度计划等。

（2）由不同功能的计划构成进度计划系统，包括：①控制性进度规划（计划）；②指导性进度规划（计划）；③实施性（操作性）进度计划等。

（3）由不同项目参与方的计划构成进度计划系统，包括：①业主编制的整个项目实施的进度计划；②设计进度计划；③施工进度计划；④采购和供货进度计划等。

（4）由不同周期的计划构成进度计划系统，包括：①五年建设进度计划；②年度、季度、月度、旬和周进度计划等。

在建设工程项目进度计划系统中，各进度计划或各子系统进度计划编制和调整时必须注意其相互之间的联系和协调。

4.1.2 工程项目进度影响因素

由于工程建设项目具有庞大、复杂、周期长、相关单位多等特点，故影响工程项目进度有诸多因素，影响建设工程进度的不利因素有很多，如人为因素，技术因素，设备、材料及构配件因素，机具因素，资金因素，水文、地质与气象因素，以及其他自然与社会环境等方面的因素。在工程建设过程中，常见的影响因素如下。

1. 项目参加者因素

影响工程项目施工进度的单位不只是施工承包单位，还有与工程建设有关的单位。如政府、业主、设计、物资供应、贷款,以及运输、通信、供电部门等,其工作进度的拖后必将对施工进度产生影响。因此,控制施工进度仅仅考虑承包单位是不够的,必须充分发挥监理的作用,协调各相关单位之间的进度关系。对于无法进行协调控制的进度关系,在进行进度计划的安排中应留有足够的机动时间。另外,施工单位自身管理水平、技术水平以及项目经理部在现场的组织、协调与控制能力的影响也是重要的因素。

2. 施工的技术因素

施工过程需要的材料、构配件、机具和设备等不能按期运抵施工现场或运抵后发现不符合有关标准的要求,都会影响施工进度。质量不合格引起返工,低估施工技术难度,对出现的技术问题采取的措施不当及施工安全措施不当等。由于施工现场的情况千变万化,若承包单位的施工方案不恰当、计划不周详、管理不完善、解决问题不及时等,都会影响工程项目的施工进度。

3. 设计变更因素

由于原设计有问题需要修改,或由于业主提出了新的要求,在施工过程中出现设计变更是在所难免的。应加强图纸的审查,严格控制随意变更,特别应对业主提出的非必要的变更要求进行制约。

4. 资金因素

工程的顺利施工必须有足够的资金作保障。通常,资金的影响来自建设单位,由于建设单位不能按时拨付工程款,或由于拖欠工程进度款,甚至要求承包商垫资,将会影响承包单位的流动资金周转,从而影响施工进度。

5. 不利条件因素

在施工过程中遇到气候、水文、地质及周围环境等方面的不利因素,或是需要处理地下的障碍、隐患和文物,则必然影响到施工进度。

总之,在进度控制时可充分利用有利因素,预防和克服不利因素,使进度目标制订得更加可行;在进度控制实施过程中,事先制订预防措施,事中采取有效办法,事后进行妥善补救,缩小实际进度与计划进度的偏差,争取对工程进度实施主动控制和动态控制。

4.1.3 工程项目进度管理过程

1. 工程项目进度管理程序

(1) 确定进度目标,明确计划开工日期、计划总工期和计划竣工日期,并确定项目分期分批的开工、竣工日期。

(2) 编制施工进度计划,并使其得到各个方面如施工企业、建设单位、监理工程师的批准。

(3) 实施进度计划,由项目经理部的工程部调配各项项目施工资源,组织和安排各工程队按进度计划的要求实施工程项目。

(4) 施工项目进度控制,在施工项目部计划、质量、成本、安全、材料、合同等各个职能部门的协调下,定期检查各项活动的完成情况,记录项目实施过程中的各项信息,用进度控制比较方法判断进度完成情况，如进度出现偏差，则应调整进度计划，以实现项目进度的动态管理。

（5）阶段性任务或全部任务完成后，应进行进度控制总结，并编写进度控制报告。

2. 工程项目进度管理目标

在确定工程项目进度目标时，必须全面、细致地分析与建设工程进度有关的各种有利因素和不利因素，只有这样，才能制订出一个科学、合理的进度管理目标。确定工程项目进度管理目标的主要依据有：建设工程总进度目标对施工工期的要求；工期定额、类似工程项目的实际进度；工程难易程度和工程条件的落实情况等。

确定工程项目进度目标应考虑以下几个方面。

（1）对于大型建设工程项目，应根据尽早提供可动用单元的原则，集中力量分期分批建设，以便尽早投入使用，尽快发挥投资效益。这时，为保证每一动用单元能形成完整的生产能力，就要考虑这些动用单元交付使用时所必需的全部配套项目。因此，要处理好前期动用和后期建设的关系，每期工程中主体工程与附属工程之间的关系等。

（2）结合本工程的特点，参考同类建设工程的经验来确定施工进度目标，避免只按主观愿望盲目确定进度目标，从而在实施过程中造成进度失控。

（3）考虑工程项目所在地区地形、地质、水文、气象等方面的限制条件。

（4）外部协作条件的配合情况。包括施工过程及项目竣工动用所需的水、电、气、通信、道路及其他社会服务项目的满足程度和满足时间。它们必须与有关项目的进度目标相协调。

（5）合理安排土建与设备的综合施工。要按照它们各自的特点，合理安排土建与设备基础、设备安装的先后顺序及搭接、交叉或平行作业，明确设备工程对土建工程的要求和土建工程为设备工程提供施工条件的内容及时间。

（6）做好资金供应能力、施工力量配备、物资供应能力与施工进度的平衡工作，确保满足工程进度目标的要求。

4.1.4 工程项目进度管理措施

工程项目项目进度控制的措施主要有组织措施、技术措施、合同措施、经济措施和信息管理措施等。

1. 组织措施

组织措施是实现进度控制的有效措施。为有效控制工程项目的进度，必须处理好参建各方工作中存在的问题，建立协调的工作关系，通过明确各方的职责、权利和工作考核标准，充分调动和发挥各方工作的积极性、创造性及潜在能力。建立施工项目进度实施和控制的组织系统，订立进度控制工作制度：检查时间、方法，召开协调会议时间、人员等，落实各层次进度控制人员、具体任务和工作职责，确定施工项目进度目标，建立施工项目进度控制目标体系。

2. 技术措施

建设工程项目进度控制的技术措施涉及对实现进度目标有利的设计技术和施工技术的

选用。尽可能采用先进施工技术、方法和新材料、新工艺、新技术，保证进度目标实现。设计工作前期，应对设计技术与工程进度的关系作分析比较；工程进度受阻时，应分析有无设计变更的可能性。在决策选用施工方案时，应考虑其对进度的影响。落实施工方案，在发生问题时，能适时调整工作之间的逻辑关系，加快施工进度。

3. 合同措施

合同措施是主要施工合同，是建设单位与施工单位订立的，用来明确责任、权利关系的具有法律效力的协议文件，是运用市场经济体制组织项目实施的基本手段。建设单位根据施工合同要求施工单位在合同工期内完成工程建设任务，并以施工单位实际完成工程量为依据，按施工合同约定的方式、比例支付工程款。因此，合同措施是建设单位进行目标控制的重要手段，是确保目标控制得以顺利实施的有效措施。

以合同形式保证工期进度的实现，即保持总进度控制目标与合同总工期相一致，分包合同的工期与总包合同的工期相一致。供货、供电、运输、构件加工等合同规定的提供服务时间与有关的进度控制目标一致。

4. 经济措施

经济措施是指利用经济手段来控制工程进度，如业主通过行使支付控制权来控制工程进度。建设工程项目进度控制的经济措施涉及资金需求计划、资金供应的条件和经济激励措施等。

5. 信息管理措施

信息管理措施则主要包括建立进度信息收集和报告制度，定期进行计划进度与实际进度的比较，及时提供进度比较分析报告等。建立对施工进度能有效控制的监测、分析、调整、反馈信息系统和信息管理工作制度，随时监控施工过程的信息流，实现连续、动态的全过程进度目标控制。信息技术应用是一种先进的管理手段，有利于提高进度信息处理的速度和准确性，有利于增加进度信息的透明度，有利于促进相互间的信息统一与协调工作。

4.2 工程项目进度计划的编制

4.2.1 工程项目进度总目标的论证

建设工程项目的总进度目标指的是整个工程项目的进度目标，它是在项目决策阶段项目定义时确定的，项目管理的主要任务是在项目的实施阶段对项目的目标进行控制。建设工程项目总进度目标的控制是业主方项目管理的任务(若采用建设项目工程总承包的模式，协助业主进行项目总进度目标控制也是建设项目工程总承包方项目管理的任务)。在进行建设工程项目总进度目标控制前，首先应分析和论证进度目标实现的可能性。若项目总进度目标不可能实现，则项目管理者应提出调整项目总进度目标的建议，并提请项目决策者审议。

1. 工程项目实施阶段项目总进度包括的内容

(1) 设计前准备阶段的工作进度。
(2) 设计工作进度。
(3) 招标工作进度。
(4) 施工前准备工作进度。
(5) 工程施工和设备安装进度。
(6) 工程物资采购工作进度。
(7) 项目动用前的准备工作进度等。

建设工程项目总进度目标论证应分析和论证上述各项工作的进度，以及上述各项工作进展的相互关系。

在建设工程项目总进度目标论证时，往往还不掌握比较详细的设计资料，也缺乏比较全面的有关工程发包的组织、施工组织和施工技术等方面的资料，以及其他有关项目实施条件的资料，因此，总进度目标论证并不是单纯的总进度规划的编制工作，它涉及许多工程实施的条件分析和工程实施策划方面的问题。

2. 大型建设工程项目总进度目标

总进度纲要的主要内容包括以下几方面。

(1) 项目实施的总体部署。
(2) 总进度规划。
(3) 各子系统进度规划。
(4) 确定里程碑事件的计划进度目标。
(5) 总进度目标实现的条件和应采取的措施等。

4.2.2 工程项目进度计划编制的程序

1. 建设工程项目总进度目标论证的工作步骤

(1) 调查研究和收集资料。
(2) 项目结构分析。
(3) 进度计划系统的结构分析。
(4) 项目的工作编码。
(5) 编制各层进度计划。
(6) 协调各层进度计划的关系，编制总进度计划。
(7) 若所编制的总进度计划不符合项目的进度目标，则设法调整。
(8) 若经过多次调整，进度目标无法实现，则报告项目决策者。

2. 调查研究和收集资料包括的工作

(1) 了解和收集项目决策阶段有关项目进度目标确定的情况和资料。
(2) 收集与进度有关的该项目组织、管理、经济和技术资料。
(3) 收集类似项目的进度资料。

(4) 了解和调查该项目的总体部署。
(5) 了解和调查该项目实施的主客观条件等。

3. 大型建设工程项目的结构分析

根据编制总进度纲要的需要，将整个项目进行逐层分解，并确立相应的工作目录。例如：①一级工作任务目录，将整个项目划分成若干个子系统；②二级工作任务目录，将每一个子系统分解为若干个子项目；③三级工作任务目录，将每一个子项目分解为若干个工作项。

4. 编制各层进度计划

整个项目划分成多少结构层，应根据项目的规模和特点而定。其中，大型建设工程项目的计划系统一般由多层计划构成。例如：
① 第一层进度计划，将整个项目划分成若干个进度计划子系统；
② 第二层进度计划，将每一个进度计划子系统分解为若干个子项目进度计划；
③ 第三层进度计划，将每一个子项目进度计划分解为若干个工作项。
④ 整个项目划分成多少计划层，应根据项目的规模和特点而定。

5. 项目的工作编码

项目的工作编码指的是每一个工作项的编码，编码有各种方式，编码时应考虑下述因素。
(1) 对不同计划层的标识。
(2) 对不同计划对象的标识（如不同子项目）。
(3) 对不同工作的标识（如设计工作、招标工作和施工工作等）。
如图 4.1 所示为建设工程项目进度计划系统示例。

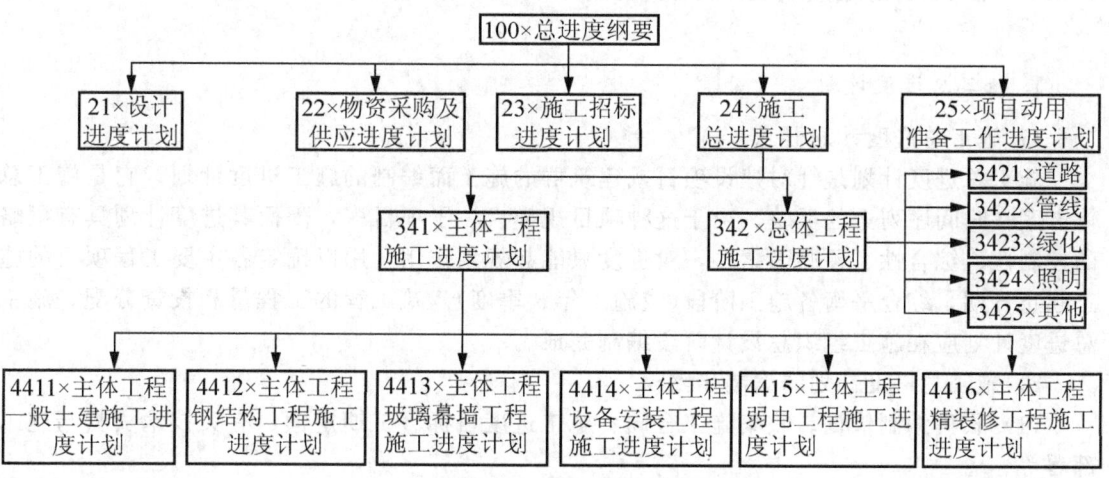

图 4.1 建设工程项目进度计划系统示例

6. 工程项目项目进度管理体系

1) 施工准备工作计划

施工准备工作的主要任务是为建设工程的施工创造必要的技术和物资条件，统筹安排施工力量和施工现场。

施工准备的工作通常包括技术准备、物资准备、劳动组织准备、施工现场准备和施工场外准备。为落实各项施工准备工作，加强检查和监督，应根据各项施工准备工作的内容、时间和人员，编制施工准备工作计划。

2）施工总进度计划

施工总进度计划是根据施工方案和工程项目的开展程序，对全工地所有单位工程作出时间上的安排。

施工总进度计划在于确定各单位工程及全工地性工程的施工期限及开竣工日期，进而确定施工现场劳动力、材料、成品、半成品、施工机械的需要量和调配情况，以及现场临时设施的数量、水电供应量的能源、交通需求量。

科学、合理地编制施工总进度计划，是保证整个建设工程按期交付使用，充分发挥投资效益，降低建设工程成本的重要条件。

3）单位工程施工进度计划

单位工程施工进度计划是在既定的施工方案的基础上，根据规定的工期和各种资源供应条件，遵循各施工过程的合理施工顺序，对单位工程中的各施工过程作出时间和空间上的安排，并以此为依据，确定施工作业所必需的劳动力、施工机具和材料供应计划。

科学、合理地编制施工总进度计划，是保证在规定工期内完成符合质量要求的工程任务的重要前提。也为编制各种资源需要量计划施工准备工作计划提供依据。

4）分部、分项工程进度计划

分部分项工程进度计划是针对工程量较大或施工技术比较复杂的分部、分项工程，在根据工程具体情况所制定的施工方案的基础上，对其各施工过程作出的时间安排。

4.2.3 工程项目进度计划的编制方法

1. 施工总进度计划

1）施工总进度计划概念

施工总进度计划是针对建设项目或建筑群的施工而编制的施工进度计划，它是施工总体方案在时间序列上的反映。由于这种项目规模大、子项目多，因而其进度计划具有概略的控制性、综合性、预测因素多，对进度只能起规划作用，用以确定各主要工程项目的施工起止日期，综合平衡各施工阶段（或施工年、季度）建筑工程的工程量和投资分配。施工总进度计划应在施工组织总设计阶段编制完成。

2）施工总进度计划的编制步骤

（1）收集编制依据。收集施工合同、施工进度目标、工期定额、有关技术资料与施工部署等。

（2）确定进度编制目标。应在充分研究经营策略的前提下，确定一个比合同工期和指令工期更积极可靠（更短）的工期作为编制施工总进度计划的目标工期。

（3）计算工程量。施工总进度计划的工程量综合性比较大，编制计划者可从图纸计算得出。因为企业投标报价需要计算工程量，现在有些招标文件就附有工程量清单，所以也可利用这些工程量。

（4）确定各单位工程的施工期限和开、竣工日期。影响单位工程施工期限的因素很多，主要包括：建筑类型、结构特征和工程规模，施工方法，施工经验和管理水平，资源供应情况以及施工现场的地形、地质条件等。因此，各单位工程的工期应综合考虑上述因素并参考有关工程定额（或指标）、类似工程实际情况决定。

（5）安排各单位工程的搭接关系。在不违背工艺关系（如设备安装与土建工程）的前提下，主要考虑资源平衡（如主要工种工人的连续作业）的需要，搭接越多，总工期越短。在具体安排时着重考虑以下几点。

① 根据施工要求兼顾施工可能，尽量分期分批的安排施工，明确每个施工阶段的主要单位工程开、竣工时间。

② 同一时期安排开工项目不宜过多，其中施工难度大、工期长的应尽量先安排开工。

③ 每个项目的施工准备、土建施工、设备安装、试生产在时间上要合理衔接。

④ 土建、设备安装应组织连续、均衡的流水施工。

（6）编制施工总进度计划表。首先根据各单位工程（或单项工程）的工期与搭接关系，编制初步计划；然后按照流水施工与综合平衡的要求，调整进度计划得出施工总进度计划；最后依据总进度计划编制分期分批施工工程的开工日期、完工日期及工期一览表，资源需要量表等。

（7）编写说明书。施工总进度计划的编制说明书内容有：施工总进度计划安排的总工期；工期提前率（与合同工期比较）；施工高峰人数，平均人数及劳动力不均衡系数；本计划的优缺点；本计划执行的重点和措施；有关责任的分配等。

2. 单位工程施工进度计划

1) 单位工程施工进度计划的概念

单位工程施工进度计划以施工方案为基础，根据规定工期、技术及物资的供应条件，遵循各施工过程合理的工艺顺序，统筹安排各项施工活动进行编制，它是针对单位工程的施工而编制。这种进度计划所含施工内容比较简单，施工工期相对较短，故具有作业指导性。它为各施工过程指明了一个确定的施工日期，即时间计划，并以此为依据确定施工作业所必需的劳动力和各种物资的供应计划。单位工程进度计划通常由建筑业企业项目经理部在单位工程开工之前编制完成。

2) 单位工程施工进度计划的编制步骤

（1）熟悉图纸和有关资料，调查施工条件。

（2）施工过程项目划分。任何一个建筑物的建造，都是由许多施工过程所组成。因建筑物类型、建造地点、时间的不同，每一建筑物所要完成的施工过程数量和内容也各不相同。

① 施工过程的粗细程度。为使计划简明，便于执行，原则上应尽量减少施工过程的数目，能合并的项目尽可能的合并。关键是找到工作量大、工作持续时间长的主导施工过程。

② 施工过程应与施工方法一致。应结合施工方法进行划项，以保证进度计划能够完全符合施工进展的实际情况，真正能起到指导施工的作用。

（3）编排合理的施工顺序。确定施工顺序是为了按照施工的技术规律和合理的组织关系，解决各项目之间在时间上的先后顺序和搭接关系，以期做到保证质量、安全施工、充分利用空间、争取时间，实现合理安排工期的目的。

施工顺序是在施工方案中确定的施工起点流向、施工阶段程序的基础上，按照所选的施工方法和施工机械的要求确定的。确定施工顺序时，必须根据工程的特点、技术上和组织上的要求，以及施工方案等进行研究，不能拘泥于某种僵化的顺序。

(4) 计算各施工过程的工程量。施工过程确定后，根据施工图及有关工程量计算规划，按划分的施工段的分界线，分层分段分别计算各个施工过程的工程量，以便于安排进度。工程量计算应与所采用的施工方法一致；工程量的计量单位应与采用定额的单位一致。

(5) 确定劳动力和机械需要量。计算劳动量和机械需要量时，应根据现行施工定额，并考虑实际施工水平，使作业班组有超额完成的可能性，以调动其工作积极性。

① 对普通工程分项的劳动量或机械台班需要量，可由式(4-1)确定。

$$P_t = \frac{Q_t}{S_t} = Q_t H_t \tag{4-1}$$

式中　P_t——某工程分项劳动量或机械台班需要量；
　　　Q_t——某工程分项的工程量；
　　　S_t——完成某工程分项的产量定额；
　　　H_t——完成某工程分项的时间定额。

② 对于零星工程之组合工程分项，可先由式(4-2)确定其平均产量定额，然后按式(4-1)确定其劳动量或机械需要量。

$$\bar{S} = \frac{\sum_{n=1}^{n} Q_t}{\dfrac{Q_1}{S_1} + \dfrac{Q_2}{S_2} + \cdots + \dfrac{Q_n}{S_n}} \tag{4-2}$$

式中　$\bar{S}$——某组合分项平均产量定额；
　　　Q_i——第 i 零星工程的工程量，$1 \leqslant i \leqslant n$；
　　　S_i——第 i 零星工程的产量定额，$1 \leqslant i \leqslant n$；
　　　n——组合分项的零星工程数量。

(6) 工程分项工作持续时间。

① 定额计算法。这种方法是根据施工项目的劳动量或机械台班需要量，按配备的劳动人数或机械台数计算其工作持续时间，计算公式为

$$t_i = \frac{P_i}{R_i b} \tag{4-3}$$

式中　P_i——某工程分项劳动量或机械台班需要量；
　　　t_i——某工程分项的工作持续时间；
　　　R_i——该工程分项所配备的班组作业人数或机械台数；
　　　b——每天采用的工作班制。

施工班组人数的确定。在确定班组人数时，应考虑最小劳动组合人数、最小工作面和可能安排的施工人数等因素。最小劳动组合即某一施工过程进行正常施工所必需的最低限度的班组人数；可能安排的人数指施工单位所能配备的人数；最小工作面即施工班组为保证安全生产和有效地操作所需的工作空间。

工作班制的确定。一般情况下,当工期允许、劳动力和机械周转使用不紧迫、施工工艺无"连续"施工要求时,可采用一班制施工;当工期较紧或为了提高机械的使用率,或工艺上要求连续施工时,某些施工过程可考虑二班制甚至三班制施工。

② 经验估算法。针对采用新工艺、新技术、新结构、新材料等无定额可循的工程分项,首先根据经验进行最乐观时间(a)、最可能时间(b)、最悲观时间(c)的估计,然后按下列公式确定工作持续时间:

$$t = \frac{a + 4b + c}{6} \tag{4-4}$$

③ 倒排计划法。倒排计划法是根据流水施工方式及要求工期,先确定工作持续时间,再确定班组人数(或机械台数)及工作班制。

(7) 编制施工进度计划图(表)。应优先使用网络图,有时也可使用横道图。注意要编制说明,要进行进度计划风险分析并制定控制措施。

(8) 编制劳动力和物资等资源计划。有了施工进度计划之后,还需要依据它编制劳动力、主要材料、预制件、半成品及机械设备需要量计划,资金收支计划。施工过程就是资源的消耗过程,要以资源支持施工,这些计划统称为施工进度计划的支持性计划。

3. 流水作业方法

流水作业方法是在工程项目施工中广泛使用的组织科学施工的计划方法,用流水作业方法组织施工,可以产生良好的经济技术效果,用流水作业方法组织施工,其实质就是组织连续作业,均衡生产。从逻辑关系方面来讲,在流水施工组织中,既要考虑组织关系,又要考虑工艺关系。在同一条流水线上有衔接关系,也就是同一工种在不同的工作面上工作要保持连续,还要衔接;在不同的流水线上不同的工种又是平行搭接的。这本身就很明确地确定了用流水作业组织施工项目中各项工作的逻辑关系。

以某基础工程为例,该工程可划分四个施工段,其工作量及定额资料见表4-1。试写出施工进度计划。

表 4-1 某基础工程工作量及定额资料表

序号	工作名称	工程量/m³				产量定额 /(m³/工日)	专业队(组) 人数(机械台班)
		(1)	(2)	(3)	(4)		
1	人工挖土	150	112.5	112.5	30	2.5	15
2	混凝土垫层	45	45	30	30	1.5	10
3	砖混基础	90	90	67	45	1.6	14
4	回填土	60	30	60	60	3	10

(1) 确定施工过程 $m=4$。
(2) 确定施工段落 $n=4$。
(3) 组织专业队伍(组),已知为四个(挖土、垫层、砌砖、回填各一个施工队(组)。
(4) 计算流水节拍,流水节拍是指每个专业工作队在各个施工阶段上完成相应的施工任务所需要的工作持续时间。这里采用定额计算法,工作持续时间的计算公式为

$$D = \frac{Q}{RS} \tag{4-5}$$

式中　D——工作持续时间；
　　　Q——工作的工程量，以实物度量单位表示；
　　　R——人工或机械设备的数量，以人或台数表示；
　　　S——产量定额，以单位时间完成的工作量表示。

例如：人工挖土在第一阶段上的流水节拍，$D_{11}=Q_{11}/(R_{11}\times S_{11})=150/(15\times 2.5)=4$（天）。

用同样的方法求出各施工段上的流水节拍，得到流水节拍表 4-2。

表 4-2　某基础工程流水节拍表

m＼n	(1)	(2)	(3)	(4)
挖土	4	3	3	4
垫层	3	3	2	2
砌砖	4	4	3	2
回填	2	1	2	2

（5）计算流水步距 K。流水步距是相邻两个专业工程队在保证施工顺序并满足连续施工、最大限度地搭接和保证工程质量要求的前提下，相继投入施工的最小工作时间间隔，即相邻工序开工到开工的时间间隔。

流水步距的计算法则是：累加数列错位相减取最大值。首先累加各施工段上的流水节拍，形成累加数列；其次将相邻两施工段的累加数列错位相减，取差数之大者为两个施工段的流水步距。假设有 m 个施工过程，有 $m-1$ 个流水步距。

例如，挖土的累加数列与垫层的累加数列错位相减如表 4-3 所示。

表 4-3　错位相减计算结果

4	7	10	14	
	3	6	8	10
4	4	4	6	−10

$K_1=6$ 即挖土和垫层这两个相邻工序开工的时间间隔为6，用同样的方法求出 $K_2=3$（垫层与砌砖）、$K_3=8$（砌砖与回填）各相邻工序的流水步距。

（6）计算工期 T。

$T=(K_1+K_2+K_3)+(D_{41}+D_{42}+D_{43}+D_{44})=(6+3+8)+(2+1+2+2)=24$（天）

（7）绘制进度图。在一般流水作业方式中，每个施工过程在每段上的流水节拍一般是不相等的，不同的施工过程在同一施工段落上的作业时间是不相同的。当在组织流水作业时，使每个施工过程在每段的流水节拍都相等；同时不同施工过程在同一段落上也相等，这样的流水作业就是等节奏流水施工(等节拍等步距流水作业)。如果每个施工过程在各段上的流水节拍都相等，而不同的施工过程在同一段落上的流水节拍成倍数，这样的流水作业就称为异节奏流水组织方法(成倍节拍流水)。如图 4-2 所示为一般流水作业进度计划。

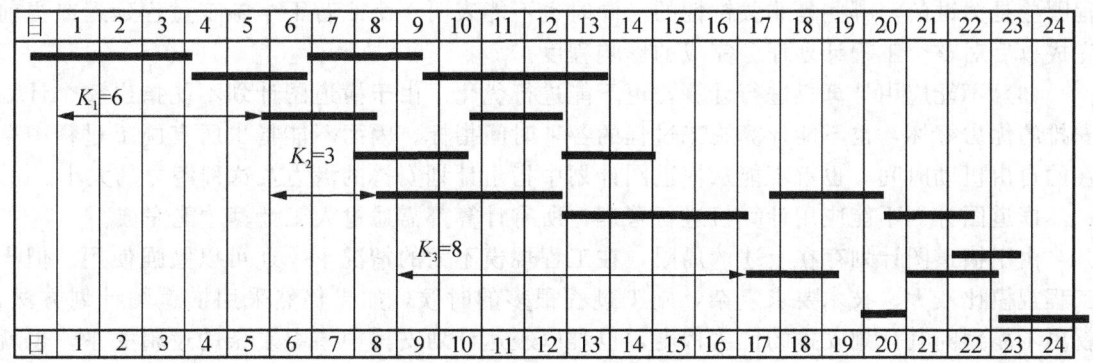

图 4.2 一般流水作业进度计划

4. 横道图计划

横道图，又称甘特图，主要用于项目计划和项目进度安排，它是以一段横道线表示一项活动，通过横道线在带有时间坐标的图表中的位置来表示各项活动的开始时间、结束时间和各项工作的先后顺序的方法，这种方法已经被广大的建筑施工管理技术人员所熟悉和掌握，而且，从目前中国的实际情况和技术管理水平来说，基层的施工单位在编制生产作业计划或施工进度计划时，这种方法仍然是一种普遍采用的计划表示方法。如图 4.3 所示为某项目进度计划。

工作名称	持续时间	进度计划/天															
		1	2	3	4	5	6	7	8	9	10	11	12	13	14	15	16
挖土方	6																
垫层	3																
支模板	4																
绑钢筋	5																
浇混凝土	4																
回填土	5																

图 4.3 某项目进度计划

横道图的计划方法具有它显著的优点，这些优点表现为以下几方面。

（1）编制比较简单，绘图比较方便。

（2）施工过程排列整齐有序，简单明了。

（3）进度计划表达形象、直观易懂、容易掌握。

在进度计划中，由于有时间坐标，并可以在进度计划中标注有关内容，施工过程的起止时间，延续时间，工作进度，流水施工的基本情况，以及工期等一目了然。

（4）便于统计各种资源的数量。

虽然横道图计划有很多的优点，但也存在着许多不足和局限，这些不足与局限表现为以下几个主要方面。

（1）不能反映计划任务中各施工过程之间的相互关系。横道图计划不能反映工程计划任务中各个施工过程之间存在的工艺关系、组织关系和内部的依赖关系，也就是不能明确表示出各个施工过程之间内部存在的互相依赖、互相制约的逻辑关系。

（2）不能明确施工过程的关键性。横道图计划不能够指出整个工程对象的所有施工过程哪些是关键的,哪些是非关键性的。同时也不能表明一个或若干个施工过程延迟或提前完成以后对整个工程计划任务完成的影响程度。

(3) 不能应用计算机进行计算,更不能进行优化。由于横道图计划不能指出整个计划安排的优劣好坏,也不能计算施工过程的各种时间指标。因而不能指出所有施工过程中存在的自由机动时间,也就不能从横道图计划中指出计划安排的潜力及这种潜力的大小。

横道图计划不能应用计算机进行管理,所有计算都需通过人工计算才能完成。

由于横道图计划存在上述的局限,在工程规模不大的情况下,还可以勉强使用。但当工程规模比较大,技术要求复杂,施工过程很多的时候,如果仍然采用横道图计划方法,就更不能判断其计划安排的优劣程度,也难以表达计划安排中错综复杂的逻辑关系,也就使得决策感到盲目。

5. 网络计划方法

网络计划是通过网络图的绘制、时间参数的计算进行计划的优化,通过其关键线路,实现管理者对项目的进度控制。国际上,网络计划有许多名称,如 CPM、PERT、CPA、MPM 等。

网络图是由箭线和节点组成,用来表示工作流程的有向、有序网状图形。在网络图上加注工作的时间参数而编成的进度计划,称为网络计划。在中国建筑业中,网络计划方法这一原理,主要应用于施工进度计划的编制,通过运用网络计划方法,给企业的管理工作和计划的编制工作带来了很高的工作效率,取得了良好的经济效果。其基本原理如下。

把一项工程全部建造过程分解成若干项工作,并按各项工作开展顺序和相互制约关系,绘制成网络图。通过网络图各项时间参数计算,找出关键工作和关键线路。利用最优化原理,不断改进网络计划初始方案,并寻求其最优方案。在网络计划执行过程中,对其进行有效的监督和控制,以最少的资源消耗,获得最大的经济效益。网络计划具有以下特点。

① 网络计划把计划各工作的逻辑关系表达得非常清楚,其实质上表示了项目工程活动的流程,网络图就是一个工作流程图。

② 通过网络分析,能够为项目组织者提供丰富的信息(时间参数)。

③ 十分清晰地判明关键工作。这一点对于计划的调整和实施中的控制来说非常重要。

④ 很方便进行工期、成本、资源的优化。

⑤ 网络计划方法有普遍的适用性,特别对复杂的大型项目更显出其优越性。对于复杂的网络计划,网络图的绘制、分析、优化和使用往往可以借助计算机来进行。

中国《工程网络计划技术规程》推荐的常用工程网络计划类型包括:双代号网络计划、单代号网络计划、双代号时标网络计划、单代号搭接网络计划。

1) 双代号网络计划

双代号网络计划是以箭线及两端节点的编号表示工作的网络图,并在箭线上标注工作的持续时间,以形成双代号网络计划。双代号网络图主要由工作、节点和线路三个要素组成。

(1) 工作。在双代号网络图中,工作用一根箭线和两个圆圈来表示(图 4.4)。工作的内容写在箭线的上面,完成工作所需要的时间写在箭线的下面,箭尾表示工作开始,箭头表示工作结束。圆圈中的两个号码用来表示这项工作。

工作通常分为三种：第一种为需要消耗时间和资源，一般用实箭线表示；第二种为只消耗时间，不消耗其他资源，如混凝土养护，用点画线表示；第三种为既不消耗时间，也不消耗资源，用虚箭线表示。虚工作是人为的虚设工作，只表示相邻前后工作之间的逻辑关系。

（2）节点。在网络图中箭线的出发和交汇处通常画上圆圈，用以标志该圆圈前面一项或若干项工作的结束和允许后面一项或若干项工作开始的时间点称为节点。在网络图中，节点不同于工作，它只标志着工作的结束和开始的瞬间，起着连接工作的作用。如图4.5所示为某混凝土工程网络图。

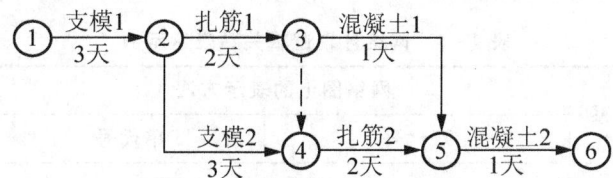

图 4.5　某混凝土工程网络图

（3）线路。网络图中从起点节点开始，沿箭线方向连续通过一系列箭线与节点，最后到达终点节点所经过的通路，称为线路。线路既可依次用该线路上的节点编号来表示，也可依次用该线路上的工作名称来表示。每一条线路都有自己确定的完成时间，它等于该线路上各项工作持续时间的总和，称为线路时间。图4.5中有三条线路，这三条线路既可表示为：①—②—③—⑤—⑥、①—②—③—④—⑤—⑥和①—②—④—⑤—⑥，也可表示为：支模1→扎筋1→混凝土1→混凝土2，支模1→扎筋1→扎筋2→混凝土2和支模1→支模2→扎筋2→混凝土2。

（4）紧前工作、紧后工作和平行工作。在网络图中，相对于某工作而言，紧排在该工作之前的工作称为该工作的紧前工作。在双代号网络图中，工作与其紧前工作之间可能有虚工作存在。图4.5中，支模1是支模2在组织关系上的紧前工作；扎筋1和扎筋2之间虽然存在虚工作，但扎筋1仍然是扎筋2在组织关系上的紧前工作。支模1则是扎筋1在工艺关系上的紧前工作。

在网络图中，相对于某工作而言，紧排在该工作之后的工作称为该工作的紧后工作。在双代号网络图中，工作与其紧后工作之间也可能有虚工作存在。图4.5中，扎筋2是扎筋1在组织关系上的紧后工作；混凝土1是扎筋1在工艺关系上的紧后工作。

在网络图中，相对于某工作而言，可以与该工作同时进行的工作即为该工作的平行工作。图4.5中，扎筋1和支模2互为平行工作。

紧前工作、紧后工作及平行工作是工作之间逻辑关系的具体表现，只要能根据工作之间的工艺关系和组织关系明确其紧前或紧后关系，即可据此绘出网络图。它是正确绘制网络图的前提条件。

（5）关键线路和关键工作。在关键线路法（CPM）中，线路上所有工作的持续时间总和称为该线路的总持续时间。总持续时间最长的线路称为关键线路，关键线路的长度就是网络计划的总工期。图 4.5 中，线路①—②—④—⑤—⑥或支模 1→支模 2→扎筋 2→混凝土 2 为关键线路。

在网络计划中，关键线路可能不止一条。而且在网络计划执行过程中，关键线路还会发生转移。

关键线路上的工作称为关键工作。在网络计划的实施过程中，关键工作的实际进度提前或拖后，均会对总工期产生影响。因此，关键工作的实际进度是建设工程进度控制工作中的重点。

2) 双代号网络图的绘制原则

在绘制双代号网络图时，一般应遵循以下基本规则。

(1) 网络图必须按照已定的逻辑关系绘制。由于网络图是有向、有序网状图形，所以其必须严格按照工作之间的逻辑关系绘制，这同时也是为保证工程质量和资源优化配置及合理使用所必需的。工作的逻辑关系如表 4-4 所示。

表 4-4 网络计划逻辑关系表达示例

序号	工作间的逻辑关系	网络图上的表示方法		说明
		双代号	单代号	
1	A、B 二项工作依次进行施工	○—A→○—B→○	Ⓐ→Ⓑ	B 依赖 A，A 约束 B
2	A、B、C 三项工作同时开始施工			A、B、C 三项工作为平行施工方式
3	A、B、C 三项工作同时结束施工			A、B、C 三项工作为平行施工方式
4	A、B、C 三项工作；只有 A 完成之后，B、C 才能开始			A 工作制约 B、C 工作的开始；B、C 工作为平行施工方式
5	A、B、C 三项工作，C 工作只能在 A、B 完成之后开始			C 工作依赖于 A、B 工作结束；A、B 工作为平行施工方式
6	A、B、C、D 四项工作；当 A、B 完成之后，C、D 才能开始			双代号表示法是以中间事件 j 把四项工作间的逻辑关系表达出来

续表

序号	工作间的逻辑关系	网络图上的表示方法		说明
		双代号	单代号	
7	A、B、C、D 四项工作；A 完成之后，C 才能开始；A、B 完成之后，D 才能开始			A 制约 C、D 的开始，B 只制约 D 的开始；A、D 之间引入了虚工作
8	A、B、C、D、E 五项工作；A、B 完成之后，D 才能开始；B、C 完成之后，E 才能开始			D 依赖 A、B 的完成；E 依赖 B、C 的结束；双代号表示法以虚工作表达 A、C 之间的上述逻辑关系
9	A、B、C、D、E 五项工作；A、B、C 完成之后，D 才能开始；B、C 完成之后，E 才能开始			A、B、C 制约 D 的开始；B、C 制约 E 的开始；双代号表示法以虚工作表达上述逻辑关系
10	A、B 两项工作；按三个施工段进行流水施工			按工种建立两个专业工作队；分别在 3 个施工段上进行流水作业；双代号表示法以虚工作表达工种间的关系

例如，已知工作之间的逻辑关系如表 4-5 所示，若绘出网络图如图 4.6(a)则是错误的，因为工作 A 不是工作 D 的紧前工作。此时，可用虚箭线将工作 A 和工作 D 的联系断开，如图 4.6(b)所示。

表 4-5 逻辑关系表

工 作	A	B	C	D
紧前工作	—	—	A、B	B

(2) 网络图中严禁出现从一个节点出发，顺箭头方向又回到原出发点的循环回路。如果出现循环回路，会造成逻辑关系混乱，使工作无法按顺序进行。图 4.7 所示的网络图中存在不允许出现的循环回路 BCGF，当然，此时节点编号也发生错误。

(3) 网络图中的箭线(包括虚箭线，以下同)应保持自左向右的方向，不应出现箭头指向左方的水平箭线和箭头偏向左方的斜向箭线。若遵循该规则绘制网络图，就不会出现循环回路。

(4) 网络图中严禁出现双向箭头和无箭头的连线。图 4.8 所示即为错误的工作箭线画

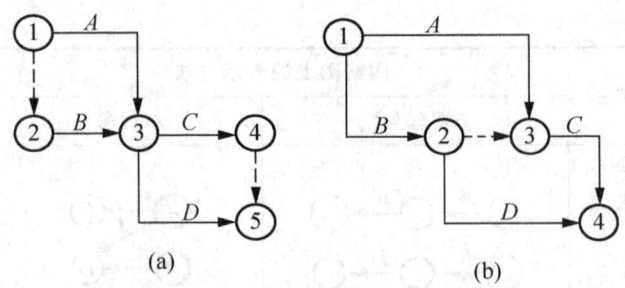

图 4.6　ABCD 四项工作的网络图

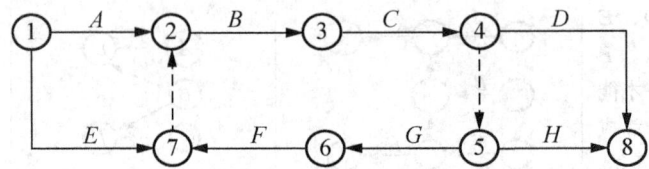

图 4.7　存在循环回路的错误网络图

法，因为工作进行的方向不明确，因而不能达到网络图有向的要求。

图 4.8　双向箭头和无箭头的箭线

（5）网络图中严禁出现没有箭尾节点的箭线和没有箭头节点的箭线。图 4.9 即为错误的画法。

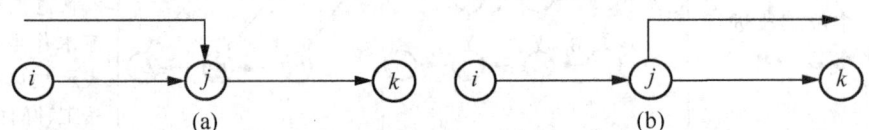

图 4.9　错误的箭线画法（一）

（6）严禁在箭线上引入或引出箭线，图 4.10 即为错误的画法。

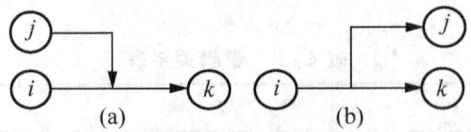

图 4.10　错误的箭线画法（二）

但当网络图的起点节点有多条箭线引出（外向箭线）或终点节点有多条箭线引入（内向箭线）时，为使图形简洁，可用母线法绘图。即：将多条箭线经一条共用的垂直线段从起点节点引出，或将多条箭线经一条共用的垂直线段引入终点节点，如图 4.11 所示。对于特殊线型的箭线，如粗箭线、双箭线、虚箭线、彩色箭线等，可在从母线上引出的支线上标出。

（7）应尽量避免网络图中工作箭线的交叉。当交叉不可避免时，可以采用过桥法或指向法处理，如图 4.12 所示。

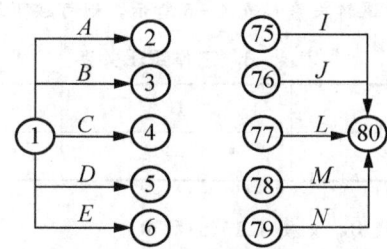

图 4.11 母线法

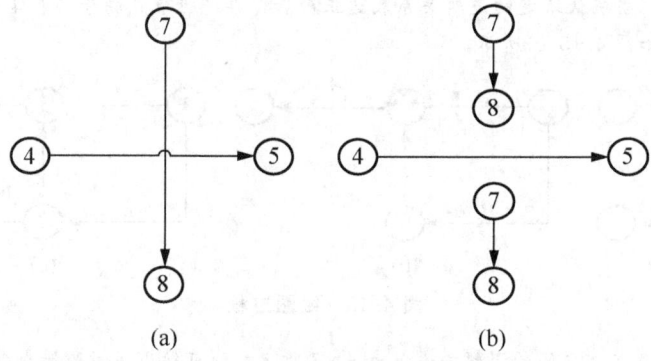

图 4.12 交叉箭线画法
(a) 过桥法；(b) 指向法

（8）网络图中应只有一个起点节点和一个终点节点（任务中部分工作需要分期完成的网络计划除外）。除网络图的起点节点和终点节点外，不允许出现没有外向箭线的节点和没有内向箭线的节点。图 4.13 所示网络图中有两个起点节点①和②，两个终点节点⑦和⑧。该网络图的正确画法如图 4.14 所示，即将节点①和②合并为一个起点节点，将节点⑦和⑧合并为一个终点节点。

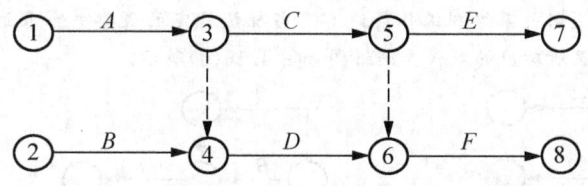

图 4.13 存在多个起点和多个终点的网络图

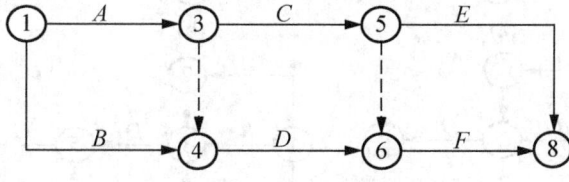

图 4.14 正确的网络图

3）双代号网络图绘制实例

现举例说明前述双代号网络图的绘制方法。

【例 4-1】 已知各工作之间的逻辑关系如表 4-6 所示，则可按下述步骤绘制其双代号网络图。

表 4-6 工作逻辑关系

工 作	A	B	C	D
紧前工作	—	—	A、B	B

① 绘制工作箭线 A 和工作箭线 B，如图 4.15(a)所示。
② 根据表 4-4，按逻辑关系绘制工作箭线 C，如图 4.15(b)所示。
③ 根据表 4-4，按逻辑关系绘制工作箭线 D 后，将工作箭线 C 和 D 的箭头节点合并，以保证网络图只有一个终点节点。当确认给定的逻辑关系表达正确后，再进行节点编号。表 4-6 给定的逻辑关系所对应的双代号网络图如图 4.15(c)所示。

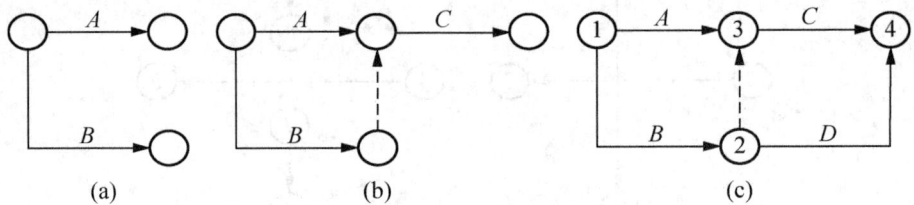

图 4.15 绘图过程

【例 4-2】 已知各工作之间的逻辑关系如表 4-7 所示，则可按下述步骤绘制其双代号网络图。

表 4-7 工作逻辑关系表

工 作	A	B	C	D	E	G
紧前工作	—	—	—	A、B	A、B、C	D、E

① 绘制工作箭线 A、工作箭线 B 和工作箭线 C，如图 4.16(a)所示。
② 根据表 4-4，按逻辑关系绘制工作箭线 D，如图 4.16(b)所示。
③ 根据表 4-4，按逻辑关系绘制工作箭线 E，如图 4.16(c)所示。
④ 根据表 4-4，按逻辑关系绘制工作箭线 G。当确认给定的逻辑关系表达正确后，再进行节点编号。表 4-7 给定逻辑关系所对应的双代号网络图如图 4.16(d)所示。

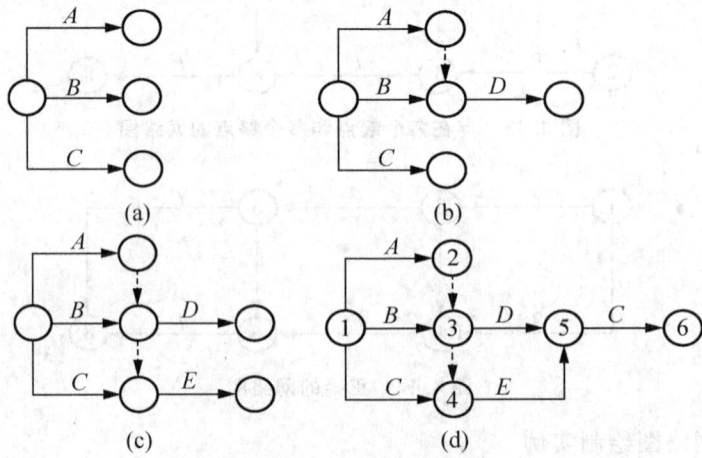

图 4.16 绘图过程

【例4-3】 已知各工作之间的逻辑关系如表4-8所示，则可按下述步骤绘制其双代号网络图。

表4-8 工作逻辑关系表

工 作	A	B	C	D	E
紧前工作	—	—	A	A、B	B

① 绘制工作箭线 A 和工作箭线 B，如图4.17(a)所示。
② 根据表4-4，按逻辑关系分别绘制工作箭线 C 和工作箭线 E，如图4.17(b)所示。
③ 根据表4-4，按逻辑关系绘制工作箭线 D，并将工作箭线 C、工作箭线 D 和工作箭线 E 的箭头节点合并，以保证网络图的终点节点只有一个。当确认给定的逻辑关系表达正确后，再进行节点编号。表4-8给定逻辑关系所对应的双代号网络图如图4.17(c)所示。

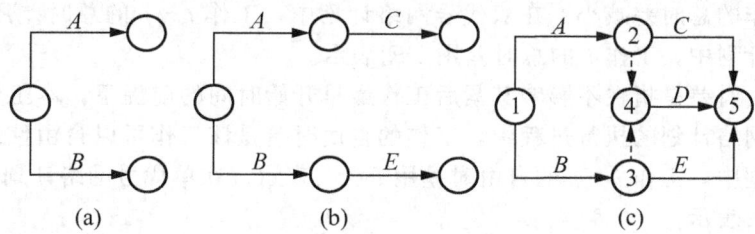

图4.17 绘图过程

4）双代号网络计划时间参数

所谓时间参数，是指网络计划、工作及节点所具有的各种时间值。

（1）工作持续时间和工期。工作持续时间是指一项工作从开始到完成的时间。在双代号网络计划中，工作 $i-j$ 的持续时间用 D_{i-j} 表示；在单代号网络计划中，工作 i 的持续时间用 D_i 表示。

工期泛指完成一项任务所需要的时间。在网络计划中，工期一般有以下3种。

① 计算工期。计算工期是根据网络计划时间参数计算而得到的工期，用 T_c 表示。
② 要求工期。要求工期是任务委托人所提出的指令性工期，用 T_r 表示。
③ 计划工期。计划工期是指根据要求工期和计算工期所确定的作为实施目标的工期，用 T_p 表示。

当已规定了要求工期时，计划工期应不超过要求工期，即：

$$T_p \leqslant T_r \tag{4-6}$$

当未规定要求工期时，可令计划工期等于计算工期，即：

$$T_p = T_c \tag{4-7}$$

（2）工作的6个时间参数。除工作持续时间外，网络计划中工作的6个时间参数是：最早开始时间、最早完成时间、最迟完成时间、最迟开始时间、总时差和自由时差。

① 最早开始时间和最早完成时间。工作的最早开始时间是指在其所有紧前工作全部完成后，本工作有可能开始的最早时刻。工作的最早完成时间是指在其所有紧前工作全部完成后，本工作有可能完成的最早时刻。工作的最早完成时间等于本工作的最早开始时间与其持续时间之和。

在双代号网络计划中，工作 $i-j$ 的最早开始时间和最早完成时间分别用 ES_{i-j} 和 EF_{i-j} 表示；在单号网络计划中，工作 i 的最早开始时间和最早完成时间分别用 ES_i 和 EF_i

表示。

② 最迟完成时间和最迟开始时间。工作的最迟完成时间是指在不影响整个任务按期完成的前提下，本工作必须完成的最迟时刻。工作的最迟开始时间是指在不影响整个任务按期完成的前提下，本工作必须开始的最迟时刻。工作的最迟开始时间等于本工作的最迟完成时间与其持续时间之差。

在双代号网络计划中，工作 $i-j$ 的最迟完成时间和最迟开始时间分别用 LF_{i-j} 和 LS_{i-j} 表示；在单代号网络计划中，工作 i 的最迟完成时间和最迟开始时间分别用 LF_i 和 LS_i 表示。

③ 总时差和自由时差。工作的总时差是指在不影响总工期的前提下，本工作可以利用的机动时间。但是在网络计划的执行过程中，如果利用某项工作的总时差，则有可能使该工作后续工作的总时差减小。在双代号网络计划中，工作 $i-j$ 的总时差用 TF_{i-j} 表示；在单代号网络计划中，工作 i 的总时差用 TF_i 表示。

工作的自由时差是指在不影响其紧后工作最早开始时间的前提下，本工作可以利用的机动时间。在网络计划的执行过程中，工作的自由时差是该工作可以自由使用的时间。在双代号网络计划中，工作 $i-j$ 的自由时差用 FF_{i-j} 表示；在单代号网络计划中，工作 i 的自由时差用 FF_i 表示。

从总时差和自由时差的定义可知，对于同一项工作而言，自由时差不会超过总时差。当工作的总时差为零时，其自由时差必然为零。

5）双代号网络计划时间参数的计算

双代号网络计划的时间参数既可以按工作计算，也可以按节点计算，下面分别以简例说明。

(1) 按工作计算法。所谓按工作计算法，就是以网络计划中的工作为对象，直接计算各项工作的时间参数。这些时间参数包括：工作的最早开始时间和最早完成时间、工作的最迟开始时间和最迟完成时间、工作的总时差和自由时差。此外，还应计算网络计划的计算工期。

为了简化计算，网络计划时间参数中的开始时间和完成时间都应以时间单位的终了时刻为标准。如第 3 天开始即是指第 3 天终了（下班）时刻开始，实际上是第 4 天上班时刻才开始；第 5 天完成即是指第 5 天终了（下班）时刻完成。

下面以图 4.18 所示双代号网络计划为例，说明按工作计算法计算时间参数的过程。其计算结果如图 4.19 所示。

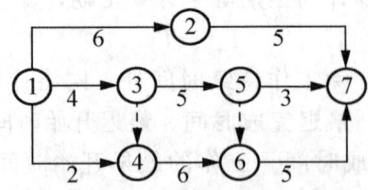

图 4.18 双代号网络计划

① 计算工作的最早开始时间和最早完成时间。工作最早开始时间和最早完成时间的计算应从网络计划的起点节点开始，顺着箭线方向依次进行。其计算步骤如下：

a. 以网络计划起点节点为开始节点的工作，来规定其最早开始时间时，其最早开始时

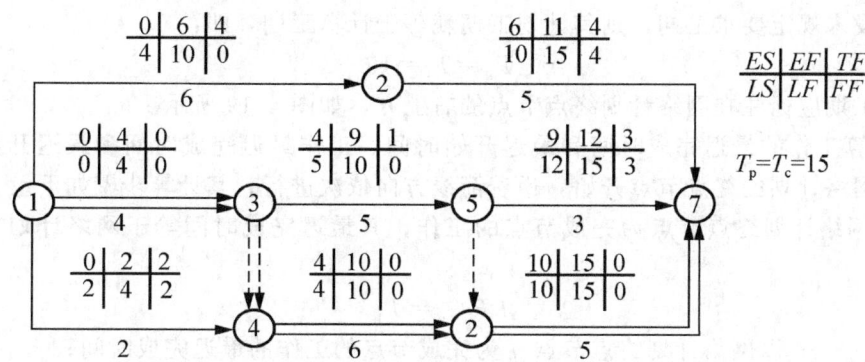

图 4.19 双代号网络计划

间为零。例如在本例中，工作 1—2、工作 1—3 和工作 1—4 的最早开始时间都为零，即：

b. 工作的最早完成时间可利用式(4-8)进行计算。

$$ES_{1-2}=ES_{1-3}=ES_{1-4}=0 \tag{4-8}$$

例如在本例中，工作 1—2、工作 1—3 和工作 1—4 的最早完成时间分别为：

工作 1—2：$EF_{1-2}=ES_{1-2}+D_{1-2}=0+6=6$

工作 1—3：$EF_{1-3}=ES_{1-3}+D_{1-3}=0+4=4$

工作 1—4：$EF_{1-4}=ES_{1-4}+D_{1-4}=0+2=2$

式中 EF_{i-j}——工作 $i-j$ 的最早完成时间；

ES_{i-j}——工作 $i-j$ 的最早开始时间；

D_{i-j}——工作 $i-j$ 的持续时间。

c. 其他工作的最早开始时间应等于其紧前工作最早完成时间的最大值，即：

$$ES_{i-j}=\max\{EF_{h-i}\}=\max\{ES_{h-j}+D_{h-j}\} \tag{4-9}$$

式中 ES_{i-j}——工作 $i-j$ 的最早开始时间；

EF_{h-j}——工作 $i-j$ 的紧前工作 $h-i$（非虚工作）的最早完成时间；

EF_{h-i}——工作 $i-j$ 的紧前工作 $h-i$（非虚工作）的最早开始时间；

D_{i-j}——工作 $i-j$ 的紧前工作 $h-i$（非虚工作）的持续时间。

例如在本例中，工作 3—5 和工作 4—6 的最早开始时间分别为：

$$ES_{3-5}=EF_{1-3}=4$$

$$ES_{4-6}=\max\{EF_{1-3},EF_{1-4}\}=\max\{4,2\}=4$$

d. 网络计划的计算工期应等于以网络计划终点节点为完成节点的工作的最早完成时间的最大值，即：

$$T_c=\max\{Ef_{i-n}\}=\max\{ES_{i-n}+D_{i-n}\} \tag{4-10}$$

式中 T_c——网络计划的计算工期；

EF_{i-n}——以网络计划终点节点 n 为完成节点的工作的最早完成时间；

ES_{i-n}——以网络计划终点节点 n 为完成节点的工作的最早开始时间；

D_{i-n}——以网络计划终点节点 n 为完成节点的工作的持续时间。

在本例中，网络计划的计算工期为：

$$T_c=\max\{EF_{2-7},EF_{5-7},EF_{6-7}\}=\max\{11,12,15\}=15$$

② 确定网络计划的计划工期。网络计划的计划工期应按式(4-6)或式(4-7)确定。在本例中，假设未规定要求工期，则其计划工期就等于计算工期，即：

$$T_p = T_c = 15$$

计划工期应标注在网络计划终点节点的右上方，如图 4.19 所示。

③ 计算工作的最迟完成时间和最迟开始时间。工作最迟完成时间和最迟开始时间的计算应从网络计划的终点节点开始，逆着箭线方向依次进行。其计算步骤如下。

a. 以网络计划终点节点为完成节点的工作，其最迟完成时间等于网络计划的计划工期，即：

$$LF_{i-n} = T_p \tag{4-11}$$

式中　LF_{i-n}——以网络计划终点节点 n 为完成节点的工作的最迟完成时间；

T_p——网络计划的计划工期。

例如在本例中，工作 2—7、工作 5—7 和工作 6—7 的最迟完成时间为：

$$LF_{2-7} = LF_{5-7} = LF_{6-7} = T_p = 15$$

b. 工作的最迟开始时间可利用式(4-12)进行计算：

$$LS_{i-j} = LF_{i-j} - D_{i-j} \tag{4-12}$$

式中　LS_{i-j}——工作 $i-j$ 的最迟开始时间；

LF_{i-j}——工作 $i-j$ 的最迟完成时间；

D_{i-j}——工作 $i-j$ 的持续时间。

例如在本例中，工作 2—7、工作 5—7 和工作 6—7 的最迟开始时间分别为：

$$LS_{2-7} = LF_{2-7} - D_{2-7} = 15 - 5 = 10$$
$$LS_{5-7} = LF_{5-7} - D_{5-7} = 15 - 3 = 12$$
$$LS_{6-7} = LF_{6-7} - D_{6-7} = 15 - 5 = 10$$

c. 其他工作的最迟完成时间应等于其紧后工作最迟开始时间的最小值，即：

$$LF_{i-j} = \min \{LS_{j-k}\} = \min \{LF_{j-k} - D_{j-k}\} \tag{4-13}$$

式中　LF_{i-j}——工作 $i-j$ 的最迟完成时间；

LS_{i-j}——工作 $i-j$ 的紧后工作 $j-k$（非虚工作）的最迟开始时间；

LF_{j-k}——工作 $i-j$ 的紧后工作 $j-k$（非虚工作）的最迟完成时间；

D_{j-k}——工作 $i-j$ 的紧后工作 $i-k$（非虚工作）的持续时间。

例如在本例中，工作 3—5 和工作 4—6 的最迟完成时间分别为：

$$LF_{3-5} = \min \{LS_{5-7}, LS_{6-7}\} = \min \{12, 10\} = 10$$
$$LF_{4-6} = LS_{6-7} = 10$$

④ 计算工作的总时差

工作的总时差等于该工作最迟完成时间与最早完成时间之差，或该工作最迟开始时间与最早开始时间之差，即：

$$TF_{i-j} = LF_{i-j} - EF_{i-j} = LS_{i-j} - ES_{i-j} \tag{4-14}$$

式中　TF_{i-j}——工作 $i-j$ 的总时差；

其余符号同前。

例如，在本例中，工作 3—5 的总时差为：

$$TF_{3-5} = LF_{3-5} - EF_{3-5} = 10 - 9 = 1$$

或 $TF_{3-5} = LS_{3-5} - ES_{3-5} = 5 - 4 = 1$

⑤ 计算工作的自由时差

工作自由时差的计算应按以下两种情况分别考虑：

a. 对于有紧后工作的工作，其自由时差等于本工作之紧后工作最早开始时间减本工作最早完成时间所得之差的最小值，即：

$$FF_{i-j} = \min \{ES_{j-k} - EF_{i-j}\} = \min \{ES_{j-k} - ES_{i-j} - D_{i-j}\} \quad (4-15)$$

式中 FF_{i-j}——工作 $i-j$ 的自由时差；
  ES_{j-k}——工作 $i-j$ 的紧后工作 $j-k$（非虚工作）的最早开始时间；
  EF_{i-j}——工作 $i-j$ 的最早完成时间；
  ES_{i-j}——工作 $i-j$ 的最早开始时间；
  D_{i-j}——工作 $i-j$ 的持续时间。

例如在本例中，工作 1—4 和工作 3—5 的自由时差分别为：

$$FF_{1-4} = ES_{4-6} - EF_{1-4} = 4 - 2 = 2$$

$$FF_{3-5} = \min \{ES_{5-7} - EF_{3-5}, ES_{6-7} - EF_{3-5}\} = \min \{9-9, 10-9\} = 0$$

b. 对于无紧后工作的工作，也就是以网络计划终点节点为完成节点的工作，其自由时差等于计划工期与本工作最早完成时间之差，即：

$$FF_{i-n} = T_p - EF_{i-n} = T_p - ES_{i-n} - D_{i-n} \quad (4-16)$$

式中 FF_{i-n}——以网络计划终点节点 n 为完成节点的工作 $i-n$ 的自由时差；
  T_p——以网络计划的计划工期；
  EF_{i-n}——以网络计划终点节点 n 为完成节点的工作 $i-n$ 的最早完成时间；
  ES_{i-n}——以网络计划终点节点 n 为完成节点的工作 $i-n$ 的最早开始时间；
  D_{i-n}——以网络计划终点节点 n 为完成节点的工作 $i-n$ 的持续时间。

例如在本例中，工作 2—7、工作 5—7 和工作 6—7 的自由时差分别为：

$$FF_{2-7} = T_p - EF_{2-7} = 15 - 11 = 4$$

$$FF_{5-7} = T_p - EF_{5-7} = 15 - 12 = 3$$

$$FF_{6-7} = T_p - EF_{6-7} = 15 - 15 = 0$$

需要指出的是，对于网络计划中以终点节点为完成节点的工作，其自由时差与总时差相等。此外，由于工作的自由时差是其总时差的构成部分，所以，当工作的总时差为零时，其自由时差必然为零，可不必进行专门计算。例如在本例中，工作 1—3、工作 4—6 和工作 6—7 的总时差全部为零，故其自由时差也全部为零。

⑥ 确定关键工作和关键线路

在网络计划中，总时差最小的工作为关键工作。特别地，当网络计划的计划工期等于计算工期时，总时差为零的工作就是关键工作。例如在本例中，工作 1—3、工作 4—6 和工作 6—7 的总时差均为零，故它们都是关键工作。

找出关键工作之后，将这些关键工作首尾相连，便至少构成一条从起点节点到终点节点的通路，通路上各项工作的持续时间总和最大的就是关键线路。在关键线路上可能有虚工作存在。

关键线路一般用粗箭线或双线箭线标出，也可以用彩色箭线标出。例如在本例中，线路①—③—④—⑥—⑦即为关键线路。关键线路上各项工作的持续时间总和应等于网络计划的计算工二期，这一特点也是判别关键线路是否正确的准则。

在上述计算过程中，是将每项工作的六个时间参数均标注在图中，故称为六时标注法，如图 4.19 所示。

（2）按节点计算法。所谓按节点计算法，就是先计算网络计划中各个节点的最早时间和最迟时间，然后据此计算各项工作的时间参数和网络计划的计算工期。在双代号网络计划的使用中，有时并不需要将网络计划的时间参数全部计算出来，而只需要根据节点的时间参数快速的计算出计算工期即可。

① 节点最早时间（ET_i）的计算。节点最早时间是指该节点所有紧后工作的最早可能开始时刻。它应是以该节点为完成节点的所有工作最早全部完成的时间。

a. 网络计划的起点节点代表整个网络计划的开始，如未规定最早时间，其值等于零。例如在本例中，起点节点的最早时间为零，即：

$$ET_1 = 0 \tag{4-17}$$

b. 其他节点的最早时间应按式（4-18）计算。

$$ET_j = \max\{ET_i + D_{i-j}\} \quad (i<j) \tag{4-18}$$

式中　ET_j——工作 $i-j$ 的完成节点 j 的最早时间；

ET_i——工作 $i-j$ 的开始节点 i 的最早时间；

D_{i-j}——工作 $i-j$ 的持续时间。

例如在本例中，节点②和节点④的最早时间为：

$$ET_2 = \max\{ET_1 + D_{1-2}\} = \max\{0+6\} = 6$$
$$ET_4 = \max\{ET_1 + D_{1-5}, ET_3 + D_{3-4}\} = \max\{2+0, 4+0\} = 4$$

综上所述，节点最早时间应从起点节点开始计算，假定 $ET_1 = 0$，然后按节点编号递增的顺序进行，直至终点节点为止。

c. 网络计划的计算总工期等于网络计划终点节点的最早时间，即：

$$T_c = ET_n \tag{4-19}$$

例如在本例中，其计算工期为：$T_c = ET_7 = 15$

② 节点最迟时间（LT_i）的计算。节点最迟时间是指该节点所有紧前工作最迟必须结束的时刻，它是一个时间界限，它应是以该节点为完成节点的所有工作最迟必须结束的时刻，若迟于这个时刻，紧后工作就要推迟开始，整个网络计划的工期就要延误。

a. 网络计划终点节点的最迟时间等于网络计划的计划工期，即：

$$LT_n = T_p \tag{4-20}$$

式中　LT_n——网络计划终点节点 n 的最迟时间。

例如在本例中，终点节点⑦的最迟时间为：

$$LT_n = T_p = 15$$

b. 其他节点的最迟时间应按下式进行计算：

$$LT_i = \min\{LT_j - D_{i-j}\} \tag{4-21}$$

式中　LT_i——工作 $i-j$ 开始节点 i 的最迟时间；

LT_j——工作 $i-j$ 完成节点 j 的最迟时间。

例如在本例中，节点⑥和节点⑤的最迟时间为：

$$LT_6 = LT_7 - D_{6-7} = 15 - 5 = 10$$
$$LT_5 = \min\{LT_7 - D_{6-7}, LT_7 - D_{5-7}\} = \min\{15-3, 15-5\} = 10$$

综上所述，节点最迟时间的计算是从终点节点开始，首先确定 LT_n，然后按照节点编号递减的顺序进行，直到起点节点为止。

③ 根据节点的最早时间和最迟时间判定工作的六个时间参数。

a. 工作的最早开始时间等于该工作开始节点的最早时间,即:
$$ES_{i-j}=ET_i \tag{4-22}$$

b. 工作的最早完成时间等于该工作开始节点的最早时间与其持续时间之和,即:
$$EF_{i-j}=ET_i+D_{i-j} \tag{4-23}$$

c. 工作的最迟完成时间等于该工作完成节点的最迟时间,即:
$$LF_{i-j}=LT_j \tag{4-24}$$

d. 工作的最迟开始时间等于该工作完成节点的最迟时间与其持续时间之差,即:
$$LS_{i-j}=LT_j-D_{i-j} \tag{4-25}$$

e. 工作的总时差的可根据式(4-13)和式(4-23)得到:
$$TF_{i-j}=LF_{i-j}-EF_{i-j}=LT_j-ET_i-D_{i-j} \tag{4-26}$$

f. 工作的自由时差可根据式(4-14)和式(4-22)得到:
$$FF_{i-j}=ES_{j-k}-EF_{i-j}=ET_j-ET_i-D_{i-j} \tag{4-27}$$

6) 单代号网络计划

单代号网络计划是以节点及其编号表示工作,箭线表示工作之间的逻辑关系的网络图(图 4.20),并在节点中加注工作代号、名称和持续时间,形成单代号网络计划。

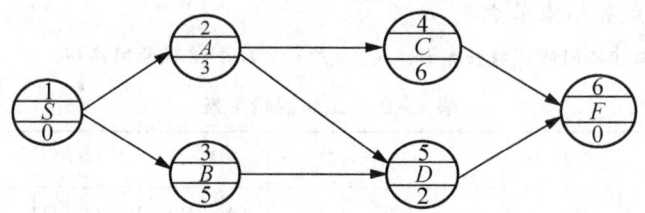

图 4.20 单代号网络图

单代号网络图与双代号网络图相比,具有以下特点:工作之间的逻辑关系容易表达,且不用虚箭线,故绘图较简单;网络图便于检查和修改;由于工作持续时间表示在节点之中,没有长度,故不够形象直观;表示工作之间逻辑关系的箭线可能产生较多的纵横交叉现象。

单代号网络图的基本符号有以下几种。

(1) 节点。单代号网络图中的每一个节点表示一项工作,节点宜用圆圈或矩形表示。节点所表示的工作名称、持续时间和工作代号等应标注在节点内,如图 4.21 所示。

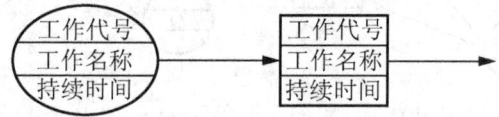

图 4.21 单代号网络图工作的表示方法

单代号网络图中的节点必须编号。编号标注在节点内,其号码可间断,但严禁重复。箭线的箭尾节点编号应小于箭头节点的编号。一项工作必须有唯一的一个节点及相应的一个编号。

(2) 箭线。单代号网络图中的箭线表示紧邻工作之间的逻辑关系,既不占用时间,也不消耗资源。箭线应画成水平直线、折线或斜线。箭线水平投影的方向应自左向右，表示工作的行进方向。工作之间的逻辑关系包括工艺关系和组织关系，在网络图中均表现为工作之间的先后顺序。

（3）线路。单代号网络图中，各条线路应用该线路上的节点编号从小到大依次表述。

（4）绘制原则。

① 网络图中有多项起始工作或结束工作时，应在网络图的两端分别设置一项虚拟的工作作为该网络图的起始节点和终点节点。

② 其他绘制原则与双代号网络图的绘制原则相同。

（5）绘制步骤。

① 列出工作清单，工作之间的逻辑关系，找出每一工作的紧前工作。

② 根据工作清单，先绘没有紧前工作的工作节点。

③ 逐个检查工作清单中的每一工作，如该工作的紧前工作节点已全部绘在图上，则绘该工作节点并用箭线与紧前工作连接起来。

④ 重复上述步骤，直至绘出整个计划的所有工作节点。

⑤ 绘制没有紧后工作的工作节点。

⑥ 绘制开始节点和结束节点。

【例 4-4】 已知工作之间的逻辑关系如表 4-9 所示，绘制单代号网络图。

表 4-9 工作逻辑关系

工作	A	B	C	D	E	G	H	I
紧前工作	—	—	—	—	A、B	B、C、D	C、D	E、G、H

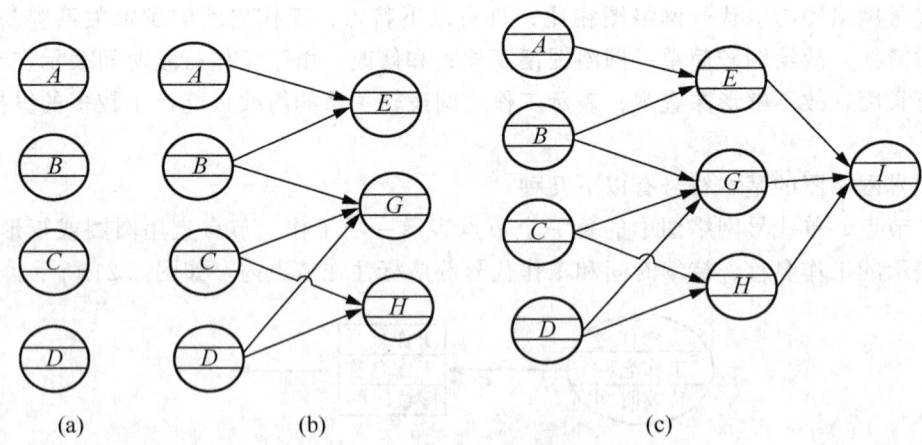

图 4.22 单代号网络图绘制过程

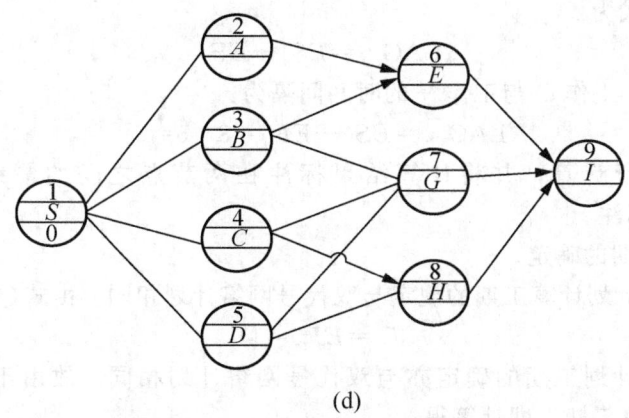

(d)

图 4.22 单代号网络图绘制过程(续)

(6) 单代号网络计划时间参数的计算。

下面以图 4.23 所示的单代号网络计划为例,说明其时间参数的计算过程。计算结果标注在图上。

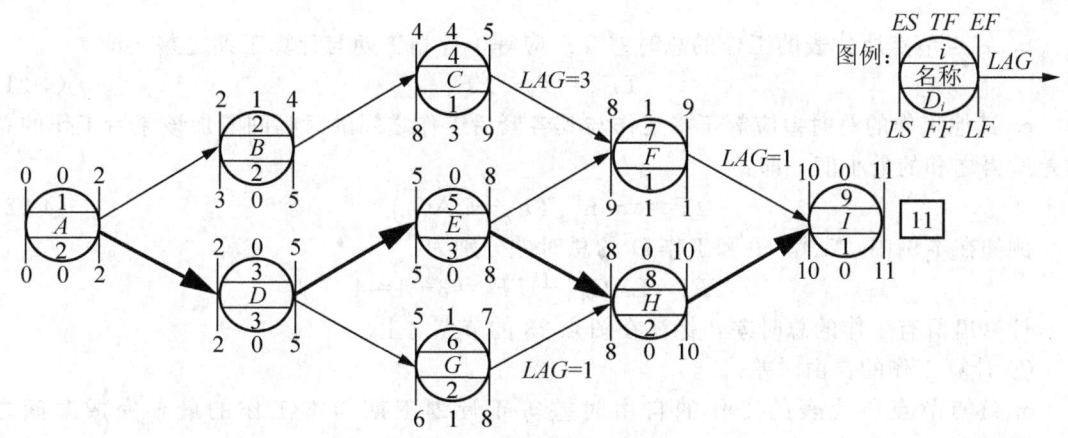

图 4.23 单代号网络计划

① 工作最早时间的计算。工作最早时间的计算应从网络计划的起点节点开始,顺着箭线方向按节点编号从小到大的顺序依次进行。

a. 起点节点 i 的最早开始时间 ES_i 如无规定时,其取值应等于零。

b. 工作的最早完成时间应等于本工作的最早开始时间与其持续时间之和,即:

$$EF_i = ES_i + D_i \tag{4-28}$$

式中 EF_i——工作 i 的最早完成时间;

ES_i——工作 i 的最早开始时间;

D_i——工作 i 的持续时间。

c. 其他工作的最早开始时间应等于其紧前工作最早完成时间的最大值,即:

$$ES_j = \max\{EF_i\} \tag{4-29}$$

② 相邻两项工作之间时间间隔的计算。相邻两项工作之间的时间间隔是指其紧后工作的最早开始时间与本工作最早完成时间的差值,工作 i 和工作 j 之间的时间间隔记为

$LAG_{i,j}$。其计算公式为：
$$LAG_{i,j}=ES_j-EF_i \tag{4-30}$$
例如在本例中，工作 C 与工作 F 的时间间隔为：
$$LAG_{4,7}=ES_7-EF_4=8-5=3$$
按上述公式进行计算，并将计算结果标注在两节点之间的箭线上。图 4.23 中，$LAG_{i,j}=0$ 的未予标注。

③ 网络计划工期的确定。

a. 单代号网络计划计算工期的规定与双代号网络计划相同，由式(4-4)得：
$$T_c=EF_9=11$$

b. 网络计划的计划工期的确定亦与双代号网络计划相同，故由于未规定要求工期，其计划工期等于计算工期，即计算得：
$$T_p=T_c=11$$
将计划工期标注在终点节点旁的方框内。

④ 计算工作的总时差。

a. 工作总时差 TF_i 的计算应从网络计划的终点节点开始，逆着箭线方向依次逐项计算。

b. 终点节点所代表的工作的总时差 TF 应等于计划工期与计算工期之差，即
$$TF_n=T_p-EF_n \tag{4-31}$$

c. 其他工作的总时差应等于本工作与其各紧后工作之间的时间间隔加该紧后工作的总时差所得之和的最小值，即：
$$TF_i=\min\{TF_j+LAG_{i,j}\} \tag{4-32}$$
例如在本例中，工作 H 和工作 D 的总时差分别为：
$$TF_4=LAG_{4,7}+TF_7=3+1=4$$
计算出所有工作的总时差，标注在图 4.23 的节点之上。

⑤ 计算工作的自由时差。

a. 终点节点所代表的工作的自由时差等于计划工期与本工作的最早完成时间之差，即：
$$FF_n=T_p-EF_n \tag{4-33}$$

b. 其他工作的自由时差等于本工作与其紧后工作之间时间间隔的最小值，即：
$$FF_i=\min\{LAG_{i,j}\} \tag{4-34}$$
根据上式可计算出所有工作的自由时差，标注于图 4.24 各相应节点的下部。

⑥ 工作最迟时间的计算。工作最迟时间的计算应从网络计划的终点节点开始，逆着箭线方向依次逐项进行。

a. 终点节点所代表的工作 n 的最迟完成时间 LF_n 应等于该网络计划的计划工期 T_p，即：
$$LF_n=T_p \tag{4-35}$$

b. 工作的最迟开始时间等于本工作的最迟完成时间与其持续时间之差，即：
$$LS_i=LF_i-D_i \tag{4-36}$$

c. 其他工作的最迟完成时间等于该工作各紧后工作最迟开始时间的最小值，即：
$$LF_i=\min\{LS_j\} \tag{4-37}$$

或

$$LF_i = EF_i + TF_i \tag{4-38}$$

根据上述各式进行计算，可计算出各工作的最迟开始时间和最迟完成时间，标注于图 4.23 上各相应的位置。

① 确定网络计划的关键工作和关键线路。

a. 关键工作的确定。单代号网络计划关键工作的确定方法与双代号的相同，即总时差为最小的工作为关键工作。按照这个规定，图 4.23 的关键工作是："A"，"C"，"E"，"H"，"I" 共 5 项。

b. 关键线路的确定。从起点节点开始到终点节点均为关键工作，且所有工作的间隔时间均为零的线路即为关键线路。因此图 4.23 的关键线路为：A—C—E—H—I。

7) 双代号时标网络计划

双代号时标网络计划的表示方法：指以水平时间坐标为尺度绘制的网络计划。时标单位可以是小时、天、周、月、季、年等。以实箭线表示工作，实箭线的水平投影长度表示该工作的持续时间；以虚箭线表示虚工作，由于虚工作的持续时间为零，故虚箭线只能垂直画；以波形线表示工作与其紧后工作之间的时间（以终点节点为完成节点的工作除外），当计划工期等于计算工期时，这些工作箭线中波形线的水平投影长度表示其自由时差。因此，时标网络计划既是一个网络计划，又类似于用横道图表示的一个水平进度计划。它既能表明计划的时间过程，又能在图上显示出各项工作开始、完成时间、关键线路和关键工作所具有的时差。

时标网络计划宜按各项工作的最早开始时间编制。为此，在编制时标网络计划时应使每一个节点和每一项工作（包括虚工作）尽量向左靠，直至不出现从右向左的逆向箭线为止。

在编制时标网络计划之前，应先按已经确定的时间单位绘制时标网络计划表。时间坐标可以标注在时标网络计划表的顶部或底部。当网络计划的规模比较大，且比较复杂时，可以在时标网络计划表的顶部和底部同时标注时间坐标。必要时，还可以在顶部时间坐标之上或底部时间坐标之下同时加注日历时间。时标网络计划表如表 4-10 所示。表中部的刻度线宜为细线。为使图面清晰简洁，此线也可不画或少画。

表 4-10 时标网络计划表

日历																
时间单位	1	2	3	4	5	6	7	8	9	10	11	12	13	14	15	16
网络计划																
时间单位	1	2	3	4	5	6	7	8	9	10	11	12	13	14	15	16

编制时标网络计划应先绘制无时标的网络计划草图，然后按间接绘制法或直接绘制法进行。

(1) 间接绘制法。所谓间接绘制法，是指先根据无时标的网络计划草图计算其时间参数并确定关键线路，然后在时标网络计划表中进行绘制。在绘制时应先将所有节点按其最早时间定位在时标网络计划表中的相应位置，然后再用规定线型（实箭线和虚箭线）按比例绘出工作和虚工作。当某些工作箭线的长度不足以到达该工作的完成节点时，须用波形线补足，箭头应画在与该工作完成节点的连接处。

（2）直接绘制法。所谓直接绘制法，是指不计算时间参数而直接按无时标的网络计划草图绘制时标网络计划。现以图 4.24 所示网络计划为例，说明时标网络计划的绘制过程。

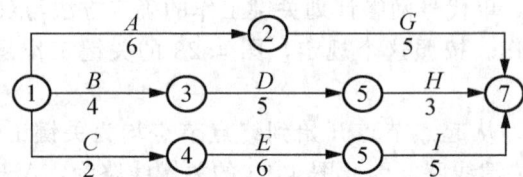

图 4.24　双代号网络计划

① 将网络计划的起点节点定位在时标网络计划表的起始刻度线上。如图 4.25 所示，节点①就是定位在时标网络计划表的起始坐标"0"位置上。

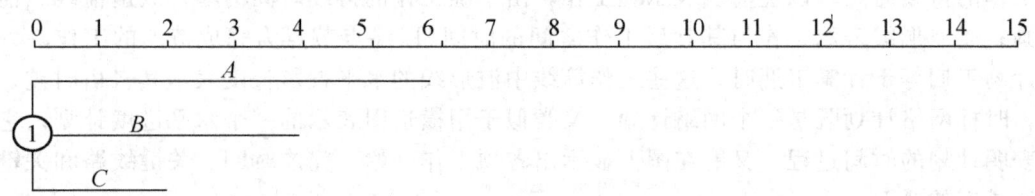

图 4.25　直接绘制法第一步

② 按工作的持续时间绘制以网络计划起点节点为开始节点的工作箭线。如图 4.25 所示，分别绘出工作箭线 A、B 和 C。

③ 除网络计划的起点节点外，其他节点必须在所有以该节点为完成节点的工作箭线均绘出后，定位在这些工作箭线中最迟的箭线末端。当某些工作箭线的长度不足以到达该节点时，需用波形线补足，箭头画在与该节点的连接处。例如在本例中，节点②直接定位在工作箭线 A 的末端；节点③直接定位在工作箭线 B 的末端；节点④的位置需要在绘出虚箭线 3—4 之后，定位在工作箭线 C 和虚箭线 3—4 中最迟的箭线末端，即坐标"4"的位置上。此时，工作箭线 C 的长度不足以到达节点④，因而用波形线补足，如图 4.26 所示。

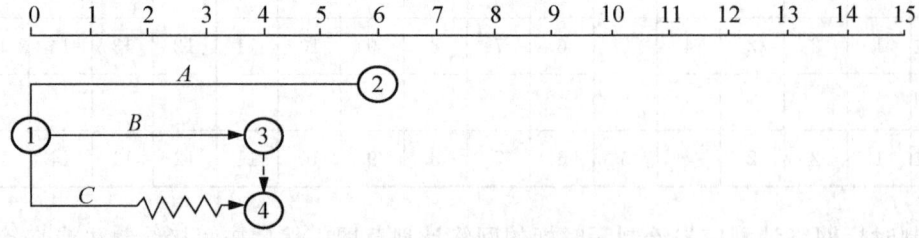

图 4.26　直接绘制法第二步

④ 当某个节点的位置确定之后，即可绘制以该节点为开始节点的工作箭线。例如在本例中，在图 4.26 的基础之上，可以分别以节点②、节点③和节点④为开始节点绘制工作箭线 G、工作箭线 D 和工作箭线 E，如图 4.27 所示。

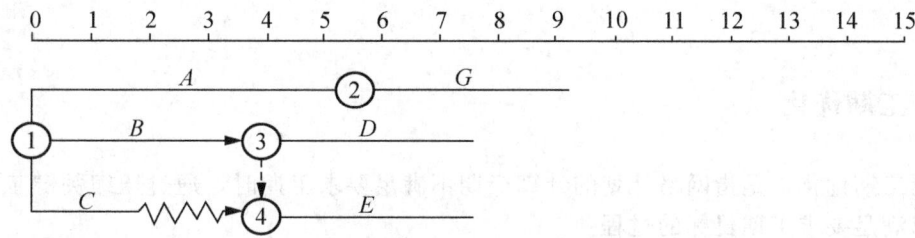

图 4.27　直接绘制法第三步

⑤ 利用上述方法从左至右依次确定其他各个节点的位置，直至绘出网络计划的终点节点。例如在本例中，在图 4.27 基础之上，可以分别确定节点⑤和节点⑥的位置，并在它们之后分别绘制工作箭线 H 和工作箭线 I，如图 4.28 所示。

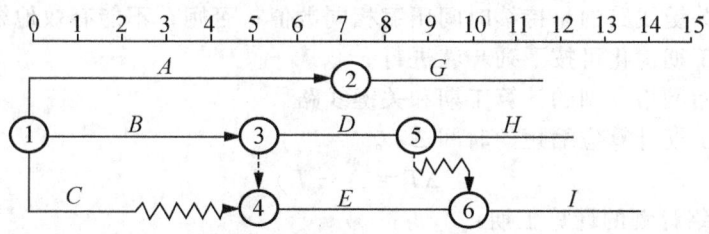

图 4.28　直接绘制法第四步

⑥ 根据工作箭线 G、工作箭线 H 和工作箭线 I 确定出终点节点的位置。本例所对应的时标网络计划如图 4.29 所示，图中双箭线表示的线路为关键线路。

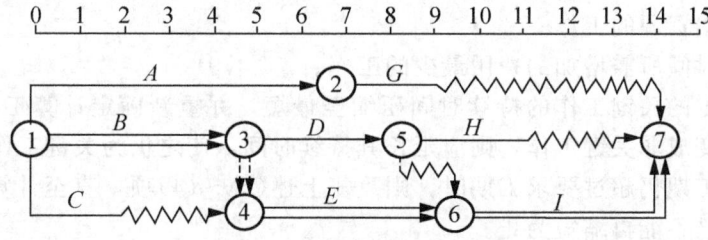

图 4.29　双代号时标网络图

在绘制时标网络计划时，特别需要注意的问题是处理好虚箭线。首先，应将虚箭线与实箭线等同看待，只是其对应工作的持续时间为零；其次，尽管它本身没有持续时间，但可能存在波形线，因此，要按规定画出波形线。在画波形线时，其垂直部分仍应画为虚线（如图 4.29 所示时标网络计划中的虚箭线 5—6）。

4.3　工程项目进度计划的优化

网络计划的优化是指在一定约束条件下，按既定目标对网络计划进行不断改进，以寻求满意方案的过程。

网络计划的优化目标应按计划任务的需要和条件选定，包括工期目标、费用目标和资源目标。根据优化目标的不同，网络计划的优化可分为工期优化、费用优化和资源优化三种。

4.3.1 工期优化

所谓工期优化，是指网络计划的计算工期不满足要求工期时，通过压缩关键工作的持续时间以满足要求工期目标的过程。

1. 工期优化方法

网络计划工期优化的基本方法是在不改变网络计划中各项工作之间逻辑关系的前提下，通过压缩关键工作的持续时间来达到优化目标。在工期优化过程中，按照经济合理的原则，不能将关键工作压缩成非关键工作。此外，当工期优化过程中出现多条关键线路时，必须将各条关键线路的总持续时间压缩相同数值；否则，不能有效地缩短工期。

网络计划的工期优化可按下列步骤进行。

（1）确定初始网络计划的计算工期和关键线路。

（2）按要求工期计算应缩短的时间 ΔT。

$$\Delta T = T_c - T_r \tag{4-39}$$

式中　T_c——网络计划的计算工期；

　　　T_r——要求工期。

（3）选择应缩短持续时间的关键工作。选择压缩对象时宜在关键工作中考虑下列因素。

①缩短持续时间对质量和安全影响不大的工作。

②有充足备用资源的工作。

③缩短持续时间所需增加的费用最少的工作。

（4）将所选定的关键工作的持续时间压缩至最短，并重新确定计算工期和关键线路。若被压缩的工作变成非关键工作，则应延长其持续时间，使之仍为关键工作。

（5）当计算工期仍超过要求工期时，则重复上述(2)~(4)项，直至计算工期满足要求工期或计算工期已不能再缩短为止。

（6）当所有关键工作的持续时间都已达到其能缩短的极限而寻求不到继续缩短工期的方案，但网络计划的计算工期仍不能满足要求工期时，应对网络计划的原技术方案、组织方案进行调整，或对要求工期重新审定。

2. 工期优化示例

案例 4-1

已知网络计划如图 4.30 所示，箭线下方括号外数字为工作的正常持续时间，括号内数字为工作的最短持续时间；箭线上方括号内数字为优选系数。要求工期为 12 天，试对其进行工期优化。

【解】　①用标号法找出初始网络计划的计算工期和关键线路。如图所示：$T_c=15$ 天，关键线路为：1—3—5—6。

②$T_r=12$ 天，故应压缩的工期为 $\Delta T=T_c-T_r=12-15=3$ 天。

③在关键工作 1—3，3—5，5—6 当中，3—5 工作的优选系数最小，应优先压缩。

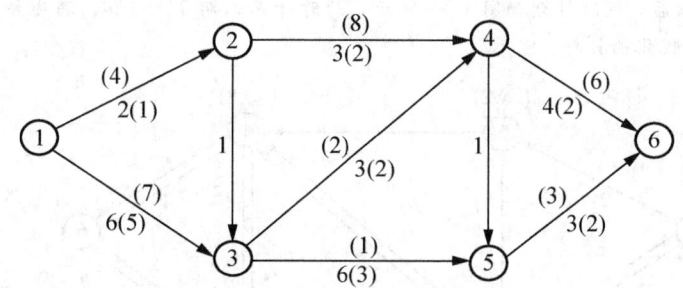

图 4.30 双代号网络计划

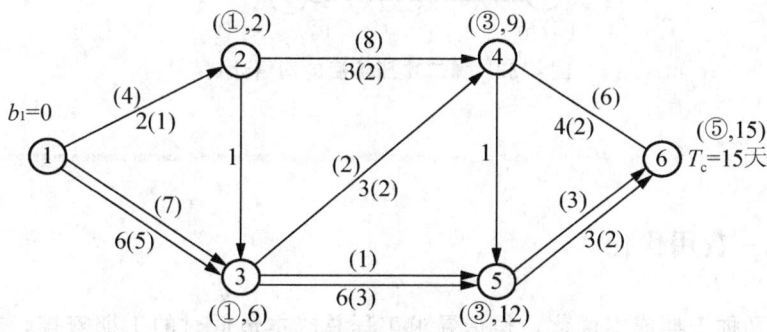

图 4.31 双代号网络计划

④ 将关键工作 3—5 的持续时间由 6 天压缩成 3 天，这时的关键线路为 1—3—4—6，不经过 1—3—5—6，故关键工作 3—5 被压缩成非关键工作，这是不合理的。将 3—5 的持续时间压缩到 4 天，这时关键线路有三条，分别为 1—3—5—6，1—3—4—5—6 和 1—3—4—6，如图 4.32 所示，这时关键工作 3—5 仍然为关键工作，所以是可行的。

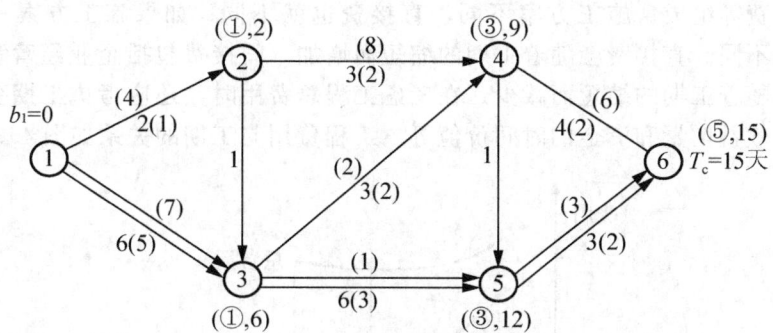

图 4.32 第一次压缩后的网络计划

⑤ 第一次压缩后，计算工期 $T_c=13$ 天，仍然大于要求工期 T_r，故需要继续压缩。此时，网络图中有三条关键线路，要想有效缩短工期，必须在每条关键线路上压缩相同数值。在图 4.32 所示网络计划中，有以下四种方案：a. 压缩工作 1—3，优选系数为 7；b. 同时压缩工作 3—4 和 3—5，组合优选系数为：2+1=3；c. 同时压缩工作 3—4 和 5—6，组合优选系数为：2+3=5；d. 同时压缩工作 4—6 和 5—6，组合优选系数为：6+3=9。上述四种方案中，由于同时压缩工作 3—4 和 3—5，组合优选系数最小，故应选择同时压缩工作 3—4 和 3—5 的方案。

⑥ 将工作 3—4 和 3—5 的持续时间同时压缩 1 天，此时重新用标号法计算网络计划时间参数，关键线路仍为三条，即：1—3—4—6 和 1—3—4—5—6 及 1—3—5=6，关键工作 3—4 和 3—5 仍然是关键工作，所以第二次压缩是可行的。

⑦ 经第二次压缩后，网络计划如图 4.33 所示，此时计算工期 $T_c=12d$，满足要求工期 T_r。故经过两次压缩达到了工期优化的目标。

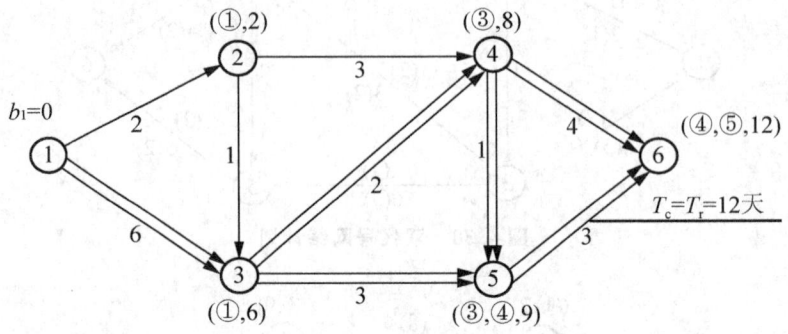

图 4.33 第二次压缩后的网络计划

4.3.2 工期—费用优化

费用优化又称工期成本优化，是指寻求工程总成本最低时的工期安排，或按要求工期寻求最低成本的计划安排的过程。

1. 费用和时间的关系

1) 工程费用与工期的关系

工程总费用由直接费和间接费组成。直接费由人工费、材料费、机械使用费、其他直接费及现场经费等组成。施工方案不同，直接费也就不同；如果施工方案一定，工期不同，直接费也不同。直接费会随着工期的缩短而增加。间接费包括企业经营管理的全部费用，它一般会随着工期的缩短而减少。在考虑工程总费用时，还应考虑工期变化带来的其他损益，包括效益增量和资金的时间价值等。工程费用与工期的关系如图 4.34 所示。

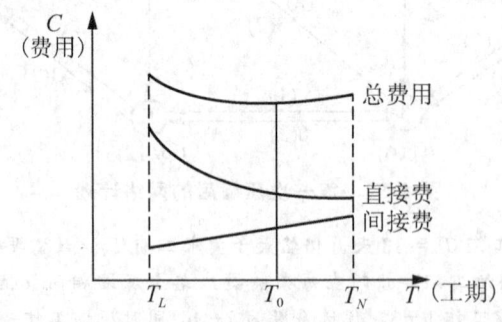

图 4.34 工期—费用曲线

2) 工作直接费与持续时间的关系

由于网络计划的工期取决于关键工作的持续时间，为了进行工期成本优化，必须分析网络计划中各项工作的直接费与持续时间之间的关系，它是网络计划工期成本优化的基础。

工作的直接费与持续时间之间的关系类似于工程直接费与工期之间的关系，工作的直接费随着持续时间的缩短而增加，如图 4.35 所示。为简化计算，工作的直接费与持续时间之间的关系被近似地认为是一条直线，当工作划分不是很粗略时，其计算结果还是比较精确的。

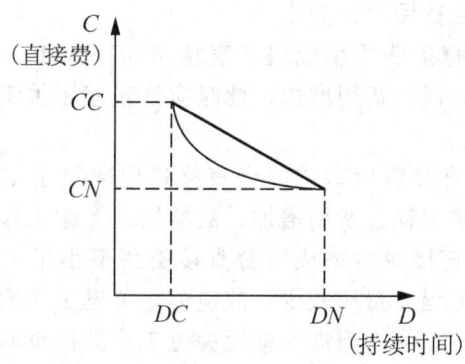

图 4.35 直接费持续曲线

寻求最低费用和最优工期的过程一般由计算机进行。简单的网络计划可由手工完成，其基本思路是从网络计划的各工作持续时间和费用的关系中，依次找出能使计划工期缩短而又能使直接费用增加最少的工作，不断地缩短其持续时间，同时考虑其间接费用叠加，即可求出工程总费用最低时的最优工期和工期指定时相应的最低费用。

2. 费用优化的步骤

（1）按工作的正常持续时间确定计算工期和关键线路。

（2）计算各项工作的直接费用率。作的持续时间每缩短单位时间而增加的直接费称为直接费用率。直接费用率可按式(4-40)计算：

$$\Delta C_{i-j} = \frac{CC_{i-j} - CN_{i-j}}{DN_{i-j} - DC_{i-j}} \tag{4-40}$$

式中　ΔC_{i-j}——工作 $i-j$ 的直接费用率；

CC_{i-j}——按最短持续时间完成工作 $i-j$ 时所需的直接费；

CN_{i-j}——按正常持续时间完成工作 $i-j$ 时所需的直接费；

DN_{i-j}——工作 $i-j$ 的正常持续时间；

DC_{i-j}——工作 $i-j$ 的最短持续时间。

从式(4-40)可以看出，工作的直接费用率越大，说明将该工作的持续时间缩短一个时间单位，所需增加的直接费就越多；反之，将该工作的持续时间缩短一个时间单位，所需增加的直接费就越少。因此，在压缩关键工作的持续时间以达到缩短工期的目的时，应将直接费用率最小的关键工作作为压缩对象。当有多条关键线路出现而需要同时压缩多个关键工作的持续时间时，应将它们的直接费用率之和（组合直接费用率）最小者作为压缩对象。

（3）确定间接费用率。间接费用率是指一项工作每缩短一个单位时间所减少的间接费。工作 $i-j$ 的间接费率表示为 ΔC_{Ii-j}，它一般都是由各单位根据工作的实际情况而加以确定的。

（4）计算工程总费用。

(5) 确定缩短持续时间的关键工作。当只有一条关键线路时,应找出直接费用率最小的一项关键工作,作为缩短持续时间的对象;当有多条关键线路时,应找出组合直接费用率最小的一组关键工作,作为缩短持续时间的对象。

(6) 对于选定的压缩对象(一项关键工作或一组关键工作),首先比较其直接费用率或组合直接费用率与工程间接费用率的大小。

① 如果被压缩对象的直接费用率或组合直接费用率大于工程间接费用率,说明压缩关键工作的持续时间会使工程总费用增加,此时应停止缩短关键工作的持续时间,在此之前的方案即为优化方案。

② 如果被压缩对象的直接费用率或组合直接费用率等于工程间接费用率,说明压缩关键工作的持续时间不会使工程总费用增加,故应缩短关键工作的持续时间。

③ 如果被压缩对象的直接费用率或组合直接费用率小于工程间接费用率,说明压缩关键工作的持续时间会使工程总费用减少,故应缩短关键工作的持续时间。

(7) 确定持续时间的缩短值。当需要缩短关键工作的持续时间时,其缩短值的确定必须符合下列两条原则。

① 缩短后工作的持续时间不能小于其最短持续时间。

② 缩短持续时间的工作不能变成非关键工作。

(8) 计算关键工作持续时间缩短后相应增加的总费用。工作持续时间压缩后,工期会相应缩短,项目的直接费会增加,而间接费会减少,所以其总费用应为:

$$C_t = C_{t+\Delta t} + \Delta T(\Delta C_{i-j} - \Delta C_{Ii-j}) \tag{4-41}$$

式中 C_t——将工期缩至 t 时的总费用;

$C_{t+\Delta t}$——工期为 $t+\Delta t$ 时的费用;

ΔT——工期缩短值;

ΔC_{i-j}——缩短持续时间工作的直接费用率;

ΔC_{Ii-j}——缩短持续时间工作的间接费用率。

(9) 重复上述(3)~(7)项,直至计算工期满足要求工期或被压缩对象的直接费用率或组合直接费用率大于工程间接费用率为止。

(10) 计算优化后的工程总费用。

4.3.3 工期—资源优化

工程项目中的资源包括人力、材料、动力、设备、机具、资金等。资源的供应情况是影响工程进度的主要因素。因此在编制进度计划时一定要以现有的资源条件为基础,通过改变工作的开始时间,使资源按时间的分布符合优化目标。资源优化包括资源有限—工期最短的优化及工期固定—资源均衡的优化。

1. 资源有限—工期最短的优化

资源有限—工期最短的优化是通过调整计划安排以满足资源限制条件并使工期延长最少。其调整步骤如下。

(1) 计算网络计划每天资源需用量。

(2) 从计划开始日期起,逐日检查每天资源需用量是否超过资源限量,如果在整个工期内每天均能满足资源限量的要求，优化方案就编制完成，否则必须进行计划调整。

（3）调整网络计划。对资源冲突的诸项工作做新的顺序安排。顺序安排的选择标准是工期延长的时间最短。延长的工期等于：

$$\Delta T_{m-n \cdot i-j} = EF_{m-n} - LS_{i-j} \qquad (4-42)$$

式中　$\Delta T_{m-n \cdot i-j}$——将工作 $i-j$ 安排在工作 $m-n$ 之后进行时标网络计划的工期延长值；

EF_{m-n}——工作 $m-n$ 的最早完成时间；

LS_{i-j}——工作 $i-j$ 的最迟开始时间。

（4）重复以上步骤，直至出现优化方案为止。

案例 4-2

已知工程网络计划中，如果工作 2—4 的资源强度为 7，工作 4—6 的资源强度为 6，而资源限量为 12。其他条件不变，试对其进行资源有限—工期最短的优化。

【解】　① 计算网络计划每个单位时间的资源需用量，绘出资源需用量动态曲线，如图 4.36 所示。

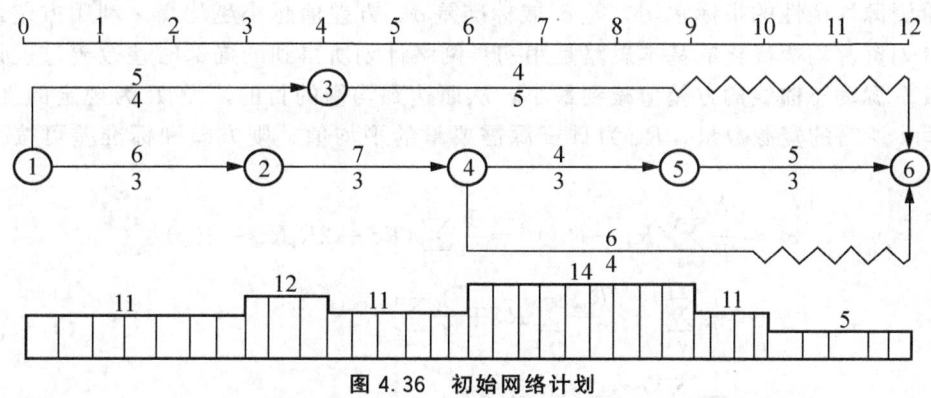

图 4.36　初始网络计划

② 从计划开始日期起，经检查发现在时段 [7，9] 存在资源冲突，即资源需用量超过资源限量，故应首先调整该时段。

③ 在时段 [7，9] 有工作 3—6，工作 4—5 和工作 4—6 三项工作平行作业，利用式(4-46)计算 ΔT 值，其结果见表 4-11。

表 4-11　ΔT 值计算表

序号	工作序号	最早完成时间	最迟开始时间	$\Delta T_{1,2}$	$\Delta T_{1,3}$	$\Delta T_{2,1}$	$\Delta T_{2,3}$	$\Delta T_{3,1}$	$\Delta T_{3,2}$
1	3—6	9	7	3	1	—	—	—	—
2	4—5	9	6	—	—	2	1	—	—
3	4—6	10	8	—	—	—	—	3	4

由表 4-10 可知，$\Delta T_{1,3} = \Delta T_{2,3} = 1$ 最小，说明将第 3 号工作（工作 4—6）安排在第 1 号工作（工作 3—6）和第 2 号工作（工作 4—5）之后进行，工期延长最短为 1 天。因此，将工作 4—6 安排在工作 3—6 和工作 4—5 之后进行，调整后的网络计划如图 4.37 所示。此时工期 $T_c = 13$。

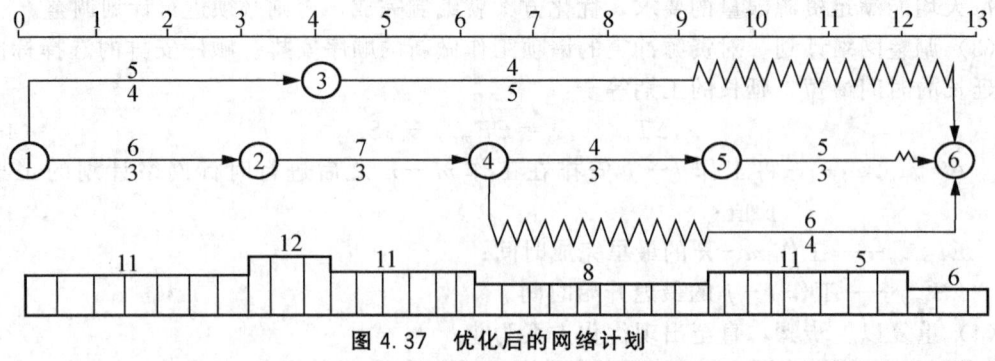

图 4.37　优化后的网络计划

2. 工期固定—资源均衡的优化

工期固定—资源均衡的优化是通过调整计划安排，在工期保持不变的条件下，使资源需用量尽可能均衡的过程。

评价资源均衡性的指标常用方差 σ^2 或标准差 σ。方差值越小越均衡。利用方差最小进行网络计划资源均衡优化的基本思路是用初步网络计划所得到的局部时差改善进度计划的安排，使资源动态曲线的方差值减到最小，从而达到均衡的目的。设 T 为规定的工期值，R_t 为瞬间 t 所需的资源数量，R_m 为日资源需要量的平均值，则方差和标准差可按下列公式计算：

$$\sigma^2 = \frac{1}{T}\sum_{t=1}^{r}(R_t - R_m)^2 = \frac{1}{T}\sum_{t=1}^{r}(R_t^2 - 2R_tR_m + R_m^2)$$

$$= \frac{1}{T}\sum_{t=1}^{r} - \frac{2R_m}{T}\sum_{t=1}^{r}R_t + \frac{1}{T}\sum_{t=1}^{r}R_m^2$$

$$= \frac{1}{T}\sum_{t=1}^{r}R_t^2 - 2R_m^2 + R_m^2$$

$$= \frac{1}{T}\sum_{t=1}^{r}R_t^2 - R_m^2$$

$$\sigma = \sqrt{\frac{1}{T}\sum_{t=1}^{r}R_t^2 - R_m^2}$$

由于式中规定工期与日资源需要量平均值为常数，故要使方差值最小，只需使 $\frac{1}{T}\sum_{t=1}^{r}R_t^2$ 为最小。由于工期是固定的，所以，求 σ^2 或 σ 的最小值问题只能在各工作总时差范围内调整其开始和结束时间，从而找出使 σ^2 或 σ 为最小的优化方案。

4.4　工程项目进度控制

在工程项目进度计划的实施过程中，由于受到种种因素的干扰，经常造成实际进度与计划进度的偏差。这种偏差得不到及时纠正，必将影响进度目标的实现。为此，项目进度计划执行过程中，必须采取系统的控制措施，经常地进行实际进度与计划进度比较，发现偏差，及时采取纠偏措施。进度计划控制的具体内容包括：对造成进度变化的因素施加影响，以保证这种变化朝着有利的方向发展；确定进度是否已发生变化；在变化实际发生时，对这种变化实施管理。

4.4.1 工程项目进度控制原理

在工程项目进度计划实施过程中，由于受到种种因素干扰，经常会造成实际进度与计划进度的偏差。这种偏差得不到及时纠正，必将影响进度目标的实现。为此，在项目进度计划的执行过程中，必须采用各种控制原理，采取必要的控制措施，经常地进行实际进度与计划进度的比较，发现偏差，及时采取纠偏措施。

1. 动态控制原理

施工项目进度控制是一个不断进行的动态控制，也是一个循环进行的过程。从项目施工开始，实际进度显出了运动的轨迹，也就是计划进入执行的动态。实际进度按照计划进度进行时，两者相吻合；当实际进度与计划进度不一致时，便产生超前或落后的偏差。分析偏差的原因，采取相应的措施，调整原来计划，使两者在新的起点上重合，继续按其进行施工活动，并且尽量发挥组织管理的作用，使实际工作按计划进行。但是在新的干扰因素作用下，又会产生新的偏差。施工进度计划控制就是采用这种动态循环的控制方法。

2. 系统原理

（1）施工项目计划系统，为了对施工项目实行进度计划控制，首先必须编制施工项目的各种进度计划。其中有施工项目总进度计划、单位工程进度计划、分部分项工程进度计划、季度和月（旬）作业计划，这些计划组成一个施工项目进度计划系统。计划的编制对象由大到小，计划的内容从粗到细。编制时从总体计划到局部计划，逐层进行控制目标分解，以保证计划控制目标落实。执行计划时，从月（旬），作业计划开始实施，逐级按目标控制，从而达到对施工项目整体进度目标控制。

（2）施工项目进度实施组织系统，施工项目实施全过程的各专业队伍都是遵照计划规定的目标去努力完成一个个任务的。施工项目经理和有关劳动调配、材料设备、采购运输等各职能部门都按照施工进度规定的要求进行严格管理、落实和完成各自的任务。施工组织各级负责人，从项目经理、施工队长、班组长到其所属全体成员组成了施工项目实施的完整组织系统。

（3）施工项目进度控制组织系统，为了保证施工项目进度实施还有一个项目进度的检查控制系统。自公司经理、项目经理，一直到作业班组都设有专门职能部门或人员负责检查汇报，统计整理实际施工进度的资料，并与计划进度比较分析和进行调整。当然不同层次人员负有不同进度控制职责，分工协作，形成一个纵横连接的施工项目控制组织系统。事实上有的领导可能是计划的实施者又是计划的控制者。实施是计划控制的落实，控制是保证计划按期实施。

3. 信息反馈原理

信息反馈是施工项目进度控制的主要环节，施工的实际进度通过信息反馈给基层施工项目进度控制的工作人员，在分工的职责范围内，经过对其加工，再将信息逐级向上反馈，直到主控制室，主控制室整理统计各方面的信息，经比较分析做出决策，调整进度计划，仍使其符合预定工期目标。若不应用信息反馈原理，不断地进行信息反馈，则无法进行计划控制。施工项目进度控制的过程就是信息反馈的过程。

4. 弹性原理

施工项目进度计划工期长、影响进度的原因多，其中有的已被人们掌握，根据统计经验估计出影响的程度和出现的可能性，并在确定进度目标时，进行实现目标的风险分析。在计划编制者具备了这些知识和实践经验之后，编制施工项目进度计划时就会留有余地，即是使施工进度计划具有弹性。在进行施工项目进度控制时，便可以利用这些弹性，缩短有关工作的时间，或者改变它们之间的搭接关系，使检查之前拖延了的工期，通过缩短剩余计划工期的方法，仍然达到预期的计划目标。这就是施工项目进度控制中对弹性原理的应用。

5. 封闭循环原理

项目的进度计划控制的全过程是计划、实施、检查、比较分析、确定调整措施、再计划。从编制项目施工进度计划开始，经过实施过程中的跟踪检查，收集有关实际进度的信息，比较和分析实际进度与施工计划进度之间的偏差，找出产生原因和解决办法，确定调整措施，再修改原进度计划，形成一个封闭的循环系统。

6. 网络计划技术原理

在施工项目进度的控制中利用网络计划技术原理编制进度计划，根据收集的实际进度信息，比较和分析进度计划，又利用网络计划的工期优化，工期与成本优化和资源优化的理论调整计划。网络计划技术原理是施工项目进度控制的完整的计划管理和分析计算理论基础。

4.4.2 工程项目实际进度与计划进度比较方法

在工程项目实施过程中，管理者应经常地、定期地对进度计划的实际进度数据与进度计划数据进行比较，以确定建设工程实际执行状况与计划目标之间的差距。为了直观反映实际进度偏差，通常采用表格或图形进行实际进度与计划进度的对比分析，从而得出实际进度比计划进度超前、滞后还是一致的结论。常用的进度比较方法有以下几种。

1. 横道图比较法

横道图比较法(图4.38)是将在项目进展中通过观测、检查、搜集到的信息，经整理后直接用横道线并列标于原计划的横道线一起，进行直观比较的方法。

该表达方法仅适用于工程项目中的各项工作都是均衡进展的情况，即每项工作在单位时间内完成的任务量相等。实际中，工程项目中各项工作的进展情况不一定是匀速的。根据工程项目中各项工作的进展是否匀速，可分别采取以下两种方法进行实际进度与计划进度的比较。

(1) 匀速进展横道图比较法，指工程项目中每项工作在单位时间内完成的任务量相等，因此每项工作累计完成的任务量和时间呈线性关系，完成的任务量可以用实物工程

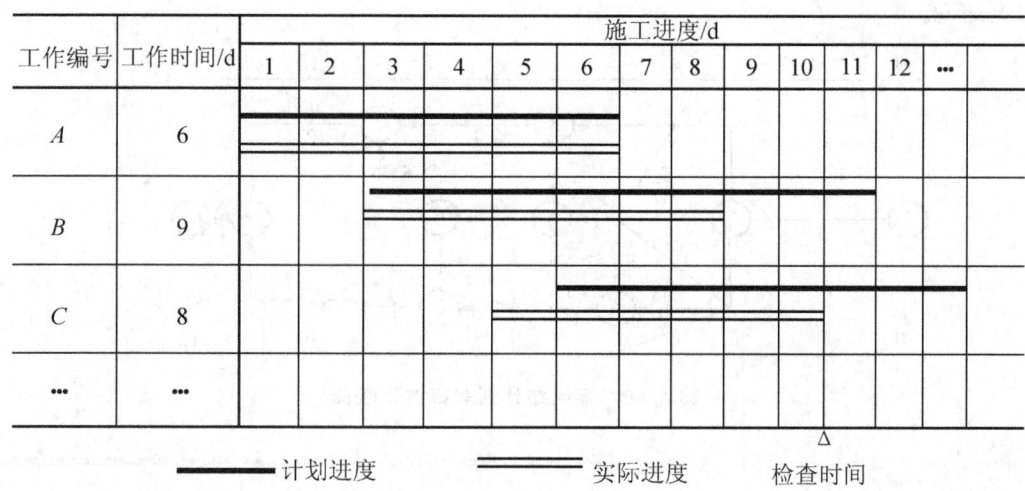

───── 计划进度　═════ 实际进度　△ 检查时间

图 4.38　横道图比较法

量、劳动消耗量或费用支出表示，或用其物理量的百分比表示。

（2）非匀速进展横道图比较法，指当工作在不同单位时间里的进展速度不相等时，在用涂黑粗线表示工作实际进度的同时，还要标出其对应时刻完成任务量的累计百分比。并将该百分比与其同时刻计划完成任务量的累计百分比相比较，判断工作实际进度与计划进度之间的关系。

2. 前锋线比较法

前锋线比较法是按照项目实际进度绘制其前锋线，根据前锋线与工作箭线交点的位置判断项目实际进度与计划进度偏差，以分析判断项目相关工作的进度状况和项目整体进度状况的方法。网络图前锋线法是利用时标网络计划图检查和判定工程进度实施情况的方法。该方法适用于时标网络计划。

案例 4-3

已知网络计划如图 4.39 所示，在第 5 天检查时，发现工作 A 已完成，工作 B 已进行 1d，工作 C 已进行 2d，工作 D 尚未开始。试用前锋线法进行实际进度与计划进度比较。

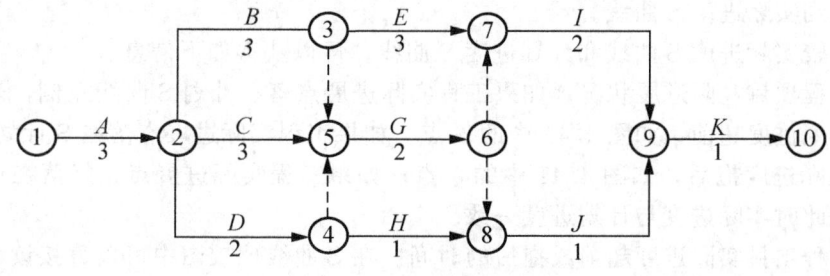

图 4.39　某网络计划图

【解】① 按已知网络计划图绘制时标网络计划，如图 4.40 所示。
② 按第 5 天检查实际进度情况绘制前锋线，如图 4.40 点画线所示。
③ 实际进度与计划进度比较。从图 4.40 前锋线可以看出：工作 B 拖延 1d；工作 C 与计划一致；工

作 D 拖延 2d。

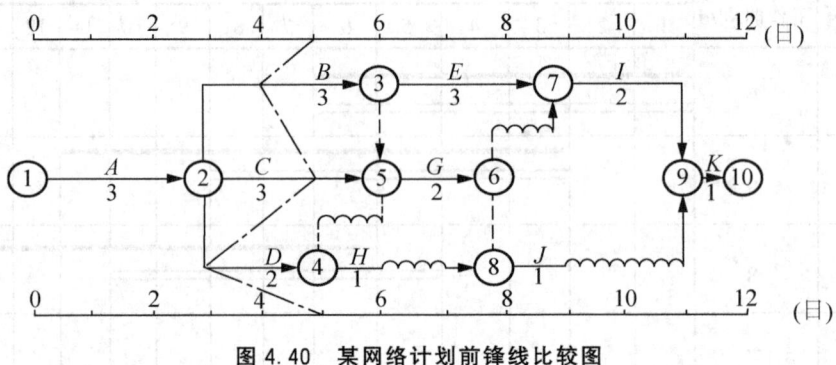

图 4.40　某网络计划前锋线比较图

根据实际进度前锋线的比较分析可以判断项目进度状况对项目的影响。关键工作提前或拖后将会对项目工期产生提前或拖后影响；而非关键工作的影响，则应根据其总时差的大小加以分析判断。一般来说，非关键工作的提前不会造成项目工期的提前；非关键工作如果拖后，且拖后的量在其总时差范围之内，则不会影响总工期；但若超出总时差的范围，则会对总工期产生影响，若单独考虑该工作的影响，其超出总时差的数值就是工期拖延量。需要注意的是，在某个检查日期，往往并不是一项工作的提前或拖后，而是多项工作均未按计划进行，这时则应考虑其交互作用。

3. S 曲线比较法

S 曲线比较法是以横坐标表示时间，纵坐标表示累计完成任务量，绘制一条按计划时间累计完成任务量的 S 曲线；后将工程项目实施过程中各检查时间实际累计完成任务量的 S 曲线也绘制在同一坐标系中，进行实际进度与计划进度比较的一种方法。

从整个工程项目实际进展全过程看，单位时间投入的资源量一般是开始和结束时较少，中间阶段较多。与其相对应，单位时间完成的任务量也呈同样的变化规律。而随工程进展累计完成的任务量则应呈 S 形变化。由于其形似英文字母"S"，S 曲线因此而得名。

S 曲线比较法也是在图上进行工程项目实际进度与计划进度的直观比较。在工程项目实施过程中，按照规定时间将检查收集到的实际累计完成任务量绘制在原计划 S 曲线图上，即可得到实际进度 S 曲线。

通过比较实际进度 S 曲线和计划进度 S 曲线，可以获得如下信息。

(1) 工程项目实际进展状况。如果工程实际进展点落在计划 S 曲线左侧，表明此时实际进度比计划进度超前，如图 4.41 中的 a 点；如果工程实际进展点落在 S 计划曲线右侧，表明此时实际进度拖后，如图 4.41 中的 b 点；如果工程实际进展点正好落在计划 S 曲线上，则表示此时实际进度与计划进度一致。

(2) 工程项目实际进度超前或拖后的时间。在 S 曲线比较图中可以直接读出实际进度比计划进度超前或拖后的时间。如图 4.41 所示，ΔT_a 表示 T_a 时刻实际进度超前的时间；ΔT_b 表示 T_b 时刻实际进度拖后的时间。

(3) 工程项目实际超额或拖欠的任务量。在 S 曲线比较图中也可直接读出实际进度比计划进度超额或拖欠的任务量。如图 4.41 所示，ΔQ_a 表示 T_a 时刻超额完成的任务量，

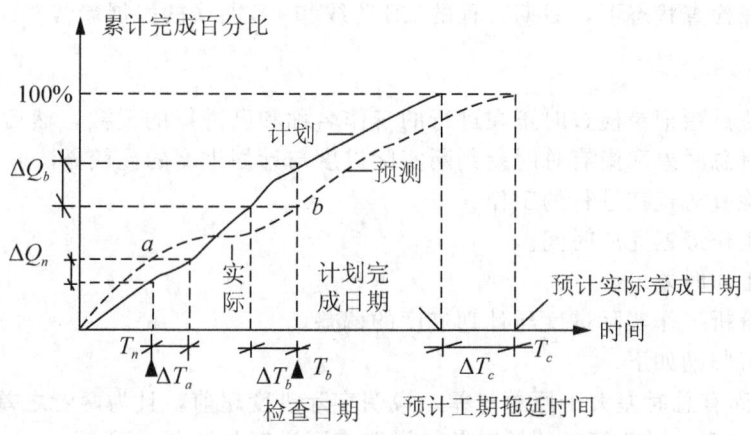

图 4.41 S 曲线比较图

ΔQ_b 表示 T_b 时刻拖欠的任务量。

（4）后期工程进度预测。如果后期工程按原计划速度进行，则可做出后期工程计划 S 曲线如图 4.41 中虚线所示，从而可以确定工期拖延预测值 ΔT。

4．"香蕉"形曲线比较法

香蕉形曲线是两条 S 形曲线组合成的闭合图形。如前所述，工程项目的计划时间和累计完成任务量之间的关系都可用一条 S 形曲线表示。在工程项目的网络计划中，各项工作一般可分为最早和最迟开始时间，于是根据各项工作的计划最早开始时间安排进度，就可绘制出一条 S 形曲线，称为 ES 曲线，而根据各项工作的计划最迟开始时间安排进度，绘制出的 S 形曲线，称为 LS 曲线。这两条曲线都是起始于计划开始时刻，终止于计划完成之时，因而图形是闭合的；一般情况下，在其余时刻，ES 曲线上各点均应在 LS 曲线的左侧，其图形如图 4.42 所示，其形似香蕉，因而得名。

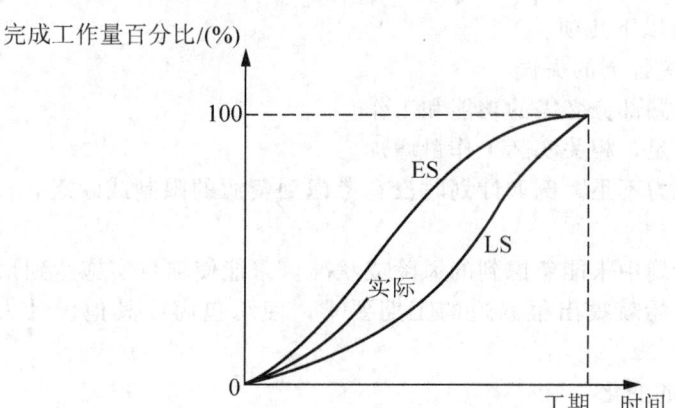

图 4.42 香蕉形曲线比较图

在项目的实施中进度控制的理想状况是任一时刻按实际进度描绘的点，应落在该香蕉形曲线的区域内。

（1）利用香蕉形曲线进行进度的合理安排。

（2）进行施工实际进度与计划进度比较。

(3) 确定在检查状态下，后期工程的 ES 曲线和 LS 曲线的发展趋势。

5. 列表比较法

列表比较法是指记录检查时正在进行的工作名称和已进行的天数，然后列表计算有关参数，根据原有总时差和尚有总时差判断实际进度与计划进度的比较方法。

(1) 计算检查时正在进行的工作。
(2) 计算工作最迟完成时间。
(3) 计算工作时差。
(4) 填表分析工作实际进度与计划进度的偏差。

具体结论可归纳如下。

① 若工作尚有总时差大于原总时差，说明实际进度超前，且为两者之差。
② 若工作尚有总时差等于原总时差，说明实际进度与计划一致。
③ 若工作尚有总时差小于原总时差但仍为非负值，说明实际进度落后，但计划工期不受影响，此时滞后的天数为两者之差。
④ 若工作尚有总时差小于原总时差但为负值，说明实际进度落后且计划工期已受影响，此时滞后的天数为两者之差，而计划工期的延迟天数与工作尚有总时差绝对值相等，此时应当调整计划。

4.4.3 工程项目进度调整方法

1. 影响进度偏差的因素

由于工程项目的特点，建设周期长，参与单位多，项目组成复杂等因素，影响进度的因素较多。编制计划、执行和控制计划时，必须充分认识和估计这些因素，才能克服其影响，使项目尽可能按计划执行；当出现偏差时，应考虑有关影响因素，分析产生的原因。其主要影响因素有以下几项。

1) 工期及相关计划的失误

(1) 计划时遗漏部分必需的功能和工作。
(2) 计划值不足，相关实际工作量增加。
(3) 资源或能力不足，例如计划时没有考虑到资源的限制或缺乏，没有考虑如何完成工作。
(4) 出现了计划中未能考虑到的风险或状况，未能使项目实施达到预定的效率。
(5) 业主一开始就提出很紧迫的工期要求，使承包商或其他设计人、供应商的工期太紧。

2) 项目条件的变化

(1) 工作量的变化。可能是由于设计的修改，设计的错误，业主新的要求，修改项目的目标及系统范围的扩展造成的。
(2) 外界对项目新的要求或限制，设计标准的提高等可能造成项目资源的缺乏，使得项目无法及时完成。
(3) 环境条件的变化。工程项目地质条件和水文条件与勘察设计不符，如地质断层、地下障碍物、软弱地基、溶洞，以及恶劣的气候条件等，都会对项目进度产生影响，造成临时停工或破坏。

（4）发生不可抗力事件。实施中如果出现意外的事件如战争、内乱、拒付债务、工人罢工等政治事件，地震、洪水等严重的自然灾害，重大工程事故、试验失败、标准变化等技术事件，通货膨胀、分包单位违约等经济事件，都会影响项目进度计划。

3）管理过程中的失误

（1）计划部门与实施者之间、总分包商之间、业主与承包商之间缺少沟通。

（2）项目实施者缺乏工期意识，例如管理者拖延了图纸的供应和批准，任务下达时缺少必要的工期说明和责任落实，从而拖延了工程项目的工期。

（3）项目参加者对各个活动之间的逻辑关系没有清楚地了解，下达任务时也没有详细的解释，同时对活动的前提条件准备不足，各单位之间缺少协调和信息沟通，许多工作脱节，资源供应出现问题。

（4）由于其他方面未完成项目计划规定的任务造成拖延。例如设计单位拖延设计、运输不及时、上级机关拖延批准手续、质量检查拖延、业主不果断处理问题等。

（5）承包商没有集中力量施工，材料供应拖延，资金缺乏，工期控制不紧，这可能是由于承包商的同期项目太多，力量不足造成的。业主没有足够的资金供应，拖欠工程款，或业主的材料、设备供应不及时。

4）其他原因

由于采用其他调整措施造成工期的拖延，如设计的变更、质量问题的返工，实施方案的修改等。

2. 分析进度偏差的影响

当查明进度偏差产生的原因之后，要分析进度偏差对后续工作和总工期的影响程度，以确定是否应采取措施调整进度计划。分析时需要利用网络计划中工作总时差和自由时差的概念进行判断，分析步骤如下。

1）分析出现进度偏差的工作是否为关键工作

如果出现进度偏差的工作位于关键线路上，即该工作为关键工作，则无论其偏差有多大，都将对后续工作和总工期产生影响，必须采取相应的调整措施；如果出现偏差的工作是非关键工作，则需要根据进度偏差值与总时差和自由时差的关系作进一步分析。

2）分析进度偏差是否超过总时差

如果工作的进度偏差大于该工作的总时差，则此进度偏差必将影响其后续工作和总工期，必须采取相应的调整措施；如果工作的进度偏差未超过该工作的总时差，则此进度偏差不影响总工期。至于对后续工作的影响程度，还需要根据偏差值与其自由时差的关系作进一步分析。

3）分析进度偏差是否超过自由时差

如果工作的进度偏差大于该工作的自由时差，则此进度偏差将对其后续工作产生影响，此时应根据后续工作的限制条件确定调整方法；如果工作的进度偏差未超过该工作的自由时差，则此进度偏差不影响后续工作，因此，原进度计划可以不作调整。

进度偏差的分析判断过程如图 4.43 所示。通过分析，进度控制人员可以根据进度偏差的影响程度，制定相应的纠偏措施进行调整，以获得符合实际进度情况和计划目标的新进度计划。

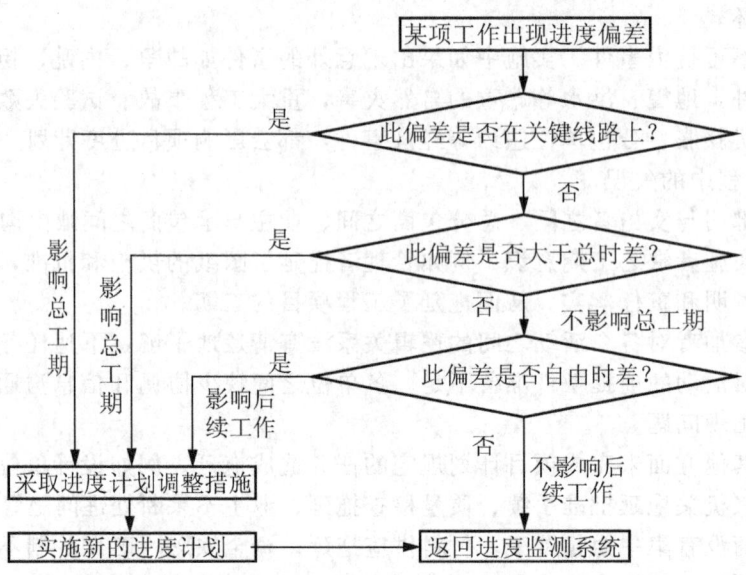

图 4.43 进度偏差对后续工作和总工期的影响分析过程图

3. 工程项目进度调整的方法

在分析了进度偏差会对项目进度造成影响后，必须对项目进度计划进行调整。

进度计划的调整以进度计划执行中的跟踪检查结果进行，调整的内容包括：①工作内容；②工作量；③工作起止时间；④工作持续时间；⑤工作逻辑关系；⑥资源供应。可以只调整六项其中之一，也可以同时调整多项，还可以将几项结合起来调整，以求综合效益最佳。只要能达到预期目标，调整越少越好。

主要的调整方法有下列几种。

1) 调整工作顺序，改变某些工作间的逻辑关系

当工程项目实施中产生的进度偏差影响到总工期，且有关工作的逻辑关系允许改变时，可以改变关键线路和超过计划工期的非关键线路上的有关工作之间的逻辑关系，达到缩短工期的目的。例如可以把依次进行的有关工作改成平行或互相搭接的逻辑关系，以及分成几个施工段进行流水施工等。但可能产生以下问题：①工作逻辑上的矛盾性；②资源的限制，平行施工要增加资源的投入强度。③工作面限制及由此产生现场混乱和低效率问题。

2) 增减工作范围

增减工作项目均不应打乱原网络计划总的逻辑关系。由于增减工作范围，只能改变局部的逻辑关系，此局部改变不影响总的逻辑关系。在增减工作内容以后，应重新计算时间参数，分析对原网络计划的影响。当对工期有影响后，应采取调整措施，保证计划工期不变。这可能造成如下影响：①损害项目的完整性、经济性、安全性，运行效率，或提高项目运行费用。②必须经过上层管理者如投资者、业主的批准。

3) 缩短某些工作的持续时间

这种方法是不改变工程项目中各项工作之间的逻辑关系，而通过采取增加资源投入、提高劳动效率等措施来缩短某些工作的持续时间，使工程进度加快，以保证按计划工期完成该工程项目。这些被压缩持续时间的工作是位于关键线路和超过计划工期的非关键线路

上的工作。

如果某项工作进度拖延时间超过总时差，那么无论它是否处于关键线路，都将会对后续工作和总工期产生影响，在这种情况下，为了减少对总工期的延误，应采取措施缩短关键线路上的后续工作的持续时间，并用工期优化的方法对原网络计划进行调整。

这种调整方法通常可以在网络图上直接进行。其调整方法视限制条件及对其后续工作的影响程度的不同而有所区别，一般可分为以下三种情况。

（1）网络计划中某项工作进度拖延的时间超过其总时差。如果网络计划中某项工作进度拖延的时间超过其总时差，则无论该工作是否为关键工作，其实际进度都将对后续工作和总工期产生影响。此时，进度计划的调整方法又可分为以下三种情况。

① 项目总工期不允许拖延。如果工程项目必须按照原计划工期完成，则只能采取缩短关键线路上后续工作持续时间的方法来达到调整计划的目的。

② 项目总工期允许拖延。如果项目总工期允许拖延，则此时只需以实际数据取代原计划数据，并重新绘制实际进度检查日期之后的简化网络计划即可。

③ 项目总工期允许拖延的时间有限。如果项目总工期允许拖延，但允许拖延的时间有限。则当实际进度拖延的时间超过此限制时，也需要对网络计划进行调整，以便满足要求。

具体的调整方法是以总工期的限制时间作为规定工期，对检查日期之后尚未实施的网络计划进行工期优化，即通过缩短关键线路上后续工作持续时间的方法来使总工期满足规定工期的要求。

（2）网络计划中某项工作进度拖延的时间超过其自由时差，但未超过总时差。当一项工作拖延的时间未超过其自由时差，这种拖延对后续工作没有任何影响，该项工作仍可以正常进行。当一项工作拖延时间已经超过其自由时差时，这种拖延对后续工作必有影响。因此寻求合理的调整方案，把进度拖延对后续工作的影响减少到最低程度，也是非常重要的工作。

（3）网络计划中某项工作进度超前。在建设工程计划阶段所确定的工期目标，往往是综合考虑了各方面因素而确定的合理工期。因此，时间上的任何变化，无论是进度拖延还是超前，都可能造成其他目标的失控。如果建设工程实施过程中出现进度超前的情况，进度控制人员必须综合分析进度超前对后续工作产生的影响，并同承包单位协商，提出合理的进度调整方案，以确保工期总目标的顺利实现。

需要说明的是，采用压缩计划工作持续时间的方法缩短工期不仅可能会使工程建设项目在质量、费用和资源供应均衡性保持方面蒙受损失，而且还要受到必要的技术间歇时间、气候、施工场地、施工作业空间及施工单位的技术能力和管理素质等诸多条件的限制，因此应用这一方法必须注重从工程具体实际情况出发，以确保方法应用的可行性和实际效果。

4）资源调整

资源调整应在资源供应发生异常时进行。所谓异常，即因供应满足不了需要，导致工程实施强度（单位时间完成的工程量）降低或者实施中断，影响了计划工期的实现。

4．计算机辅助进度控制

国外有很多用于进度计划编制的商业软件，自20世纪70年代末80年代初开始，中国也开始研制进度计划的软件,这些软件都是在工程网络计划原理的基础上编制的。应用这些软件可以实现计算机辅助建设工程项目进度计划的编制和调整,以确定工程网络计划的时间参数。

计算机辅助工程网络计划编制的意义如下:解决当工程网络计划计算量大、手工计算难以承担的困难;确保工程网络计划计算的准确性;有利于工程网络计划及时调整;有利于编制资源需求计划等。

正如前述,进度控制是一个动态编制和调整计划的过程,初始的进度计划和在项目实施过程中不断调整的计划,以及与进度控制有关的信息应尽可能对项目各参与方透明,以便各方为实现项目的进度目标协同工作。为使业主方各工作部门和项目各参与方便捷地获取进度信息,可利用项目信息门户作为基于互联网的信息处理平台辅助进度控制。

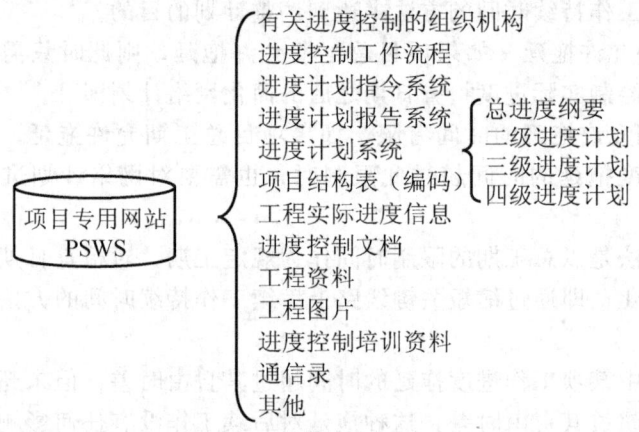

图 4.44 项目专用网站提供的进度信息

综合案例 4-1

进度计划检查与调整

已知网络计划如下图 4.45 所示,箭线下方括号外数字为工作的正常持续时间,括号内数字为工作的最短持续时间;箭线上方括号外数字为正常持续时间时的直接费,括号内数字为最短持续时间时的直接费。费用单位为千元,时间单位为 d。如果工程间接费率为 0.8 千元/d,则最低工程费用时的工期为多少 d?

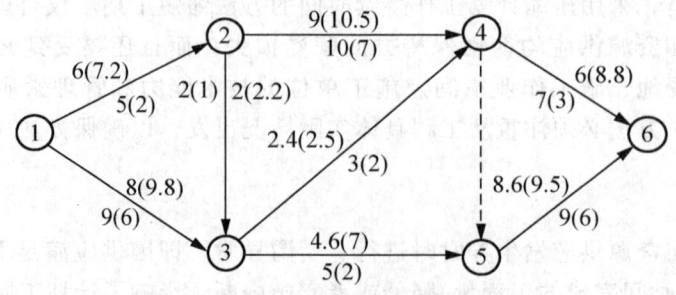

图 4.45 某工程网络计划图

【解】① 用标号法确定网络计划的计算工期和关键线路,如图 4.46 所示。计算工期 $T_c = 24d$。关键线路为:1—2—4—5—6。

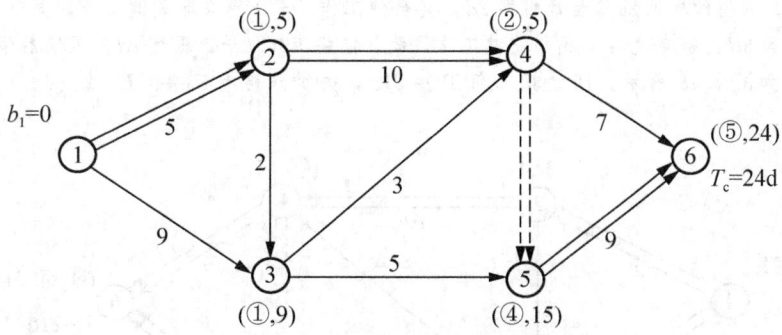

图 4.46 某工程网络计划工期与关键线路

② 计算各项工作的直接费率。

$$\Delta C_{1-2} = \frac{7.2-6.0}{5-2} = 0.4(千元/d); \quad \Delta C_{1-3} = \frac{9.8-8.0}{9-6} = 0.6(千元/d)$$

$$\Delta C_{2-3} = \frac{2.2-2.0}{2-1} = 0.2(千元/d); \quad \Delta C_{2-4} = \frac{10.5-9.0}{10-7} = 0.5(千元/d)$$

$$\Delta C_{3-4} = \frac{2.5-2.4}{3-2} = 0.1(千元/d); \quad \Delta C_{3-5} = \frac{7.2-4.6}{5-2} = 0.8(千元/d)$$

$$\Delta C_{4-6} = \frac{8.8-6.0}{7-3} = 0.7(千元/d); \quad \Delta C_{5-6} = \frac{9.5-8.6}{9-6} = 0.3(千元/d)$$

③ 计算工程总费用。

a. 直接费总和：$C_d = 6.0+8.0+2.0+9.0+2.4+4.6+6.0+8.6 = 46.6(千元)$。

b. 间接费总和：$C_i = 0.8 \times 24 = 19.2(千元)$。

c. 工程总费用：$C_t = C_d + C_i = 46.6 + 19.2 = 65.8(千元)$。

④ 通过压缩关键工作的持续时间进行费用优化。

a. 第一次压缩。由图 4.46 可知，有以下三个压缩方案：(a)压缩工作 1—2，直接费用率为 0.4 千元/d；(b)压缩工作 2—4，直接费用率为 0.5 千元/d；(3)压缩工作 5—6，直接费用率为 0.3 千元/d。上述三种压缩方案中，由于工作 5—6 的直接费用率最小，故应选择工作 5—6 作为压缩对象。

将工作 5—6 的持续时间压缩 3d，这时工作 5—6 将变成非关键工作，故将其压缩 2d，使其恢复为关键工作。第一次压缩后的网络计划如图 4.47 所示。用标号法计算网络计划的计算工期为 $T_c = 22d$，图 4.47 中的关键线路有两条，即：1—2—4—5—6 和 1—2—4—6。

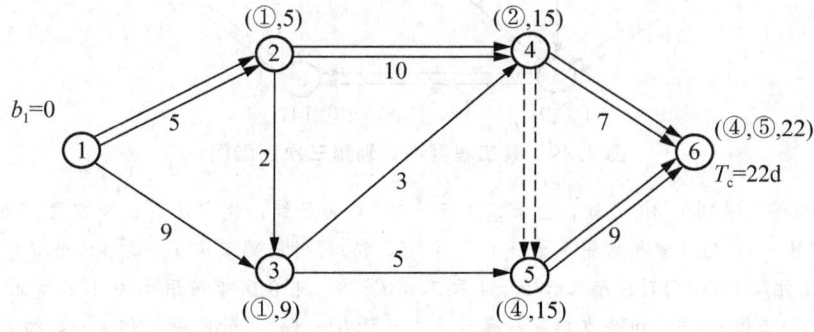

图 4.47 某工程网络计划第一次压缩图

b. 第二次压缩。从图 4.47 可知，有以下三种压缩方案：(a)压缩工作 1—2，直接费用率为 0.4 千元/d；(b)压缩工作 2—4，直接费用率为 0.5 千元/d；(c)同时压缩工作 4—6 和工作 5—6，组合直接费用率为：$0.7+0.3=1.0(千元/d)$。故应选择直接费用率最小的工作 1—2 作为压缩对象。

将工作 1—2 的持续时间压缩至最短即 2d，将会使工作 1—2 变成非关键工作，同时，将工作 1—2 的持续时间压缩至 3d，也会使其变成非关键工作，故只能将工作 1—2 压缩 1d。压缩后用标号法计算网络计划时间参数如图 4.48 所示。即计算工期 $T_c=21d$，关键线路有三条：1—2—4—6 和 1—2—4—5—6 及 1—3—5—6。

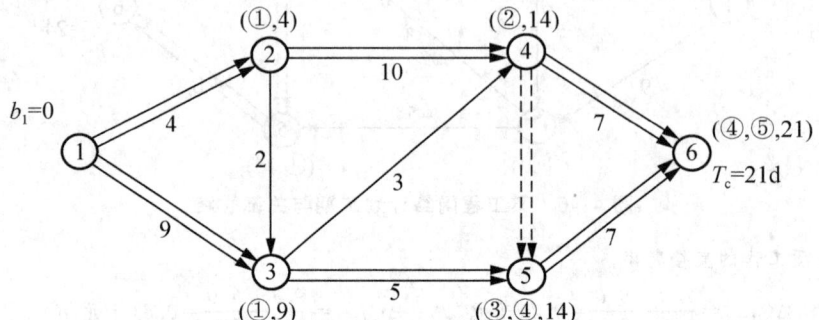

图 4.48　某工程网络计划第二次压缩图

c. 第三次压缩。从图 4.48 可知，有以下七种方案：(a) 同时压缩工作 1—2 和工作 1—3，组合直接费用率为 1.0 千元/d；(b) 同时压缩工作 1—2 和工作 3—5，组合直接费用率为 1.2 千元/d；(c) 同时压缩工作 1—2 和工作 5—6，组合直接费用率 0.7 千元/d；(d) 同时压缩工作 2—4 与工作 1—3，组合直接费用率为 1.1 千元/d；(e) 同时压缩工作 2—4 和工作 3—5，组合直接费用率为 1.3 千元/d；(f) 同时压缩工作 2—4 和工作 5—6，组合直接费用率为 0.8 千元/d；(g) 同时压缩工作 4—6 和工作 5—6，组合直接费用率为 1.0 千元/d。上述七种压缩方案中，方案 (c) 即同时压缩工作 1—2 和工作 5—6，组合直接费用率最小，故选择此方案。

将工作 1—2 和工作 5—6 的持续时间同时压缩 1d，压缩后它们仍然是关键工作，故可行。压缩后用标号法计算网络计划时间参数如图 4.49 所示。即计算工期 $T_c=20d$，关键线路有两条：1—2—4—6 和 1—3—5—6。

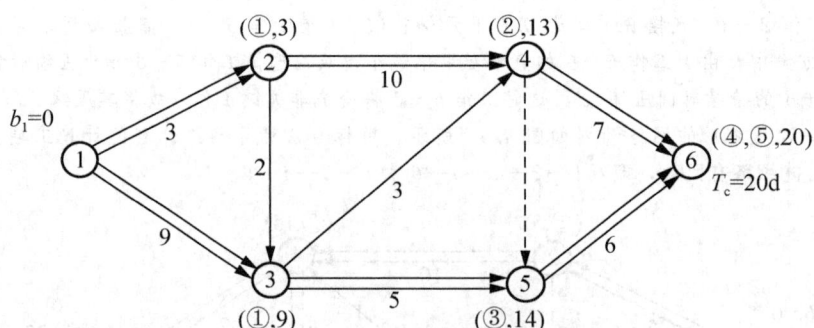

图 4.49　某工程网络计划第三次压缩图

d. 第四次压缩。从图 4.49 可知，由于工作 5—6 不能再压缩，故有以下 6 种方案：(a) 同时压缩工作 1—2 和工作 1—3，组合直接费用率为 1.0 千元/d；(b) 同时压缩工作 1—2 和工作 3—5，组合直接费用率为 1.2 千元/d；(c) 同时压缩工作 2—4 和工作 1—3，组合直接费用率为 1.1 千元/d；(d) 同时压缩工作 2—4 和工作 3—5，组合直接费用率为 1.3 千元/d；(e) 同时压缩工作 4—6 和工作 1—3，组合直接费用率为 1.3 千元/d；(f) 同时压缩工作 4—6 和工作 3—5，组合直接费用率为 1.5 千元/d。上述 6 种方案的组合直接费用率均大于间接费用率 0.8 千元/d，说明继续压缩会使工程总费用增加，因此优化方案已得到，优化后的网络计划如图 4.50 所示。图中箭线上方括号中数字为工作的直接费。

⑤ 计算优化后的工程总费用。

a. 直接费总和：$C_{do} = 6.8 + 9 + 8 + 2 + 2.4 + 4.6 + 9.5 + 6 = 48.3$（千元）。
b. 间接费总和：$C_{io} = 0.8 \times 20 = 16$（千元）。
c. 工程总费用：$C_{to} = C_{do} + C_{io} = 48.3 + 16.0 = 64.3$（千元）。

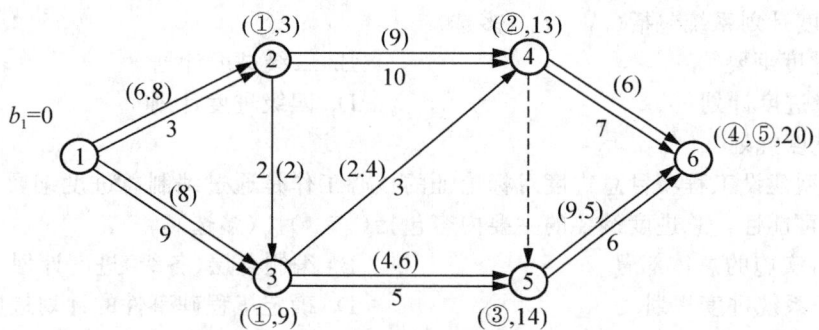

图 4.50　某工程网络计划第四次压缩图

本 章 小 结

通过本章学习，可以加深对工程进度管理的常用方法的理解，在既定的工期内，通过组织施工方式，编制施工进度计划，并在项目实施中，不断检查进度情况，并将其与计划进度相比较，运用横道图法、S 曲线法和前锋线法等比较进度偏差产生的原因和影响，及时对工程进度进行调整，达到工程进度优化和工程进度控制的目的。

习　题

1. 填空题

（1）建设工程项目的总进度目标是在项目的_____阶段确定的。

（2）对于采用建设项目总承包模式的建设工程，项目总进度目标的控制是_____项目管理的任务。

（3）用流水作业方法组织施工，其实质就是组织连续作业，_____。

（4）网络计划中总时差最小的工作是_____。

（5）工程双代号时标网络计划中，某工作箭线上的波形线表示该工作的_____。

（6）施工进度计划的编制方法有多种，其中_____是一种最简单并运用最广泛的传统的进度计划方法。

2. 选择题

（1）施工方应视施工项目的特点和施工进度控制的需要，编制（　　）等进度计划。（多选）

A. 施工总进度纲要　　　　　　　　　B. 不同深度的施工进度计划
C. 不同功能的施工进度计划　　　　　D. 不同计划周期的施工进度计划
E. 不同项目参与方的施工进度计划

(2) 进度计划系统包括（　　）。(多选)
A. 总进度纲要　　　　　　　　　　　B. 二级进度计划
C. 三级进度计划　　　　　　　　　　D. 四级进度计划
E. 总进度规划

(3) 大型建设工程项目总进度目标论证的核心工作是通过编制总进度纲要论证总进度目标实现的可能性，总进度纲要的主要内容包括（　　）。(多选)
A. 项目实施的总体部署　　　　　　　B. 编制各层(各级)进度计划
C. 各子系统进度规划　　　　　　　　D. 确定里程碑事件的计划进度目标
E. 总进度目标实现的条件和应采取的措施

(4) 在各种计划方法中，（　　）的工作进度线与时间坐标相对应。(多选)
A. 形象进度计划　　　　　　　　　　B. 横道图计划
C. 双代号网络计划　　　　　　　　　D. 单代号搭接网络计划
E. 双代号时标网络计划

(5) 下列关于双代号网络计划绘图规则的说法，正确的有（　　）。(多选)
A. 网络图必须正确表达各工作间的逻辑关系
B. 网络图中可以出现循环回路
C. 网络图中一个节点只有一条箭线引出
D. 网络图中严禁出现没有箭头节点或没有箭尾节点的箭线
E. 单目标网络计划只有一个起点节点和一个终点节点

(6) 工程项目进度调整的方法主要有（　　）。(多选)
A. 调整工作顺序，改变某些工作间的逻辑关系
B. 增减工作范围
C. 缩短某些工作的持续时间
D. 资源调整
E. 调整工作内容

3. 简答题

(1) 什么是工程项目进度管理？
(2) 工程项目进度影响因素有哪些？
(3) 简述工程项目进度管理过程。
(4) 工程项目进度管理措施有哪些？
(5) 简述工程项目进度计划编制的程序。
(6) 什么是工程项目进度控制？
(7) 进度控制的方法有哪些？

4. 练习题

(1) 已知项目1、2、3各工作之间的逻辑关系如表4-11～4-13所示，试分别绘制双代号网络图和单代号网络图。

① 项目1。

表4-11 项目1各工作之间的逻辑关系

工作	A	B	C	D	E	G	H
紧前工作	C、D	E、H	—	—	—	D、H	—

② 项目2。

表4-12 项目2各工作之间的逻辑关系

工作	A	B	C	D	E	G
紧前工作	—	—	—	—	B、C、D	A、B、C

③ 项目3。

表4-13 项目3各工作之间的逻辑关系

工作	A	B	C	D	E	G	H	I	J
紧前工作	E	H、A	J、G	H、I、A	—	H、A	—	—	E

(2) 某网络计划的有关资料如表4-14所示，试绘制双代号网络计划，并在图中标出各项工作的6个时间参数。最后，用双箭线标明关键线路。

表4-14 某网络计划的有关资料

工作	A	B	C	D	E	F	G	H	I	J	K
持续时间	22	10	13	8	15	17	15	6	11	12	20
紧前工作	—	—	B、E	A、C、H	—	B、E	E	F、G	F、G	A、C、I	H、F、G

第5章 工程项目费用管理

> **教学目标**

本章主要讲述工程项目费用管理的基本理论和方法。通过学习本章,应达到以下目标:

(1) 了解工程项目费用管理的一般程序、控制目标与重点,设计阶段费用控制的主要措施;

(2) 熟悉设计概算和施工图预算的编制方法、费用计划的编制方法和施工项目成本管理;

(3) 掌握投资估算的编制方法、费用控制的方法和施工阶段的费用控制。

> **教学要求**

知识要点	能力要求	相关知识
工程项目费用管理概述	(1) 了解费用管理的一般程序、费用控制目标与重点; (2) 熟悉中国工程项目投资的组成	(1) 费用管理的一般程序; (2) 世界银行规定的工程项目投资的构成; (3) 费用控制的原则、目标与重点
工程项目费用的确定	(1) 能应用投资估算的方法; (2) 设计概算的编制应用; (3) 施工图预算的编制方法	(1) 投资估算的类型和方法; (2) 三级概算的内容和编制方法; (3) 工料单价法、综合单价法
工程项目费用计划	费用计划的编制	(1) 费用计划编制原则和依据; (2) 费用计划编制方法
工程项目费用控制	(1) 费用控制方法; (2) 施工阶段费用控制	(1) 费用控制的依据和步骤; (2) 横道图法、表格法和曲线法; (3) 偏差原因分析; (4) 设计阶段费用控制
施工项目成本管理	施工项目成本分析	(1) 成本预测与成本计划; (2) 成本控制与成本核算; (3) 成本分析和成本考核

> **基本概念**

工程项目费用管理;投资估算;设计概算;施工图预算;工料单价法;综合单价法;工程价款结算;施工项目成本管理

 **引例**

运用价值工程理论进行费用控制

上海华东电力设计院承担了宝钢自备电厂储灰场围堤筑坝设计任务,原设计采用抛石施工的土石围堤,造价在1 500万元以上。该设计院通过对钢渣物理性能和化学成分分析试验,在取得可靠数据以后,经反复计算、细致推敲,证明用钢渣代替抛石在技术上是可行的。为保险起见,设计院先进行了200m试验段(试验段围堤长2 353m),取得成功经验后,再大面积施工。经过设计、施工等多方努力,在长江口,国内首座钢渣黏土心墙围堤提前一个月胜利建成,后又经受了强台风和长江特高潮位同时袭击的考验。该方案比原设计方案节省投资700多万元,取得了降低投资、保证功能的效果。

5.1 工程项目费用管理概述

5.1.1 工程项目费用管理的概念

工程项目费用管理就是要求在项目建设的各个阶段,把工程费用控制在批准的费用限额内,随时纠正发生的偏差,以保证项目费用管理目标的实现。工程项目费用管理是项目管理的一个重要方面。项目费用管理水平的提高将带动整个项目管理水平,乃至整个企业管理水平的提高。因此,工程项目费用管理在工程项目管理中的重要地位是不可替代的。

5.1.2 工程项目费用管理的程序

工程项目费用管理的一般程序如图5.1所示。由图5.1可知,工程项目的费用管理过程包括资源计划、费用估算、费用计划和费用控制。

1. 资源计划

资源计划就是确定完成工程项目的各项活动需要何种资源(人、设备、材料等)及各种资源的数量。

2. 费用估算

费用估算就是估算完成工程项目各活动所需资源的费用。在国外的建设程序中,可行性研究阶段、方案设计阶段、基础设计阶段、详细设计阶段及招投标阶段对工程项目投资所做的测算统称为费用估算;但在各个阶段,其详细程度和准确度是有差别的。按照中国的建设程序,在项目建议书及可行性研究阶段,对工程项目投资所做的测算称之为投资估算;在初步设计、技术设计阶段,对建设工程项目投资所做的测算称之为设计概算;在施工图设计阶段,称之为施工图预算;在招投标阶段,称之为标底和投标报价。

3. 费用计划

编制费用计划就是将总费用根据工作分解结构分配到各工作单元上去。

4. 费用控制

费用控制就是在项目进展过程中，不断进行计划值与实际值的比较，发现偏差，分析偏差产生的原因，及时采取纠偏措施。

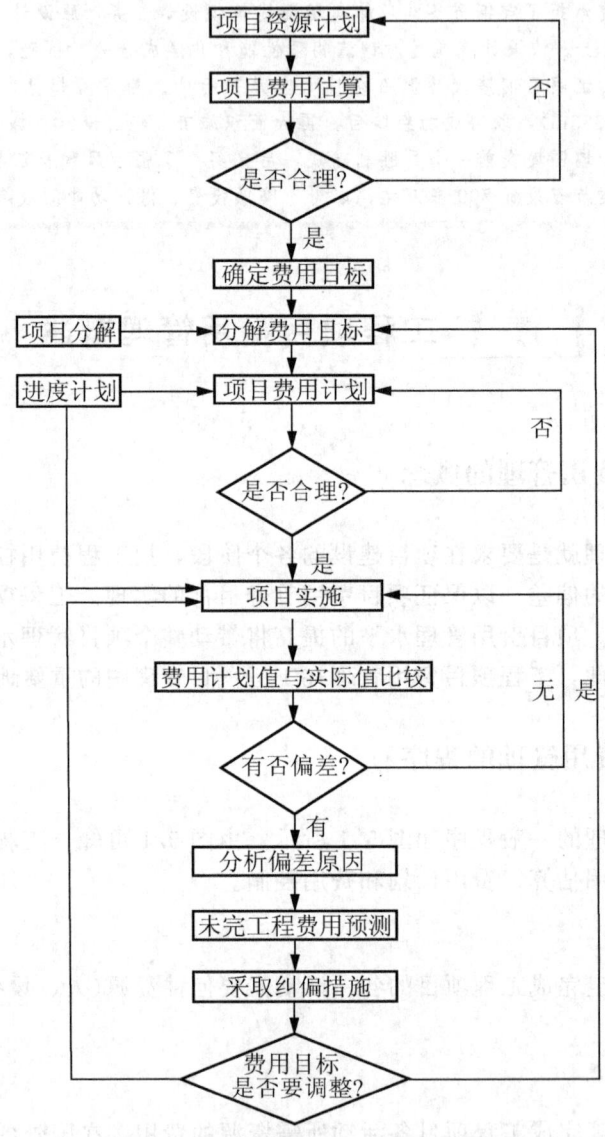

图 5.1　工程项目费用管理的一般程序

5.1.3　工程项目投资的组成

1. 中国的工程项目投资构成

中国的工程项目投资包括固定资产投资和流动资产投资两部分。固定资产投资又包括建筑安装工程费、设备及工具器具购置费、工程建设其他费、预备费、建设期贷款利息和固定资产投资方向调节税。中国现行工程项目投资的具体组成如图5.2所示。

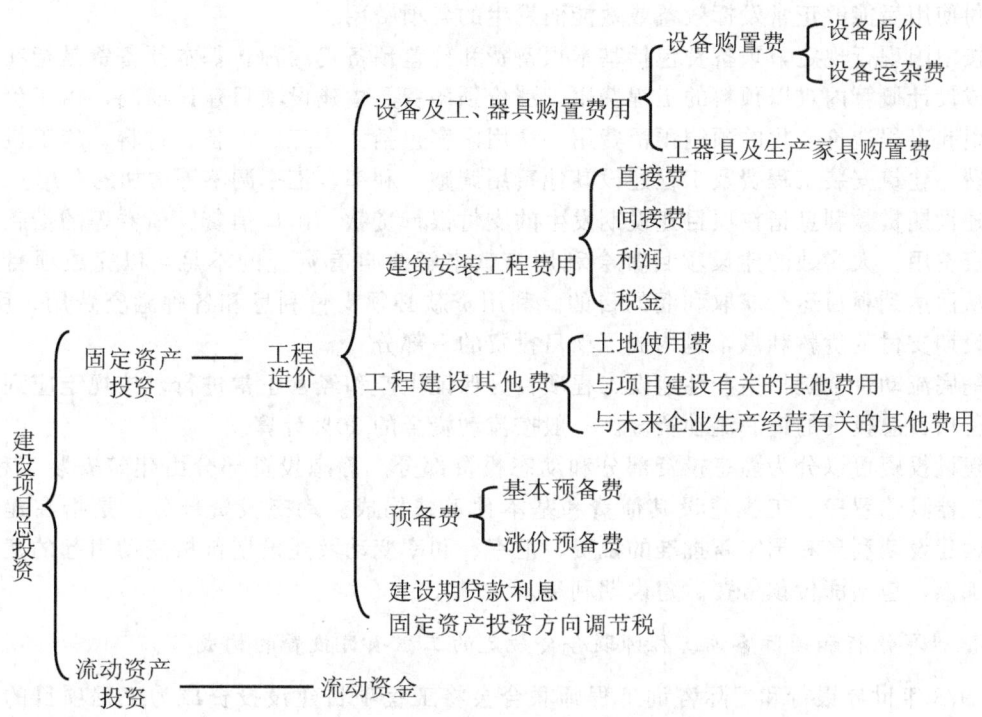

图5.2 我国现行工程项目投资组成

建筑安装工程费，是指建设单位用于建筑和安装工程方面的投资，它由建筑工程费和安装工程费两部分组成。根据原建设部"关于印发《建筑安装工程费用项目组成》的通知"建标[2003] 206号），中国现行建筑安装工程费用项目主要由四部分组成：直接费、间接费、利润和税金。直接费由直接工程费和措施费组成。直接工程费是指施工过程中耗费的直接构成工程实体的各项费用，包括人工费、材料费、施工机械使用费。措施费是指为完成工程项目施工，发生于该工程施工前和施工过程中非工程实体项目的费用。间接费由规费和企业管理费组成。规费指政府和有关权力部门规定必须缴纳的费用，包括工程排污费、工程定额测定费、养老保险费、失业保险费、医疗保险费、住房公积金、危险作业意外伤害保险。企业管理费指施工企业为组织生产经营活动所发生的管理费用，包括管理人员工资、办公费、差旅交通费、固定资产使用费、工具用具使用费、劳动保险费、工会经费、职工教育经费、财产保险费、财务费、税金、其他。利润指施工企业完成所承包工程所获得的赢利。税金指国家税法规定的应计入建筑安装工程造价内的营业税、城市维护建设税及教育费附加。

设备及工、器具购置费，是指按照建设工程设计文件要求，建设单位（或其委托单位）购置或自制达到固定资产标准的设备和新、扩建项目配置的首套工器具及生产家具所需的费用。设备及工、器具费由设备购置费和工具、器具及生产家具购置费组成。它是固定资产投资中的组成部分。在生产性工程建设中，设备及工、器具费用与资本的有机构成相联系。设备及工、器具费用占工程造价比重的增大，意味着生产技术的进步和资本有机构成的提高。

工程建设其他费用，是指从工程筹建起到工程竣工验收交付生产或使用止的整个建期间，除建筑安装工程费用和设备及工、器具购置费用以外的，为保证工程建设顺利完成和交付使用后能够正常发挥效益或效能而发生的各项费用。

按中国现行规定，预备费包括基本预备费和价差预备费两种。基本预备费是指在投资估算或设计概算内难以预料的工程费用，涨价预备费是指建设项目建设期间，由于价格等变化引起工程造价变化的预测预留费用。费用内容包括：人工、设备、材料、施工机械的价差费，建筑安装工程费及工程建设其他费用调整、利率、汇率调整等增加的费用。

建设期贷款利息指在项目建设期发生的支付银行贷款、出口信贷、债券等的借款利息和融资费用。大多数的建设项目都会利用贷款来解决自有资金的不足，以完成项目的建设，从而达到项目运行获取利润的目的。利用贷款必须支付利息和各种融资费用，所以，在建设期支付的贷款利息，也构成了项目投资的一部分。

铺底流动资金是指生产性建设工程项目为保证生产和经营正常进行，按规定应列入建设工程项目总投资的铺底流动资金。一般按流动资金的30％计算。

建设投资可以分为静态投资部分和动态投资部分。静态投资部分由建筑安装工程费、设备工器具购置费、工程建设其他费和基本预备费构成。动态投资部分，是指在建设期内，因建设期利息和国家新批准的税费、汇率、利率变动及建设期价格变动引起的建设投资增加额，包括涨价预备费、建设期利息。

2. 世界银行和国际咨询工程师联合会规定的工程项目投资的构成

1978年世界银行和国际咨询工程师联合会将工程项目建设投资成为工程项目的总建设成本，并将其构成规定为项目直接建设成本、项目间接建设成本、应急费和建设成本上升费用四个部分。

1）项目直接建设成本

项目直接建设成本包括以下内容。

（1）土地征购费。

（2）场外设施费用，如道路、码头、桥梁、机场、输电线路等设施费用。

（3）场地费用，指用于场地准备、厂区道路、铁路、围栏、场内设施等的建设费用。

（4）工艺设备费，指主要设备、辅助设备及零配件的购置费用，包括海运包装费用、交货港离岸价，但不包括税金。

（5）设备安装费，指设备供应商的监理费用，本国劳务及工资费用，辅助材料、施工设备、消耗品和工具等费用，以及安装承包商的管理费和利润等。

（6）管理系统费用，指与系统的材料及劳务相关的全部费用。

（7）电气设备费，其内容与第(4)项相似。

（8）电气安装费，指设备供应商的监理费用，本国劳务及工资费用，辅助材料、电缆、管道和工具费用，以及营造承包商的管理费和利润。

（9）仪器仪表费，指所有自动仪表、控制板、配线和辅助材料的费用，以及供应商的监理费用、外国或本国劳务及工资费用、承包商的管理费和利润。

（10）机械的绝缘和油漆费，指与机械及管道的绝缘和油漆相关的全部费用。

（11）工艺建筑费，指原材料、劳务费，以及与基础、建筑结构、屋顶、内外装修、公共设施有关的全部费用。

(12) 服务性建筑费用，其内容与第(11)项相似。

(13) 工厂普通公共设施费，包括材料和劳务费，以及与供水、燃料供应、通风、蒸汽、下水道、污物处理等公共设施有关的费用。

(14) 其他当地费用，指那些不能归类于以上任何一个项目，不能计入项目间接成本，但在建设期间又是必不可少的当地费用，如临时设备、临时公共设施及场地的维持费，营地设施及其管理，建筑保险和债券，杂项开支等费用。

2) 项目间接建设成本

(1) 项目管理费。

① 总部人员的薪金和福利费，以及用于初步和详细工程设计、采购、时间和成本控制、行政和其他一般管理的费用。

② 施工管理现场人员的薪金、福利费和用于施工现场监督、质量保证、现场采购、时间及成本控制、行政及其他施工管理机构的费用。

③ 零星杂项费用，如返工、差旅、生活津贴、业务支出等。

④ 各种酬金。

(2) 开工试车费，指工厂投料试车必需的劳务和材料费用。

(3) 业主的行政性费用，指业主的项目管理人员费用及支出(其中某些费用必须排除在外的应在"估算基础"中详细说明)。

(4) 生产前费用，指前期研究、勘测、建矿、采矿等费用(其中一些费用必须排除在外的应在"估算基础"中详细说明)。

(5) 运费和保险费，指海运、国内运输、许可证及佣金、海洋保险、综合保险等费用。

(6) 地方税，指关税、地方税及对特殊项目征收的税金。

3) 应急费

(1) 未明确项目的准备金。此项准备金用于在估算时不可能明确的潜在项目，包括那些在做成本估算时因为缺乏完整、准确和详细的资料而不能完全预见和不能注明的项目，并且这些项目是必须完成的，或它们的费用是必定要发生的，在每一个组成部分中均单独以一定的百分比确定，并作为估算的一个项目单独列出。此项准备金不是为了支付工作范围以外可能增加的项目，不是用以应付天灾、非正常经济情况及罢工等情况，也不是用来补偿估算的任何误差；而是用来支付那些几乎可以肯定要发生的费用。因此，它是估算不可缺少的一个组成部分。

(2) 不可预见准备金。此项准备金(在未明确项目准备金之外)用于在估算达到了一定的完整性并符合技术标准的基础上，由于物质、社会和经济的变化，导致估算增加的情况。此种情况可能发生，也可能不发生。因此，不可预见准备金只是一种储备，可能不动用。

4) 建设成本上升费用

通常，估算中使用的构成工资率、材料和设备价格基础的截止日期就是"估算日期"。必须对该日期或已知成本基础进行调整，以补偿直至工程结束时的未知价格增长。

工程的各个主要组成部分(国内劳务和相关成本、本国材料、外国材料、本国设备、外国设备、项目管理机构)的细目划分确定以后，便可确定每一个主要组成部分的增长率。

这个增长率是一项判断因素,它以已发表的国内和国际成本指数、公司记录等为依据,并与实际供应进行核对,然后根据确定的增长率和从工程进度表中获得的每项活动的中点值,计算出每项主要组成部分的成本上升值。

5.1.4 工程项目费用控制的原则、目标与重点

1. 费用控制的基本原则

建设项目投资费用控制必须坚持两条基本原则。

(1) 在保证建设项目功能目标、质量目标和工期控制目标的前提下,合理编制费用控制计划和采取切实有效的措施实行动态控制,决不能用降低功能目标、降低质量水平和拖延施工工期的办法来乱压、乱减投资。

(2) 建设项目费用控制,不仅要考虑项目建设期的资本投入,还要考虑项目建成投产后的经常性开支。也就是说,应从建设项目长期创造效益出发,全面考虑建设项目整个生命周期的总成本费用,决不能为压缩建设投资造成建成投产后经常性营运费用增加,最终导致建设项目投资效益降低。

2. 费用控制的目标

工程项目费用控制目标的设置是一项非常严肃而重要的工作。工程项目的建设过程是一个周期长、资金投入量大的物质资产形成过程,不可能在项目决策阶段就设置一个一成不变的费用控制目标,只能按照确定的费用目标,根据当时掌握的信息、资料和以往的经验,以及相关的法律、法规,在充分分析论证的基础上,设置一个初始的费用控制目标。在工程项目实施过程中,要随着项目建设的进展、外部条件的落实和工程建设方案的优化,不断修正和完善建设项目费用控制目标。按照工程项目建设程序,先后形成投资估算、初步设计概算和修正概算、施工图预算、承包合同价与结算价以及竣工决算等,是一个由浅入深、由粗到细、相互制约、相互补充,并且由前者控制后者、后者补充前者的建设项目投资控制目标系统。

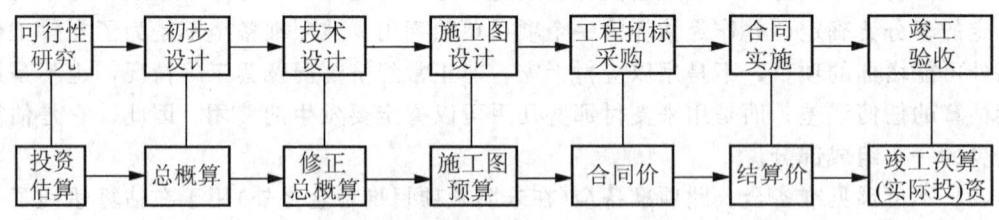

图 5.3 建设项目投资控制目标系统

3. 费用控制的重点

大量的实践表明,项目建设不同阶段对项目投资影响的程度是不同的,对工程项目费用影响最大的是工程项目投资决策阶段和工程设计阶段。在投资决策阶段,出资人确定投资方向、决定项目建设规模,提出项目建设控制目标是进行建设项目投资控制的前提;在工程设计阶段,通过优化比选确定项目工程建设方案,选择工艺流程和设备配置是进行建设项目投资控制的基础;在施工图设计和工程招标、发包阶段,要把投资控制目标分解落

实到每一个具体的工程项目；工程建设实施阶段的主要任务是采取有效措施进行监督和控制。从项目建设的全过程看，在项目投资决策阶段、工程设计阶段和工程承发包阶段，建设项目业主在项目投资费用管理和控制工作中拥有充分的自主权和决策权，是建设项目业主进行投资控制的重点；在建设项目实施过程中，建设项目业主必须与设备材料供应方、工程施工承包方、工程监理单位及金融机构密切配合，充分协商，共同采取措施，才能获得有效的投资费用控制效果。

5.2 工程项目费用的确定

工程项目从项目决策、设计、招投标、施工到竣工验收和后评价的全过程中，各项工作必须遵循先后次序，不能任意颠倒，但是可以合理交叉。针对建设程序的各个阶段，应采用科学的计算方法和切合实际的计价依据，合理确定投资估算、设计概算、施工图预算、承包合同价、结算价、竣工决算。

5.2.1 工程项目投资估算

工程项目投资估算是指在工程项目的决策阶段，依据现有的资料(建设规模、产品方案、工艺技术及设备方案、工程方案)和一定的方法，估算项目所需资金总额，并测算建设期分年资金使用计划。投资估算总额是指从筹建、施工直至建成投产的全部建设费用，其包括的内容应视项目的性质和范围而定。投资估算是项目决策的重要依据之一，投资估算要保证必要的准确性，如果误差过大，将导致决策的失误。

投资估算是项目主管部门审批项目建议书的依据之一，并对项目的规划、规模起参考作用。投资估算是项目投资决策的重要依据，也是研究、分析、计算项目投资经济效果的重要条件。其对工程设计概算起控制作用，设计概算不得突破批准的投资估算额，并应控制在投资估算额以内。投资估算可作为项目资金筹措及制订建设贷款计划的依据，建设单位可根据批准的项目投资估算额进行资金筹措和向银行申请贷款。投资估算是核算建设项目固定资产投资需要额和编制固定资产投资计划的重要依据。

1. 投资估算的类型

按照工程投资估算的时间和精度划分，投资估算可以分为投资机会研究阶段的投资估算、初步可行性研究阶段的投资估算和详细可行性研究阶段的投资估算，详见表5-1。

表5-1 工程项目投资估算类型

工程项目的决策阶段	投资估算的类型	估算精度
投资机会研究阶段	投资机会研究阶段的投资估算	±30%
初步可行性研究阶段	初步可行性研究阶段的投资估算	±20%
详细可行性研究阶段	详细可行性研究阶段的投资估算	±10%

2. 投资估算的编制方法

1）投资机会研究阶段的投资估算

该阶段主要是根据投资机会研究的结果，参考已建成的类似项目的投资额对拟建项目的投资额进行粗略的估计，其将为领导部门审查投资机会、初步选择投资方向提供参考。由于该阶段的投资估算仅仅是参考已建成的类似项目的投资额而作出的，因此精度比较低，一般为±30%。这个阶段的常用方法是单位生产能力估算法和生产能力指数法。

（1）单位生产能力估算法。单位生产能力估算法是指根据已建成项目或其设备装置的投资和生产能力，求出单位生产力的投资额后，推导出拟建项目或其设备装置的投资。当拟建项目与已建项目的生产能力接近时，可认为生产能力与投资额呈线性关系，其计算公式为：

$$C_2 = Q_2 \times \left(\frac{C_1}{Q_1}\right) \times f \tag{5-1}$$

式中 C_2——拟建项目或设备装置的投资额；

C_1——已建项目或设备装置的投资额；

Q_2——拟建项目或设备装置的生产能力；

Q_1——已建项目或设备装置的生产能力；

f——综合调整系数。

这种方法主要用于新建项目或装置的估算，十分简便迅速。但要求估算人员掌握足够的典型工程的历史数据，而且这些数据均应与单位生产能力的造价有关，同时新建装置需与所选取装置的历史资料相类似，仅存在规模大小和时间上的差异。

单位生产能力估算法估算误差较大，可达±30%。此法只能是粗略地快速估算，由于误差大，应用该估算法时需要小心，应注意以下几点。

① 地方性。建设地点不同，地方性差异主要表现为：两地经济情况不同；土壤、地质、水文情况不同；气候、自然条件的差异；材料、设备的来源、运输状况不同等。

② 时间性。工程建设项目的兴建，不一定是在同一时间建设，时间差异或多或少存在，在这段时间内可能在技术、标准、价格等方面发生变化。

③ 配套性。一个工程项目或装置，均有许多配套装置和设施，也可能产生差异，如公用工程、辅助工程、厂外工程和生活福利工程等，这些工程随地方差异和工程规模的变化均各不相同，它们并不与主体工程的变化呈线性关系。

（2）生产能力指数法。该法是利用已建成项目的投资额或其设备装置的投资额，估算同类但生产规模不同的项目投资或其设备装置投资的方法。其计算公式为：

$$C_2 = C_1 \times \left(\frac{Q_2}{Q_1}\right)^n \times f \tag{5-2}$$

式中 n——生产规模指数（$0 \leq n \leq 1$）；

其他符号含义与单位生产能力估算法相同。

生产能力指数法表明造价与规模呈非线性关系，单位造价随工程规模的增加而减少。在正常情况下，$0 \leq n \leq 1$。不同生产力水平的国家的不同性质的项目中 n 的取值是不相同的。拟建项目与已建类似项目生产能力的比值不宜大于 50，一般以在 10 倍以内效果较好。

若已建类似项目或装置的规模和拟建项目或装置的规模相差不大,生产规模比值为 0.5~2,则指数 n 的取值近似为 1。

若已建类似项目或装置与拟建项目或装置的规模相差不大于 50 倍,且拟建项目生产规模的扩大仅靠增大设备规模来达到时,则 n 取值为 0.6~0.7;若是靠增加相同规格设备的数量达到时,则 n 的取值为 0.8~0.9。

生产能力指数法主要应用于拟建装置或项目与用来参考的已知装置或项目的规模不同的场合。采用这种方法,计算简单,速度快;但要求类似工程的资料可靠,条件基本相同,否则误差就会增大。生产能力指数法误差可控制在±20%以内,尽管估价误差较大,但有其独特的好处,即这种估算方法不需要详细的工程设计资料,只知道工艺流程及规模就可以;其次对于总承包工程而言,可作为估算的旁证,在总承包工程报价时,承包商大都采用这种方法估价。

 案例 5-1

已知建设年产 30 万吨乙烯装置的投资额为 60 000 万元,现有一年产 70 万吨乙烯的装置,工程条件与上述装置类似,试估算该装置的投资额(生产能力指数 $n=0.6$,综合调整指数 $f=1.2$)。

【解】 拟建项目的投资额 $=60\,000\times(70/30)^{0.6}\times1.2=119\,707$(万元)

2) 初步可行性研究阶段的投资估算

(1) 设备系数法。设备系数法是以拟建项目或装置的设备费用为基数,根据已建成的同类项目或装置的建筑安装工程费用和其他费用等占设备百分比,求出相应的建筑安装及其他有关费用,其总和即为项目或装置的投资。其计算公式为:

$$C=E(1+f_1P_1+f_2P_2+f_3P_3+L)+I \tag{5-3}$$

式中 C ——拟建项目或装置的投资额;

E ——根据拟建项目或装置的设备清单按当时当地价格计算的设备费用(包括运杂费用)的总和;

P_1、P_2、P_3 ——已建项目中建筑、安装及其他工程费用占设备费用百分比;

f_1、f_2、f_3 ——由于时间因素引起的定额、价格、费用标准等变化的综合调整系数;

I ——拟建项目的其他费用。

(2) 朗格系数法。朗格系数法是以设备费用为基础,乘以适当系数来推算项目的建设费用。其基本公式是:

$$C=E\left(1+\sum K_i\right)K_c \tag{5-4}$$

式中 C ——总建设费用;

E ——主要设备费用;

K_i ——管线、仪表、建筑物等项费用的估算系数;

K_c ——包括管理费用、合同费用、应急费用等间接费用在内的总估算系数。

总建设费用与设备费用之比为朗格系数 K_L,即:

$$K_L=\left(1+\sum K_i\right)K_c \tag{5-5}$$

根据不同的项目,朗格系数有不同的取值。朗格系数法比较简单,但没有考虑设备规格、材质的差异,所以精确度不高,误差为 10%~15%。

3) 详细可行性研究阶段的投资估算

详细可行性研究阶段的投资估算是以拟建项目的方案设计为基础，资料比较齐全，投资估算精度可以达到±10%左右。该阶段的估算方法一般采用建设投资分类估算法进行。建设项目的投资分为固定资产投资和流动资产投资两部分。因此，建设项目投资的估算也包括固定资产投资估算和流动资产投资估算两部分，其中固定资产投资估算包括建筑安装工程费、设备及工器具购置费、工程建设其他费用、预备费、建设期贷款利息和固定资产投资方向调节税的估算。

（1）建筑工程费估算。建筑工程费是指为建造永久性建筑物和构筑物所需要的费用。建筑工程费的估算一般采用单位建筑工程投资估算法、单位实物工程量投资估算法和概算指标投资估算法。

① 单位建筑工程投资估算法。单位建筑工程投资估算法是以单位建筑工程量投资乘以建筑工程总量来估算建筑工程费的方法。一般工业与民用建筑以单位建筑面积（平方米）的投资，工业窑炉砌筑以单位容积（立方米）的投资，水库以水坝单位长度（米）的投资，铁路路基以单位长度（千米）的投资，矿山掘进以单位长度（米）的投资，乘以相应的建筑工程量计算建筑工程费。

② 单位实物工程量投资估算法。单位实物工程量投资估算法是以单位实物工程量投资乘以实物工程量总量来估算建筑工程费的方法。土石方工程按每立方米投资，矿井巷道衬砌工程每延米投资，路面铺设工程按每平方米投资，乘以相应的实物工程总量计算建筑工程费。

③ 概算指标投资估算法。概算指标投资估算法是按照建筑工程的土建工程、给排水工程等概算指标来估算建筑工程费。对于没有上述估算指标且建筑工程费占总投资比例较大的项目，可采用概算指标估算法。采用此种方法，应占有较为详细的工程资料、建筑资料价格和工程费用指标，投入的时间和工作量大。

（2）设备及工、器具购置费估算。设备及工、器具购置费包括设备购置费和工具、器具及生产家具购置费。设备购置费是指为建设项目购置或自制的达到固定资产标准的各种国产或进口设备购置费用。它由设备原价和设备运杂费构成。设备原价指国产设备或进口设备的原价。设备运杂费指除设备原价之外的关于设备采购、运输、途中包装及仓库保管等方面支出费用的总和。工具、器具及生产家具购置费，是指新建或扩建项目为正常生产必须购置的没有达到固定资产标准的设备、仪器、工具、器具、生产家具及备品备件等的购置费用。其计算方法可根据国务院各主管部门规定的办法执行。一般是按设备购置费的一定百分比计算。

（3）安装工程费估算。安装工程费一般包括各种需要安装的机电设备、专用设备、仪器仪表等设备的安装费，各专业工程的管道、管线、电缆等材料费和安装费，以及设备和管道的保温、绝缘、防腐等的材料费用和安装费。

投资估算中安装工程费通常是根据行业或专业机构发布的安装工程定额、取费标准进行估算。具体计算可按安装费费率、每吨设备安装费指标或每单位安装实物工程量费用指标进行估算，即：

$$安装工程费 = 设备原价 \times 安装费费率 \qquad (5-6)$$

$$安装工程费 = 设备吨位 \times 每吨安装费 \qquad (5-7)$$

$$安装工程费 = 安装工程实物量 \times 安装费用指标 \qquad (5-8)$$

(4) 工程建设其他费用估算。工程建设其他费用一般包括土地使用费、与项目建设有关的费用和与项目运营有关的费用三类。土地使用费一般包括土地使用权取得费用和土地征收及迁移补偿费用两部分，此部分估算要根据土地使用权的取得方式及建设用地原来的用途等多方面的因素综合估算。与项目建设有关的费用是指建设单位从项目筹建开始直至项目竣工验收合格或交付使用为止发生的项目建设管理费用。此部分按照国家相关部门或行业发布的收费标准，并参照当地类似工程相关费用的实际情况来估算。与项目运营有关的费用一般按照项目定员人数乘以费用指标估算。具体费用指标按照部门或行业的规定执行。

(5) 基本预备费估算。基本预备费是指为在项目实施中可能发生的难以预料的工程费用增加而事先预留的费用。基本预备费的估算一般是以建设项目的工程费用和工程建设其他费用之和为基础，乘以基本预备费率进行计算。基本预备费率的大小，应根据建设项目的设计阶段和具体的设计深度，以及在估算中所采用的各项估算指标与设计内容的贴近度、项目所属行业主管部门的具体规定确定。

基本预备费＝(建安工程费＋设备及工器具购置费＋工程建设其他费)×基本预备费率

(5-9)

(6) 涨价预备费估算。涨价预备费是指针对建设项目在建设期间内由于材料、人工、设备等价格可能发生变化引起工程造价变化而事先预留的费用，亦称为价格变动不可预见费。涨价预备费的内容包括：人工、设备、材料、施工机械的价差费，建筑安装工程费及工程建设其他费用调整，利率、汇率调整等增加的费用。

涨价预备费一般根据国家规定的投资综合价格指数，按估算年份价格水平的投资额为基数，采用复利方法计算。计算公式为：

$$PF = \sum_{i=1}^{n} I_t [(1+f)^t - 1] \qquad (5\text{-}10)$$

式中　PF——涨价预备费；

　　　n——建设期年；

　　　I_t——第 t 年投资使用计划额，包括工程费用、工程建设其他费用及基本预备费；

　　　f——建设期价格年均上涨率。

(7) 建设期贷款利息估算。建设期贷款利息是指项目建设开始到按设计规定的全部工程完工移交生产为止期间的贷款利息。

当贷款在年初一次性贷出时，建设期贷款利息按如下公式计算：

$$I = P(1+i)^n - P \qquad (5\text{-}11)$$

式中　P——一次性贷款总额；

　　　i——年利率；

　　　n——计息期；

　　　I——贷款利息。

当总贷款是分年均衡发放时，可按当年借款在当年年中支用考虑，即当年借款按半年计息，上年借款按全年计息。计算公式为：

$$q_j = (P_{j-1} + 1/2 A_j)i \qquad (5\text{-}12)$$

式中　q_j——建设期第 j 年应计利息；

　　　P_{j-1}——建设期第 $(j-1)$ 年末贷款累计金额与利息累计金额之和；

A_j——建设期第 j 年贷款金额；

i——年利率。

案例 5-2

某新建项目，建设期 3 年，分年均衡进行贷款，第 1 年贷款 500 万元，第 2 年贷款 1 000 万元，第 3 年贷款 500 万元，年利率为 10%，建设期内利息只计息不支付，计算建设期贷款利息。

【解】 $q_1 = (0+500/2) \times 10\% = 25(万元)$

$q_2 = (500+25+1\,000/2) \times 10\% = 102.5(万元)$

$q_3 = (500+25+1\,000+102.5+500/2) \times 10\% = 187.75(万元)$

建设期贷款利息 $= 25+102.5+187.75 = 315.25(万元)$

(8) 固定资产投资方向调节税估算。固定资产投资方向调节税是国家为了贯彻国家的产业政策，控制投资规模，引导投资方向，调节投资结构，而对建设单位和个人用各种资金安排的基本建设投资、更新改造投资和其他固定资产投资征收的一种特别税。征收投资方向调节税是国家进行宏观调控的重要经济手段之一。投资方向调节税根据项目投资的产业和规模实行差别税率。税率共分为 0%、5%、10%、15%、30% 五档。

固定资产投资方向调节税以建设项目的工程费用、工程建设其他费用及预备费之和为基础(更新改造项目以建设项目的建筑工程费为基础)，根据国家适时发布的具体规定和税率计算。固定资产投资方向调节税现已暂停征收。

(9) 流动资产的投资估算。流动资金是指生产经营性项目投产后，为进行正常生产经营，用于购买原材料、燃料，支付工资及其他经营费用所需的周转资金。流动资金估算一般是参照现有同类企业的状况采用分项详细估算法，个别情况或者小型项目也可采用扩大指标法。

①分项详细估算法。对计算流动资金需要掌握的流动资产和流动负债这两类因素分别进行估算。在可行性研究中，为简化计算，仅对存货、现金、应收账款这三项流动资产和应付账款这项流动负债进行估算。

②扩大指标估算法。扩大指标估算法包括：按建设投资的一定比例估算、按经营成本的一定比例估算、按年销售收入的一定比例估算和按单位产量占用流动资金的比例估算等几种方法。

5.2.2 工程项目设计概算

1. 设计概算的含义

设计概算是由设计单位根据初步设计或扩大初步设计的图纸及说明，利用国家或地区颁发的概算指标、概算定额或综合指标预算定额、设备材料预算价格等资料，按照设计要求，概略地计算建筑物或构筑物造价的文件。其特点是编制工作较为简单，在精度上没有施工图预算准确。

2. 设计概算的内容

设计概算可分单位工程概算、单项工程综合概算和建设项目总概算三级。各级概算之间的关系如图5.4所示。

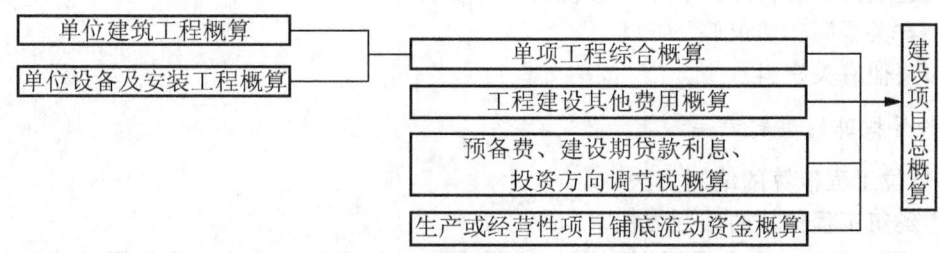

图 5.4　工程项目设计概算的编制内容及其相互关系

(1) 单位工程概算。单位工程概算是确定各单位工程建设费用的文件，是编制单项工程综合概算的依据，是单项工程综合概算的组成部分。单位工程概算按其工程性质分为建筑工程概算和设备及安装工程概算两大类。建筑工程概算包括土建工程概算，给排水、采暖工程概算，通风、空调工程概算，电气、照明工程概算，弱电工程概算，特殊构筑物工程概算等；设备及安装工程概算包括机械设备及安装工程概算，电气设备及安装工程概算，热力设备及安装工程概算，工具、器具及生产家具购置费概算等。

(2) 单项工程综合概算。单项工程综合概算是确定一个单项工程所需建设费用的文件，它是由单项工程中的各单位工程概算汇总编制而成的，是建设项目总概算的组成部分。单项工程综合概算的组成内容如图5.5所示。

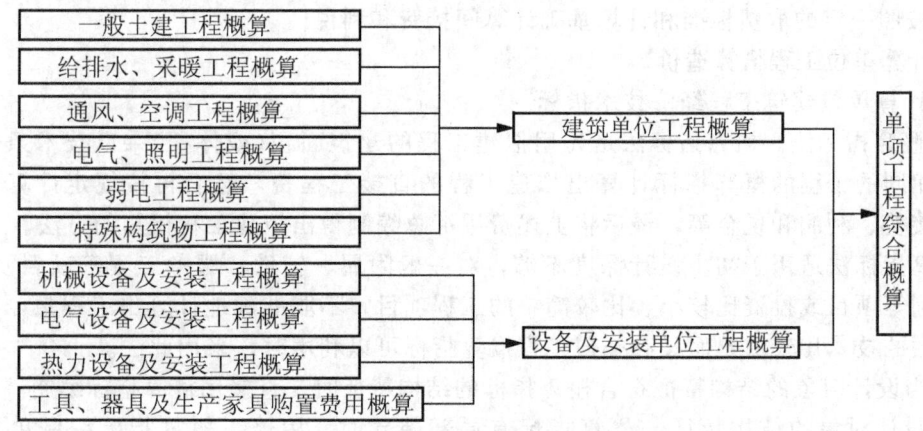

图 5.5　单项工程综合概算组成内容

(3) 建设项目总概算。建设项目总概算是确定整个建设项目从筹建到竣工验收所需全部费用的文件，它是由各单项工程综合概算、工程建设其他费用概算、预备费、建设期贷款利息概算汇总编制而成的。

3. 设计概算的编制依据

(1) 国家颁发的有关法律、法规、规章、规程等。
(2) 批准的可行性研究报告及投资估算、设计图纸等有关资料。

(3) 有关部门颁布的现行概算定额、概算指标、费用定额等和建设项目设计概算编制办法。

(4) 有关部门发布的人工、设备材料价格、造价指数等。

(5) 建设地区的自然、技术、经济条件等资料。

(6) 有关合同、协议等。

(7) 其他有关资料。

4. 设计概算的编制方法

1) 单位工程概算的编制方法

(1) 建筑工程概算的编制方法。

① 概算定额法。它是采用概算定额编制建筑工程概算的方法，类似用预算定额编制建筑工程预算。它根据初步设计图纸资料和概算定额的项目划分计算出工程量，然后套用概算定额单价（基价），计算汇总后，再计取有关费用，便可得出单位工程概算造价。

概算定额法适用于初步设计达到一定深度，建筑结构比较明确，能按照初步设计的平面、立面、剖面图纸计算出楼地面、墙身、门窗和屋面等扩大分项工程（或扩大结构构件）项目的工程量。

概算定额法编制设计概算的步骤如下。

a. 列出单位工程中分项工程或扩大分项工程的项目名称，并计算其工程量。

b. 确定各分部分项工程项目的概算定额单价。

c. 计算分部分项工程的直接工程费，合计得到单位工程直接工程费总和。

d. 按照有关规定标准计算措施费，合计得到单位工程直接费。

e. 按照一定的取费标准和计算基础计算间接费和利税。

f. 计算单位工程概算造价。

g. 计算单位建筑工程经济技术指标。

② 概算指标法。概算指标法是先用拟建工程的建筑面积（或体积）乘以技术条件相同或基本相同的工程的概算指标计算出拟建工程的直接工程费，然后再按规定计算出措施费、间接费、利润和税金等，最后将上述费用汇总编制得出拟建工程概算的方法。

概算指标法适用于初步设计深度不够，对一般附属、辅助、服务工程等项目及住宅、文化福利等项目或投资比较小、比较简单的工程项目，不能准确地计算出工程量，但工程设计采用的技术比较成熟而又有类似工程概算指标可以利用时，采用此法。

a. 当设计对象的结构特征符合概算指标的结构特征时，直接用概算指标编制。

b. 设计对象的结构特征与概算指标有局部差异时，用修正概算指标编制单位工程概算。

$$\text{修正概算指标}(元/m^2) = J + Q_1 p_1 - Q_2 p_2 \tag{5-13}$$

式中　J——原概算指标；

　　　Q_1——换入新结构的含量；

　　　Q_2——换出旧结构的含量；

　　　p_1——换入新结构的单价；

　　　p_2——换出旧结构的单价。

或：

结构变化修正概算指标的人工、材料、机械数量＝原概算指标的人工、材料、机械数量＋换入结构工程量×相应定额人工、材料、机械消耗量－换出结构工程量×相应定额人工、材料、机械消耗量
(5-14)

以上两种方法，前者是直接修正结构件指标单价，后者是修正结构件指标人工、材料、机械数量。

c. 设备、人工、材料、机械台班费用的调整。

设备、人工、材料、机械修正概算费用＝原概算指标的设备、人工、材料、机械费用＋∑（换入设备、人工、材料、机械数量×拟建地区相应单价）－∑（换出设备、人工、材料、机械数量×原概算指标设备、人工、材料、机械单价）

(5-15)

 案例 5-3

新建一住宅楼，建筑面积 3 600m²，按地区材料价差和概算指标算出单方造价为 750 元；其中：土建工程 671.00 元；给排水工程 21.00 元；电气安装 26.00 元；采暖工程 32.00 元。但新建住宅楼设计资料与概算指标相比，其结构构造有部分改变，需要对概算指标进行调整，变更和单价调整如表 5-2 所示，计算该工程概算造价。

表 5-2 建筑工程概算指标修正表（每 100m² 建筑面积）

序号	结构名称	单位	数量	单价/元	合价/元
换出部分					
1	带形毛石基础	m³	18.00	145.57	2 620.26
2	砖砌外墙	m³	11.36	148.00	2 009.58
3	外墙面砖	m²	25.20	68.00	1 713.60
4	小 计				－6 343.44
换入部分					
1	带形钢筋混凝土基础	m³	18.30	607.00	1 1108.10
2	砖砌外墙	m³	9.21	162.00	1 492.02
3	钢筋混凝土柱	m³	2.36	1200.00	2 832.00
4	外墙立邦漆	m²	25.00	25.00	625.00
5	小 计				＋16 057.12

【解】 单位造价修正指数＝671－6 343.44/100＋16 057.12/100＝768.14(元/m²)
该工程概算造价为：3 600m²×(768.14＋21＋26＋32)＝304.97(万元)

③ 类似工程预算法。类似工程预算法是利用技术条件与设计对象相类似的已完工程或在建工程的工程造价资料来编制拟建工程设计概算的方法。

类似工程预算法适用于拟建工程初步设计与已完工程或在建工程的设计相类似又没有可用的概算指标时采用,但必须对建筑结构差异和价差进行调整。建筑结构差异的调整方法与概算指标法的调整方法相同,类似工程造价的价差调整常用的两种方法如下。

a. 类似工程造价资料有具体的人工、材料、机械台班的用量时,可按类似工程预算造价资料中的主要材料用量、工日数量、机械台班用量乘以拟建工程所在地的主要材料预算价格、人工单价、机械台班单价,计算出直接工程费,再乘以当地的综合费率,即可得出所需的造价指标。

b. 类似工程造价资料只有人工、材料、机械台班费用和措施费、间接费时,可按下面公式调整:

$$D = A \times K \tag{5-16}$$

$$K = a\% K_1 + b\% K_2 + c\% K_3 + d\% K_4 + e\% K_5 \tag{5-17}$$

式中　D——拟建工程单方概算造价;
　　　A——类似工程单方预算造价;
　　　K——综合调整系数;
　　　$a\%$、$b\%$、$c\%$、$d\%$、$e\%$——类似工程预算的人工费、材料费、机械台班费、措施费、间接费占预算造价的比重;
　　　K_1、K_2、K_3、K_4、K_5——拟建工程地区与类似工程预算造价在人工费、材料费、机械台班费、措施费和间接费之间的差异系数,如:K_1=拟建工程概算的人工费(或工资标准)/类似工程预算人工费(或地区工资标准),K_2、K_3、K_4、K_5类同。

案例 5-4

某市2008年拟建住宅楼,建筑面积6 500m²。编制土建工程概算时,采用2005年建成的6 000m²某类似住宅工程预算成本资料(表5-3)。由于拟建住宅楼与已建成的类似住宅在结构上作了调整,拟建住宅每平方米建筑面积比类似住宅工程增加直接工程费25元。拟建新住宅工程所在地区的利润率为7%,综合税率为3.413%。试求:

(1) 计算类似住宅工程成本造价和平方米成本造价是多少?
(2) 用类似工程预算法编制拟建新住宅工程的概算造价和平方米造价是多少?

表5-3　2005年某住宅类似工程预算成本资料

序号	名称	单位	数量	2003年单价/元	2006年第一季度单价/元
1	人工	工日	37 908	13.5	20.3
2	钢筋	t	245	3 100	3 500
3	型钢	t	147	3 600	3 800
4	木材	m³	220	580	630
5	水泥	t	1 221	400	390
6	砂子	m³	2 863	35	32

续表

序号	名称	单位	数量	2003年单价/元	2006年第一季度单价/元
7	石子	m³	2 778	60	65
8	红砖	千块	950	180	200
9	木门窗	m²	1 171	120	150
10	其他材料	万元	18		调增系数10%
11	机械台班费	万元	28		调增系数10%
12	措施费占直接工程费比率			15%	17%
13	间接费率			16%	17%

【解】 (1) 求类似住宅工程成本造价和平方米成本造价。
类似住宅工程人工费=37 908×13.5=511 758(元)
类似住宅工程材料费=245×3 100+147×3 600+220×580+1 221×400+2 863×35+2 778×60+950×180+1 171×120+180 000=2 663 105(元)
类似住宅工程机械台班费=280 000元
类似住宅工程直接工程费=人工费+材料费+机械台班费
   =511 758+2 663 105+280 000=3 454 863(元)
措施费=3 454 863×15%=518 229(元)
则：直接费=3 454 863+518 229=3 973 092(元)
间接费=3 973 092×16%=635 694(元)
所以，类似住宅工程的成本造价=直接费+间接费=3 973 092+635 694=4 608 786(元)
类似住宅工程平方米成本造价=4 608 786/6 000=768.1(元/m²)
(2) 求拟建新住宅工程的概算造价和平方米造价。
① 求类似住宅工程各费用占其造价的百分比：
人工费占造价百分比=511 758/4 608 786×100%=11.10%
材料费占造价百分比=2 663 105/4 608 786×100%=57.78%
机械台班费占造价百分比=280 000/4 608 786×100%=6.08%
措施费占造价百分比=518 229/4 608 786×100%=11.24%
间接费占造价百分比=635 694/4 608 786×100%=13.79%
② 求拟建新住宅与类似住宅工程在各项费上的差异系数：
人工费差异系数(K_1)=20.3/13.5=1.5
材料费差异系数(K_2)=(245×3 500+147×3 800+220×630+1 221×390+2 863×32+2 778×65+950×200+1 171×150+180 000×1.1)2 663 105=1.08
机械台班费差异系数(K_3)=1.07
措施费差异系数(K_4)=17%×15%=1.13
间接费差异系数(K_5)=17%×16%=1.06
③ 求综合调价系数(K)：
K=11.10%×1.5+57.78%×1.08+6.08%×1.07+11.24%×1.13+13.79%×1.06=1.129
④ 拟建新住宅平方米造价=[768.1×1.129+25×(1+17%)×(1+17%)]×(1+7%)×(1+3.413%)=(867.18+34.22)×(1+7%)×(1+3.413%)=997.4(元/m²)
⑤ 拟建新住宅总造价= 997.4×6 500元=6 483 100元=648.31(万元)

(2) 设备及安装单位工程概算的编制方法。设备及安装工程概算包括设备购置费用概算和设备安装工程费用概算两大部分。

① 设备购置费概算的编制方法。设备购置费是根据初步设计的设备清单计算出设备原价，并汇总求出设备总原价，然后按有关规定的设备运杂费率乘以设备总原价，两项相加即为设备购置费概算。

② 设备安装工程费概算的编制方法。

a. 预算单价法。当初步设计较深，有详细的设备清单时，可直接按安装工程预算定额单价编制设备安装工程概算。根据计算的设备安装工程量，乘以安装工程预算综合单价，经汇总求的。此法计算比较具体，精确度高。

b. 扩大单价法。当初步设计深度不够，设备清单不完备，或仅有成套设备重量时，可采用主体设备、成套设备的综合扩大安装单价来编制概算。

c. 综合吨位指标法。当初步设计提供的设备清单有规格和设备重量时，可采用此法。该法常用于设备价格波动较大的非标准设备和引进设备的安装工程概算。这种方法用公式表达为：

$$设备安装费 = 设备吨重 \times 每吨设备安装费指标(元/吨) \qquad (5\text{-}18)$$

d. 设备价值百分比法，又叫安装设备百分比法。当初步设计深度不够，只有设备出厂价而无详细规格、重量时，采用此法。该法常用于价格波动不大的定型产品和通用设备产品。这种方法用公式表达为：

$$设备安装费 = 设备原价 \times 安装费率(\%) \qquad (5\text{-}19)$$

2) 单项工程综合概算的编制

单项工程综合概算是确定单项工程建设费用的综合性文件，它是由该单项工程的各专业的单位工程概算汇总而成的，是建设项目总概算的组成部分。

单项工程综合概算文件一般包括以下内容。

(1) 编制说明。编制说明应列在综合概算表的前面，其内容主要有：①工程概况；②编制依据；③编制方法；④其他需要说明的有关问题。

(2) 综合概算表。综合概算表是根据单项工程所辖范围内的各单位工程概算等基础资料，按照国家或部委所规定统一表格进行编制。

① 综合概算表的项目组成。工业建设项目综合概算表由建筑工程和设备及安装工程两大部分组成；民用工程项目综合概算表就是建筑工程一项。

② 综合概算的费用组成。一般应包括建筑工程费用、安装工程费用、设备购置及工器具和生产家具购置费所组成。当不编制总概算时，还应包括工程建设其他费用、建设期贷款利息、预备费和固定资产方向调节税等费用项目。

3) 建设项目总概算的编制

建设项目总概算是设计文件的重要组成部分，是确定整个建设项目从筹建到竣工交付使用所预计花费的全部费用的文件。它是由各单项工程综合概算、工程建设其他费用、建设期贷款利息、预备费、固定资产投资方向调节税和经营性项目的铺底资金概算所组成，按照主管部门规定的统一表格进行编制而成的。

设计总概算文件一般应包括以下内容。

(1) 编制说明。

(2) 总概算表。

（3）工程建设其他费用概算表。
（4）单项工程综合概算表和建筑安装单位工程概算表。
（5）工程量计算表和工、料数量汇总表。
（6）分年度投资汇总表和分年度资金流量汇总表。

5.2.3 工程项目施工图预算

1. 施工图预算的含义

施工图预算是由设计单位在施工图设计完成后，根据施工图设计图纸、现行预算定额、费用定额及地区人工、材料、设备与机械台班等资源价格，在施工方案或施工组织设计已大致确定的前提下，按照规定的计算程序计算直接工程费、措施费，并计取间接费、利润、税金等费用，确定工程造价的文件。施工图预算有单位工程预算、单项工程预算和建设项目总预算。一般先以单位工程为对象编制单位工程施工图预算，再以此汇总形成单项工程施工图预算和建设项目总预算。

2. 施工图预算的编制依据

（1）国家、行业、地方政府发布的与工程计价有关的法律、法规或规定。与工程计价有关的法律、法规或规定对施工图预算的费用组成、费用计取方法、费率等进行了规定，是编制施工图预算的重要依据。
（2）经批准和会审的施工图设计文件及有关标准图集。
（3）施工组织设计。
（4）与施工图预算计价模式有关的计价依据。
（5）经批准的设计概算文件。
（6）招标文件。
（7）预算工作手册。

3. 施工图预算的编制方法

施工图预算由成本、利润和税金构成。其编制方法有工料单价法和综合单价法。工料单价法是传统计价模式采用的计价方式，综合单价法是工程量清单计价模式采用的计价方式。

1) 工料单价法

工料单价法是指分部分项工程单价为直接工程费用单价，以分部分项工程量乘以对应分部分项工程单价后的合计为单位工程直接工程费用。直接工程费用汇总后另加措施费用、间接费用、利润、税金得到单位工程施工图预算造价。

按照分部分项工程单价产生方法的不同，工料单价法又可以分为预算单价法和实物法。

（1）预算单价法。预算单价法是用地区统一单位估价表中的各分项工程工料预算单价乘以相应的各分项工程的工程量，求和后得到包括人工费用、材料费用和机械使用费用在内的单位工程直接工程费用。措施费用、间接费用、利润和税金可根据统一规定的费用率乘以相应的计费基数得到，将上述费用汇总后得到该单位工程的施工图预算造价。

预算单价法编制施工图预算的基本步骤如下。
① 编制前的准备工作。
② 熟悉图纸和预算定额及单位估价表。
③ 了解施工组织设计和施工现场情况。
④ 划分工程项目和计算工程量。划分的工程项目必须和定额规定的项目一致,这样才能正确地套用定额。不能重复列项计算,也不能漏项少算。
⑤ 套单价。
⑥ 工料分析。
⑦ 计算主材费。
⑧ 按费用定额取费。
⑨ 计算汇总工程造价。

(2) 实物法。实物法是指根据施工图计算的各分项工程量分别乘以地区定额中人工、材料、施工机械台班消耗量,分类汇总得出该单位工程所需的全部人工、材料、施工机械台班消耗数量,然后再乘以当时当地的人工工日单价、各种材料单价、施工机械台班单价,求出相应的人工费、材料费、机械使用费,再按照费用计取方法计算措施费用、间接费用、利润和税金等,汇总得到单位工程费用。

实物法中单位工程直接工程费用的计算公式为:

$$人工费 = 综合工日消耗量 \times 综合工日单价 \qquad (5\text{-}20)$$

$$材料费 = \Sigma(各种材料的消耗量 \times 相应材料单价) \qquad (5\text{-}21)$$

$$机械费 = \Sigma(各种机械消耗量 \times 相应机械台班单价) \qquad (5\text{-}22)$$

$$单位工程直接工程费 = 人工费 + 材料费 + 机械费 \qquad (5\text{-}23)$$

实物法的优点是能比较及时地将各种材料、人工、机械的当时当地市场单价计入预算价格,不需调价,反映当时当地的工程价格水平。

实物法编制施工图预算的基本步骤如下。
① 编制前的准备工作。
② 熟悉图纸和预算定额。
③ 了解施工组织设计和施工现场情况。
④ 划分工程项目和计算工程量。
⑤ 套用定额消耗量,计算人工、材料、机械台班消耗量。
⑥ 计算并汇总单位工程的人工费、材料费、施工机械台班费。
⑦ 计算其他费用,汇总工程单价。

2) 综合单价法

综合单价法是指分项工程单价综合了直接工程费及以外的多项费用,按照单价综合的内容不同,综合单价法可分为全费用综合单价和清单综合单价。

(1) 全费用综合单价。全费用综合单价,即单价中综合了分项工程人工费、材料费、机械费、管理费、利润、规费,以及有关文件规定的调价、税金及一定范围的风险等全部费用。以各分项工程量乘以全费用单价的合价汇总后,再加上措施项目的完全价格,就生成了单位工程施工图造价。

(2) 清单综合单价。分部分项工程清单综合单价中综合了人工费、材料费、施工机械使用费、管理费、利润,并考虑了一定范围的风险费用,但并未包括措施费、规费和税金,因此它是一种不完全单价。以各分部分项工程量乘以该综合单价的合价汇总后,再加上措施项目费、规费和税金后,即为单位工程的造价。

 案例 5-5

某住宅楼工程直接费为 650 万元,措施费为直接工程费的 5%,间接费为直接费的 9%,利润为直接费和间接费的 4%,税金按规定计取,税金率取 3.41%。计算该工程的建安工程造价。

【解】 列表计算该工程的建安工程造价,计算过程见表 5-4。

表 5-4 某住宅楼工程的建安工程造价计算表

序号	费用项目	计算结果/万元	备注
1	直接工程费	650	
2	措施费	650×5%=32.5	
3	直接费小计	650+32.5=682.5	
4	间接费	682.5×9%=61.425	
5	利润	(682.5+61.425)×4%=29.757	
6	合计	682.5+61.425+29.757=773.682	
7	含税造价	773.682×(1+3.41%)=800.064	

5.3 工程项目费用计划

工程项目费用计划是指对工程项目所需费用总额作出合理估计的前提下,为了确定项目实际执行情况的基准而把整个估算分配到各个工作单元上去。工程项目费用计划是工程项目建设全过程中进行费用控制的基本依据。因此,费用计划确定得是否合理,将直接关系到费用控制工作能否有效进行,费用控制能否达到预期的目标。

5.3.1 费用计划的编制原则

1. 从实际情况出发的原则

编制项目费用计划要严格遵守国家的财经政策,严格遵守成本开支范围,严格遵守成本计算规定。要结合工程项目特点,确定合理的施工程序与进度,科学地选择施工机械,优化人力资源管理,采用合理的方法和程序核算各项费用。要从企业的实际情况出发,充分挖掘企业内部潜力,使降低成本指标既积极可靠,又切实可行。

2. 与其他计划结合的原则

编制项目费用计划,必须与施工项目的其他各项计划如施工组织设计、工程质量、资源配置计划等相匹配,保持平衡。施工组织设计能够协调施工单位之间、单项工程之间、资源使用时间和资金投入时间的关系，有利于保证工期、保障质量、优化投资的整体目标的实现。施工项目管理部门要注意优化施工方案，合理组织施工；优化资源配置；提高项目管理班子素质，节约施工管理费用等。同时要避免为降低成本而偷工减料，忽视质量，片面增加劳动强度，忽视安全生产，忽视文明施工等。另一方面，上述各项计划的确定，又影响着费用计划，都应考虑适应降低成本的要求，而不能单纯考虑每一种计划本身的需要。

3. 考虑多种风险因素

编制费用计划，应考虑项目实施过程中出现的各种风险因素对于资金使用计划的影响。例如，设计变更与工程量的调整，施工条件变化，有关施工政策规定的变化，建筑材料价格变化，不可抗力自然灾害，多方面因素造成实际工期变化等。

5.3.2 费用计划编制依据

1. 费用估算

费用估算是根据项目资源计划及各种资源的价格信息，粗略地估算和确定项目各项活动的费用及其项目总费用的项目管理活动。费用估算是编制费用计划的基础。项目费用计划中设置的单元目标要依据合理的费用估算，这样费用计划才能实现，同时还能在一定程度上激发项目执行者的进取心。

2. 工作分解结构

工作分解结构不仅是编制费用估算的依据，也是编制费用计划的重要依据。

3. 项目进度计划

项目费用计划与项目进度计划的编制、进度目标的确定是紧密相关的。如果费用计划不依据进度计划制定，就会导致资金筹措不及时而影响进度，或资金筹措过早而增加利息支出。

4. 其他资料

如人工费用、材料费用、机械使用费用的市场价格，以往同类项目费用计划的实际执行情况及有关技术经济指标完成情况的分析资料，施工组织设计资料，承包合同及有关资料，这些都会影响到项目费用计划的编制。

5.3.3 费用计划的编制方法

编制项目费用计划主要是对项目费用目标分解。根据费用控制目标和要求的不同，费用目标分解可以分为按费用构成分解、按子项目分解、按时间进度分解三种类型。

1. 按费用构成分解

工程项目的费用主要分为建筑安装工程费用、设备工器具购置费用及工程建设其他费用。由于建筑工程和安装工程在性质上存在着较大差异，费用的计算方法和标准也不尽相同。因此，在实际操作中往往将建筑工程费用和安装工程费用分解开来。

2. 按子项目分解

大中型的工程项目通常由若干个单项工程构成，而每个单项工程包括了多个单位工程，每个单位工程又是由若干个分部分项工程构成，因此，首先要把项目总费用分解到单项工程和单位工程中。一般来说，由于费用估算大都是按单项工程和单位工程来编制的，所以将项目总费用分解到各单项工程和单位工程是比较容易办到的。

3. 按时间进度分解

工程项目的费用总是分阶段、分期支出的，资金应用是否合理与资金的时间安排有密切关系。为了编制项目费用计划，并据此筹措资金，尽可能减少资金占用和利息支出，有必要将项目总费用按其使用时间进行分解。

编制按时间进度的费用计划，通常可利用控制项目进度的网络图进一步扩充而得。利用网络图控制投资，即要求在拟定工程项目的执行计划时，一方面确定完成各项工作所需花费的时间，另一方面同时确定完成这一工作合适的费用支出计划。

通过对项目费用目标按时间进行分解，在网络计划基础上，可获得项目进度计划的横道图，并在此基础上编制费用计划。其表示方法有两种：一种是在总体控制时标网络图上表示；另一种是利用时间—费用曲线(S形曲线)表示。这里我们主要介绍时间—费用曲线(S形曲线)。

时间—费用累计曲线的绘制步骤如下。

(1) 确定工程建设项目进度计划，编制进度计划的横道图。

(2) 根据每单位时间内完成的实物工程量或投入的人力、物力和财力，计算单位时间的费用，在时标网络图上按时编制费用支出计划，如图 5.6 所示。

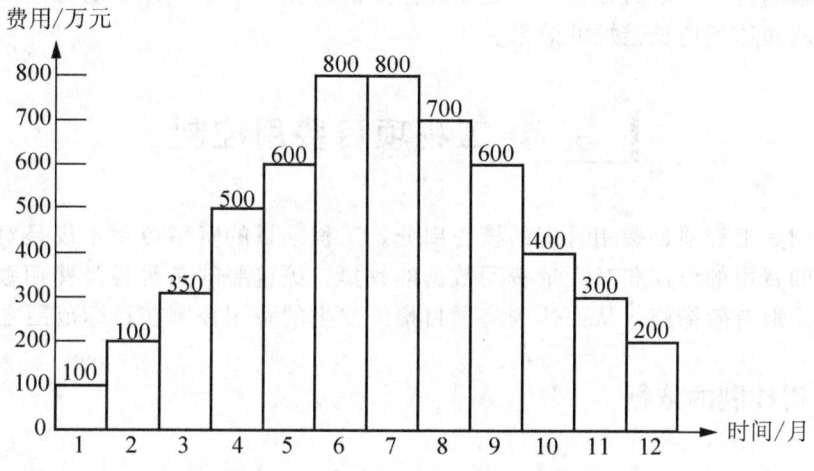

图 5.6　时标网络图上按月编制的费用计划

(3) 计算规定时间 t 计划累计完成的费用，其计算方法为：

$$Q_t = \sum_{n=1}^{t} q_n \tag{5-24}$$

式中　Q_t——某时间 t 计划累计支出费用；

q_n ——单位时间 n 的计划支出费用；

t ——某一规定的计划时刻。

（4）按各规定时间的 Q_t 值，绘制 S 形曲线，如图 5.7 所示。

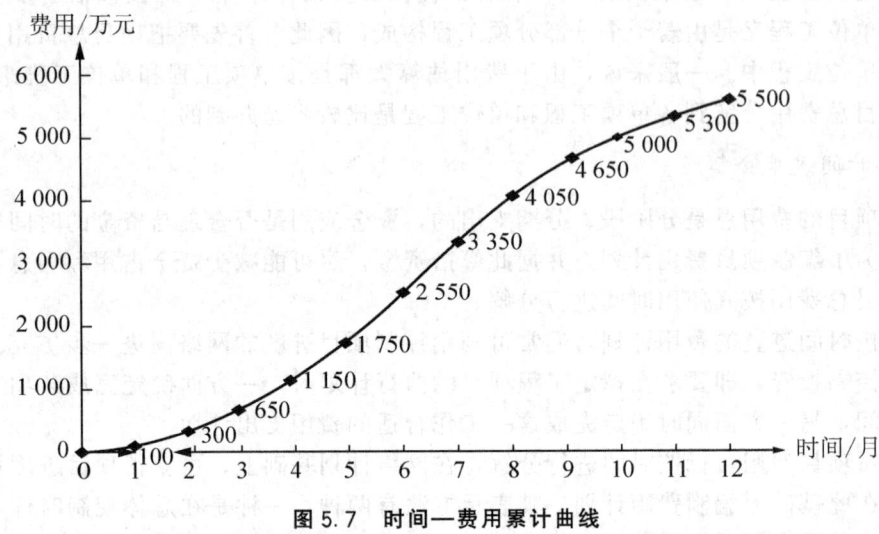

图 5.7　时间—费用累计曲线

每一条 S 形曲线都对应某一特定的工程进度计划。但项目的 S 形曲线只会落在全部活动都按最早开始时间开始和全部活动都按最迟必须开始时间开始的曲线所组成的"香蕉图"内。一般而言，若所有活动都按最迟开始时间开始，对节约业主的贷款利息是有利的，但同时也降低了项目按期竣工的保证率，因此应根据得出的 S 形曲线合理安排费用计划。

这三种编制费用计划的方法并不是相互独立的。在实践中，往往是将这几种方法结合起来使用，从而达到扬长避短的效果。

5.4　工程项目费用控制

费用控制是工程项目费用管理的核心部分。工程项目的费用控制不仅是对项目建设全过程中发生的费用的监控和对大量费用数据的收集，更重要的是对各类费用数据进行正确分析并及时采取有效措施，从而达到将项目最终发生的费用控制在目标范围之内的目的。

5.4.1　费用控制的依据

1. 费用计划

费用控制的目的就是实现费用计划的目标，因此，费用计划是费用控制的基础。

2. 进度报告

进度报告提供了每一时刻工程实际完成量，工程费用实际支付情况等重要信息。费用控制工作正是通过实际情况与费用计划相比较，找出二者之间的差别，分析偏差产生的原因，从而采取措施改进以后的工作。

3. 工程变更

在项目的实施过程中，由于各方面的原因，工程变更是很难避免的。一旦出现变更，工程量、工期、费用都必将发生变化，从而使得费用控制工作变得更加复杂和困难。

因此，管理人员应当通过对变更要求中各类数据的计算、分析，随时掌握变更情况，包括已发生工程量、将要发生工程量、工期是否拖延、支付情况等重要信息，判断变更及变更引起的索赔是否合理等。

4. 费用管理计划

费用管理计划是关于如何管理项目费用计划文件，其中提供了处理各种费用偏差的方法，为管理者处理有关问题提供参考，是项目费用控制工作的一份十分重要的依据文件。

5.4.2 费用控制的步骤

1. 检查

检查是指对工程的进展及费用的使用情况进行跟踪和检查，及时了解实情并发现问题。

2. 比较

将费用计划值与实际值按照某种确定的方式逐项进行比较，以发现费用是否已超支。

3. 分析

在比较的基础上，对比较的结果进行分析，以确定偏差的严重性及偏差产生的原因。这一步是费用控制工作的核心，其主要目的在于找出产生偏差的原因，从而采取有针对性的措施，减少或避免相同原因的再次发生或减少由此造成的损失。

4. 预测

根据项目实施情况与变化趋势，估算整个项目完成时的费用。预测的目的在于为资金准备和决策提供支持。

5. 纠偏

当工程项目的实际费用出现了偏差，应当根据工程的具体情况、偏差分析和预测的结果，采取适当的措施，以期达到使费用偏差尽可能小的目的。纠偏是费用控制中最具实质性的一步。只有通过纠偏，才能最终达到有效控制费用的目的。

6. 再检查

它是指对工程的进展及费用使用情况进行跟踪和检查，及时了解工程进展状况以及纠偏措施的执行情况和效果，为今后的工作积累经验。

5.4.3 费用控制的方法

1. 费用比较方法——赢得值(挣值)法

赢得值法(Earned Value Management,EVM)作为一项先进的项目管理技术,最初是美国国防部于 1967 年首次确立的。到目前为止国际上先进的工程公司已普遍采用赢得值法进行工程项目的费用、进度综合分析控制。用赢得值法进行费用、进度综合分析控制,基本参数有三项,即计划工作预算费用、已完工作预算费用、已完工作实际费用。

1) 赢得值法的三个基本参数

(1) 计划工作预算费用。计划工作预算费用,简称 BCWS(Budgeted Cost for Work Scheduled),即根据进度计划,在某一给定时间内应当完成的工作(或部分工作),以预算为标准所需要的资金总额。

$$\text{计划工作预算费用(BCWS)} = \text{计划工作量} \times \text{预算单价} \tag{5-25}$$

(2) 已完工作预算费用。已完工作预算费用为 BCWP(Budgeted Cost for Work Performed),是指在某一给定时间内已经完成的工作(或部分工作),以批准认可的预算为标准所需要的资金总额。

$$\text{已完工作预算费用(BCWP)} = \text{已完成工作量} \times \text{预算(计划)单价} \tag{5-26}$$

(3) 已完工作实际费用。已完工作实际费用,简称 ACWP(Actual Cost for Work Performed),是指在某一给定时间内已完成的工作(或部分工作)所实际花费的总金额。

$$\text{已完工作实际费用(ACWP)} = \text{已完成工作量} \times \text{实际单价} \tag{5-27}$$

2) 赢得值法的四个评价指标

在这三个基本参数的基础上,可以确定赢得值法的四个评价指标,它们也都是时间的函数。

(1) 费用偏差 CV (Cost Varlance)。

$$\text{费用偏差}(CV) = \text{已完工作预算费用(BCWP)} - \text{已完工作实际费用(ACWP)} \tag{5-28}$$

当费用偏差 CV 为负值时,即表示项目运行超出预算费用;当费用偏差 CV 为正值时,表示项目运行节支,实际费用没有超出预算费用;当费用偏差 CV 为 0 时,表示实际费用与预算费用一致。

(2) 进度偏差 SV (Schedule Variance)。

$$\text{进度偏差}(SV) = \text{已完工作预算费用(BCWP)} - \text{计划工作预算费用(BCWS)} \tag{5-29}$$

当进度偏差 SV 为负值时,表示进度延误,即实际进度落后于计划进度;当进度偏差 SV 为正值时,表示进度提前,即实际进度快于计划进度;当进度偏差 SV 为零时,表示实际进度与计划进度一致。

(3) 费用绩效指数(CPI)。

$$\text{费用绩效指数(CPI)} = \text{已完工作预算费用(BCWP)} / \text{已完工作实际费用(ACWP)} \tag{5-30}$$

当费用绩效指数(CPI)<1 时,表示超支,即实际费用高于预算费用;当费用绩效指数(CPI)>1 时,表示节支,即实际费用低于预算费用;当费用绩效指数(CPI)=1 时,表示实际费用与预算费用一致。

(4) 进度绩效指数(SPI)。

进度绩效指数(SPI)＝已完工作预算费用(BCWP)/计划工作预算费用(BCWS)　　(5-31)

当进度绩效指数(SPI)<1 时,表示进度延误,即实际进度比计划进度拖后;当进度绩效指数(SPI)>1 时,表示进度提前,即实际进度比计划进度快;当进度绩效指数(SPI)＝1 时,表示实际进度与计划进度一致。

费用(进度)偏差反映的是绝对偏差,结果很直观,有助于费用管理人员了解项目费用出现偏差的绝对数额,并依此采取一定措施,制定或调整费用支出计划和资金筹措计划。但是,绝对偏差有其不容忽视的局限性。如同样是 10 万元的费用偏差,对于总费用 1 000 万元的项目和总费用 10 亿元的项目而言,其严重性显然是不同的。因此,费用(进度)偏差仅适合于对同一项目作偏差分析。费用(进度)绩效指数反映的是相对偏差,它不受项目层次的限制,也不受项目实施时间的限制,因而在同一项目和不同项目比较中均可采用。

在项目的费用、进度综合控制中引入赢得值法,可以克服过去进度、费用分开控制的缺点,即当我们发现费用低于预算时,也很难立即知道是由于费用节省,还是由于进度拖延。相反,当我们发现费用超支时,很难立即知道是由于费用超出预算,还是由于进度提前。而引入赢得值法即可定量地判断进度、费用的执行效果。

2. 偏差分析的方法

偏差分析可采用不同的方法,常用的有横道图法、表格法和曲线法。

1) 横道图法

用横道图法进行偏差分析,是用不同的横道标识计划工作预算费用、已完工作预算费用和已完工作实际费用,横道的长度与其金额成正比例。图 5.8 是用横道图法比较并分析偏差的一个例子。

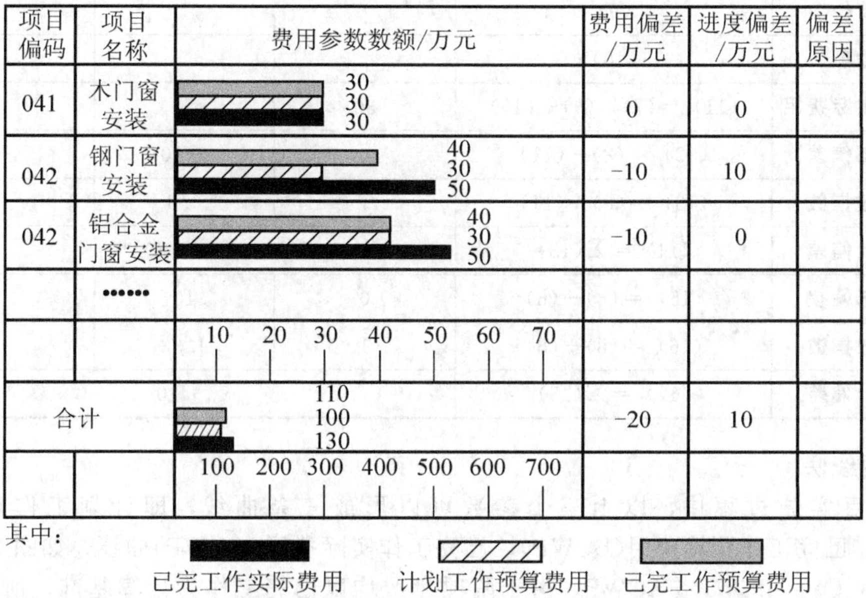

项目偏码	项目名称	费用参数数额/万元	费用偏差/万元	进度偏差/万元	偏差原因
041	木门窗安装	30 / 30 / 30	0	0	
042	钢门窗安装	40 / 30 / 50	-10	10	
042	铝合金门窗安装	40 / 30 / 50	-10	0	
……					
合计		110 / 100 / 130	-20	10	

其中: ■ 已完工作实际费用　▨ 计划工作预算费用　▨ 已完工作预算费用

图 5.8　横道图法表示的费用偏差分析

横道图法具有形象、直观、一目了然等优点,它能够准确表达出费用的绝对偏差,而且能一眼感受到偏差的严重性。但是，这种方法反映的信息量少，一般在项目的较高管理层应用。

2）表格法

表格法是进行偏差分析最常用的一种方法。它将项目编号、名称、各费用参数及费用偏差数综合归纳入一张表格中，并且直接在表格中进行比较。由于各偏差参数都在表中列出，使得费用管理者能够综合地了解并处理这些数据。

用表格法进行偏差分析具有如下优点。

(1) 灵活、适用性强。可根据实际需要设计表格，增减项目。

(2) 信息量大。可以反映偏差分析所需的资料，从而有利于费用控制人员及时采取针对性措施，加强控制。

(3) 表格处理可借助于计算机，从而节约大量数据处理所需的人力，并大大提高速度。

表 5-5 费用偏差分析表

项目编码	(1)	041	042	043
项目名称	(2)	木门窗安装	钢门窗安装	铝合金门窗安装
单位	(3)			
预算单价	(4)			
计划工作量	(5)			
计划工作预算费用	(6)=(4)×(5)	30	30	40
已完工作量	(7)			
已完工作预算费用	(8)=(4)×(7)	30	40	40
实际单价	(9)			
其他款项	(10)			
已完工作实际费用	(11)=(7)×(9)+(10)	30	50	50
费用局部偏差	(12)=(8)-(11)	0	-10	-10
费用绩效指数	(13)=(8)÷(11)	1	0.8	0.8
费用累计偏差	(14)=Σ(12)		-20	
进度局部偏差	(15)=(8)-(6)	0	10	0
进度绩效指数	(16)=(8)÷(6)	1	1.33	1
进度累计偏差	(17)=Σ(15)		10	

3）曲线法

在项目实施过程中，以上三个参数可以形成三条曲线，即计划工作预算费用(BCWS)、已完工作预算费用(BCWP)、已完工作实际费用(ACWP)曲线，如图 5.9 所示。

图中：$CV=BCWP-ACWP$，由于两项参数均以已完工作为计算基准，所以两项参数之差，反映项目进展的费用偏差。

$SV=BCWP-BCWS$，由于两项参数均以预算值(计划值)作为计算基准，所以两者之差，反映项目进展的进度偏差。

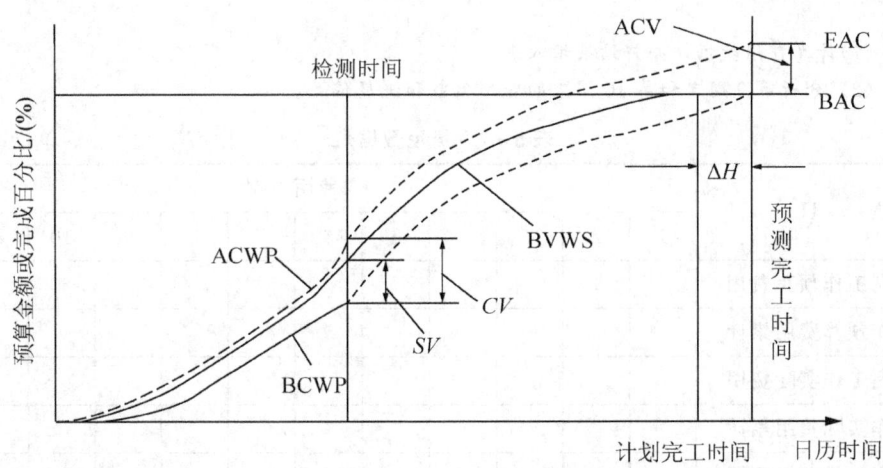

图5.9 三种费用参数曲线

采用赢得值法进行费用、进度综合控制，还可以根据当前的进度、费用偏差情况，通过原因分析，对趋势进行预测，预测项目结束时的进度、费用情况。图中：

BAC(budget at completion)——项目完工预算，指编计划时预计的项目完工费用。

EAC(estimate at cornpletion)——预测的项目完工估算，指计划执行过程中根据当前的进度、费用偏差情况预测的项目完工总费用。

VAC(variance completion at)——预测项目完工时的费用偏差：

$$VAC = BAC - EAC \tag{5-32}$$

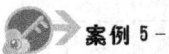

案例 5-6

某工程计划进度与实际进度如表5-6所示。表中实线表示计划进度（计划进度线上方的数据为每周计划费用），虚线表示实际进度（实际进度上方的数据为每周实际费用）。假定各分项工程每周计划进度与实际进度均为匀速进度，而且各分项工程实际完成总工程与计划完成总工作量相等。

表 5-6 工程计划进度与实际进度表　　　　　　　　　　单位：万元

分项工程	计划进度与实际进度/周											
	1	2	3	4	5	6	7	8	9	10	11	12
A	5	5	5									
	5	5	5									
B		4	4	4	4	4	3					
			4	4	4	4	3					
C				9	9	9	9	7	7			
					9	8						
D						5	5	5	5	5	5	
							4	4	4			
E								3	3	3	3	3
									3			

问题：(1) 计算费用数据，并将结果填入表5-7。

(2) 分析第6周末和第10周末的费用偏差和进度偏差。

表5-7 费用数据表   单位：万元

项　目	费用数据											
	1	2	3	4	5	6	7	8	9	10	11	12
每周拟完工作预算费用												
拟完工作预算费用累计												
每周已完工作实际费用												
已完工作实际费用累计												
每周已完工作预算费用												
已完工作预算费用累计												

【解】 (1) 计算数据见表5-8。

表5-8 费用数据表   单位：万元

项　目	费用数据											
	1	2	3	4	5	6	7	8	9	10	11	12
每周拟完工作预算费用	5	9	9	13	13	18	14	8	8	3		
拟完工作预算费用累计	5	14	23	36	49	67	81	89	97	100		
每周已完工作实际费用	5	5	9	4	4	12	15	11	11	8	8	3
已完工作实际费用累计	5	10	19	23	27	39	54	65	76	84	92	95
每周已完工作预算费用	5	5	9	4	4	13	17	13	13	7	7	3
已完工作预算费用累计	5	10	19	23	27	40	57	70	83	90	97	100

(2) 第6周末和第10周末的费用偏差和进度偏差如下。

第6周末费用偏差＝40－39＝1(万元)

第6周末进度偏差＝40－67＝－27(万元)

第10周末费用偏差＝90－84＝6(万元)

第10周末进度偏差＝90－100＝－10(万元)

5.4.4 偏差原因分析

偏差分析的一个重要目的就是要找出引起偏差的原因，从而有可能采取有针对性的措施，减少或避免相同原因的再次发生。在进行偏差原因分析时，首先应当将已经导致和可能导致偏差的各种原因一一列举出来。导致不同工程建设项目产生费用偏差的原因具有一定的共性，因而可以通过对已建项目的费用偏差原因进行归纳、结总，为项目采用预防措施提供依据。产生费用偏差常见的原因如图5.10所示。

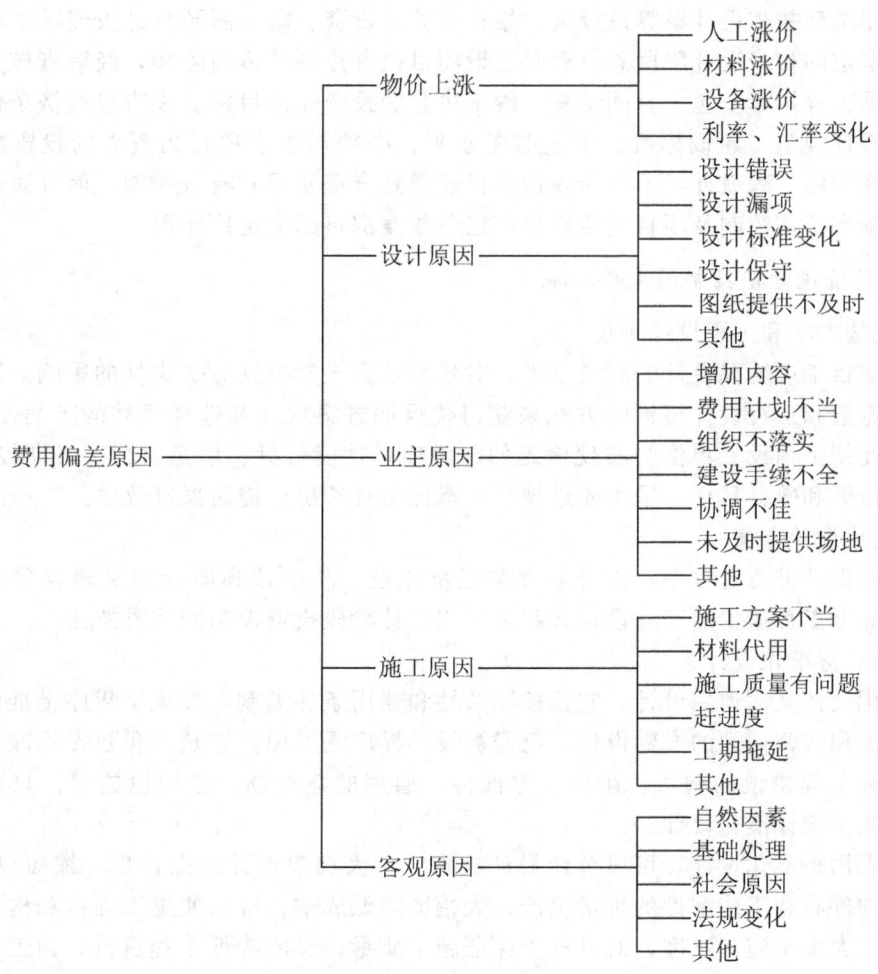

图 5.10 费用偏差原因

5.4.5 设计阶段费用控制

1. 设计阶段费用控制的目标

工程设计阶段是决定费用控制目标的关键阶段，是正确处理技术与经济关系、确定和控制建设项目投资的关键环节。工程设计是否经济合理，对控制建设项目费用具有十分重要的意义。

按照中国现行规定，建设项目工程设计应严格按审定的可行性研究报告确定内容进行，不得任意改变已经审定的可行性研究报告中确定的建设规模、建设方案、建设标准及投资控制总额。也就是说，已经审定的建设项目可行性研究报告投资估算是工程设计的费用控制目标。

建设项目工程设计阶段是分阶段进行的。一般工业与民用建筑项目的工程设计，按初步设计和施工图设计两个阶段进行。某些特大建设项目或某些技术复杂又缺乏设计经验的建设项目，也可按初步设计、技术设计和施工图设计三个阶段进行，并分阶段相应地形成工程设计图纸和初步设计概算总投资、修正概算总投资、施工图预算总投资等工程设计文件。经过审定的初步设计阶段总投资是建设项目投资控制的最高限额，经审查核准的施工图预算就是工程招标发包、合同结算、竣工决算的投资控制目标。在市场经济条件下，建设项目的设计规模、建设标准、工艺装备水平，必须与建设项目出资人的投资能力相适应。一个优秀的工程设计，不仅使建设项目能得到合理使用和有效控制，而且对建设项目的质量控制和工期控制及项目建成后生产运营效益都将起决定性作用。

2. 设计阶段费用控制的主要措施

1) 优选方案和工程设计单位

建设项目工尺功能设计的质量水平，对建设项目投资控制有决定性的影响。通常采用方案设计竞选和工程设计招标的方式来获得优秀的方案设计和选择优秀的工程设计单位，其目的是促使工程设计单位为实现确定的建设项目功能目标、质量目标、工期控制目标、费用控制目标和效益目标，采用先进技术、降低工程造价、提高投资效益。

2) 优化设计方案

在工程设计进行过程中，进行多方案经济比选，从中选择既能满足建设项目功能需要，又能降低工程造价的工程设计方案是工程设计阶段投资控制的重要措施。

3) 推广标准化设计

标准化设计又称通用设计，它是按照共性和通用条件编制，按规定程序批准的，是经过长期论证和实践得到的成熟设计，已经被设计界广泛采用。它是工程建设标准化的组成部分。各种工程建设的构成、配件、零部件、通用的建筑物、公用设施等，只要有条件的，都应该实施标准化设计。

广泛采用标准化设计，可以节约设计成本，大大加快设计出图速度，缩短设计周期；采用标准构件有利于构配件的批量生产，大幅度降低成本；可以使施工准备和构件制作时间提前，大大加快施工进度，既有利于保证施工质量，又能降低工程造价，为工程项目早日投入使用创造良好的经济效益提供保证。

4) 推行限额设计

限额设计的基本含义是根据已审定的可行性研究及其投资估算来控制初步设计，根据审定初步设计来控制施工图设计。限额设计还有一层含义，是将工程设计投资控制总额按单项工程、单位工程、分项分部工程，或按专业进行细分，在保证达到使用功能的前提下，按照分配的投资（造价）限额来进行设计，以保证建设项目总投资控制在限额之内。

5) 严格审查初步设计概算和施工图预算

审查初步设计概算和施工图预算的目的：一是促进程设计单位严格执行概、预算编制的有关规定和费用标准，提高概、预算编制的质量和水平，提高工程设计的技术先进性和经济合理性；二是努力做到概、预算准确、完整，防止出现缺项、漏项，合理分配费用，加强费用计划管理。

初步设计概算审查的主要内容包括：①初步设计概算编制的依据；②初步设计概算编制深度；③初步设计概算编制的范围；④初步设计概算的完整性和概算编制的合理性。

施工图预算审查的主要内容包括：①施工工程划分的合理性；②工程量清单，包括工程量清单的合规性、完整性和准确性；③设备材料预算价格；④有关项目费用及其计算。

加强施工图预算的审查,有利于工程造价的控制,克服和防止预算超概算。

5.4.6 施工阶段的费用控制

在合同环境下,对工程项目业主来说,施工阶段的费用控制主要环节是工程与价款支付控制、工程变更引起的费用的控制、费用索赔控制和价格调整的控制等。

1. 工程价款结算

所谓工程价款结算,是指承包商在工程实施过程中,依据承包合同中有关付款条款的规定和已经完成的工程量,并按照规定的程序向业主收取工程款的一项经济活动。

工程结算是工程项目承包中的一项十分重要的工作。工程结算是反映工程进度的主要指标。在施工过程中,工程结算的依据之一就是按照已完的工程进行结算,根据累计已结算的工程价款占合同总价款的比例,能够近似反映出工程的进度情况。工程结算是加速资金周转的重要环节。施工单位尽快尽早地结算工程款,有利于偿还债务,有利于资金回笼,降低内部运营成本。通过加速资金周转,提高资金的使用效率。工程结算是考核经济效益的重要指标。对于施工单位而言,只有工程款如数结清,才意味着避免了经营风险,施工单位也才能够获得相应的利润,进而达到良好的经济效益。

1) 工程价款结算的主要方式

(1) 按月结算。按月结算即实行按月支付进度款,竣工后清算的办法。合同工期在两个年度以上的工程,在年终进行工程盘点,办理年度结算。

(2) 竣工后一次结算。建设项目或单项工程全部建筑安装工程建设期在12个月以内,或者工程承包合同价值在100万元以下,可以实行工程价款每月月中预支,竣工后一次结算的方式。

(3) 分段结算。即当年开工、当年不能竣工的工程按照工程形象进度,划分不同阶段支付工程进度款。具体划分应在合同中明确。分段结算可以按月预支工程款。

2) 工程预付款(预付备料款)

施工企业承包工程,一般都实行包工包料,这就需要有一定数量的备料周转金。在工程承包合同条款中,一般要明文规定发包人在开工前拨付给承包人一定限额的工程预付款。预付款是发包人为解决承包人在施工准备阶段资金周转问题提供的协助。此预付款用于施工企业为该工程储备主要材料、结构件所需的周转金。

(1) 工程预付款的支付时间。按照《建设工程价款结算暂行办法》的规定,在具备施工条件的前提下,发包人应在双方签订合同后的一个月内或不迟于约定的开工日期前的7天内预付工程款,发包人不按约定预付,承包人应在预付时间到期后10天内向发包人发出要求预付的通知,发包人收到通知后仍不按要求预付,承包人可在发出通知14天后停止施工,发包人应从约定应付之日起向承包人支付应付款的利息(利率按同期银行贷款利率计),并承担违约责任。

(2) 工程预付款的数额。预付款的额度由合同双方商定,在合同中明确预付备料款计算的理论公式:

$$工程预付款 = 合同金额 \times 工程预付款额度 \tag{5-33}$$

$$工程预付款 = \frac{年度承包工程价 \times 主要材料比重}{年度施工天} \times 材料储备天数 \quad (5-34)$$

工程预付款额度，各地区、各部门的规定不完全相同，主要是保证施工所需材料和构件的正常储备。发包人可以根据工程的特点、工期长短、市场行情、供求规律等因素，招标时在合同条件中约定工程预付款的百分比。一般是根据施工工期、建安工作量、主要材料和构件费用占建安工作量的比例以及材料储备周期等因素经测算来确定。

包工包料的工程，原则上预付比例不低于合同金额（扣除暂列金额）的10%，不高于合同金额（扣除暂列金额）的30%，对重大工程项目，按年度工程计划逐年预付。实行工程量清单计价的工程，实体性消耗和非实体性消耗部分应在合同中分别约定预付款比例（或金额）。对于只包工不包料的工程项目，则可以不预付备料款。

（3）工程预付款的扣回。发包单位拨付给承包单位的备料款属于预支性质，随着工程的实施所需主要材料的储备会逐步减少，预付款应以抵充工程价款的方式陆续扣回，扣回的方法由双方在合同中约定。常见的预付款扣回方法有以下两种。

① 发包人和承包人通过洽商用合同的形式予以确定，可采用等比率或等额扣款的方式。

② 当未完工程尚需的主要材料及构件费等于预付款数额时起扣，从每次结算工程价中，按材料费比重扣抵工程价款，竣工前全部扣清。其基本公式是：

$$T = P - \frac{M}{N} \quad (5-35)$$

式中 T——起扣点，即预付备料款开始扣回时的累计完成工作量金额；

M——预付备料款限额；

N——主要材料、构件费所占比重；

P——承包工程价款总额。

在实际经济活动中，情况比较复杂，也可针对工程实际情况具体处理，如工期短、造价低的工程无须分期扣回。有些工程工期较长，如跨年度工程，工程预付款可以不扣或少扣，并于次年按应付工程预付款进行调整，多退少补。将未扣回部分，转入次年，直到竣工年度全部扣回。

案例 5-7

某工程合同金额200万元，合同工期5个月，预付备料款30万元，主材费所占比重60%，每月完成工程量40万元，预付备料款如何扣回？

【解】

（1）预付款起扣点。

$$T = P - \frac{M}{N} = 200 - \frac{30}{60\%} = 150（万元）$$

即当累计完成工程量达到150万元时，起扣预付备料款。

（2）预付款扣回时间及数额。

前3个月累计完成工程量为120万元，小于150万元，不扣；前4个月累计完成工程量为160万元，大于150万元，所以，应从第4个月开始扣预付款，数额为(160－150)×60%＝6(万元)；第5个月扣预付款数额为40×60%＝24(万元)或30－6＝24(万元)。具体如表5-9所示。

表 5-9 预付款扣回时间及数额

月 份	第1个月	第2个月	第3个月	第4个月	第5个月
完成工程量	40	40	40	40	40
扣预付款数额				6	24
进度款支付额	40	40	40	34	16

3) 工程保修金的预留与返还

工程保修金是指发包人与承包人在建设工程承包合同中约定,从应付的工程款中预留,用以保证承包人在缺陷责任期对建设工程出现的缺陷进行维修的资金。

(1) 工程保修金的预留。按照有关规定,工程项目合同总额中应预留出一定比例(约3%~5%)的尾留款作为质量保修费用(又称保留金),预留方法一般有以下两种。

① 当工程进度款拨付累计额达到该建筑安装工程造价的一定比例(95%~97%左右)时,停止支付,剩余部分作为尾留款。

② 从第一次支付工程进度款开始,在每次承包方应得的工程款中扣留投标书附录中规定的金额作为保留金,直至保留金总额达到投标书附录中规定的限额为止。

(2) 工程保修金的返还。缺陷责任期内,承包人认真履行合同约定的责任,到期后,承包人向发包人申请返还保证金。发包人在收到承包人返还保证金申请后,应于14天内会同承包人按合同约定的内容进行核实。如无异议,发包人应在核实后14天内将保证金返还承包人。逾期支付的,从逾期之日起按同期银行贷款利率计付利息,并承担违约责任。发包人在接到承包人返还保证金申请后14天内不予答复,经催告后14天内仍不予答复,视同认可承包人的返还保证金的申请。如承包人没有认真履行合同约定的保修责任,则发包人可按合同约定扣除保证金,并要求承包人赔偿相应损失。

缺陷责任期内,由承包人的原因造成缺陷时,承包人应负责维修,并承担鉴定及维修费用,同时不免除其工程一般损失赔偿责任。如承包人不维修或不承担费用,发包人可按合同约定扣除保证金,并由承保人承担违约责任。由他人及不可抗力原因造成缺陷时,发包人负责维修,承包人不承担责任,且发包人不得从保证金中扣除费用。如发包人委托承包人维修,发包人应支付相应的维修费用。

(3) 工程进度款的结算。施工合同示范文本关于工程款支付责任的约定:在确认计量结果后14天内,发包人应向承包人支付工程款。发包人超过约定的支付时间不支付工程款,承包人可向发包人发出要求付款的通知,发包人接到承包人通知后仍不能按要求付款,可与承包人协商签订延期付款协议,经承包人同意后可延期支付。协议应明确延期支付的时间和从计量结果确认后第15天起计算应付款的贷款利息。发包人不按合同约定支付工程款,双方又未达成延期付款协议,导致施工无法进行,承包人可停止施工,由发包人承担违约责任。

4) 工程进度款的支付(中间结算)

施工合同示范文本关于工程款支付责任的约定:在确认计量结果后14天内,发包人应向承包人支付工程款。发包人超过约定的支付时间不支付工程款,承包人可向发包人发出要求付款的通知,发包人接到承包人通知后仍不能按要求付款,可与承包人协商签订延期付款协议，经承包人同意后可延期支付。协议应明确延期支付的时间和从计量结果确认后第15天起计算应付款的贷款利息。发包人不按合同约定支付工程款，双方又未达成延期付款协议，导致施工无法进行，承包人可停止施工，由发包人承担违约责任。

计算本期应支付承包人的工程进度款的款项计算内容包括以下几项。

① 经过确认核实的完成工程量对应工程量清单或报价单的相应价格计算应支付的工程款。

② 根据合同约定应补偿给承包人的调整款项，如设计变更、物价上涨调整等。

③ 经工程师批准应支付的索赔款。

④ 本期应扣回的工程预付款和预支款。

⑤ 扣留保留金等。

5）工程竣工结算

工程竣工结算是指施工企业按照合同规定的内容和要求全部完成所承包的工程，经验收质量合格，向发包单位进行的最终工程价款清算的文件。

(1) 竣工结算的一般公式。办理工程价款竣工结算的一般公式为：

竣工结算工程款＝合同价款＋合同价款调整额－预付及已结算工程款－保修金

(5-36)

(2) 竣工结算的审查。工程竣工结算审查是竣工结算阶段的一项重要工作，经审查核定的工程竣工结算是核定建设程造价的依据，也是建设项目验收后编制建设项目竣工决算和核定固定资产价值的重要依据。因此，建设项目业主和工程监理单位都要十分关注竣工结算的审核。其基本内容如下。

① 核对合同条款。核对内容：竣工工程内容是否符合合同要求，并竣工验收合格；结算方法、计价定额、取费标准、主要价格等。

② 检查隐蔽工程验收记录。所有隐蔽工程均需进行验收；验收记录完整，签证手续完备，工程量与竣工图一致。

③ 落实设计变更签证。所有设计变更应有设计变更通知单和修改设计图纸，并有审查、签证，重大设计变更应经有关部门批准。

④ 按图核实工程数量。竣工结算工程量应依据竣工图、设计变更和现场签证进行核算，并按同意的计算规则计算工程量。

⑤ 严格执行定额单价。结算单价应按合同约定或招投标文件规定的定额和计价原则执行。

⑥ 各项费用的计取要符合规定。

⑦ 防止各种计算错误。

案例 5-8

某道路改造工程，按 FIDIC 合同条件签订了承包合同并委托监理单位施工监理，承包商中标投标价如表 5-10 所示。

合同条款规定：工期12个月，暂定金额由监理工程师批准使用，计日工由监理工程师每月审批计量。工程预付款按合同总价（不含计日工）的 10% 预付，自承包商所获得工程进度支付款累计总额达到合同总价 20% 那个月开始起扣，到规定竣工日期前 3 个月扣清，扣款期每个月按等值扣留。保留金为合同总价的 5%，从首次支付工程进度款开始，在每月承包商有权获得的所有款项中减去调价款后按 10% 扣留,工程按进度进展半年后,从第7个月开始,考虑物价上涨因素,对A、B、C、D四项工程调增5%结算,工程竣工结算时,与中标价相比,竣工结算总额增减金额超过有效合同价15%时,按8%的幅度对超出部分进行调整合同价结算。

表 5-10 承包商中标投标价

工程项目	单 位	估计工程量	综合单价/万元	合价/万元
A	1 000m²	180	0.92	165.60
B	1 000m²	210	2.95	619.50
C	1 000m²	24	32.80	787.20
D	1 000m²	150	6.89	1 033.50
暂定金额				130.00
计日工	1 000个		6.50	

该工程经监理工程师核准的各个工程量情况如表5-11所示。

表 5-11 工程量情况表

工程进度 工程项目	1月	2月	3月	4月	5月	6月	7月	8月	9月	10月	11月	12月	合计
A(1 000m³)	48	48	66	66									228
B(1 000m³)			30	30	40	40	50	48					238
C(1 000m³)		2	2	2	3	3	3	3	3	2	2		25
D(1 000m³)						20	20	20	20	20	30	30	160
暂定金额/万元				26.5		18.2		15.3		12	10	8	90
计日工/个			120	100	80	70	50	150	60	70	86	94	790

问题:

(1) 工程预付款为多少?从哪个月开始扣?扣到何月止?每月扣多少?

(2) 保留金扣到第几个月?每月扣留的金额为多少?共计扣留多少?

(3) 如果监理工程师签署支付证书的最小金额为50万元,那么该工程各月结算金额为多少万元?实际结算金额为多少万元?

【解】

(1) ①工程预付款为:$10\% \times (165.6 + 619.5 + 787.2 + 1\ 033.5 + 130.0) = 10\% \times 2\ 735.8 = 273.58$(万元)

② 各月工程进度支付款累计总额达合同总价的20%的月份确定:

1月份工程进度支付款为:$48 \times 0.92 = 44.16$(万元)

2月份工程进度支付款为:$48 \times 0.92 + 2 \times 32.8 = 109.76$(万元)

2月份累计总额:$44.16 + 109.76 = 153.92$(万元)$< 20\% \times 2\ 735.8 = 547.16$(万元)

3月份工程进度支付款:$66 \times 0.92 + 30 \times 2.95 + 2 \times 32.8 = 214.82$(万元)

3月份累计总额:$153.92 + 214.82 = 368.74$(万元)

4月份工程进度支付款:$214.82 + 26.5 = 241.32$(万元)

4月份累计总额:$241.82 + 368.74 = 610.56$(万元)> 547.16(万元)

故工程预付款应从第 4 个月开始扣,扣到第 9 个月,分 6 个月扣完。

③每个月扣留金额:273.58/6＝45.60(万元)

(2) ①保留金总额为 5‰×2 735.8＝136.79(万元)

②保留金从首次支付工程进度款开始扣,每月按 10％扣留。

1 月份扣留:44.16×10％＝4.416(万元)

2 月份扣留:109.76×10％＝10.976(万元)

2 月份累计扣留:4.416＋10.976＝15.392(万元)＜136.79(万元)

3 月份扣留:(214.82＋0.12×6.5)×10％＝21.56(万元)

3 月份累计扣留:15.392＋21.56＝36.952(万元)＜136.79(万元)

4 月份扣留:(241.32＋0.1×6.5)×10％＝24.197(万元)

4 月份累计扣留:36.952＋24.197＝61.149(万元)＜136.79(万元)

5 月份扣留:(40×2.95＋3×32.8＋0.08×6.5)×10％＝21.692(万元)

5 月份累计扣留:61.149＋21.692＝82.841(万元)＜136.79(万元)

6 月份扣留:(40×2.95＋3×32.8＋20×6.89＋18.2＋0.07×6.5)×10％＝37.286(万元)

6 月份累计扣留:82.841＋37.286＝120.127(万元)＜136.79(万元)

7 月份预计扣留:(50×2.95＋3×32.8＋20×6.89＋0.05×6.5)×10％＝38.403(万元)

7 月份累计扣留:120.127＋38.403＝158.53(万元)＞136.79(万元)

7 月份扣留保留金:136.79－120.127＝16.663(万元)

故保留金一直扣到第 7 个月。

(3) 各月结算金额与实际结算金额如下。

1 月份结算金额:44.16－4.416＝39.744(万元)

因为 39.744 万元＜监理工程师签署支付凭证最小金额 50 万元的规定,故 1 月份不进行实际结算。

2 月份结算金额:48×0.92＋2×32.8－10.976＝98.784(万元)

2 月份实际结算金额:98.784＋39.744＝138.528(万元)

3 月份结算金额:214.82＋0.12×6.5－21.56＝194.04(万元),实际结算。

4 月份结算金额:241.32＋0.1×6.5－24.197－45.6＝171.588(万元),实际结算。

5 月份结算金额:216.92－21.692－45.6＝149.628(万元),实际结算。

6 月份结算金额:372.86－37.286－45.6＝289.974(万元),实际结算。

7 月结算金额:(50×2.95＋3×32.8＋20×6.89)×1.05＋0.05×6.5－16.663－45.6＝340.947(万元),实际结算。

8 月份结算金额:(48×2.95＋3×32.8＋20×6.89)×1.05＋15.3＋0.150×6.5－45.6
＝367.365(万元),实际结算金额。

9 月份结算金额:(3×32.8＋20×6.89)×1.05＋0.06×6.5－45.6＝202.8(万元),为实际结算金额。

10 月份结算金额:(2×32.8＋20×6.89)×1.05＋12＋0.07×6.5＝226.025(万元),为当月实际结算金额。

11 月结算金额:(2×32.8＋30×6.89)×1.05＋10＋0.086×6.5＝296.474(万元),为当月实际结算金额。

12 月为竣工结算月,考虑总价是否调整:

$$\frac{(228-180)\times0.92+(238-210)\times2.95+(25-24)\times32.8+(160-150)\times6.89}{180\times0.92+210\times2.95+24\times32.8+150\times6.89}\times100\%$$

$$=\frac{228.46}{2\ 605.8}\times100\%=8.77\%<15\%$$

12 月结算金额:30×6.89×1.05＋8＋0.094×6.5＝225.646(万元)

2. 工程变更引起的费用控制

工程变更,是指施工过程中出现了与签定合同时的预计条件不一致的情况,而需要改变原定施工承包范围内的某些工作内容。工程变更属于对原合同需进行实质性改动,应由业主和承包商通过协商达成一致后,以补充协议的方式变更。

1) 工程变更的分类

工程变更的内涵十分丰富,可以从不同的角度加以分类。工程管理实践中,通常按照工程变更所包含的具体内容,将其划分为如下五个类别。

(1) 设计变更。设计变更是指建设工程施工合同履约过程中,由工程不同参与方提出,最终由设计单位以设计变更或设计补充文件形式发出的工程变更指令。设计变更包含的内容十分广泛,是工程变更的主体内容。常见的设计变更有:因设计计算错误或图示错误发出的设计变更通知书,因设计遗漏或设计深度不够而发出的设计补充通知书,以及应业主、承包商或监理方请求对设计所作的优化调整等。

(2) 施工措施变更。施工措施变更是指在施工过程中承包方因工程地质条件变化、施工环境或施工条件的改变等因素影响,向监理工程师和业主提出的改变原施工措施方案的过程。施工措施方案的变更应经监理工程师和业主审查同意后实施,否则引起的费用增加和工期延误将由承包方自行承担。重大施工措施方案的变更还应征询设计单位意见。在建设工程施工合同履约过程中,施工措施变更存在于工程施工的全过程,如人工挖孔桩桩孔开挖过程中出现地下流沙层或淤泥层,需采取特殊支护措施,方可继续施工;公路或市政道路工程路基开挖过程中发现地下文物,需停工采取特殊保护措施;建筑物主体施工过程中,因市场供应原因引起的混凝土搅拌方式的调整等。

(3) 计划变更。计划变更是指施工过程中,业主因上级指令、技术因素或经营需要,调整原定施工进度计划,改变施工顺序和时间安排。如小区群体工程施工中,根据销售进展情况,部分房屋需提前竣工,另一部分房屋需适当延迟交付,这类变更就是典型的计划变更。

(4) 条件变更。条件变更是指施工过程中,因业主未能按合同约定提供必需的施工条件,以及不可抗力发生导致工程无法按预定计划实施。如业主承诺交付的工程后续施工图纸未到,致使工程中途停顿,业主提供的施工临时用电因社会电网紧张而断电,导致施工生产无法正常进行;特大暴雨或山体滑坡导致工程停工。这类因业主原因或不可抗力所发生的工程变更统称为条件变更。

(5) 新增工程。新增工程是指施工过程中,业主扩大建设规模,增加原招标工程量清单之外的建设内容。

根据大量工程实践中存在的工程变更所揭示的特征,各类常见工程变更可从可控性、技术性、所处阶段、频率和来源方五个不同层面加以描述。一般情况下,设计变更和施工措施变更的可控性强,其余变更的可控性一般或较弱。从技术性角度而言,设计变更的技术性强,施工措施变更次之,其余变更则较弱。从所处阶段分析,一般房屋建筑工程设计变更和施工措施变更涵盖工程施工的全过程,其余变更则主要发生在工程主体施工阶段和装饰施工阶段。从发生频率来看,设计变更最高,施工措施变更次之,其余变更则较低。从变更的来源方即提出(或引起)变更的主体观察,设计变更和施工措施变更范围最广,业主、承包方、监理方和设计方均可提出设计变更和施工措施变更要求,计划变更和新增工程一般由业主提出，条件变更则通常由业主或不可抗力引起。

2）工程变更价款的确定方法

施工合同示范文本规定如下。

（1）承包方在工程变更确定后14天内，提出变更工程价款的报告，经工程师确认后调整合同价款。

① 合同中已有适用于变更工程的价格，按合同已有的价格计算合同价款。

② 合同中只有类似于变更工程的价格，可以参照类似价格变更合同价款。

③ 合同中没有适用或类似于变更工程的价格，由承包方或发包人提出适当的变更价格，经对方确认后执行。

如双方不能达成一致意见，可提请工程所在地工程造价管理机构进行咨询或按合同约定的争议或纠纷解决程序办理。因此，在变更后合同价款的确定上，首先应当考虑使用合同中已有的、能够适用或者能够参照适用的，其原因在于在合同中已经订立的价格（一般是通过招标投标）是较为公平合理的，因此应当尽量采用。

采用合同中工程量清单的单价或价格有几种情况：一是直接套用，即从工程量清单上直接拿来使用；二是间接套用，即依据工程量清单，通过换算后采用；三是部分套用，即依据工程量清单，取其价格中的某一部分使用。

（2）承包方在确定变更后14天内不向工程师提出变更工程价款报告时，视为该项变更不涉及合同价款的变更。

（3）工程师收到变更工程价款报告之日起14天内，应予以确认。工程师无正当理由不确认时，自变更价款报告送达之日起14天后变更工程价款报告自动生效。

（4）工程师不同意承包方提出的变更价款，可以通过有关部门调解，调解不成的，双方可以采用仲裁或向人民法院起诉的方式解决。

5.5 施工项目成本管理

5.5.1 施工项目成本管理的概念

施工项目成本管理是指以工程项目为对象，在既定的预算成本的基础上，在施工生产的动态过程中，通过控制手段，在达到预定工程功能和工期要求的同时，统筹计划施工各阶段、各部分的工程成本，科学有效地实施动态控制，确保将总成本控制在预算（计划）范围内。

成本管理可以促进企业改善经营管理水平，合理补偿施工耗费，保证企业再生产的顺利进行。加强项目成本管理的意义具体体现在：①有利于降低工程成本，提高工程项目的经济效益和社会效益；②有利于提高企业经济效益，增强企业发展的原动力；③有利于理顺各种经济关系和落实各种承包责任制；④有利于提高项目管理水平，推动企业管理人才的培养和锻炼。

5.5.2 施工项目成本管理的内容

施工项目成本管理是对所发生的成本费用支出，有组织、系统地进行预测、计划、控制、核算、分析、考核等一系列的科学管理工作。其具体工作内容包括成本预测、成本计划、成本控制、成本核算、成本分析和成本考核。

1. 成本预测

施工成本预测就是根据成本信息和施工项目的具体情况，对未来的成本水平及其发展趋势作出科学的估计，其实质是在工程施工以前对成本进行的估算。通过成本预测，使项目经理部在满足业主和企业要求的前提下，为施工降低成本提供决策与计划的依据。

2. 成本计划

施工成本计划是指以货币形式编制的施工项目从开工到竣工计划支出的施工费用，是指导项目降低成本的技术经济文件。成本计划是工程项目成本管理的一个重要环节，它是对生产消耗进行控制、分析和考核的重要依据。

项目经理部应依据下列文件编制项目成本计划：①合同文件；②项目管理实施规划；③可研报告和相关设计文件；④市场价格信息；⑤相关定额；⑥类似项目的成本资料。

编制成本计划应满足下列要求：①由项目经理部负责编制，报组织管理层批准；②自下而上分级编制并逐层汇总；③反映各成本项目指标和降低成本指标。

3. 成本控制

施工成本控制是指在施工过程中，对影响施工成本的各种因素加强管理，并采取各种有效措施，将施工中实际发生的各种消耗和支出严格控制在成本计划范围内。通过随时揭示并及时反馈，严格审查各项费用是否符合标准，计算实际成本和计划成本之间的差异并进行分析，进而采取多种措施，消除施工中的损失浪费现象。

工程项目施工成本控制应贯穿于项目从投标阶段开始直至竣工验收的全过程，它是企业全面成本管理的重要环节。施工成本控制可分为事先控制、事中控制（过程控制）和事后控制。在项目的施工过程中，需按动态控制原理对实际施工成本的发生过程进行有效控制。

合同文件和成本计划是成本控制的目标，进度报告和工程变更与索赔资料是成本控制过程中的动态资料。成本控制报告可单独编制，也可以根据需要与进度、质量、安全和其他进展报告结合，提出综合进展报告。

（1）成本控制的依据。项目经理部应依据下列资料进行成本控制。

① 合同文件。

② 成本计划。

③ 进度报告。

④ 工程变更与索赔资料。

（2）成本控制应遵循的程序。

① 收集实际成本数据。

② 实际成本数据与成本计划目标进行比较。

③ 分析成本偏差及原因。
④ 采取措施纠正偏差。
⑤ 必要时修改成本计划。
⑥ 按照规定的时间间隔编制成本报告。
成本控制宜运用赢值法。

4. 成本核算

施工成本核算包括两个基本环节：一是按照规定的成本开支范围对施工费用进行归集和分配，计算出施工费用的实际发生额；二是根据成本核算对象，采用适当的方法，计算出该施工项目的总成本和单位成本。施工成本管理需要正确及时地核算施工过程中发生的各项费用，计算施工项目的实际成本。施工项目成本核算所提供的各种成本信息，是成本分析和成本考核的依据。因此，加强工程项目成本核算工作，对降低项目成本、提高企业的经济效益有积极的作用。

施工成本一般以单位工程为成本核算对象，但也可以按照承包工程项目的规模、工期、结构类型、施工组织和施工现场等情况，结合成本管理要求，灵活划分成本核算对象。施工成本核算的基本内容包括：①人工费核算；②材料费核算；③周转材料费核算；④结构件费核算；⑤机械使用费核算；⑥其他措施费核算；⑦分包工程成本核算；⑧间接费核算；⑨项目月度施工成本报告编制。

5. 成本分析与成本考核

施工成本分析是在施工成本核算的基础上，对成本的形成过程和影响成本升降的因素进行分析，以寻求进一步降低成本的途径，包括有利偏差的挖掘和不利偏差的纠正。施工成本考核是指在施工项目完成后，对施工项目成本形成中的各责任者，按施工项目成本目标责任制的有关规定，将成本的实际指标与计划、定额、预算进行对比和考核，评定施工项目成本计划的完成情况和各责任者的业绩，并以此给予相应的奖励和处罚。

施工成本分析的基本方法包括比较法、因素分析法、差额分析法和比率法等。

1) 比较法

比较法，又称"指标对比分析法"，就是通过技术经济指标的对比，检查目标的完成情况，分析产生差异的原因，进而挖掘内部潜力的方法。比较法通常有下列形式。

（1）将实际指标与目标指标对比。以此检查目标完成情况，分析影响目标完成的积极因素和消极因素，以便及时采取措施，保证成本目标的实现。在进行实际指标与目标指标对比时，还应注意目标本身有无问题。如果目标本身出现问题，则应调整目标，重新正确评价实际工作的成绩。

（2）本期实际指标与上期实际指标对比。通过这种对比，可以看出各项技术经济指标的变动情况，反映施工管理水平的提高程度。

（3）与本行业平均水平、先进水平对比。通过这种对比，可以反映本项目的技术管理和经济管理与行业的平均水平和先进水平的差距，进而采取措施赶超先进水平。

这种方法，具有通俗易懂、简单易行、便于掌握的特点，因而得到了广泛的应用，但在应用时必须注意各技术经济指标的可比性。

2) 因素分析法

因素分析法又称连环置换法。这种方法可用来分析各种因素对成本的影响程度。在进行分析时,首先要假定众多因素中的一个因素发生了变化,而其他因素则不变,然后逐个替换,分别比较其计算结果,以确定各个因素的变化对成本的影响程度。

因素分析法的计算步骤如下。

(1) 确定分析对象,并计算出实际数与目标数的差异。

(2) 确定该指标是由哪几个因素组成的,并按其相互关系进行排序。排序规则是:先实物量,后价值量;先绝对值,后相对值。

(3) 以目标数为基础,将各因素的目标数相乘,作为分析替代的基数。

(4) 将各个因素的实际数按照上面的排列顺序进行替换计算,并将替换后的实际数保留下来。

(5) 将每次替换计算所得的结果,与前一次的计算结果相比较,两者的差异即为该因素对成本的影响程度。

注意:各个因素的影响程度之和,应与分析对象的总差异相等。

 案例 5-9

某基础结构混凝土工程,目标成本为 364 000 元,实际成本为 383 760 元,成本增加 19 760 元,资料列于表 5-12。用因素分析法分析成本增加的原因。

表 5-12 商品混凝土目标成本与实际成本对比表　　　　　单位:元

项　目	单位	计划	实　际	差　额
产量	m³	500	520	20
单价	元	700	720	20
损耗率	%	4	2.5	-1.5
成本	元	364 000	383 760	19 760

【解】

(1) 分析对象是浇筑基础结构混凝土的成本,实际成本与目标成本的差额为 19 760 元。该指标是由产量、单价、损耗率三个因素组成的,其排序见表 5-12。

(2) 以目标数 500×700×1.04=364 000(元)为分析替代的基础。

第一次替代产量因素:以 520 替代 500,520×700×1.04=378 560(元)。

第二次替代单价因素:以 720 替代 700,并保留上次替代后的值,520×720×1.04=389 376(元)。

第三次替代损耗率因素:以 1.025 替代 1.04,并保留上两次替代后的值,520×720×1.025=383 760(元)。

(3) 计算差额

第一次替代与目标数的差额=378 560-364 000=14 560(元)。

第二次替代与第一次替代的差额=389 376-378 560=10 816(元)。

第三次替代与第二次替代的差额=383 760-389 376=-5 616(元)。

(4) 产量增加使成本增加了 14 560 元,单价提高使成本增加了 10 816 元,而损耗率下降使成本减少了 5 616 元。

(5) 各因素的影响程度之和=14 560+10 816-5 616=19 760(元),与实际成本和目标成本的总差额相等。

为简便起见,可运用因素分析表来进行成本分析,其具体形式见表 5-13。

表 5-13 商品混凝土成本变动因素分析表

项目	连环替代计算	差异/元	因素分析
目标数	500×700×1.04		
第一次替代	520×700×1.04	14 560	由于产量增加 20m³ 成本增加 14 560 元
第二次替代	520×700×1.04	10 816	由于单价提高 20 元成本增加 10 816 元
第三次替代	520×700×1.025	−5 616	由于损耗率下降 1.5%，成本减少 5 616 元
合计		19 760	

3) 差额计算法

差额计算法是因素分析法的一种简化形式，它利用各个因素的目标值与实际值的差额来计算其对成本的影响程度。举例说明如下。

案例 5-10

某工程项目某月的实际成本降低额比目标数提高了 2.4 万元，见表 5-14。试用差额分析法分析成本降低额超过目标数的原因，以及成本降低率对成本降低额的影响程度。

表 5-14 差额分析法分析表

项 目	计划降低	实际降低	差 异
预算成本/万元	300	320	20
成本降低率(%)	4	4.5	0.5
成本降低额/万元	12	14.40	2.40

【解】

成本增加对成本降低额的影响程度：$(320-300) \times 4\% = 0.80$(万元)

成本降低率提高对成本降低额的影响程度：$(4.5\% - 4\%) \times 320 = 1.60$(万元)

以上合计：$0.80 + 1.60 = 2.40$(万元)。其中成本降低率的提高是主要原因，根据有关资料可进一步分析成本降低率提高的原因。

4) 比率法

比率法是指用两个以上的指标的比例进行分析的方法。它的基本特点是：先把对比分析的数值变成相对数，再观察其相互之间的关系。常用的比率法有以下几种。

(1) 相关比率法。由于项目经济活动的各个方面是相互联系，相互依存，又相互影响的，因而可以将两个性质不同而又相关的指标加以对比，求出比率，并以此来考察经营成果的好坏。例如：产值和工资是两个不同的概念，但它们的关系又是投入与产出的关系。在一般情况下，都希望以最少的工资支出完成最大的产值。因此，用产值工资率指标来考核人工费的支出水平，就很能说明问题。

(2) 构成比率法。构成比率法又称比重分析法或结构对比分析法。通过构成比率，可以考察成本总量的构成情况及各成本项目占成本总量的比重，同时也可看出量、本、利的比例关系(即预算成本、实际成本和降低成本的比例关系),从而为寻求降低成本的途径指明方向。

(3) 动态比率法。动态比率法,就是将同类指标不同时期的数值进行对比,求出比率,以分析该项指标的发展方向和发展速度。动态比率的计算,通常采用基期指数和环比指数两种方法。

 综合案例 5-1

工程价款支付控制

某工程按照《建设工程施工合同(示范文本)》签订了施工合同,合同工期7个月,各项工作均按匀速施工。合同价840万元,施工单位的报价单(部分)见表5-15。经项目监理机构批准的施工进度计划如图5.11所示(单位:月)。施工合同中约定:预付款按20%支付,工程款付至合同价的50%时开始扣回预付款,3个月内平均扣回;质量保修金为合同价的5%,从第1个月开始按月应付款的10%扣留,扣满为止。

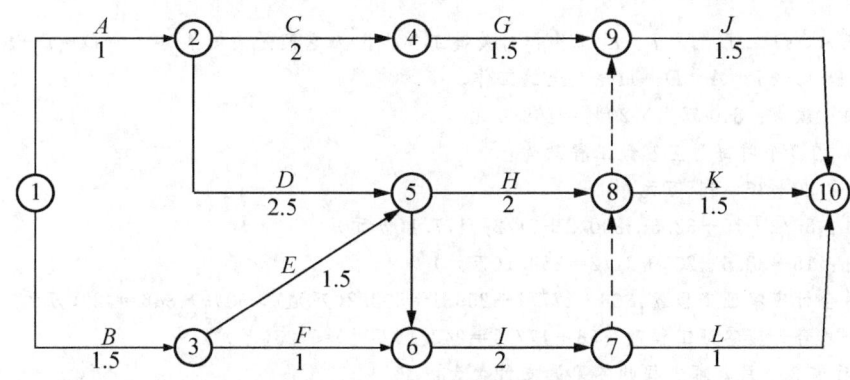

图 5.11 施工进度计划

表 5-15 施工单位报价表(部分)

序号	工作名称	估算工程量/m³	全费用综合单价/(元/m³)	合价/万元
1	A	10 000	30	30.00
2	B	12 000	45	54.00
3	C	1 000	300	30.00
4	D	8 000	105	84.00
5	E	12 000	250	300.00
6	F	14 000	15	21.00

工程于2006年4月1日开工。施工中发生了如下事件。

事件1:工程开工1个月后,建设单位要求增加1项工作N,该工作于C工作之后开始,在H、I工作之前完成。经项目监理机构核定,N工作的持续时间为1.5个月,估计工程量1 400 m³,全费用综合单价为120元/m³。

事件2:建设单位接到有关部门通知,相关管理部门将于7月份对工程进行现场安全施工大检查,要求施工单位结合现场安全施工状况进行自检自查,对存在的问题进行整改。施工单位按要求进行了自查整改,向项目监理部递交了整改报告,报告中请求建设单位支付为迎接检查自查整改所发生的费用

2.8万元。

事件3：G工作所浇筑的混凝土楼板出现了多条裂缝，经有资质的检测单位测试分析，认定是混凝土材质有问题。对此，施工单位认为是按建设单位所推荐的商品混凝土厂家提供的混凝土，建设单位负有推荐错误的责任，应分担检测费用。

事件4：在K工作施工中，施工单位发现现场复杂难以按设计条件实现，故直接向建设单位书面提出了工程变更的请求。

问题：

(1) 按照批准的施工进度计划，监理工程师应把哪些工作作为关键工作？为什么？

(2) 本工程预付款为多少？按照早时标网络计划安排，开工后前3个月每月应签证的工程款为多少？监理工程师签署的支付款为多少？动员预付款从何时开始扣回？

(3) 事件1中增加N工作后会不会影响施工计划工期？为什么？N工作工程量的综合单价如何确定？

(4) 在事件2和事件3中，施工单位提出的要求是否合理？为什么？（请逐项回答）

(5) 在事件4中，施工单位的做法是否妥当？为什么？项目监理机构应如何处理好工程变更？

解：

(1) 应把A、D、H、I、J、K工作作为关键工作；因为它们是关键线路 A→D→I→K、A→D→H→K、A→D→I→J、A→D→H→J 上的工作。

(2) ①预付款为：840万元×20％＝168万元

② 开工后前3个月每月应签证工程款为：

第1个月：30＋36＝66(万元)

第2个月：36/2＋15＋33.6＋200/2＋21/2＝177.1(万元)

第3个月：15＋33.6＋200＋21/2＝259.1(万元)

前3个月合计应签证工程款：66＋177.1＋259.1＝502.2(万元)＞50％×846＝423(万元)

而前2个月合计应签证工程款：66＋177.1＝243.1(万元)＜423(万元)

③ 开工后前3个月监理工程师签署的支付款为：

第1个月：66－10％×66＝59.4(万元)

第2个月：177.1－10％×177.1＝159.39(万元)

前2个月扣留保修金(66＋177.1)－(59.4＋159.39)＝24.31＜5％×840＝42(万元)

第3个月应签署支付款为：259.1－(42.0－24.31)－168/3＝185.41(万元)

④ 根据②的计算，动员预付款从第3个月开始扣回。

(3) ①增加N工作后会影响施工计划工期。因为增加N工作后关键线路发生变化(或根据工期计算)，N工作为关键工作，施工工期已变为8个月。

② N工作综合单价的确定办法是：合同中已有适用的价格，按合同已有的价格确定；合同中只有类似价格，参照类似价格确定；合同中没有适用或类似价格，由施工单位提出适当的价格在协商后经监理工程师确认。

(4) ①事件2中，施工单位的要求不合理。因为安全施工的措施费用属措施清单项目费用，施工单位已在投标报价中考虑和合同中明确。

② 事件3中，施工单位的要求不合理。因为就商品混凝土的供应上讲，与建设单位没有合同关系，施工单位应向商品混凝土厂家索赔。

(5) ①事件4中，施工单位的做法不妥。因为施工单位提出的工程变更，必须报项目监理机构，由专业监理工程师提出评估意见后，总监理工程师就评估情况与施工单位和建设单位进行协商。

② 项目监理机构处理工程变更时应符合：a. 取得建设单位授权时，按施工合同与施工承包单位协商，协商一致后由总监理工程向建设单位通报，履行签字手续；b. 未取得授权时，总监理工程师应协助建设单位与施工承包单位进行协商，并达成一致；c. 建设单位和施工承包单位未能达成协议时，提出一

个暂定价格，作为临时的依据；d. 在总监理工程师签发工程变更单之前，施工单位不得实施工程变更；e. 未经总监理工程师审查同意而实施的工程变更，项目监理机构不得予以计量。

综合案例 5-2

工程价款支付控制

某工程按《建设工程施工合同（示范文本）》签订了施工合同，工期为 20 个月，建设单位项目管理师批准的施工总进度计划（早时标网络计划）如图 5.12 所示，图中括号内数字为工程进度款（单位：万元/月）。该工程各项工作均按匀速施工。

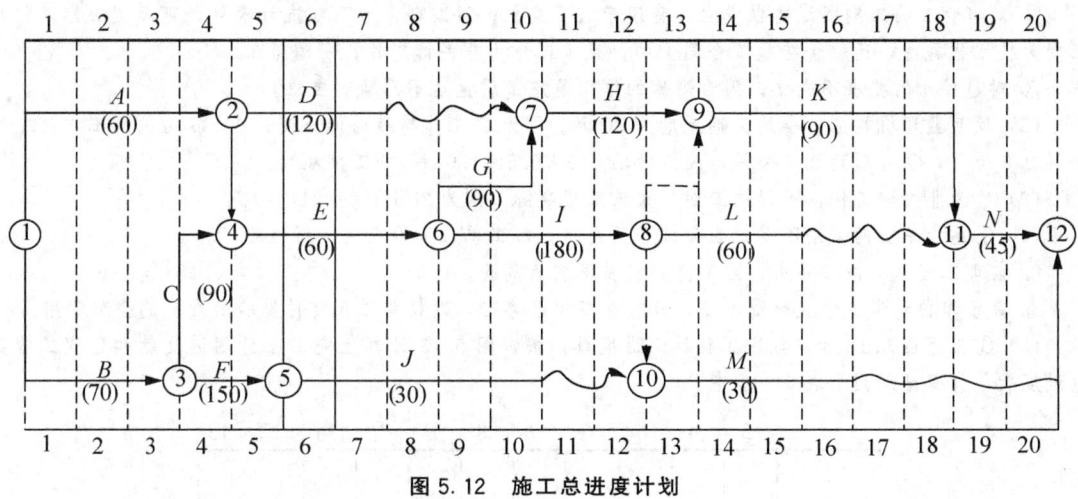

图 5.12 施工总进度计划

施工过程中有如下事件发生。

事件 1：A 工作因建设单位要求调整场地标高，设计图纸做局部修改而推迟施工图的提交时间 0.5 个月，施工单位机械闲置和人工窝工费 1.5 万元。

事件 2：C 工作开始前设计单位修改图纸，导致工程量变化而增加造价 10 万元，施工单位及时调整部署如期完成了 C 工作。

事件 3：G、I 工作在第一个月工作时，遇到异常恶劣的气候，造成施工单位工效降低，实际只完成计划任务的 40%，在施工单位采取经监理核实赶工措施后，G 工作需延期 0.5 个月；I 工作能按原计划时间完成，但增加赶工费 5 000 元。

事件 4：L 工作为隐蔽工程，在验收后专业监理工程师对其质量提出了质疑，总监理工程师由此要求施工单位对该隐蔽工程剥离复验。施工单位以已经监理工程师验收为由拒绝复验，后经建设单位承诺支付复验费后方进行了复验。经复验，质量未达到要求，施工单位进行了整改。

问题：

（1）事件 1、事件 3、事件 4 发生后，施工单位均按程序提出了工期顺延和费用索赔的要求，请逐项回答施工单位的要求是否成立，并说明理由。

（2）针对上述 4 项事件的发生，项目监理机构应批准的工期延期为多少天？为什么？

（3）该工程实际工期为几个月？

（4）事件 4 中，施工单位、监理单位、建设单位的做法是否妥当？为什么？

（5）计算并在表 5-16 中填入 1—10 月份的拟完工程计划进度款、已完工程计划进度款和已完工程实际进度款。计算 10 月份的进度偏差和投资偏差。

表 5-16 工程进度款

月份	1月	2月	3月	4月	5—7月	8月	9月	10月	合计
拟完工程计划进度款		130	130		750		300	300	
已完工程计划进度款		130	130		690				
已完工程实际进度款		130	130		690	150	138		

【解】

(1) ① 对事件1的要求成立;因属建设单位负责提交的图纸推延,工期顺延和费用索赔要求成立。

② 对事件3的工期顺延要求成立,费用索赔不成立;因该事件为不可抗力事件,可顺延工期,但赶工费为技术措施费,已包含在施工合同价中;且 I 工作为非关键工作,不需赶工。

③ 对事件4的要求不成立;因为剥离的原因是施工质量达不到验收要求。

(2) 项目监理机构应批准的工期延期为30天。因为 C 工作持续时间不变;A、G 为关键工作;A 可顺延0.5个月,G 可顺延0.5个月,故应批准 $0.5+0.5=1.0$(月)的工期顺延。

(3) L 为非关键工作,不影响工期,故该工程实际工期为 $20+1.0=21$(月)。

(4) ① 施工单位的做法不妥,因为按合同约定,施工单位不得拒绝重新检验。

② 监理工程师的做法妥当,因为他有权要求剥离复验。

③ 建设单位承诺支付复验费不妥,只有在复验合格时,建设单位才支付复验所发生的全部费用。

(5) ① 根据图5.12计算拟完工程计划进度款,根据图5.13计算已完工程计划进度款和已完工程实际进度款,计算结果列于表5-17中。

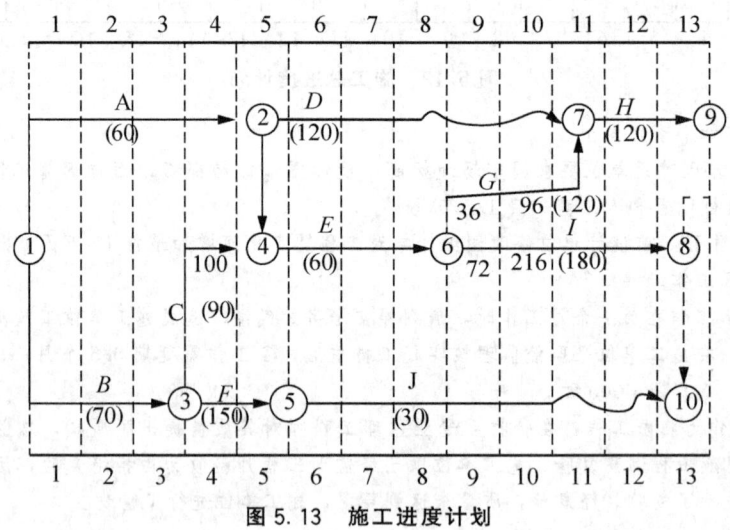

图 5.13 施工进度计划

② 1~10月份进度款情况如表5-17所示。

表 5-17 工程进度款计算结果

月份	1月	2月	3月	4月	5—7月	8月	9月	10月	合计
拟完工程计划进度款	130	130	130	300	750	90	300	300	2 130
已完工程计划进度款	100	130	130	300	690	150	138	342	1 980
已完工程实际进度款	101.5	130	130	310	690	150	138	334.2	1 991.5

10月份进度偏差＝1 980－2 130＝－150（万元）
10月份投资偏差＝2 130－1 991.5＝138.5（万元）

本 章 小 结

本章介绍了工程项目费用管理的程序、工程项目费用的组成、费用管理的控制目标和重点；工程项目费用的确定方法，包括投资估算、设计概算和施工图预算；工程项目费用计划；工程项目费用控制的依据、步骤和方法，设计阶段和施工阶段的费用控制；施工项目成本管理等。通过本章学习可以加深对工程项目费用管理的理解，具备从事工程项目费用管理的初步能力，能分析实际工程中出现的一些相关费用管理问题。

习 题

1. 填空题

（1）费用偏差分析可采用不同的表达方法，常用的有_____、_____和_____。

（2）具有形象直观，但反映的信息量少，一般在项目的较高管理层应用的偏差分析方法是_____。

（3）成本分析法中，_____可用来分析各种因素对成本形成的影响程度。

（4）某工程合同总价为84万，预付款为25％，每月从工程款中抵扣，主要材料及配件费比重按60％算，则预付款起扣点为_____万元。

（5）_____是全部工程完工并经有关部门验收后，由建设单位编制的综合反映该工程从筹建到竣工验收投产全过程中各项资金的实际运用情况、建设成果及全部建设费用的总结性经济文件。

2. 选择题

（1）对于三阶段设计的大型工程，施工图设计阶段的投资限额（　　）。（单选）
A. 投资估算　　　　B. 修正概算　　　　C. 设计概算　　　　D. 施工图预算

（2）某项目进行成本偏差分析，结果为：已完工程实际施工成本－已完工程计划施工成本＞0；拟完工程计划施工成本－已完工程计划施工成本＜0，这种情况说明（　　）。（单选）
A. 成本超支，进度提前　　　　B. 成本节约，进度提前
C. 成本超支，进度拖后　　　　D. 成本节约，进度拖后

（3）偏差分析可采用不同的方法，不能进行偏差分析的方法是（　　）。（单选）
A. 横道图法　　　B. 表格法　　　C. 曲线法　　　D. 直方图法

（4）项目施工中常用的工程价款的支付方式有（　　）。（多选）
A. 按月结算　　　　　　　　　B. 按年结算

C. 分段结算 D. 竣工后一次结算
E. 按专业工程结算

(5) 某工程发生费用偏差，在引起偏差原因中，属于业主原因的有（　　）。(多选)
A. 增加内容 B. 施工方案不当
C. 建设手续不全 D. 未及时提供场地
E. 材料代用

(6) A 建筑公司承担某土方开挖工程。工程于 1 月开工，根据进度安排同年 2 月份计划完成土方量 5 000 m³，计划单价为 70 元/m³。时至同年 2 月底，实际完成工程量为 4 500 m³，实际单价为 78 元/m³，通过赢得值法分析可知（　　）。(多选)
A. 进度提前完成 35 000 元工作量 B. 进度延误完成 35 000 元工作量
C. 费用超支 36 000 元 D. 费用超支 1 000 元
E. 费用节支 1 000 元

(7) 确定工程预付款的额度时，应考虑的主要因素包括（　　）。(多选)
A. 施工工期 B. 合同总额 C. 施工方法
D. 施工组织措施 E. 施工季节

(8) 施工成本分析的基本方法有（　　）。(多选)
A. 比较法 B. 因素分析法 C. 差额分析法
D. 比率法 E. 曲线法

3. 简答题

(1) 简述工程项目费用管理的一般程序。
(2) 简述我国现行工程项目费用构成。
(3) 工程项目费用控制的目标与重点是什么？
(4) 费用估算的编制方法有哪些？不同的编制方法的不同特点是什么？
(5) 简述设计概算常用的方法及各自适用的条件。
(6) 简述施工图预算的编制方法。
(7) 简述工程项目费用计划的编制方法。
(8) 简述工程项目费用不同控制方法。
(9) 设计阶段费用控制的方法有哪些？
(10) 如何对工程项目成本控制进行分析与考核？

4. 练习题

(1) 某快速干道工程，工程开、竣工时间分别为 4 月 1 日至 9 月 30 日。业主根据该工程的特点及项目构成情况，将工程分为三个标段。其中第 3 标段造价为 4 150 万元，第 3 标段中的预制构件由甲方提供（直接委托构件厂生产）。

第 3 标段施工单位为 C 公司，业主与 C 公司在施工合同中约定以下内容。

① 开工前业主应向 C 公司支付合同价 25％的预付款，预付款从第 3 个月开始等额扣还，4 个月扣完。

② 业主根据 C 公司完成的工程量（经工程师签认后）按月支付工程款，保留金额为合同总额的 5％。保留金按每月产值的 10％扣除，直至扣完为止。

③ 工程师签发的月付款凭证最低金额为 300 万元。

第 3 标段各月完成产值见表 5-18。

表 5-18　第 3 标段各月完成产值

月份	4	5	6	7	8	9
C 公司	480	685	560	430	620	580
构件厂			275	340	180	

问题：支付给 C 公司的工程预付款是多少？工程师在第 4、6、7、8 月底分别给 C 公司实际签发的付款凭证金额是多少？

（2）某业主与承包商签订了某建筑安装工程项目总承包施工合同。承包范围包括土建工程和水、电、通风建筑设备安装工程，合同总价为 4 800 万元。工期为 2 年，第 1 年已完成 2 600 万元，第 2 年应完成 2 200 万元。承包合同规定如下。

① 业主应向承包商支付当年合同价 25% 的工程预付款。

② 工程预付款应从未施工工程尚需的主要材料及构配件价值相当于工程预付款时起扣，每月以抵充工程款的方式陆续收回，竣工前全部扣清。主要材料及设备费按总价的 62.5% 考虑。

③ 工程质量保修金为承包合同总价的 3%，经双方协商，业主从每月承包商的工程款中按 3% 的比例扣留。在保修期满后，保修金及保修金利息扣除已支出费用后的剩余部分退还给承包商。

④ 当承包商每月实际完成的建安工作量少于计划完成建安工作量的 10%以上（含 10%）时，业主可按 5% 的比例扣留工程款，在工程竣工结算时将扣留工程款退还给承包商。

⑤ 除设计变更和其他不可抗力因素外，合同总价不作调整。

⑥ 由业主直接提供的材料和设备应在发生当月的工程款中扣回其费用。

经业主的工程师代表签认的承包商在第 2 年各月计划和实际完成的建安工作量，以及业主直接提供的材料、设备价值见表 5-19。

表 5-19　工程结算数据表　　　　　　　　　　　　　单位：万元

月份	1—6	7	8	9	10	11	12
计划完成建支工作量	1 100	200	200	200	190	190	120
实际完成建支工作量	1 100	180	210	205	195	180	120
业主直供材料设备的价值	90.56	35.5	24.4	10.5	21	10.5	5.5

问题：

① 工程预付款是多少？

② 工程预付款从几月份开始起扣？

③ 1—6 月以及其他各月业主应支付给承包商的工程款是多少？

④ 竣工结算时，业主应支付承包商的工程结算款是多少？

（3）商品混凝土目标成本为 443 040 元，实际成本为 473 697 元，比目标成增加 30 657 元，资料如表 5-20 所示，用因素分析法分析成本增加的原因。

表 5-20 商品混凝土目标成本与实际成本对比表

项目	单位	目标	实际	差额
产量	m^3	600	630	+30
单价	元	710	730	+20
损耗率	%	4	3	-1
成本	元	443 040	473 697	+30 657

第6章 工程项目质量管理

> **教学目标**

本章主要讲述工程项目质量管理的基本理论和内容。通过学习本章,应达到以下目标:
(1) 掌握工程项目质管理的基本原理;
(2) 掌握工程施工阶段质量控制的环节;
(3) 掌握工程质量数理统计的常用方法;
(4) 熟悉勘察设计阶段质量控制的要点。

> **教学要求**

知识要点	能力要求	相关知识
工程项目质量管理概述	(1) 理解工程项目质量的规定要求; (2) 熟悉影响工程项目质量的因素; (3) 掌握质量管理的基本原理	(1) 影响工程质量的因素; (2) 工程质量的特点; (3) PDCA 循环; (4) 三阶段、三全质量控制原理
勘察设计阶段质量控制	(1) 熟悉勘察设计质量控制的依据; (2) 熟悉勘察设计质量控制的要点	(1) 勘察阶段质量控制要点; (2) 设计阶段质量控制要点
建设工程项目施工质量控制	(1) 熟悉工质量控制的目标,依据与基本环节; (2) 掌握施工质量计划的形式和审批程序; (3) 熟悉施工过程的质量控制环节; (4) 掌握工程质量验收合格标准及组织	(1) 施工质量计划; (2) 质量控制点; (3) 工程质量验收
质量管理数理统计方法	(1) 熟悉分层法的用法; (2) 掌握频数分布直方图法的绘制和分析; (3) 熟悉控制图的绘制和分析	(1) 分层法; (2) 频数分布直方图; (3) 控制图法

> **基本概念**

质量;PDCA;三全质量控制;三阶段质量控制;施工质量计划;质量控制点;分层法;频数分布直方图;控制图

 引例

2009年6月27日上午5时许，位于上海闵行区"莲花河畔景苑"的一栋13层在建商品房，像被大风卷过后连根拔起的大树一样轰然倒塌，造成一名工人死亡。这幢楼房毫无征兆的倾倒事故引起了多方关注，被网友们形象地称为——"楼脆脆"。由此，"楼脆脆"一词迅速成为一网络流行语，也被评为2009年十大最具影响力的网络事件之一。

2009年7月3日，上海市政府公布了该事件的调查结果，大楼倾倒的主要原因是：紧贴倒塌大楼北侧，在短期内堆土过高，最高处达10m左右；与此同时，紧邻大楼南侧的地下车库基坑正在开挖，深度4.6m，大楼两侧的压力差使土体产生水平位移，过大的水平力超过了桩基的抗侧能力，导致房屋倾倒。

那么，在工程管理的过程中，作为管理者应该采取哪些措施和方法避免此类事件的再次发生呢？

6.1 工程项目质量管理概述

6.1.1 质量

根据国家标准《质量管理体系基础和术语》（GB/T 19000—2008/ISO 9000：2005）的定义，质量是指一组固有特性满足要求的程度。就工程质量而言，其固有特性通常包括使用功能、寿命，以及可靠性、安全性、经济性等特性，这些特性满足要求的程度越高，质量就越好。

6.1.2 工程项目质量

工程项目质量是指工程产品满足规定要求和需要的能力。所谓规定要求，通常是指规程规范、技术标准和合同所规定的要求；所谓需要，是指用户的需要。这种规定要求和需要经常包括以下几个方面。

（1）适用性，即功能，是指工程满足使用目的的各种性能。包括：理化性能，如尺寸、规格、保温、隔热、隔声等物理性能，耐酸、耐碱、耐腐蚀、防火、防风化、防尘等化学性能；结构性能，指地基基础牢固程度、结构的足够强度、刚度和稳定性；使用性能，如民用住宅工程要能使居住者安居，工业厂房要能满足生产活动需要，道路、桥梁、铁路、航道要能通达便捷等。建设工程的组成部件、配件、水、暖、电、卫器具、设备也要能满足其使用功能；外观性能，指建筑物的造型、布置、室内装饰效果、色彩等美观大方、协调等。

（2）耐久性，即寿命，是指工程在规定的条件下，满足规定功能要求使用的年限，也就是工程竣工后的合理使用寿命周期。由于建筑物本身结构类型不同、质量要求不同、施工方法不同、使用性能不同的个性特点，目前国家对建设工程的合理使用寿命周期还缺乏统一的规定，仅在少数技术标准中，提出了明确要求。如民用建筑主体结构耐用年限分为四级（15～30年，30～50年，50～100年，100年以上），公路工程设计年限一般按等级控

制在10~20年，城市道路工程设计年限，视不同道路构成和所用的材料，设计的使用年限也有所不同。对工程组成部件（如塑料管道、屋面防水、卫生洁具、电梯等）也视生产厂家设计的产品性质及工程的合理使用寿命周期而规定不同的耐用年限。

（3）安全性，是指工程建成后在使用过程中保证结构安全、保证人身和环境免受危害的程度。建设工程产品的结构安全度、抗震、耐火及防火能力，人民防空的抗辐射、抗核污染、抗爆炸波等能力，是否能达到特定的要求，都是安全性的重要标志。工程交付使用之后，必须保证人身财产、工程整体都有能免遭工程结构破坏及外来危害的伤害。工程组成部件，如阳台栏杆、楼梯扶手、电器产品漏电保护、电梯及各类设备等，也要保证使用者的安全。

（4）可靠性，是指工程在规定的时间和规定的条件下完成规定功能的能力。工程不仅要求在交工验收时要达到规定的指标，而且在一定的使用时期内要保持应有的正常功能。如工程上的防洪与抗震能力、防水隔热、恒温恒湿措施、工业生产用的管道防"跑、冒、滴、漏"等，都属可靠性的质量范畴。

（5）经济性，是指工程从规划、勘察、设计、施工到整个产品使用寿命周期内的成本和消耗的费用。工程经济性具体表现为设计成本、施工成本、使用成本三者之和。包括从征地、拆迁、勘察、设计、采购（材料、设备）、施工、配套设施等建设全过程的总投资和工程使用阶段的能耗、水耗、维护、保养乃至改建更新的使用维修费用。通过分析比较，判断工程是否符合经济性要求。

（6）与环境的协调性。是指工程与其周围生态环境协调，与所在地区经济环境协调，以及与周围已建工程相协调，以适应可持续发展的要求。

上述六个方面的质量特性彼此之间是相互依存的，总体而言，适用、耐久、安全、可靠、经济、与环境适应性，都是必须达到的基本要求，缺一不可。但是对于不同门类不同专业的工程，如工业建筑、民用建筑、公共建筑、住宅建筑、道路建筑，可根据其所处的特定地域环境条件、技术经济条件的差异，有不同的侧重面。

6.1.3 工程建设各阶段对质量形成的作用与影响

工程建设的不同阶段，对工程项目质量的形成起着不同的作用和影响。

1. 项目可行性研究阶段

项目可行性研究是在项目建议书和项目策划的基础上，运用经济学原理对投资项目的有关技术、经济、社会、环境及所有方面进行调查研究，对各种可能的拟建方案和建成投产后的经济效益、社会效益和环境效益等进行技术经济分析、预测和论证，确定项目建设的可行性，并在可行的情况下，通过多方案比较从中选择出最佳建设方案，作为项目决策和设计的依据。在此过程中，需要确定工程项目的质量要求，并与投资目标相协调。因此，项目的可行性研究直接影响项目的决策质量和设计质量。

2. 项目决策阶段

项目决策阶段是通过项目可行性研究和项目评估，对项目的建设方案做出决策，使项目的建设充分反映业主的意愿，并与地区环境相适应，做到投资、质量、进度三者协调统一。所以，项目决策阶段对工程质量的影响主要是确定工程项目应达到的质量目标和水平。

3. 工程勘察、设计阶段

工程的地质勘察是为建设场地的选择和工程的设计与施工提供地质资料依据。而工程设计是根据建设项目总体需求(包括已确定的质量目标和水平)和地质勘察报告,对工程的外形和内在的实体进行筹划、研究、构思、设计和描绘,形成设计说明书和图纸等相关文件,使得质量目标和水平具体化,为施工提供直接依据。

工程设计质量是决定工程质量的关键环节,工程采用什么样的平面布置和空间形式,选用什么样的结构类型,使用什么样的材料、构配件及设备等,都直接关系到工程主体结构的安全可靠,关系到建设投资的综合功能是否充分体现规划意图。在一定程度上,设计的完美性也反映了一个国家的科技水平和文化水平。设计的严密性、合理性,也决定了工程建设的成败,是建设工程的安全、适用、经济与环境保护等措施得以实现的保证。

4. 工程施工阶段

工程施工是指按照设计图纸和相关文件的要求,在建设场地上将设计意图付诸实现的测量、作业、检验,形成工程实体建成最终产品的活动。任何优秀的勘察设计成果,只有通过施工才能变为现实。因此工程施工活动决定了设计意图能否体现,它直接关系到工程的安全可靠、使用功能的保证,以及外表观感能否体现建筑设计的艺术水平。在一定程度上,工程施工是形成实体质量的决定性环节。

5. 工程竣工验收阶段

工程竣工验收就是对项目施工阶段的质量通过检查评定、试车运转,考核项目质量是否达到设计要求,是否符合决策阶段确定的质量目标和水平,并通过验收确保工程项目的质量。所以工程竣工验收对质量的影响是保证最终产品的质量。

6.1.4 影响工程质量的因素

影响工程的因素很多,但归纳起来主要有 5 个方面,即人(Man)、材料(Material)、机械(Machine)、方法(Method)和环境(Environment),简称为 4M1E 因素。

1. 人员素质

人是生产经营活动的主体,也是工程项目建设的决策者、管理者、操作者,工程建设的全过程,如项目的规划、决策、勘察、设计和施工,都是通过人来完成的。人员的素质,即人的文化水平、技术水平、决策能力、管理能力、组织能力、作业能力、控制能力、身体素质及职业道德等,都将直接和间接地对规划、决策、勘察、设计和施工的质量产生影响,而规划是否合理、决策是否正确、设计是否符合所需要的质量功能、施工能否满足合同、规范、技术标准的需要等,都将对工程质量产生不同程度的影响,所以人员素质是影响工程质量的一个重要因素。因此,建筑行业实行经营资质管理和各类专业从业人员持证上岗制度是保证人员素质的重要管理措施。

2. 工程材料

工程材料泛指构成工程实体的各类建筑材料、构配件、半成品等,它是工程建设的物质条件,是工程质量的基础。工程材料选用是否合理、产品是否合格、材质是否经过检验、保管使用是否得当等,都将直接影响建设工程的结构刚度和强度,影响工程外表及观感,影响工程的使用功能,影响工程的使用安全。

3. 机械设备

机械设备可分为两类:一是指组成工程实体及配套的工艺设备和各类机具,如电梯、泵机、通风设备等,它们构成了建筑设备安装工程或工业设备安装工程,形成完整的使用功能。二是指施工过程中使用的各类机具设备,包括大型垂直与横向运输设备、各类操作工具、各种施工安全设施、各类测量仪器和计量器具等,简称施工机具设备,它们是施工生产的手段。机具设备对工程质量也有重要的影响。工程用机具设备其产品质量优劣,直接影响工程使用功能质量。施工机具设备的类型是否符合工程施工特点,性能是否先进稳定,操作是否方便安全等,都将会影响工程项目的质量。

4. 方法

方法是指工艺方法、操作方法和施工方案。在工程施工中,施工方案是否合理,施工工艺是否先进,施工操作是否正确,都将对工程质量产生重大的影响。大力推进采用新技术、新工艺、新方法,不断提高工艺技术水平,是保证工程质量稳定提高的重要因素。

5. 环境条件

环境条件是指对工程质量特性起重要作用的环境因素,包括:工程技术环境,如工程地质、水文、气象等;工程作业环境,如施工环境作业面大小、防护设施、通风照明和通信条件等;工程管理环境,主要指工程实施的合同结构与管理关系的确定,组织体制及管理制度等;周边环境,如工程邻近的地下管线、建(构)筑物等。环境条件往往对工程质量产生特定的影响。加强环境管理,改进作业条件,把握好技术环境,辅以必要的措施,是控制环境对质量影响的重要保证。

6.1.5 工程质量的特点

建设工程质量的特点是由建设工程本身和建设生产的特点决定的。建设工程(产品)及其生产的特点:一是产品的固定性,生产的流动性;二是产品多样性,生产的单件性;三是产品形体庞大、高投入、生产周期长、具有风险性;四是产品的社会性,生产的外部约束性。正是由于上述建设工程的特点而形成了工程质量本身有以下特点。

1. 影响因素多

建设工程质量受到多种因素的影响,如决策、设计、材料、机具设备、施工方法、施工工艺、技术措施、人员素质、工期、工程造价等,这些因素直接或间接地影响工程项目质量。

2. 质量波动大

由于建筑生产的单件性、流动性,不像一般工业产品的生产那样,有固定的生产流水线、有规范化的生产工艺和完善的检测技术、有成套的生产设备和稳定的生产环境,所以工程质量容易产生波动且波动大。同时由于影响工程质量的偶然性因素和系统性因素比较多,其中任一因素发生变动,都会使工程质量产生波动。如材料规格品种使用错误、施工方法不当、操作未按规程进行、机械设备过度磨损或出现故障、设计计算失误等,都会发生质量波动,产生系统因素的质量变异,造成工程质量事故。为此,要严防出现系统性因素的质量变异,要把质量波动控制在偶然性因素范围内。

3. 质量隐蔽性

建设工程在施工过程中,分项工程交接多、中间产品多、隐蔽工程多,因此质量存在隐蔽性。若在施工中不及时进行质量检查,事后只能从表面上检查,就很难发现内在的质量问题,这样就容易产生判断错误,即第二类判断错误(将不合格品误认为合格品)。

4. 终检的局限性

工程项目建成后不可能像一般工业产品那样依靠终检来判断产品质量,或将产品拆卸、解体来检查其内在的质量,或对不合格零部件进行更换。而工程项目的终检(竣工验收)无法进行工程内在质量的检验,发现隐蔽的质量缺陷。因此,工程项目的终检存在一定的局限性。这就要求工程质量控制应以预防为主,防患于未然。

5. 评价方法的特殊性

工程质量的检查评定及验收是按检验批、分项工程、分部工程、单位工程进行的。检验批的质量是分项工程乃至整个工程质量检验的基础,检验批合格质量主要取决于主控项目和一般项目经抽样检验的结果。隐蔽工程在隐蔽前要检查合格后验收,涉及结构安全的试块、试件及有关材料,应按规定进行见证取样检测,涉及结构安全和使用功能的重要分部工程要进行抽样检测。工程质量是在施工单位按合格质量标准自行检查评定的基础上,由监理工程师(或建设单位项目负责人)组织有关单位、人员进行检验确认验收。这种评价方法体现了"验评分离、强化验收、完善手段、过程控制"的指导思想。

6.1.6 工程质量的政府监督管理制度

近年来,我国建设行政主管部门先后颁发了多项建设工程质量管理制度,主要有以下几项。

1. 施工图设计文件审查制度

施工图设计文件(以下简称施工图)审查是政府主管部门对工程勘察设计质量监督管理的重要环节。施工图审查是指国务院建设行政主管部门和省、自治区、直辖市人民政府建设行政主管部门委托依法认定的设计审查机构,根据国家法律、法规、技术标准与规范,对施工图进行结构安全和强制性标准、规范执行情况等进行的独立审查。

施工图审查的主要内容如下。

(1) 建筑物的稳定性、安全性审查,包括地基基础和主体结构是否安全、可靠。

(2) 是否符合消防、节能、环保、抗震、卫生、人防等有关强制性标准、规范。

(3) 施工图是否达到规定的深度要求。

(4) 是否损害公众利益。

2. 工程质量监督制度

国家实行建设工程质量监督管理制度。工程质量监督管理的主体是各级政府建设行政主管部门和其他有关部门。但由于工程建设周期长、环节多、点多面广，工程质量监督工作是一项专业技术性强，且很繁杂的工作，政府部门不可能亲自进行日常检查工作。因此，工程质量监督管理由建设行政主管部门或其他有关部门委托的工程质量监督机构具体实施。

工程质量监督机构是经省级以上建设行政主管部门或有关专业部门考核认定，具有独立法人资格的单位。它受县级以上地方人民政府建设行政主管部门或有关专业部门的委托，依法对工程质量进行强制性监督，并对委托部门负责。

工程质量监督机构的主要任务如下。

（1）根据政府主管部门的委托，受理建设工程项目的质量监督。

（2）制定质量监督工作方案。确定负责该项工程的质量监督工程师和助理质量监督师。根据有关法律、法规和工程建设强制性标准，针对工程特点，明确监督的具体内容、监督方式。在方案中对地基基础、主体结构和其他涉及结构安全的重要部位和关键过程，作出实施监督的详细计划安排，并将质量监督工作方案通知建设、勘察、设计、施工、监理单位。

（3）检查施工现场工程建设各方主体的质量行为。检查施工现场工程建设各方主体及有关人员的资质或资格；检查勘察、设计、施工、监理单位的质量管理体系和质量责任制落实情况；检查有关质量文件、技术资料是否齐全并符合规定。

（4）检查建设工程实体质量。按照质量监督工作方案，对建设工程地基基础、主体结构和其他涉及安全的关键部位进行现场实地抽查，对用于工程的主要建筑材料、构配件的质量进行抽查。对地基基础分部、主体结构分部和其他涉及安全的分部工程的质量验收进行监督。

（5）监督工程质量验收。监督建设单位组织的工程竣工验收的组织形式、验收程序，以及在验收过程中提供的有关资料和形成的质量评定文件是否符合有关规定，实体质量是否存在严重缺陷，工程质量验收是否符合国家标准。

（6）向委托部门报送工程质量监督报告。报告的内容应包括对地基基础和主体结构质量检查的结论，工程施工验收的程序、内容和质量检验评定是否符合有关规定，及历次抽查该工程的质量问题和处理情况等。

（7）对预制建筑构件和商品混凝土的质量进行监督。

（8）受委托部门委托按规定收取工程质量监督费。

（9）政府主管部门委托的工程质量监督管理的其他工作。

3. 工程质量检测制度

工程质量检测工作是对工程质量进行监督管理的重要手段之一。工程质量检测机构是对建设工程、建筑构件、制品及现场所用的有关建筑材料、设备质量进行检测的法定单位。在建设行政主管部门领导和标准化管理部门指导下开展检测工作，其出具的检测报告具有法定效力。法定的国家级检测机构出具的检测报告，在国内为最终裁定，在国外具有代表国家的性质。

4. 工程质量保修制度

建设工程质量保修制度是指建设工程在办理交工验收手续后，在规定的保修期限内，因勘察、设计、施工、材料等原因造成的质量问题，要由施工单位负责维修、更换，由责任单位负责赔偿损失。质量问题是指工程不符合国家工程建设强制性标准、设计文件及合同中对质量的要求。

建设工程承包单位在向建设单位提交工程竣工验收报告时，应向建设单位出具工程质量保修书，质量保修书中应明确建设工程保修范围、保修期限和保修责任等。

在正常使用条件下，建设工程的最低保修期限按以下方式确定。

（1）基础设施工程、房屋建筑工程的地基基础和主体结构工程，为设计文件规定的该工程的合理使用年限。

（2）屋面防水工程、有防水要求的卫生间、房间和外墙面的防渗漏，为5年。

（3）供热与供冷系统，为2个采暖期、供冷期。

（4）电气管线、给排水管道、设备安装和装修工程，为2年。

其他项目的保修期由发包方与承包方约定。保修期自竣工验收合格之日起计算。

案例 6-1

2008年4月，某大学为建设学生公寓，与某建筑公司签订了一份建设工程合同。合同约定：工程采用固定总价合同形式，主体工程和内外承重砖一律使用国家标准砌块，每层加水泥圈梁；某大学可预付工程款（合同价款的10%）；工程的全部费用用于验收合格后一次付清；交付使用后，如果6个月内发生严重质量问题，由承包人负责修复等。1年后，学生公寓如期完工，在某大学和某建筑公司共同进行竣工验收时，某大学发现工程3~5层的承重墙体裂缝较多，要求某建筑公司修复后再验收，某建筑公司认为不影响使用而拒绝修复。因为很多新生等待入住，某大学接收了宿舍楼。在使用了8个月之后，公寓楼5层的内承重墙倒塌，致使1人死亡，3人受伤，其中1人致残。受害者与某大学要求某建筑公司赔偿损失，并修复倒塌工程。某建筑公司以使用不当且已过保修期为由拒绝赔偿。无奈之下，受害者与某大学诉至法院，请法院主持公道。

【解】《建设工程质量管理条例》第40条规定：在正常使用条件下，建设工程最低保修期限按以下方式确定。

（1）基础设施工程、房屋建筑的地基基础工程、主体结构工程，为设计文件规定的该工程的合理使用年限。

（2）屋面防水工程，有防水要求的卫生间、房间和外墙面的防渗漏，为5年。

（3）供热与供冷系统，为2个采暖期、供冷期。

（4）电器管线、给排水管道、设备安装和装修工程，为2年。

其他项目的保修期限由发包方与承包方约定。

建设工程的保修期，由竣工验收合格之日起计算。

根据上述法律规定，建设工程的保修期限不能低于国家规定的最低保修期限，其中，对地基基础工程、主体结构工程实际规定为终身保修。在本案中，某大学与某建筑公司虽然在合同中双方约定保修期限为6个月，但这一期限远远低于国家规定的最低期限，尤其是承重墙属于主体结构，其最低保修期限依法应终身保修。双方的质量期限条款违反了国家强制性法律规定，因此是无效的。某建筑公司应当向受害者承担损害赔偿责任。承包人损害赔偿责任的内容应当包括：医疗费、因误工减少的收入、残废者生活补助费等。造成受害人死亡的，还应支付丧葬费、抚恤费、死者生前抚养的人必要的生活费用等。此外，某建筑公司在施工中偷工减料，造成质量事故，有关主管部门应当对其进行法律制裁。

鉴于此,法院对某建筑公司以保修期已过为由拒绝赔偿的主张不予支持,判决某建筑公司应当向受害者承担赔偿责任,并负责修复倒塌的部分工程。

6.1.7 质量管理的基本原理

1. PDCA 循环原理

在项目实施工程中循环质量管理的基本程序师非常重要的。质量管理的基本程序即 PDCA 循环,也就是计划(Plan),执行(Do),检查(Check),处理(Action)这四个质量管理所必须遵循的阶段,如图 6.1 所示。PDCA 循环为计划→实施→检查→处置,以计划和目标控制为基础,通过不断循环,质量得到持续改进,质量水平得到不断提高。在 PDCA 循环的四个阶段、八个步骤内又可套用 PDCA 小循环,即循环套循环。

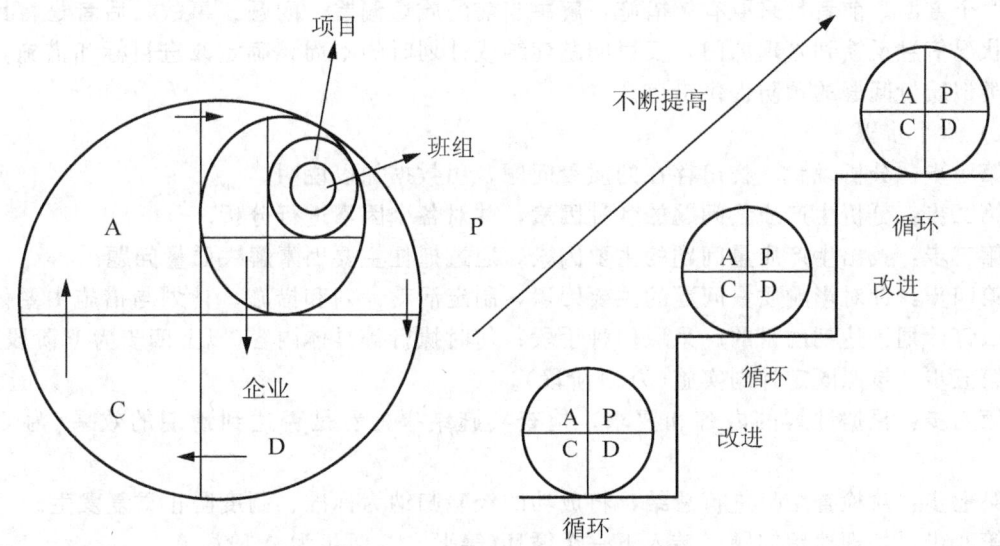

图 6.1 PDCA 循环图

1) 四个阶段

(1) 计划 P(Plan)。计划由目标和实现目标的手段组成。质量管理的计划职能,包括确定质量目标和制定实现质量目标的行动方案两方面。实践表明质量计划的严谨周密、经济合理和切实可行,是保证工作质量、产品质量和服务质量的前提条件。

建设工程项目的质量计划,是由项目参与各方根据其在项目实施中所承担的任务、责任范围和质量目标,分别制定质量计划而形成的质量计划体系。其中,建设单位的工程项目质量计划,包括确定和论证项目总体的质量目标,提出项目质量管理的组织、制度、工作程序、方法和要求。项目其他各参与方则根据工程合同规定的质量标准和责任,在明确各自质量目标的基础上,制定实施相应范围质量管理的行动方案,包括技术方法、业务流程、资源配置、检验试验要求、质量记录方式、不合格处理、管理措施等具体内容和做法的质量管理文件,同时亦须对其实现预期目标的可行性、有效性、经济合理性进行分析论证,并按照规定的程序与权限,经过审批后执行。

(2) 实施 D(Do)。实施职能在于将质量的目标值,通过生产要素的投入、作业技术活动和产出过程,转换为质量的实际值。为保证工程质量的产出或形成过程能够达到预期的结果,在各项质量活动实施前,要根据质量管理计划进行行动方案的部署和交底;交底的目的在于使具体的作业者和管理者明确计划的意图和要求,掌握质量标准及其实现的程序与方法。在质量活动的实施过程中,则要求严格执行计划的行动方案,规范行为,把质量管理计划的各项规定和安排落实到具体的资源配置和作业技术活动中去。

(3) 检查 C(Cheek)。指对计划实施过程进行各种检查,包括作业者的自检、互检和专职管理者专检。各类检查也都包含两大方面:一是检查是否严格执行了计划的行动方案,实际条件是否发生了变化,不执行计划的原因;二是检查计划执行的结果,即产出的质量是否达到标准的要求,对此进行确认和评价。

(4) 处置 A(Action)。对于质量检查所发现的质量问题或质量不合格,及时进行原因分析,采取必要的措施予以纠正,保持工程质量形成过程的受控状态。处置分纠偏和预防改进两个方面。前者是采取有效措施,解决当前的质量偏差、问题或事故;后者是将目前质量状况信息反馈到管理部门,反思问题症结或计划时的不周,确定改进目标和措施,为今后类似质量问题的预防提供借鉴。

2) 八个步骤

第一步:分析现状,找出存在的质量问题,用数据加以说明。

第二步:分析生产质量问题的各种因素,并对各个因素进行分析。

第三步:找出生产质量问题的主要因素,通过抓住主要因素解决质量问题。

第四步:针对影响质量问题的主要因素,制定活动计划和措施。计划与措施中要体现为什么订计划;达到的目的;采取何种手段;何时执行等具体内容(以上四步为 P 阶段)。

第五步:按照既定计划实施(为 D 阶段)。

第六步:根据计划的内容和要求,检查实施结果,看是否达到预期的效果(为 C 阶段)。

第七步:对检查结果进行总结,将成功的经验归纳为标准、制度防止重复发生。

第八步:处理遗留问题,转入下一个循环(第七、八两步为 A 阶段)。

3) 三个特点

第一:大环套小环,相互促进。

第二:形成有机整体,不断循环上升。

第三:A 是关键,P 是重点,首尾相接不停转动。

这四个阶段八个步骤体现了很强的逻辑性,每经历一个循环,产品质量或工作质量就会提高到一个新的水平。PDCA 循环连续不断地上升运动过程,就是持续质量改进的过程,如图 6.1 所示。

2. 三阶段控制原理

1) 事前控制

事前控制要求预先进行周密的质量计划。尤其是工程项目施工阶段,制订质量计划或编制施工组织设计或施工项目管理实施规划(目前这三种计划方式基本上并用),都必须建立在切实可行,有效实现预期质量目标的基础上,作为一种行动方案进行施工部署。目前有些施工企业，尤其是一些资质比较低的企业在承建中小型的一般工程项目时，往往把施工项目经理责任制曲解成"以包代管"的模式，忽略了技术质量管理的系统控制，失去企业整体技术和管理经验对项目施工计划的指导和支撑作用，这将造成质量预控的先天性缺陷。

事前控制，其内涵包括两层意思，一是强调质量目标的计划预控，二是按质量计划进行质量活动前的准备工作状态的控制。

2）事中控制

事中控制首先是对质量活动的行为约束，即对质量产生过程中各项技术作业活动操作者在相关制度的管理下的自我行为约束的同时，充分发挥其技术能力，去完成预定质量目标的作业任务；其次是对质量活动过程和结果，来自他人的监督控制，这里包括来自企业内部管理者的检查检验和来自企业外部的工程监理和政府质量监督部门等的监控。

事中控制虽然包含自控和监控两大环节，但是其关键还是增强质量意识，发挥操作者自我约束自我控制，即坚持质量标准是根本的，监控或他人控制时必要的补充，没有前者或用后者取代前者都是不正确的。因此在企业组织的质量活动中，通过监督机制和激励机制相结合的管理方法来发挥操作者更好的自我控制能力，以达到质量控制的效果，是非常必要的。这也只能通过建立和实施质量体系来达到。

3）事后控制

事后控制包括对质量活动结果的评价认定和对质量偏差的纠正。从理论上分析，如果计划预控过程所制定的行动方案考虑得越是周密，事中约束监控的能力越强越严格，实现质量预期目标的可能性就越大，理想的状况就是希望做到各项目作业活动"一次成功"。但客观上相当部分的工程不可能达到，因为在过程中不可避免地会存在一些计划时难以预料的影响因素，包括系统因素和偶然因素。因此当出现质量实际值与目标值之间超出允许范围偏差时，必须分析原因，采用措施纠正偏差，保持质量受控状态。

以上三大环节，不是孤立和截然分开的，它们之间构成有机的系统过程，实质上也就是 PDCA 循环具体化，并在每一次滚动循环中不断提高，达到质量管理或质量控制的持续改进。

3. 三全质量控制原理

三全质量控制包括全面质量控制、全过程质量控制和全员质量控制。

1）全面质量管理

全面质量管理，是 20 世纪中期在欧美和日本广泛应用的质量管理理念和方法。中国从 20 世纪 80 年代开始引进和推广全面质量管理方法。这种方法的基本原理就是强调在企业或组织最高管理者的质量方针指引下，实行全面、全过程和全员参与的质量管理。

全面质量管理的主要特点是以顾客满意为宗旨；领导参与质量方针和目标的制定；提倡预防为主、科学管理、用数据说话等。建设工程项目的质量管理，同样应贯彻"三全"管理的思想和方法。

建设工程项目的全面质量管理，是指建设工程项目参与各方所进行的工程项目质量管理的总称，其中包括工程（产品）质量和工作质量的全面管理。工作质量是产品质量的保证，工作质量直接影响产品质量的形成。业主、监理单位、勘察单位、设计单位、施工总承包单位、施工分包单位、材料设备供应商等，任何一方、任何环节的怠慢疏忽或质量责任不到位都会造成对建设工程质量的不利影响。

2) 全过程质量管理

全过程质量管理，是指根据工程质量的形成规律，从源头抓起，全过程推进。要控制的主要过程有：项目策划与决策过程；勘察设计过程；施工采购过程；施工组织与准备过程；检测设备控制与计量过程；施工生产的检验试验过程；工程质量的评定过程；工程竣工验收与交付过程；工程回访维修服务过程；等等。

3) 全员参与质量管理

按照全面质量管理的思想，组织内部的每个部门和工作岗位都承担着相应的质量职能，组织的最高管理者确定了质量方针和目标，就应组织和动员全体员工参与到实施质量方针的系统活动中去，发挥自己的角色作用。开展全员参与质量管理的重要手段就是运用目标管理方法，将组织的质量总目标逐级进行分解，使之形成自上而下的质量目标分解体系和自下而上的质量目标保证体系，发挥组织系统内部每个工作岗位、部门或团队在实现质量总目标过程中的作用。

6.2 勘察设计阶段质量控制

6.2.1 勘察设计质量的概念

建设工程勘察是指根据建设工程的要求，查明、分析、评价建设场地的地质、地理环境特征和岩土工程条件，编制建设工程勘察文件的活动。建设工程设计是指根据建设工程的要求，对建设工程所需的技术、经济、资源、环境等条件进行综合分析、论证，编制建设工程设计文件的活动。建设工程勘察、设计在我国国民经济建设和社会发展中占有重要的地位和作用，它是工程建设前期的关键环节。建设工程勘察、设计的质量对于建设项目的质量起着决定性的作用，因此，勘察设计阶段是工程项目建设过程中的一个重要阶段。

勘察设计质量，就是在严格遵守技术标准、法规的基础上，对工程地质条件做出及时、准确的评价，正确处理和协调经济、资源、技术、环境条件的制约，使设计项目能更好地满足业主所需要的功能和使用价值，能充分发挥项目投资的经济效益。

6.2.2 勘察、设计质量控制的依据

(1) 有关工程建设及质量管理方面的法律、法规，城市规划，国家规定的建设工程勘察、设计深度要求。铁路、交通、水利等专业建设工程，还应当依据专业规划的要求。

(2) 有关工程建设的技术标准，如勘察和设计的工程建设强制性标准规范及规程、设计参数、定额、指标等。

(3) 项目批准文件，如项目可行性研究报告、项目评估报告及选址报告。

(4) 体现建设单位建设意图的勘察、设计规划大纲、纲要和合同文件。

(5) 反映项目建设过程中和建成后所需要的有关技术、资源、经济、社会协作等方面的协议、数据和资料。

6.2.3 勘察阶段质量控制的要点

1. 单位资质控制

国家对从事建设工程勘察活动的单位，实行资质管理，对从事建设工程勘察活动的专业技术人员，实行执业资格注册管理制度，建设工程勘察单位应当在其资质等级许可的范围内承揽业务。

2. 勘察工作方案审查和控制

工程勘察单位在实施勘察工作之前，应结合各勘察阶段的工作内容和深度要求，按照有关规范、规程的规定，结合工程的特点编制勘察工作方案（勘察纲要）。勘察工作方案要体现规划、设计意图，如实反映现场的地形和地质概况，满足任务书上深度和合同工期的要求，工程勘察等级明确、勘察方案合理，人员、机具配备满足需要，项目技术管理制度健全，各项工作质量责任明确，勘察工作方案应由项目负责人主持编写，由勘察单位技术负责人审批、签字并加盖公章。

监理工程师或业主代表应按上述编制要求对勘察工作方案进行认真审查。勘察工作方案除应满足上述要求外，根据不同的勘察阶段及工作性质，尚应提出不同的审查要点，例如对初步勘察阶段，要按工程勘察等级确认勘探点、线、网布置的合理性，控制性勘探孔的位置、数量、孔深、取样数量是否满足规范要求等。

3. 勘察现场作业的质量控制

勘察工作期间，监理工程师或业主代表应重点检查以下几个方面的工作。

（1）现场作业人员应进行专业培训，重要岗位要实施持证上岗制度，并严格按"勘察工作方案"及有关"操作规程"的要求开展现场工作并留下印证记录。

（2）原始资料取得的方法、手段及使用的仪器设备应当正确、合理，勘察仪器、设备、试验室应有明确的管理程序，现场钻探、取样、机具应通过计量认证。

（3）原始记录表格应按要求认真填写清楚，并经有关作业人员检查、签字。

（4）项目负责人应始终在作业现场进行指导、督促检查，并对各项作业资料检查验收签字。

4. 勘察文件的质量控制

监理工程师或业主代表对勘察成果的审核与评定是勘察阶段质量控制最重要的工作。首先应检查勘察成果是否满足以下条件。

（1）工程勘察资料、图表、报告等文件要依据工程类别按有关规定执行各级审核、审批程序，并由负责人签字。

（2）工程勘察成果应齐全、可靠，满足国家有关法规及技术标准和合同规定的要求。

（3）工程勘察成果必须严格按照质量管理有关程序进行检查和验收，质量合格方能提供使用。对工程勘察成果的检查验收和质量评定应当执行国家、行业和地方有关工程勘察成果检查验收评定的规定。

其次，由于工程勘察的最后结果是工程勘察报告，监理工程师或业主代表必须详细审查，其报告中不仅要提出勘察场地的工程地质条件和存在的地质问题，更重要的是结合工程设计、施工条件，以及地基处理、开挖、支护、降水等工程的具体要求，进行技术论证和评价，提出岩土工程问题及解决问题的决策性具体建议，并提出基础、边坡等工程的设计准则和岩土工程施工的指导性意见，为设计、施工提供依据，服务于工程建设的全过程。

另外，应针对不同的勘察阶段，监理工程师或业主代表应对工程勘察报告的内容和深度进行检查，看其是否满足勘察任务书和相应设计阶段的要求。如：在可行性研究勘察阶段，要得到建筑场地选址的可行性分析报告，对拟建场地的稳定性和适宜性做出评价；在初步勘察阶段，要注明地层、构造、岩土物理力学性质、地下水埋藏条件及冻结深度，描绘出场地不良地质现象的成因、分布、对场地稳定性的影响及其发展趋势，对抗震设防烈度大于或等于 7 度的场地，应判定场地和地基的地震效应；在详细勘察阶段，要提供满足设计、施工所需的岩土技术参数，确定地基承载力，预测地基沉降及其均匀性，并且提出地基和基础设计方案建议。

5. 后期服务质量保证

勘察文件交付后，监理工程师或业主代表应根据工程建设的进展情况，督促勘察单位作好施工阶段的勘察配合及验收工作，对施工过程中出现的地质问题要进行跟踪服务，做好监测、回访。特别是及时参加验槽、基础工程验收和工程竣工验收及与地基基础有关的工程事故处理工作，保证整个工程建设的总体目标得以实现。

6. 勘察技术档案管理

工程项目完成后，监理工程师或业主代表应检查勘察单位技术档案管理情况，要求将全部资料，特别是质量审查、监督主要依据的原始资料，分类编目，归档保存。

6.2.4 设计阶段质量控制的要点

1. 单位资质控制

国家对从事建设工程设计活动的单位，实行资质管理，对从事建设工程设计活动的专业技术人员，实行执业资格注册管理制度，建设工程设计单位应当在其资质等级许可的范围内承揽业务。

2. 设计前控制

(1) 设计条件：掌握设计原始资料及其可靠性，重点是工程勘察的重要地形地质资料和参数、水文特征的资料等。

(2) 设计大纲：包括设计原则、设计规程、规范、技术标准；基本数据和条件，设计参数、定额、指标；建设规模论证、设计方案比选；材料工艺设计准则，重大技术问题论证研究的技术路线与方法；设计计算公式与应用软件；要求达到的经济效益与技术水平；等等。

(3) 建设项目工程设计工序质量控制措施与设计校审制度。

3. 设计方案论证审查

（1）采取必需的措施，鼓励设计单位进行多方案比选和设计方案优化，包括工程规模、厂(场、坝)址确定方案、工艺设备方案、主体建筑物形式方案、结构体系、专业工程方案、施工程序与方法等。

（2）对于多家投标方案比选时，在选择好的设计单位同时，还要选择一个好的设计方案。

（3）对重大方案做出技术经济选择的意见，并提出优化设计措施意见。

（4）对重大技术问题或技术复杂的工程设计方案组织专门的科研试验，研究落实，再进行全面比较选择优化的方案。

4. 设计工作质量检查

（1）检查设计文件的完备性。设计文件应包括：说明工程形象的各种文件，各种专业设计图、规范、模型、相应的概预算文件，设备清单和工程的各种技术经济指标说明，以及设计依据的说明文件、边界条件的说明等。设计文件应能够为施工单位和各层次的管理人员所理解。

（2）从宏观到微观，分析设计构思、设计工作内容、设计成果的正确性、全面性、安全性，识别系统错误和薄弱环节。分析工程设计付诸实施和工程建成后能否安全、高效、稳定、经济地运行，是否适用、美观，能否与环境协调一致。

（3）设计应符合国家或行业标准和规范要求，特别是必须符合强制性标准要求的防火、安全、环保、抗震标准，以及某些质量标准、卫生标准。

（4）检查设计中可能存在的问题。

① 技术设计没有考虑到施工的可能性、便捷性和安全性。

② 设计中未考虑将来运行中的维修、设备更换、保养的方便。

③ 设计中未考虑运营的安全、方便和运行费用的高低。

④ 设计基本资料不详实或深度不够。

5. 设计成果评审

对设计文件的质量，主要依据其功能性、可信性、安全性、可实施性、适应性、经济性、时间性等七个质量特性是否满足要求来衡量。

（1）功能性。

① 建设规模、生产能力、产品方案、工程组成等符合设计合同、可行性研究报告或基础设计(初步设计)审批文件要求。

② 公用工程及辅助生产装置配套合理，适应生产装置的要求。

③ 总图及装置布置合理，相关防护措施符合规范要求。

（2）可信性。

① 设计基础资料齐全、准确、有效，计算依据可靠、合理，设计条件正确。设计文件的内容深度、格式符合规定要求。

② 专业设计方案比选应用论证报告，结论明确。

③ 采用的工艺技术、设备、材料均应先进、可行，采用的新工艺、新设备、新材料均已通过鉴定，并有相应的证明材料。

④ 结构设置、安全系数、备用系数等确定合理性，水源、电源选定可靠性，确保装置年运转时间达到规定要求。

⑤ 公用工程及辅助生产装置同期建成，环保和综合利用工程应体现"三同时"原则。

⑥ 具有可维修及维修保障性，有适当的备品备件自给率。

⑦ 定型设备应选择国际或行业的系列化、标准化产品，严禁选用淘汰产品。

（3）安定性。

① 总图布置、地基处理、设备、管道及建构筑物设计安全可靠，具有合理的防御自然灾害风险的能力，符合规范规定的要求。

② 工业及民用建筑设计应满足防火和防腐等规范的要求。

③ 按照物料的性质和操作状况，压力容器及管道设计应满足《压力容器》（GB 150.1～GB 150.4—2011）、《压力管道安全管理与监察规定》的要求。

④ 根据生产危险场所的特性与要求，对总图、设备、管道、电气、仪表的设计与选型，应满足防火、防爆、防雷、防静电等设计规范的要求。

⑤ 在全厂、装置或建筑设计中，充分考虑了有效的消防措施或设施，满足有关规范的要求。

⑥ 对生产中有毒、有害或强腐蚀性物料的排放或泄露，以及其他危及人身安全的场所，采取符合工业安全、卫生设计规范和规定要求的防患和控制措施。

⑦ 环保设计应贯彻"以防为主、防治结合、综合治理"的方针，工业"三废"等有害物的浓度和排放量应达到中央或地方政府规定的排放"标准"。

（4）可实施性。

① 建筑、结构设计应考虑项目建设地区的具体情况和施工单位的作业技术能力、装备水平，并应提出施工验收准则。

② 设计中应考虑高、大、重设备的运输及安装方案、实施条件、检修置换作业及其他特殊安装要求。

③ 现场制作的设备应考虑现场作业条件及环境特点等因素。

④ 工程设计文件应提供主要设备、材料的采购、制作和检验的技术要求。

（5）适应性。

适应性是指根据设计合同规定的要求，工程设计应考虑项目建成后生产规模、产品品种、原材料等条件合理变化的能力。

（6）经济性。

① 工程建设总投资满足合同规定或审批文件的要求。

② 原材料、动力消耗指标达到或接近国内先进水平，生产成本合理。

③ 能源及动力配置和使用合理、节能措施先进可行、符合有关规定要求，能耗处于国内同类设计先进水平。改扩建工程应注意挖潜、填平补齐和节能降耗。

④ 投资回收期、借款偿还期、各项收益率、利润率等技术经济指标满足相关规定要求。

（7）时间性。

① 工程设计文件交付期限应满足设计合同的规定要求。

② 设计服务应满足设计合同对建设进度的要求。

6.3 建设工程项目施工质量控制

6.3.1 施工质量控制的目标、依据与基本环节

1. 施工阶段质量控制的目标

工程施工是实现工程设计意图形成工程实体的阶段,是最终形成工程产品质量和项目使用价值的重要阶段。建设工程项目施工阶段的质量控制是整个工程项目质量控制的关键环节,是从对投入原材料的质量控制开始,直到完成工程竣工验收和交工后服务的系统过程,分施工准备、施工、竣工验收和回访服务四个阶段。

建设工程项目施工质量控制的总目标,是实现由建设工程项目决策、设计文件和施工合同所决定的预期使用功能和质量标准。建设单位、设计单位、施工单位、供货单位和监理单位等,在施工阶段质量控制的地位和任务、目标不同,从建设工程项目管理的角度来看,都是致力于实现建设工程项目的质量总目标。

施工阶段质量控制目标可具体表述如下。

1) 建设单位的控制目标

建设单位在施工阶段,通过对施工全过程、全面的质量监督管理,保证整个施工过程及其成果达到项目决策所确定的质量标准。

2) 设计单位的控制目标

设计单位在施工阶段,通过对关键部位和重要分部分项工程施工质量验收签证、设计变更控制及纠正施工中所发现的设计问题,采纳变更设计的合理化建议等,保证竣工项目的各项施工成果与设计文件(包括变更文件)所规定的质量标准相一致。

3) 施工单位的控制目标

施工单位包括施工总承包和分包单位,作为建设工程产品的生产者,应根据施工合同的任务范围和质量要求,通过全过程、全面的施工质量自控,保证最终交付满足施工合同及设计文件所规定质量标准(含建设工程质量创优要求)的建设工程产品。我国建设工程质量管理条例规定,施工单位对建设工程的施工质量负责;分包单位应当按照分包合同的约定对其分包工程的质量向总承包单位负责,总承包单位与分包单位对分包工程的质量承担连带责任。

4) 供货单位的控制目标

建筑材料、设备、构配件等供应厂商,应按照采购供货合同约定的质量标准提供货物及其合格证明,包括检验试验单据、产品规格和使用说明书,以及其他必要的数据和资料,并对其产品质量负责。

5) 监理单位的控制目标

建设工程监理单位在施工阶段,通过审核施工单位的施工质量文件、报告报表,采取现场旁站、巡视、平行检测等形式进行施工过程质量监理;并应用施工指令和结算支付控制等手段,监控施工承包单位的质量活动行为,协调施工关系,正确履行对工程施工质量

的监督责任，以保证工程质量达到施工合同和设计文件所规定的质量标准。《中华人民共和国建筑法》（以下简称《建筑法》）规定，建设工程监理人员认为工程施工不符合工程设计要求、施工技术标准和合同约定的，有权要求建筑施工企业改正。

施工质量的自控和监控是相辅相成的系统过程。自控主体的质量意识和能力是关键，是施工质量的决定因素；各监控主体所进行的施工质量监控是对自控行为的推动和约束。因此，自控主体必须正确处理自控和监控的关系，在致力于施工质量自控的同时，还必须接受来自业主、监理等方面对其质量行为和结果所进行的监督管理，包括质量检查、评价和验收。自控主体不能因为监控主体的存在和监控职能的实施而减轻或免除其质量责任。

2. 施工质量控制的依据

（1）共同性依据，指适用于施工阶段且与质量管理有关的、通用的、具有普遍指导意义和必须遵守的基本条件。主要包括：工程建设合同；设计文件；设计交底及图纸会审记录；设计修改和技术变更；国家和政府有关部门颁布的与质量管理有关的法律和法规性文件，如《建筑法》《中华人民共和国招标投标法》（以下简称《招标投标法》）和《建设工程质量管理条例》等。

（2）专门技术法规性依据，指针对不同的行业、不同质量控制对象制定的专门技术法规文件，包括规范、规程、标准、规定等。例如：工程建设项目质量检验评定标准，有关建筑材料、半成品和构配件的质量方面的专门技术法规性文件，有关材料验收、包装和标志等方面的技术标准和规定，施工工艺质量等方面的技术法规性文件，有关新工艺、新技术、新材料、新设备的质量规定和鉴定意见等。

3. 施工质量控制的基本环节

施工质量控制应贯彻全面、全过程质量管理的思想，运用动态控制原理，进行质量的事前控制、事中控制和事后控制。

（1）事前质量控制，即在正式施工前进行的事前主动质量控制，通过编制施工质量计划，明确质量目标，制定施工方案，设置质量管理点，落实质量责任，分析可能导致质量目标偏离的各种影响因素，针对这些影响因素制定有效的预防措施，防患于未然。

事前质量预控必须充分发挥组织的技术和管理方面的整体优势，把长期形成的先进技术、管理方法和经验智慧，创造性地应用于工程项目。

事前质量预控要求针对质量控制对象的控制目标、活动条件、影响因素进行周密分析，找出薄弱环节，制定有效的控制措施和对策。

（2）事中质量控制，指在施工质量形成过程中，对影响施工质量的各种因素进行全面的动态控制。事中质量控制也称作业活动过程质量控制，包括质量活动主体的自我控制和他人监控的控制方式。自我控制是第一位的，即作业者在作业过程对自己质量活动行为的约束和技术能力的发挥，以完成符合预定质量目标的作业任务；他人监控是指作业者的质量活动过程和结果，接受来自企业内部管理者和企业外部有关方面的检查检验，如工程监理机构、政府质量监督部门等的监控。

事中质量控制的目标是确保工序质量合格，杜绝质量事故发生；控制的关键是坚持质量标准；控制的重点是工序质量、工作质量和质量控制点的控制。

(3) 事后质量控制，也称为事后质量把关，以使不合格的工序或最终产品（包括单位工程或整个工程项目）不流入下道工序、不进入市场。事后控制包括对质量活动结果的评价、认定；对工序质量偏差的纠正；对不合格产品进行整改和处理。控制的重点是发现施工质量方面的缺陷，并通过分析提出施工质量改进的措施，保持质量处于受控状态。

以上三大环节不是互相孤立和截然分开的，它们共同构成有机的系统过程，实质上也就是质量管理 PDCA 循环的具体化。在每一次滚动循环中不断提高，达到质量管理和质量控制的持续改进。

4. 施工质量控制的工作程序

在施工阶段全过程中，监理工程师要进行全过程、全方位的监督、检查与控制，不仅涉及最终产品的检查、验收，而且涉及施工过程的各环节及中间产品的监督、检查与验收。

在每项工程开始前，承包单位须做好施工准备工作，然后填报《工程开工/复工报审表》，附上该项工程的开工报告、施工方案及施工进度计划、人员及机械设备配置、材料准备情况等，报送监理工程师审查。若审查合格，则由总监理工程师批复准予施工。否则，承包单位应进一步做好施工准备，待条件具备时，再次填报开工申请。

在施工过程中，监理工程师应督促承包单位加强内部质量管理，严格质量控制。施工作业过程均应按规定工艺和技术要求进行。在每道工序完成后，承包单位应进行自检，自检合格后，填报《＿＿报验申请表》交监理工程师检验。监理工程师收到检查申请后应在合同规定的时间内到现场检验，检验合格后予以确认。

只有上一道工序被确认质量合格后，方能准许下道工序施工，按上述程序完成逐道工序。当一个检验批、分项、分部工程完成后，承包单位首先对检验批、分项、分部工程进行自检，填写相应质量验收记录表，确认工程质量符合要求，然后向监理工程师提交《＿＿报验申请表》附上自检的相关资料，经监理工程师现场检查及对相关资料审核后，符合要求予以签认验收；反之，则指令承包单位进行整改或返工处理。

在施工质量验收过程中，涉及结构安全的试块、试件及有关材料，应按规定进行见证取样检测；对涉及结构安全和使用功能的重要分部工程，应进行抽样检测，承担见证取样检测及有关结构安全检测的单位应具有相应资质。

6.3.2 施工质量计划

质量计划是质量管理体系文件的组成内容。在合同环境下，质量计划是企业向顾客表明质量管理方针、目标及其具体实现的方法、手段和措施的文件，体现企业对质量责任的承诺和实施的具体步骤。

1. 施工质量计划的形式

目前，中国除了已经建立质量管理体系的施工企业直接采用施工质量计划的形式外，通常还采用在工程项目施工组织设计或施工项目管理实施规划中包含质量计划内容的形式。因此，现行的施工质量计划有三种形式。

(1) 工程项目施工质量计划。

(2) 工程项目施工组织设计(含施工质量计划)。
(3) 施工项目管理实施规划(含施工质量计划)。

施工组织设计或施工项目管理实施规划之所以能发挥施工质量计划的作用,是因为根据建筑生产的技术经济特点,每个工程项目都需要进行施工生产过程的组织与计划,包括施工质量、进度、成本、安全等目标的设定,实现目标的计划和控制措施的安排等。因此,施工质量计划所要求的内容,理所当然地被包含于施工组织设计或项目管理实施规划中,而且能够充分体现施工项目管理目标(质量、工期、成本、安全)的关联性、制约性和整体性。这也和全面质量管理的思想方法相一致。

2. 施工质量计划的基本内容

在已经建立质量管理体系的情况下,质量计划的内容必须全面体现和落实企业质量管理体系文件的要求(也可引用质量体系文件中的相关条文)。编制程序、内容和编制依据符合有关规定,同时结合本工程的特点。在质量计划中编写专项管理要求。施工质量计划的基本内容一般应包括以下内容。

(1) 工程特点及施工条件(合同条件、法规条件和现场条件等)分析。
(2) 质量总目标及其分解目标。
(3) 质量管理组织机构和职责,人员及资源配置计划。
(4) 确定施工工艺与操作方法的技术方案和施工组织方案。
(5) 施工材料、设备等物资的质量管理及控制措施。
(6) 施工质量检验、检测、试验工作的计划安排及其实施方法与接收准则。
(7) 施工质量控制点及其跟踪控制的方式与要求。
(8) 质量记录的要求等。

3. 施工质量计划的编制与审批

建设工程项目施工任务的组织,无论业主方采用平行发包还是总分包方式,都将涉及多方参与主体的质量责任。也就是说建筑产品的直接生产过程,是在协同方式下进行的,因此,在工程项目质量控制系统中,要按照谁实施、谁负责的原则,明确施工质量控制的主体构成及其各自的控制范围。

1) 施工质量计划的编制主体

施工质量计划应由自控主体即施工承包企业进行编制。在平行发包方式下,各承包单位应分别编制施工质量计划;在总分包模式下,施工总承包单位应编制总承包工程范围的施工质量计划;各分包单位编制相应分包范围的施工质量计划,作为施工总承包方质量计划的深化和组成部分。施工总承包方有责任对各分包方施工质量计划的编制进行指导和审核,并承担相应施工质量的连带责任。

2) 施工质量计划的审批

施工单位的项目施工质量计划或施工组织设计文件编成后,应按照工程施工管理程序进行审批,包括施工企业内部的审批和项目监理机构的审查。

(1) 企业内部的审批。施工单位的项目施工质量计划或施工组织设计的编制与内部审批,应根据企业质量管理程序性文件规定的权限和流程进行。通常是由项目经理部主持编制,报企业组织管理层批准。

施工质量计划或施工组织设计文件的内部审批过程,是施工企业自主技术决策和管理决策的过程,也是发挥企业职能部门与施工项目管理团队的智慧和经验的过程。

(2) 监理工程师的审查。实施工程监理的施工项目,按照《建设工程监理规范》(GB 50319—2013)的规定,施工承包单位必须填写《施工组织设计(方案)报审表》并附施工组织设计(方案),报送项目监理机构审查。规范规定项目监理机构"在工程开工前,总监理工程师应组织专业监理工程师审查承包单位报送的施工组织设计(方案)报审表,提出意见,并经总监理工程师审核、签认后报建设单位"。

4. 审查施工组织设计时应掌握的原则

(1) 施工组织设计的编制、审查和批准应符合规定的程序。

(2) 施工组织设计应符合国家的技术政策,充分考虑承包合同规定的条件、施工现场条件及法规条件的要求,突出"质量第一、安全第一"的原则。

(3) 施工组织设计的针对性:承包单位是否了解并掌握了本工程的特点及难点,施工条件是否分析充分。

(4) 施工组织设计的可操作性:承包单位是否有能力执行并保证工期和质量目标;该施工组织设计是否切实可行。

(5) 技术方案的先进性:施工组织设计采用的技术方案和措施是否先进适用,技术是否成熟。

(6) 质量管理和技术管理体系,质量保证措施是否健全且切实可行。

(7) 安全、环保、消防和文明施工措施是否切实可行并符合有关规定。

(8) 在满足合同和法规要求的前提下,对施工组织设计的审查,应尊重承包单位的自主技术决策和管理决策。

5. 施工质量控制点的设置与管理

质量控制点是指为了保证作业过程质量而确定的重点控制对象、关键部位或薄弱环节。设置质量控制点是保证达到施工质量要求的必要前提,监理工程师在拟定质量控制工作计划时,应予以详细地考虑,并以制度来保证落实。对于质量控制点,一般要事先分析可能造成质量问题的原因,再针对原因制定对策和措施进行预控。

承包单位在工程施工前应根据施工过程质量控制的要求,列出质量控制点明细表,表中详细地列出各质量控制点的名称或控制内容、检验标准及方法等,提交监理工程师审查批准后,在此基础上实施质量预控。

质量控制点应选择那些技术要求高、施工难度大、对工程质量影响大或是发生质量问题时危害大的对象进行设置。一般选择下列部位或环节作为质量控制点。

(1) 对工程质量形成过程产生直接影响的关键部位、工序、环节及隐蔽工程。

(2) 施工过程中的薄弱环节,或者质量不稳定的工序、部位或对象。

(3) 对下道工序有较大影响的上道工序。

(4) 采用新技术、新工艺、新材料的部位或环节。

(5) 施工质量无把握的、施工条件困难的或技术难度大的工序或环节。

(6) 用户反馈指出的和过去有过返工的不良工序。

一般建筑工程质量控制点的设置可参考表 6-1。

表 6-1　一般建筑工程质量控制点设置表

分项工程	质量控制点
工程测量定位	标准轴线桩，水平桩，龙门板，定位轴线，标高
地基、基础（含设备基础）	基坑（槽）尺寸、标高、土质、地基承载力，基础垫层标高，基础位置、尺寸、标高，预留洞孔、预埋件的位置、规格、数量，基础标高、杯底弹线
砌体	砌体轴线，皮数杆，砂浆配合比，预留洞孔、预埋件位置、数量，砌块排列
模板	位置、尺寸、标高，预埋件位置，预留洞孔尺寸、位置，模板强度及稳定性，模板内部清理及润湿情况
钢筋混凝土	水泥品种、强度等级，砂石质量，混凝土配合比，外加剂比例，混凝土振捣，钢筋品种、规格、尺寸、搭接长度，钢筋焊接，预留洞、孔及预埋件规格、数量、尺寸、位置，预制构件吊装或出场（脱模）强度，吊装位置、标高，支承长度，焊缝长度
吊装	吊装设备起重能力，吊具，索具，地锚
钢结构	翻样图，放大样
焊接	焊接条件，焊接工艺
装修	视具体情况而定

6.3.3　施工准备工作的质量控制

1. 施工技术准备工作的质量控制

施工技术准备是指在正式开展施工作业活动前进行的技术准备工作。这类工作内容繁多，主要在室内进行。例如：熟悉施工图纸，组织设计交底和图纸审查；进行工程项目检查验收的项目划分和编号；审核相关质量文件，细化施工技术方案和施工人员、机具的配置方案，编制施工作业技术指导书。绘制各种施工详图（如测量放线图、大样图及配筋、配板、配线图表等），进行必要的技术交底和技术培训。如果施工准备工作出错，必然影响施工进度和作业质量，甚至直接导致质量事故的发生。

技术准备工作的质量控制，包括对上述技术准备工作成果的复核审查，检查这些成果是否符合设计图纸和相关技术规范、规程的要求；依据经过审批的质量计划审查、完善施工质量控制措施；针对质量控制点，明确质量控制的重点对象和控制方法；尽可能地提高上述工作成果对施工质量的保证程度等。

2. 现场施工准备工作的质量控制

1）计量控制

这是施工质量控制的一项重要基础工作。施工过程中的计量，包括施工生产时的投料计量、施工测量、监测计量，以及对项目、产品或过程的测试、检验、分析计量等。开工前要建立和完善施工现场计量管理的规章制度；明确计量控制责任者和配置必要的计量人员；严格按规定对计量器具进行维修和校验；统一计量单位，组织量值传递，保证量值统一，从而保证施工过程中计量的准确。

2) 测量控制

工程测量放线是建设工程产品由设计转化为实物的第一步。施工测量质量的好坏，直接决定工程的定位和标高是否正确，并且制约施工过程有关工序的质量。因此，施工单位在开工前应编制测量控制方案，经项目技术负责人批准后实施。对建设单位提供的原始坐标点、基准线和水准点等测量控制点进行复核，并将复测结果上报监理工程师审核，批准后施工单位才能建立施工测量控制网，进行工程定位和标高基准的控制。

3) 施工平面图控制

建设单位应按照合同约定并充分考虑施工的实际需要，事先划定并提供施工用地和现场临时设施用地的范围，协调平衡和审查批准各施工单位的施工平面设计。施工单位要严格按照批准的施工平面布置图，科学合理地使用施工场地，正确安装设置施工机械设备和其他临时设施，维护现场施工道路畅通无阻和通信设施完好，合理控制材料的进场与堆放，保持良好的防洪排水能力，保证充分的给水和供电。建设（监理）单位应会同施工单位制定严格的施工场地管理制度、施工纪律和相应的奖惩措施，严禁乱占场地和擅自断水、断电、断路，及时制止和处理各种违纪行为，并做好施工现场的质量检查记录。

6.3.4 施工过程的作业质量控制

施工过程的作业质量控制，是在工程项目质量实际形成过程中的事中质量控制。

建设工程项目施工是由一系列相互关联、相互制约的作业过程（工序）构成，因此施工质量控制，必须对全部作业过程，即各道工序的作业质量进行控制。从项目管理的立场看，工序作业质量的控制，首先是质量生产者即作业者的自控，在施工生产要素合格的条件下，作业者能力及其发挥的状况是决定作业质量的关键。其次，是来自作业者外部的各种作业质量检查、验收和对质量行为的监督，也是不可缺少的设防和把关的管理措施。

1. 工序施工质量控制

工序是人、材料、机械设备、施工方法和环境因素对工程质量综合起作用的过程，所以对施工过程的质量控制，必须以工序作业质量控制为基础和核心。因此，工序的质量控制是施工阶段质量控制的重点。只有严格控制工序质量，才能确保施工项目的实体质量。工序施工质量控制主要包括工序施工条件质量控制和工序施工效果质量控制。

1) 工序施工条件控制

工序施工条件是指从事工序活动的各生产要素质量及生产环境条件。工序施工条件控制就是控制工序活动的各种投入要素质量和环境条件质量。控制的手段主要有：检查、测试、试验、跟踪监督等。控制的依据主要是：设计质量标准、材料质量标准、机械设备技术性能标准、施工工艺标准及操作规程等。

2) 工序施工效果控制

工序施工效果主要反映工序产品的质量特征和特性指标。对工序施工效果的控制就是控制工序产品的质量特征和特性指标能否达到设计质量标准和施工质量验收标准的要求。工序施工效果控制属于事后质量控制，其控制的主要途径是：实测获取数据、统计分析所获取的数据、判断认定质量等级和纠正质量偏差。

2. 施工作业质量的自控

1）施工作业质量自控的意义

施工作业质量的自控，从经营的层面上说，强调的是作为建筑产品生产者和经营者的施工企业，应全面履行企业的质量责任，向顾客提供质量合格的工程产品；从生产的过程来说，强调施工作业者的岗位质量责任，向后道工序提供合格舶作业成果（中间产品）。同理，供货厂商必须按照供货合同约定的质量标准和要求，对施工材料物资的供应过程实施产品质量自控。因此，施工承包方和供应方在施工阶段是质量自控主体。他们不能因为监控主体的存在和监控责任的实施而减轻或免除其质量责任。中国《建筑法》和《建设工程质量管理条例》规定：建筑施工企业对工程的施工质量负责〉建筑施工企业必须按照工程设计要求、施工技术标准和合同的约定，对建筑材料、建筑构配件和设备进行检验，不合格的不得使用。

施工方作为工程施工质量的自控主体，既要遵循本企业质量管理体系的要求，也要根据其在所承建的工程项目质量控制系统中的地位和责任。通过具体项目质量计划的编制与实施，有效地实现施工质量的自控目标。

2）施工作业质量自控的程序

施工作业质量的自控过程是由施工作业组织的成员进行的，其基本的控制程序包括：作业技术交底、作业活动的实施和作业质量的自检自查、互检互查，以及专职管理人员的质量检查等。

（1）施工作业技术的交底。技术交底是施工组织设计和施工方案的具体化，施工作业技术交底的内容必须具有可行性和可操作性。

从建设工程项目的施工组织设计到分部分项工程的作业计划，在实施之前都必须逐级进行交底，其目的是使管理者的计划和决策意图为实施人员所理解。施工作业交底是最基层的技术和管理交底活动，施工总承包方和工程监理机构都要对施工作业交底进行监督。作业交底的内容包括作业范围、施工依据、作业程序、技术标准和要领、质量目标，以及其他与安全、进度、成本、环境等目标管理有关的要求和注意事项。

（2）施工作业活动的实施。施工作业活动是由一系列工序所组成的。为了保证工序质量的受控，首先要对作业条件进行再确认，即按照作业计划检查作业准备状态是否落实到位，其中包括对施工程序和作业工艺顺序的检查确认，在此基础上，严格按作业计划的程序、步骤和质量要求展开工序作业活动。

（3）施工作业质量的检验。施工作业的质量检查，是贯穿整个施工过程的最基本的质量控制活动，包括施工单位内部的工序作业质量自检、互检、专检和交接检查，以及现场监理机构的旁站检查、平行检测等。施工作业质量检查是施工质量验收的基础，已完检验批及分部分项工程的施工质量，必须在施工单位完成质量自检并确认合格之后，才能报请现场监理机构进行检查验收。

前道工序作业质量经验收合格后，才可进入下道工序施工。未经验收合格的工序，不得进入下道工序施工。

3）施工作业质量自控的要求

工序作业质量是直接形成工程质量的基础，为达到对工序作业质量控制的效果，在加强工序管理和质量目标控制方面应坚持以下要求。

(1) 预防为主。严格按照施工质量计划的要求，进行各分部分项施工作业的部署。同时，根据施工作业的内容、范围和特点，制定施工作业计划，明确作业质量目标和作业技术要领，认真进行作业技术交底，落实各项作业技术组织措施。

(2) 重点控制。在施工作业计划中，一方面要认真贯彻实施施工质量计划中的质量控制点的控制措施，同时，要根据作业活动的实际需要，进一步建立工序作业控制点，深化工序作业的重点控制。

(3) 坚持标准。工序作业人员在工序作业过程应严格进行质量自检，通过自检不断改善作业，并创造条件开展作业质量互检，通过互检加强技术与经验的交流。对已完工序作业产品，即检验批或分部分项工程，应严格坚持质量标准。对不合格的施工作业质量，不得进行验收签证，必须按照规定的程序进行处理。

《建筑工程施工质量验收统一标准》(GB 50300—2013)及配套使用的专业质量验收规范，是施工作业质量自控的合格标准。有条件的施工企业或项目经理部应结合自己的条件编制高于国家标准的企业内控标准或工程项目内控标准，或采用施工承包合同明确规定的更高标准，列入质量计划中，努力提升工程质量水平。

(4) 记录完整。施工图纸、质量计划、作业指导书、材料质保书、检验试验及检测报告、质量验收记录等，是形成可追溯性的质量保证依据，也是工程竣工验收所不可缺少的质量控制资料。因此，对工序作业质量，应有计划、有步骤地按照施工管理规范的要求进行填写记载，做到及时、准确、完整、有效，并具有可追溯性。

4) 施工作业质量自控的有效制度

根据实践经验的总结，施工作业质量自控的有效制度有：①质量自检制度；②质量例会制度；③质量会诊制度；④质量样板制度；⑤质量挂牌制度；⑥每月质量讲评制度等。

3. 施工作业质量的监控

1) 施工作业质量的监控主体

中国《建设工程质量管理条例》规定，国家实行建设工程质量监督管理制度。建设单位、监理单位、设计单位及政府的工程质量监督部门，在施工阶段依据法律法规和工程施工承包合同，对施工单位的质量行为和质量状况实施监督控制。

设计单位应当就审查合格的施工图纸设计文件向施工单位作出详细说明；应当参与建设工程质量事故分析，并对因设计造成的质量事故，提出相应的技术处理方案。

建设单位在领取施工许可证或者开工报告前，应当按照国家有关规定办理工程质量监督手续。

作为监控主体之一的项目监理机构，在施工作业实施过程中，根据其监理规划与实施细则，采取现场旁站、巡视、平行检验等形式，对施工作业质量进行监督检查，如发现工程施工不符合工程设计要求、施工技术标准和合同约定的，有权要求建筑施工企业改正。监理机构应进行检查而没有检查或没有按规定进行检查的，给建设单位造成损失时应承担赔偿责任。

必须强调，施工质量的自控主体和监控主体，在施工全过程相互依存、各尽其责，共同推动着施工质量控制过程的展开和最终实现工程项目的质量总目标。

2) 现场质量检查

现场质量检查是施工作业质量的监控的主要手段。

(1) 现场质量检查的内容。

① 开工前的检查,主要检查是否具备开工条件,开工后是否能够保持连续正常施工,能否保证工程质量。

② 工序交接检查,对于重要的工序或对工程质量有重大影响的工序,应严格执行"三检"制度(即自检、互检、专检),未经监理工程师(或建设单位技术负责人)检查认可,不得进行下道工序施工。

③ 隐蔽工程的检查,施工中凡是隐蔽工程必须检查认证后方可进行隐蔽掩盖。

④ 停工后复工的检查,因客观因素停工或处理质量事故等停工复工时,经检查认可后方能复工。

⑤ 分项、分部工程完工后的检查,应经检查认可。并签署验收记录后,才能进行下一工程项目的施工。

⑥ 成品保护的检查,检查成品有无保护措施及保护措施是否有效可靠。

(2) 现场质量检查的方法。

① 目测法,即凭借感官进行检查,也称观感质量检验。其手段可概括为"看、摸、敲、照"四个字。

看——就是根据质量标准要求进行外观检查,如清水墙面是否洁净,喷涂的密实度和颜色是否良好、均匀,工人的操作是否正常,内墙抹灰的大面及口角是否平直,混凝土外观是否符合要求等。

摸——就是通过触摸手感进行检查、鉴别,如油漆的光滑度,浆活是否牢固、不掉粉等。

敲——就是运用敲击工具进行音感检查。如对地面工程、装饰工程中的水磨石、面砖、石材饰面等,均应进行敲击检查。

照——就是通过人工光源或反射光照射,检查难以看到或光线较暗的部位,如管道井、电梯井等内的管线、设备安装质量,装饰吊顶内连接及设备安装质量等。

② 实测法,就是通过实测数据与施工规范、质量标准的要求及允许偏差值进行对照,以此判断质量是否符合要求,其手段可概括为"靠、量、吊、套"四个字。

靠——就是用直尺、塞尺检查诸如墙面、地面、路面等的平整度。

量——就是指用测量工具和计量仪表等检查断面尺寸、轴线、标高、湿度、温度等的偏差,如大理石板拼缝尺寸、摊铺沥青拌合料的温度,混凝土坍落度的检测等。

吊——就是利用托线板以及线坠吊线检查垂直度,如砌体垂直度检查、门窗的安装等。

套——是以方尺套方,辅以塞尺检查,如对阴阳角的方正、踢脚线的垂直度、预制构件的方正、门窗口及构件的对角线检查等。

③ 试验法,是指通过必要的试验手段对质量进行判断的检查方法,主要包括如下内容。

a. 理化试验。工程中常用的理化试验包括物理力学性能方面的检验和化学成分及化学性能的测定等两个方面。物理力学性能的检验,包括各种力学指标的测定,如抗拉强度、抗压强度、抗弯强度、抗折强度、冲击韧性、硬度、承载力等,以及各种物理性能方面的测定,如密度、含水量、凝结时间、安定性及抗渗、耐磨、耐热性能等。化学成分及化学性质的测定,如钢筋中的磷、硫含量,混凝土中粗骨料中的活性氧化硅成分,以及耐酸、耐碱、抗腐蚀性等。此外，根据规定有时还需进行现场试验，例如，对桩或地基的静载试验、下水管道的通水试验、压力管道的耐压试验、防水层的蓄水或淋水试验等。

b. 无损检测。利用专门的仪器仪表从表面探测结构物、材料、设备的内部组织结构或损伤情况。常用的无损检测方法有超声波探伤、X 射线探伤等。

3) 技术核定与见证取样送检

（1）技术核定。在建设工程项目施工过程中，因施工方对施工图纸的某些要求不甚明白，或图纸内部存在某些矛盾，或工程材料调整与代用，改变建筑节点构造、管线位置或走向等，需要通过设计单位明确或确认的，施工方必须以技术核定单的方式向监理工程师提出，报送设计单位核准确认。

（2）见证取样送检。为了保证建设工程质量，中国规定对工程所使用的主要材料、半成品、构配件以及施工过程留置的试块、试件等应实行现场见证取样送检。见证人员由建设单位及工程监理机构中有相关专业知识的人员担任；送检的试验室应具备经国家或地方工程检验检测主管部门核准的相关资质；见证取样送检必须严格按执行规定的程序进行，包括取样见证并记录、样本编号、填单、封箱、送试验室、核对、交接、试验检测、报告等。

检测机构应当建立档案管理制度。检测合同、委托单、原始记录、检测报告应当按年度统一编号，编号应当连续，不得随意抽撤、涂改。

4. 隐蔽工程验收与成品质量保护

1) 隐蔽工程验收

凡被后续施工所覆盖的施工内容，如地基基础工程、钢筋工程、预埋管线等均属隐蔽工程。加强隐蔽工程质量验收，是施工质量控制的重要环节。其程序要求施工方首先应完成自检并合格，然后填写专用的《隐蔽工程验收单》。验收单所列的验收内容应与已完的隐蔽工程实物相一致，并事先通知监理机构及有关方面，按约定时间进行验收。验收合格的隐蔽工程由各方共同签署验收记录；验收不合格的隐蔽工程，应按验收整改意见进行整改后重新验收。严格隐蔽工程验收的程序和记录，对于预防工程质量隐患，提供可追溯质量记录具有重要作用。

2) 施工成品质量保护

建设工程项目已完施工的成品保护，目的是避免已完施工成品受到来自后续施工及其他方面的污染或损坏。已完施工'的成品保护问题和相应措施，在工程施工组织设计与计划阶段就应该从施工顺序上进行考虑，防止施工顺序不当或交叉作业造成相互干扰、污染和损坏；成品形成后可采取防护、覆盖、封闭、包裹等相应措施进行保护。

6.3.5　建设工程项目质量验收

工程施工质量验收是工程建设质量控制的一个重要环节，它包括工程施工质量的中间验收和工程的竣工验收两个方面。通过对工程建设中间产出品和最终产品的质量验收，从过程控制和终端把关两个方面进行工程项目的质量控制，以确保达到业主所要求的功能和使用价值，实现建设投资的经济效益和社会效益。工程项目的竣工验收是项目建设程序的最后一个环节，是全面考核项目建设成果，检查设计与施工质量，确认项目能否投入使用的重要步骤。竣工验收的顺利完成，标志着项目建设阶段的结束和生产使用阶段的开始。尽快完成竣工验收工作，对促进项目的早日投产使用，发挥投资效益，有着非常重要的意义。

1. 施工质量验收的有关术语

《建筑工程施工质量验收统一标准》(GB 50300—2013)中共给出17个术语，这些术语对规范有关建筑工程施工质量验收活动中的用语，加深对标准条文的理解，特别是更好地贯彻执行标准是十分必要的。下面列出几个较重要的质量验收相关术语。

(1) 验收。建筑工程在施工单位自行质量检查合格的基础上，由工程质量验收责任方组织，工程建设相关单位参加，对检验批、分项、分部、单位工程及其隐蔽工程的质量进行抽样检验，对技术文件进行审核，并根据设计文件和相关标准以书面形式对工程质量是否达到合格做出确认。

(2) 检验批。按相同的生产条件或按规定的方式汇总起来供检验用的，由一定数量样本组成的检验体。检验批是施工质量验收的最小单位，是分项工程乃至整个建筑工程质量验收的基础。

(3) 主控项目。建筑工程中的对安全、节能、环境保护和主要使用功能起决定性作用的检验项目。例如，混凝土结构工程中"钢筋安装时，受力钢筋的品种、级别、规格和数量必须符合设计要求"，"纵向受力钢筋连接方式应符合设计要求"，"安装现浇结构的上层模板及其支架时，下层模板应具有承受上层荷载的承载能力，或加设支架；上、下层支架的立柱应对准、并铺设垫板"等都是主控项目。

(4) 一般项目。除主控项目以外的项目都是一般项目。例如混凝土结构工程中，除了主控项目外，"钢筋的接头宜设置在受力较小处。同一纵向受力钢筋不宜设置两个或两个以上接头。接头末端至钢筋弯起点的距离应不小于钢筋直径的10倍。""钢筋应平直、无损伤，表面不得有裂纹、油污、颗粒状或片状老锈。""施工缝的位置应在混凝土的浇筑前按设计要求和施工技术方案确定。施工缝的处理应按施工技术方案执行。"等都是一般项目。

(5) 观感质量。通过观察和必要的量测所反映的工程外在质量和功能状态。

(6) 返修。对施工质量不符合标准规定的部位采取整修等措施。

(7) 返工。对施工质量不符合标准规定的部位采取的更换、重新制作、重新施工等措施。

2. 建筑工程施工质量验收的划分

1) 施工质量验收层次划分的目的

建筑工程施工质量验收涉及建筑工程施工过程控制和竣工验收控制，是工程施工质量控制的重要环节，合理划分建筑工程施工质量验收层次是非常必要的。特别是不同专业工程的验收批如何确定，将直接影响到质量验收工作的科学性、经济性和实用性及可操作性。因此有必要建立统一的工程施工质量验收的层次划分。通过验收批和中间验收层次及最终验收单位的确定，实施对工程施工质量的过程控制和终端把关，确保工程施工质量达到工程项目决策阶段所确定的质量目标和水平。

2) 施工质量验收划分的层次

建设工程施工质量验收应划分为单位工程、分部工程、分项工程和检验批。

3）单位工程的划分

单位工程的划分应按下列原则确定。

（1）具备独立施工条件并能形成独立使用功能的建筑物及构筑物为一个单位工程。如一个学校中的一栋教学楼，某城市的广播电视塔等。

（2）规模较大的单位工程，可将其能形成独立使用功能的部分划分为一个子单位工程。

4）分部工程的划分

分部工程的划分应按下列原则确定。

（1）分部工程的划分应按专业性质、工程部位确定。

（2）当分部工程较大或较复杂时，可按材料种类、施工特点、施工程序、专业系统及类别等划分为若干个子分部工程。如智能建筑分部工程中就包含了火灾及报警消防联动系统、安全防范系统、综合布线系统、智能化集成系统、电源与接地、环境、住宅（小区）智能化系统等子分部工程。

5）分项工程的划分

分项工程应按主要工种、材料、施工工艺、设备类别等进行划分。如混凝土结构工程中按主要工种分为模板工程、钢筋工程、混凝土工程等分项工程；按施工工艺又分为预应力、现浇结构、装配式结构等分项工程。

建筑工程分部（子分部）工程、分项工程的具体划分见《建筑工程施工质量验收统一标准》（GB 50300—2013）。

6）检验批的划分

分项工程可由一个或若干个检验批组成，检验批可根据施工及质量控制和专业验收需要按楼层、施工段、变形缝等进行划分。建筑工程的地基基础分部工程中的分项工程一般划分为一个检验批；有地下层的基础工程可按不同地下层划分检验批；屋面分部工程中的分项工程不同楼层屋面可划分为不同的检验批；单层建筑工程中的分项工程可按变形缝等划分检验批，多层及高层建筑工程中主体分部的分项工程可按楼层或施工段来划分检验批；其他分部工程中的分项工程一般按楼层划分检验批；对于工程量较少的分项工程可统一化为一个检验批。安装工程一般按一个设计系统或组别划分为一个检验批。室外工程统一划分为一个检验批。散水、台阶、明沟等含在地面检验批中。

3. 建筑工程施工质量验收

1）检验批的质量验收合格标准

（1）主控项目的质量经抽样检验均应合格。

（2）一般项目的质量经抽样检验合格。

（3）具有完整的施工操作依据、质量检查记录。

2）分项工程质量验收合格应符合的规定

（1）分项工程所含的检验批均应符合合格质量规定。

（2）分项工程所含的检验批的质量验收记录应完整。

3）分部（子分部）工程质量验收合格应符合的规定

（1）分部（子分部）工程所含分项工程的质量均应验收合格。

（2）质量控制资料应完整。

(3) 有关安全、节能、环境保护和主要使用功能的抽样检验结果应符合有关规定。
(4) 观感质量验收应符合要求。
4) 单位(子单位)工程质量验收合格应符合下列规定
(1) 单位(子单位)工程所含分部(子分部)工程的质量应验收合格。
(2) 质量控制资料应完整。
(3) 单位(子单位)工程所含分部工程有关安全、节能、环境保护和主要使用功能的检验资料应完整。
(4) 主要使用功能项目的抽查结果应符合相关专业验收规范的规定。
(5) 观感质量验收应符合要求。

4. 工程施工质量不符合要求时的处理

一般情况下，不合格现象在检验批的验收时就应发现并及时处理，所有质量隐患必须尽快消灭在萌芽状态，否则将影响后续检验批和相关的分项工程、分部工程的验收。但非正常情况可按下述规定进行处理。

(1) 经返工重做或更换器具、设备检验批，应重新进行验收。这种情况是指主控项目不能满足验收规范规定或一般项目超过偏差限制的子项不符合检验规定的要求时，应及时进行处理的检验批。其中，严重的缺陷应推倒重来；一般的缺陷通过返修或更换器具、设备予以解决，应允许施工单位在采取相应的措施后重新验收。如能够符合相应的专业工程质量验收规范，则应认为该检验批合格。

(2) 经有资质的检测单位鉴定达到设计要求的检验批，应予以验收。这种情况是指个别检验批发现试块强度等不满足要求等问题，难以确定是否验收时，应请具有资质的法定检测单位检测，当鉴定结果能够达到设计要求时，该检验批应允许通过验收。

(3) 经有资质的检测单位鉴定达不到设计要求但经原设计单位核算认可能满足结构安全和使用功能的检验批，可予以验收。

这种情况是指，一般情况下，规范标准给出了满足安全和功能的最低限度要求，而设计往往在此基础上留有一些余量。不满足设计要求和符合相应规范标准的要求，两者并不矛盾。

(4) 经返修或加固的分项、分部工程，虽然改变外形尺寸但仍能满足安全使用要求，可按技术处理方案和协商文件进行验收。

这种情况是指更为严重缺陷或范围超过检验批的更大范围内的缺陷可能影响结构的安全性和使用功能。如经法定检测单位检测鉴定以后认为达不到规范标准的相应要求，即不能满足最低限度的安全储备和使用功能，则必须按一定的技术方案进行加固处理，使之能保证其满足安全使用的基本要求。这样会造成一些永久性的缺陷，如改变结构的外形尺寸，影响一些次要的使用功能等。为了避免社会财富更大的损失，在不影响安全和主要使用功能条件下可按处理技术方案和协商文件进行验收，但不能作为轻视质量而回避责任的一种出路，这是应该特别注意的。

(5) 通过返修或加固仍不能满足安全使用要求的分部工程、单位(子单位)工程，严禁验收。

5. 建筑工程施工质量验收的程序和组织

1) 检验批及分项工程的验收程序与组织

检验批由专业监理工程师组织项目专业质量检验员等进行验收；分项工程由专业监理

工程师组织项目专业技术负责人等进行验收。

检验批和分项工程是建筑工程施工质量基础，因此，所有检验批和分项工程均应由监理工程师或建设单位项目技术负责人组织验收。验收前，施工单位先填好"检验批和分项工程的验收记录"（有关监理记录和结论不填），并由项目专业质量检验员和项目专业技术负责人分别在检验批和分项工程质量检验记录中相关栏目中签字，然后由监理工程师组织，严格按规定程序进行验收。

2) 分部工程的验收程序与组织

（1）分部工程应由总监理工程师（建设单位项目负责人）组织施工单位项目负责人和项目技术、质量负责人等进行验收。

（2）勘察设计单位项目负责人和施工单位技术、质量部门负责人应参加地基与基础分部工程的验收。

（3）设计单位项目负责人和施工单位技术、质量部门负责人应参加主体结构、节能分部工程的验收。

3) 单位（子单位）工程的验收程序与组织

（1）竣工初验收的程序。单位工程中的分包工程完工后，分包单位应对所承包的工程项目进行自检，验收时，总包单位应派人参加。分包单位应将所分包工程的质量控制资料整理完整后，移交给总包单位。

单位工程完工后，施工单位应组织有关人员进行自检。总监理工程师应组织各专业监理工程师对工程质量进行竣工预验收。存在施工质量问题时，应由施工单位及时整改。整改完毕后，由施工单位向建设单位提交工程竣工报告，申请工程竣工验收。

（2）正式验收。建设单位收到工程验收报告后，应由建设单位（项目）负责人组织施工（含分包单位）、设计、勘察、监理等单位（项目）负责人进行单位（子单位）工程验收。单位工程由分包单位施工时，分包单位对所承包的工程项目应按规定的程序检查评定，总包单位应派人参加。分包工程完成后，应将工程有关资料交总包单位。建设工程经验收合格的，方可交付使用。

建设工程竣工验收应当具备下列条件。

① 完成建设工程设计和合同约定的各项内容。
② 有完整的技术档案和施工管理资料。
③ 有工程使用的主要建筑材料、建筑构配件和设备的进场试验报告。
④ 有勘察、设计、施工、工程监理等单位分别签署的质量合格文件。
⑤ 有施工单位签署的工程保修书。

在一个单位工程中，对满足生产要求或具备使用条件，施工单位已预验，监理工程师已初验通过的子单位工程，建设单位可组织进行验收。有几个施工单位负责施工的单位工程，当其中的施工单位所负责的子单位工程已按设计完成，并经自行检验，也可组织正式验收，办理交工手续。在整个单位工程进行全部验收时，已验收的子单位工程验收资料应作为单位工程验收的附件。

在竣工验收时，对某些剩余工程和缺陷工程，在不影响交付的前提下，经建设单位、设计单位、施工单位和监理单位协商，施工单位应在竣工验收后的限定时间内完成。

参加验收各方对工程质量验收意见不一致时，可请当地建设行政主管部门或工程质量监督机构协调处理。

4) 单位工程竣工验收备案

单位工程质量验收合格后,建设单位应在规定时间内将工程竣工验收报告和有关文件,报建设行政管理部门备案。

(1) 凡在中华人民共和国境内新建、扩建、改建各类房屋建筑工程和市政基础设施工程的竣工验收,均应按有关规定进行备案。

(2) 国务院建设行政主管部门和有关专业部门负责全国工程竣工验收的监督管理工作。县级以上地方人民政府建设行政主管部门负责本行政区域内工程的竣工验收备案管理工作。

6.4 质量管理数理统计方法

工程质量控制是与数理统计方法作为基本手段,所谓数理统计方法,就是运用统计性规律,收集、整理、分析、利用数据,并以这些数据作为判断、决策和解决质量问题的依据。

质量控制中比较常用的有效的统计方法有频数分布直方图法、排列图法、因果分析图法、控制图法、分层法、相关图法和统计调查分析法等。本节主要介绍分层法、频数分布直方图和控制图的方法。

6.4.1 分层法

分层法又叫分类法,是将调查收集的原始数据,根据不同的目的和要求,按某一性质进行分组、整理的分析方法。分层的结果使数据各层间的差异突出地显示出来,层内的数据差异减少了。在此基础上再进行层间、层内的比较分析,可以更深入地发现和认识质量问题的原因。由于产品质量是多方面因素共同作用的结果,因而对同一批数据,可以按不同性质分层,使我们能从不同角度来考虑、分析产品存在的质量问题和影响因素。

常用的分层标志有以下几种。
(1) 按操作班组或操作者分层。
(2) 按使用机械设备型号分层。
(3) 按操作方法分层。
(4) 按原材料供应单位、供应时间或等级分层。
(5) 按施工时间分层。
(6) 按检查手段、工作环境等分层。
现举例说明分层法的应用。

案例 6-2

钢筋焊接质量的调查分析,共检查了 50 个焊接点,其中不合格 19 个,不合格率为 38%。存在严重的质量问题。现已查明这批钢筋的焊接是由 A、B、C 三个师傅操作的,而焊条是由甲、乙两个厂家提供的。试用分层法分析质量问题的原因。

【解】 分别按操作者和焊条生产厂家进行分层分析，即考虑一种因素单独的影响，见表6-2和表6-3。

表6-2 按操作者分层

操作者	不合格	合格	不合格率(%)
A	6	13	32
B	3	9	25
C	10	9	53
合计	19	31	38

表6-3 按供应焊条厂家分层

工厂	不合格	合格	不合格率(%)
甲	9	14	39
乙	10	17	37
合 计	19	31	38

由表6-2和表6-3分层分析可见，B师傅的质量较好，不合格率25%；而不论是采用甲厂还是乙厂的焊条，不合格率都很高且相差不大。为了找出问题之所在，再进一步采用综合分层进行分析，即考虑两种因素共同影响的结果，见表6-4。

表6-4 综合分层分析焊接质量

操作者	焊接质量	甲厂		乙厂		合计	
		焊接点	不合格率(%)	焊接点	不合格率(%)	焊接点	不合格率(%)
A	不合格	6	7	0	0	6	32
	合格	2	5	11		13	
B	不合格	0	0	3	43	3	25
	合格	5		4		9	
C	不合格	3	30	7	78	10	53
	合格	7		2		9	
合计	不合格	9	39	10	37	19	38
	合格	14		17		31	

从表6-4的综合分层法分析可知，在使用甲厂的焊条时，应采用B师傅的操作方法为好；在使用乙厂的焊条时，应采用A师傅的操作方法为好，这样会使合格率大大提高。

分层法是质量控制统计分析方法中最基本的一种方法。其他统计方法一般都要与分层法配合使用，如排列图法、直方图法、控制图法、相关图法等，常常是首先利用分层法将原始数据分门别类，然后再进行统计分析的。

6.4.2 频数分布直方图法

频数分布直方图即质量分布图,简称直方图,是把收集到的质量数据按要求加以整理和分层,然后再进行期数统计,并画成由若干直方图形组成的质量散差分布图。进而从频数分布中计算质量特征值,以便检验和判断工程质量情况。

1. 直方图的绘制步骤

在质量管理中进行频数统计的目的,主要是为了弄清质量特征的分布规律,掌握产品质量差的波动状态,以便进行质量控制,下面介绍直方图的绘制步骤。

1) 数据搜集

首先根据施工项目中要检验的质量部分,如混凝土抗压强度、模板尺寸等部分搜集资料,制作相应资料表格。

2) 找出全体数据的最大值和最小值

为了简化手续,一般采用以下方法,即:将全体的数据列表后,先找出每行中的最大值和最小值。然后再从已经找出的最大值和最小值中再找出全体数据的最大值和最小值。最大值用 x_{max} 表述,最小值用 x_{min} 表示。

3) 计算差值

极差值是表示具体数据的最大值与最小值之差,也就是全体数据的分布极限范围。极差值一般用字母 R 表示:

$$R = x_{max} - x_{min}$$

4) 确定组距和分组数

组距大小,应根据对测量数据的要求精度而定。组数应根据搜集数据总数的多少而定。当搜集的数据总数为 50~100 个时,可分成 10~20 组,一般取 10 组为宜。当搜集的数据总数为 20~50 时,可分成 5~10 组。组距用 h 表述,组数用 k 表示。通常是先定组数,后定组距,其计算公式如下。

$$h = \frac{R}{k}$$

5) 决定分组区间值

将全体数据进行分组后,每个分组区间的数值都应当是接续的,不能有间断的现象。也就是上一组区间的终点值,必须是下一组区间的起点值,使组与组之间数值不间断。假如产生间断现象,就会造成有些数据无法统计的问题。

还应指出,在确定分组区间值时,要防止数据恰好落在区间分界上的现象发生。比如,在第一区间为 2~5,第二区间为 5~8,而数据中出现的 5,就会产生统计在第一区间和第二区间都可以的现象。因此,如何确定第一区间的下界值是关键问题,因为其他各个区间的上下界值都是随第一区间上下界值变化的。为了防止数据恰好落在区间分界上,一般可采用区间分界值比统计数据提高一级精度的办法。也可以按下列公式计算第一区间的上下界值。

第一区间的下界值为 $x_{min} - \dfrac{h}{2}$

第一区间的上界值为 $x_{\min} - \dfrac{h}{2}$

6）制表并统计频数

分组区间值确定之后，就可以绘制频数分布统计表，将分组区间上下界值填入后，按对号入座方法进行频数统计和有关计算工作。

7）从频数分布统计表上基本已经可以看出全体数据的分布状况。但是在质量管理中，为了进一步了解产品质量情况，最后还要画频数分布直方图。频数分布直方图是一张坐标图，横坐标表述分组区间的划分，纵坐标表示各分组区间值的发生频率。如图 6.2 所示。

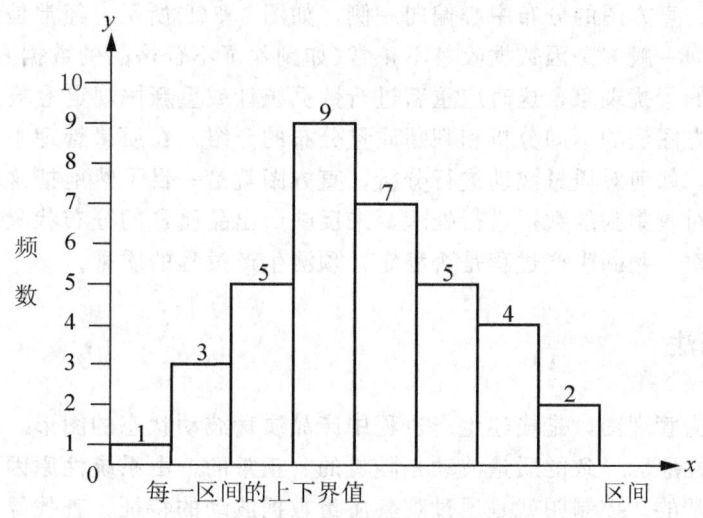

图 6.2　频数直方图

2．判断质量分布状态

当生产条件正常时，直方图应试是中间高，两侧低，左右接近对称的正常型形，如图 6.3(a)所示。当出现非正常图形时，就要进一步分析原因，并采取措施加以纠正，常见的非正常型图形有图 6.3(b)~(f)5 种类型。

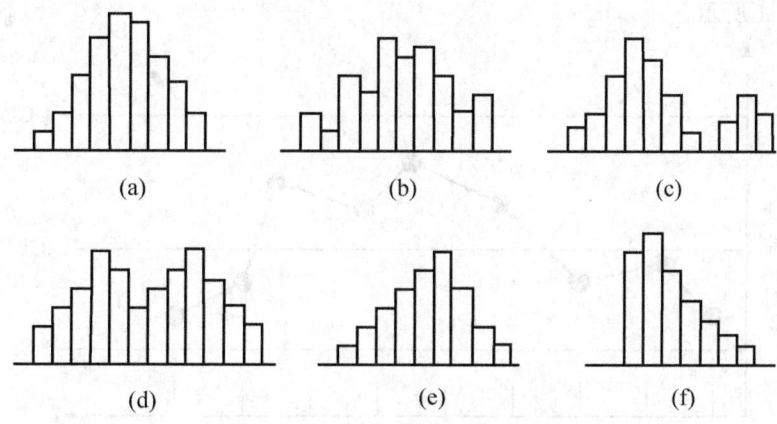

图 6.3　常见的非正常型直方图图形

(1) 齿状型。图形出现凸凹状，如图 6.3(b)所示，这多数是由于分组不当或组距确定不当所致。

(2) 孤岛型。出现孤立的小直方图，如图 6.3(c)所示，这是由于少量材料不合格或短时间内人工操作不熟练所造成的。

(3) 双峰值。图形出现了两个封顶，如图 6.3(d)所示，一般是由于两组生产条件不同的数据混淆在一起所造成的。

(4) 缓坡型。图形向左或向右呈缓坡状，即平均值 x 过于偏左或偏右，如图 6.3(e)所示，这是由于工序施工过程中的上控制界限攻下控制界限控制太严所造成的。

(5) 绝壁型。直方图的分布中心偏向一侧，如图 6.3(f)所示，经常是由于操作者的主观因素造成的，即一般多是因数据收集不正常(如剔除了不合格品的数据)，或者在工序检查中出现了人为的干扰现象，这时应重新进行数据统计或重新按规定检验。

以上是对直方图法的不周分析和判断质量分布的介绍。在质量管理中，如何预测并监控产品质量状况，如何对质量波动进行分析，直方图就是一目了然地把这些问题图表化处理的工具。通过对收集到的数据进行处理，来反映产出品质量的分布状况，判断和预测产品质量及不合格率，判断生产过程是否稳定，预测生产过程的质量。

6.4.3 控制图法

控制图又称为管理图，是描述生产过程中产品质量波动状态的图形。质量波动的两种情况中，由偶然性原因导致的质量波动是随机的、正常的，由系统性原因引起的质量波动是有规律的、异常的。控制图就是通过观察质量数据波动的特征，查找异常波动，排除异常因素，使生产过程处于正常的受控状态。

1. 控制图的基本形式与用途

控制图的基本形式如图 6.4 所示。横轴为样本序号或抽样时间，纵坐标为被控制对象即质量特性值。控制图上一般有三条线：上控制界限 UCL，下控制界限 LCL，中心线 CL。中心线是质量特性值分布的中心位置，上下控制界限标志着质量特性值允许波动的范围，如图 6.4 所示。

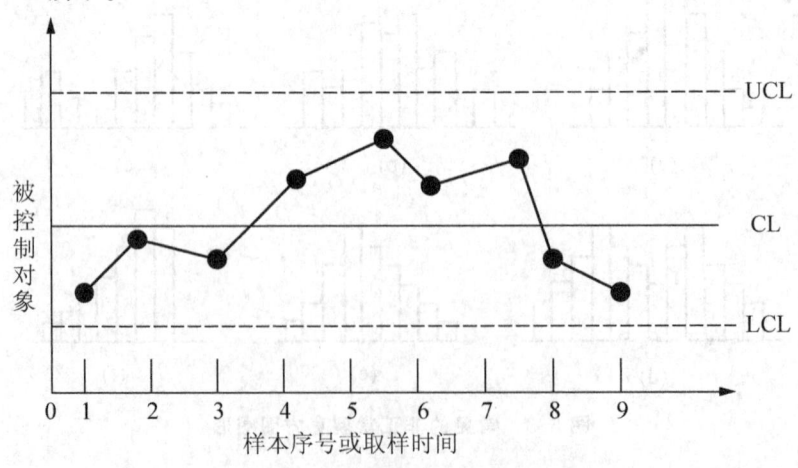

图 6.4 控制图基本形式

控制图使用样本数据来分析判断生产过程是否是处于稳定状态的有效工具。它的用途主要有两个：一是对过程分析，即分析生产过程是否稳定。为此，应随机连续收集数据，绘制控制图，观察数据点分布情况并判定生产过程状态。二是对过程控制，即控制生产过程质量状态。为此，要定时抽样取得数据，将其变为点子描在图上，发现并及时消除生产过程中的失调现象，预防不合格品的产生。

2. 控制图的观察与分析

通过对控制图上点子的分布情况进行观察与分析，可以判断生产过程是否处于稳定状态。因为控制图上点子是随机抽样的子样，因此可以反映出生产过程的质量分布状态。

观察控制图来分析判断生产过程是正常还是异常可以满足以下两个条件：一是点没有跳出控制界限；二是点随机排列没有缺陷，就认为生产过程基本上处于控制状态，即生产正常。否则，就认为生产过程发生了异常变化，必须把引起这种变化的原因找出来，排除掉。这里所说的电子在控制界限内排列有缺陷包括以下几种情况如图6.5所示。

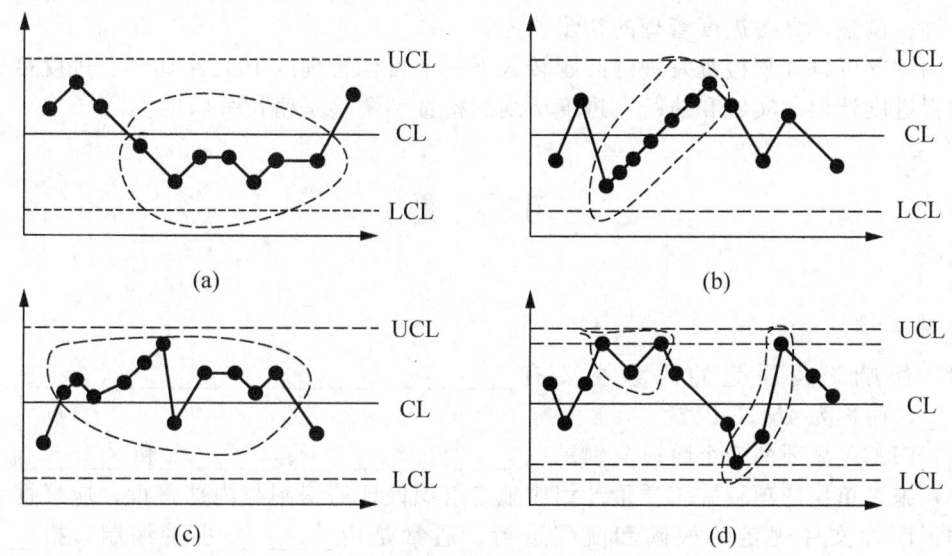

图 6.5 控制图的异常现象

（1）点连续在中心线一侧出现7个以上，如图6.5(a)所示。

（2）连续7个点以上点上升或下降，如图6.5(b)所示。

（3）点在中心线一侧多次出现，如连续11个点中至少有10个点在同一侧，如图6.5(c)所示；或连续14个点中至少有12个点在同一侧；或连续17个点中至少有14个点在同侧；或连续20个点种至少有16个点出现在同一侧。

（4）点接近控制界限，如连续3个点中至少有2点在中心线上或下2倍标准偏差横线以外出现，如图6.5(d)所示；或连续7个点中至少有3个点或连续10个点中至少有4个点在该横线外出现。

上节中的直方图法事质量控制的静态分析法，反映的是质量在某一段时间里的静止状态。然而产品都是在动态的生产过程中形成的，因此，在质量控制中单用静态分析法显然是不够的，还必须有动态分析法。只有采用动态分析法，才能随时了解生产过程中质量的变化情况，及时采取措施，使生产处于稳定状态，起到预防出现废品的作用。控制图法就是典型的动态分析法。

本 章 小 结

通过本章学习，可以加深对工程项目质量管理原理和方法的理解，在质量管理中，如何通过科学合理的方法，减少质量问题发生的概率，提高工程项目的整体质量。

PDCA、三阶段控制原理、三全控制原理是质量控制领域的基本原理，同样适用于工程项目质量管理。

工程项目的勘察、设计、施工阶段都要各自的控制要点，每一个环节都不能疏忽。

在质量控制过程中合理的应用质量管理数理统计方法，能够及时发现问题，并查找出问题发生的原因，提高管理效率。

网络技术是最先进的进度计划和进度控制的工具，通过不同形式网络图的绘制、时间参数计算、调整，具备进度管理的初步能力。

计划调整可将计划检查发现的问题转入下一个目标管理的 PDCA 循环。进度目标管理需要重视进度计划的实施和执行，进度计划的检查和调整是密切关联的。

习　　题

1. 填空题

（1）影响工程质量的因素主要有_____、_____、_____、_____和_____，简称为4M1E因素。

（2）PDCA循环的四个阶段分别是_____、_____、_____和_____。

（3）施工单位的项目施工质量计划或施工组织设计的编制与内部审批，应根据企业质量管理程序性文件规定的权限和流程进行。通常是由_____主持编制，报_____批准。

（4）所谓三阶段质量控制是指_____、_____和_____。

（5）通过直方图判断质量分布状态时，由于分组不当或组距确定不当通常会导致直方图呈_____。

2. 选择题

（1）在正常使用条件下，屋面防水工程、有防水要求的卫生间、房间和外墙面的防渗漏工程的最低保修年限为（　　）年。（单选）
　A. 2　　　　　　　B. 3　　　　　　　C. 4　　　　　　　D. 5

（2）（　　）是施工质量验收的最小单位，是分项工程乃至整个建筑工程质量验收的基础。（单选）
　A. 主控项目　　　B. 一般项目　　　C. 检验批　　　D. 分部工程

（3）在建筑施工质量验收统一标准中，（　　）是指对安全、卫生、环境保护和公众利

益起决定性作用的检验项目。(单选)

A. 主控项目　　B. 一般项目　　C. 保证项目　　D. 基本项目

(4) 按同一的生产条件或按规定的方式汇总起来检验用的，由一定数量样本组成的检验体，称之为(　　)。(单选)

A. 分项工程　　　　　　　　　B. 分部工程
C. 检验批　　　　　　　　　　D. 抽样检验方案

(5) 检验批和分项工程应由(　　)组织验收。(单选)

A. 项目经理　　　　　　　　　B. 项目专业质量检验员
C. 监理工程师　　　　　　　　D. 项目专业技术负责人

(6) 工程质量的自控主体包括(　　)。(多选)

A. 政府　　　　B. 工程监理单位　　　C. 勘察单位
D. 设计单位　　E. 施工单位

(7) 工程变更的要求可能来自(　　)。(多选)

A. 建设单位　　B. 设计单位　　　　　C. 施工单位
D. 监理单位　　E. 建设主管部门

(8) 工程施工质量不符合要求时，监理工程师的处理方法有(　　)。(多选)

A. 返工重做的检验批，可作为合格验收
B. 返工重做的检验批，应重新进行验收
C. 经有资质的检测单位鉴定达到设计要求的检验批，应予以验收
D. 经原设计单位核算后能够满足结构安全和使用功能的检验批，可予以验收
E. 通过返修或加固仍不能满足安全使用要求的分部工程，严禁验收

(9) 以下(　　)是建设工程质量的特点。(多选)

A. 影响因素多　　　　　　　　B. 质量波动小
C. 质量隐蔽性　　　　　　　　D. 终检的局限性
E. 评价方法的特殊性

(10) 分层法常用的分层标志有(　　)。(多选)

A. 按操作班组或操作者分层
B. 按使用机械设备型号分层
C. 按原材料供应单位、供应时间或等级分层
D. 按施工时间分层
E. 按所属的分部分项工程分层

3. 练习题

(1) 某施工单位在承担了一项钢管厂的建设任务后，应该尽快组织施工。施工方在开工前应做好各项准备工作，包括人员的组织、机械的组织、材料的组织、资料的准备，做好各项工作计划的安排。质量计划的编制是工程质量的前提保证，在施工前的准备工作中尤为主要。

问题：

① 工程项目质量计划编制应由谁主持？
② 工程项目质量计划编制依据是什么？

③ 工项目质量计划中针对施工过程确定的资源要求有哪些？

（2）工程浇筑混凝土为控制混凝土强度，搜集了35个7阶段压强强度的实测数据，如表6-5所示。试绘制直方图并对其进行分析。

表6-5 抽样混凝土数据

序号	数 据					最大值	最小值
1	215	217	195	200	214	217	195
2	203	209	236	210	204	236	203
3	214	211	231	204	221	231	204
4	216	196	227	197	229	229	196
5	241	205	226	210	227	241	205
6	219	183	201	229	240	240	183
7	250	214	217	251	241	251	214

第7章 工程项目合同管理

> **教学目标**

本章主要讲述工程项目合同管理的基本理论和方法。通过学习本章，应达到以下目标：
(1) 了解合同的基本知识；
(2) 熟悉工程建设合同的主要内容；
(3) 掌握工程合同管理的内容。

> **教学要求**

知识要点	能力要求	相关知识
工程项目合同管理概述	(1) 理解合同的概念； (2) 熟悉工程项目合同的特点	(1) 合同的形式； (2) 工程合同的作用； (3) 工程合同体系
工程项目合同管理的实施	(1) 工程项目合同的签订； (2) 工程项目合同的履行； (3) 工程变更管理； (4) 工程项目索赔管理	(1) 工程合同的概念和特点； (2) 工程项目合同体系及内容； (3) 工程项目合同的终止； (4) 费用索赔与工期索赔

基本概念

合同；工程项目合同；工程变更；索赔

引例

在建筑工程领域，发生纠纷较多，其中工程建设中使用批量不大、品种繁多的建筑材料供需双方更容易产生纠纷。需方经常以工程材料急用、事情太忙、用料很少等为由，口头约定材料价格、规格、品种及数量，不签订或不认真签订供货合同，一旦发生纠纷时，往往使供货方处于不利的地位。同时还存在一些建筑承包方恶意逃避债务，拖欠材料款，利用法律规定的举证规则，拒不承认自己员工签字的材料清单的现象。如果供货方举不出足够的证据证明签字的人是需方的员工，那么供货方就可能承担败诉的结果，即老百姓常常痛恨的"有理打不赢官司"。下面就是没有建立合同关系的一个真实案例。

某建筑公司第五项目部与某建筑五金商店方面多次合作，由于工程临时紧急情况，双方多次采用过口头约定的方式进行交易，以双方签证的送货单结算材料款。应某建筑第五项目部内部改革调整，工程管理人员大量更换。2010年10月底，当某建筑五金商店拿着建筑公司第五项目部原材料负责人签收的6张送货单进行结算时，建筑公司第五项目部称，送货单上没有项目部的盖章，并且送货单上的签收人员不是本单位的职工,不同意支付已送货款。几经交涉无效,建筑五金商店将建筑公司第五项目部诉至法院,要求建筑公司第五项目部支付已送货款并承担诉讼费用。

7.1 工程项目合同管理概述

7.1.1 合同

1. 合同的概念

1) 合同

合同在我国又称为"契约",是当事人或当事双方之间设立、变更、终止民事关系的协议。合同作为一种法律概念,有广义与狭义之分,广义合同指所有法律部门中确定权利、义务关系的协议。狭义合同指一切民事合同。还有最狭义合同仅指民事合同中的债权合同。

《中华人民共和国民法通则》第85条规定:合同是当事人之间设立、变更、终止民事关系的协议。依法成立的合同,受法律保护。《中华人民共和国合同法》第2条规定:合同是平等主体的自然人、法人、其他组织之间设立、变更、终止民事权利义务关系的协议。婚姻、收养、监护等有关身份关系的协议,适用其他法律的规定。

2) 合同的法律特征

(1) 合同是法律行为,是设立、变更或消灭某种具体的法律关系的行为,其目的在于表达设定、消灭或变更法律关系的愿望和意图。这种愿望和意图是当事人的意思表示,通过这种意思表示,当事人双方或多方产生一定的权利义务关系,但这种意思表示必须是合法的,否则,合同没有约束力,也不受国家法律的保护。

(2) 合同以在当事人之间产生权利义务为目的。合同当事人的协商,总是为了建立某种具体的权利义务关系,而一旦合同依法成立,这种对当事人有约束力的权利义务关系就建立起来了。任何一方当事人都必须履行自己所应履行的义务,如果不履行合同规定的义务,就是违反合同,就要承担相应的法律责任。

(3) 合同是当事人双方或多方相互的意思表示一致,是当事人之间的协议,主要表现为:合同的成立,必须有两方或两方以上的当事人;当事人双方或多方必须互相意思表示;当事人的意思表示必须一致。

2. 合同形式

合同形式,是指当事人合意的外在表现形式,是合同内容的载体。《中华人民共和国合同法》(以下简称《合同法》)第十条第一款规定:当事人订立合同,有书面形式、口头形式和其他形式。

1) 口头形式

口头形式是指当事人双方用对话方式表达相互之间达成的协议。当事人在使用口头形式时,应注意只能是及时履行的经济合同,才能使用口头形式,否则不宜采用这种形式。

2) 书面形式

书面形式是指当事人双方用书面方式表达相互之间通过协商一致而达成的协议。根据经济合同法的规定，凡是不能及时结清的经济合同，均应采用书面形式。在签订书面合同时，当事人应注意，除主合同之外，与主合同有关的电报、书信、图表等，也是合同的组成部分，应同主合同一起妥善保管。书面形式便于当事人履行，便于管理和监督，便于举证，是经济合同当事人使用的主要形式。

3) 其他形式

（1）合同公证是国家公证机关根据合同当事人的申请，对合同的真实性及合法性所作的证明。经公证的合同，具有较强的证据效力，可作为法院判决或强制执行的根据。对于依法或依约定须经公证的合同，不经公证则合同无效。

（2）合同鉴证是中国工商行政管理机关和国家经济主管部门，应合同当事人的申请，依照法定程序，对当事人之间的合同进行的鉴证。鉴证机关认为合同内容有修改的必要时，有权要求当事人双方予以改正。鉴证机关还有监督合同履行的权利，故鉴证具有行政监督的特点。目前中国合同鉴证除部门或地方性法规有明确规定的以外，一般由当事人自愿决定是否鉴证。

（3）合同的审核批准，指按照国家法律或主管机关的规定，某类合同或一定金额以上的合同，必须经主管机关或上级机关的审核批准时，这类合同非经上述单位审核批准不能生效。例如，对外贸易合同即应依法进行审批程序。

3. 合同的内容

1) 合同的必要条款

合同内容是当事人之间就设立、变更或者终止权利义务关系表示的意思。合同内容通常称为合同条款。合同内容是合同成立的各项条件的总和，其主体部分是确定当事人权利义务的各项条款。确定合同必要条款的根据有以下 3 种。

（1）根据法律规定。凡是法律对合同的必要条款有明文规定，应根据法律规定。

（2）根据合同的性质确定。法律对合同的必要条款没有明文规定的，可以根据合同的性质确定。

（3）根据当事人的意愿确定。除法律规定和据合同的性质确定的必要条款以外，当事人一方要求必须规定的条款，也是必要条款。

2) 合同的一般条款

合同条款除必要条款之外，还有其他条款，即一般条款。一般条款在合同中是否加以规定，不会影响合同的成立。将合同条款规定得具体详明，有利于明确合同双方的权利、义务和合同的履行。

合同法对合同具备的基本一般条款规定如下。

（1）当事人的名称或者姓名和住所。当事人的名称或者姓名和住所，是指当事人的自然情况。名称是指法人或其他组织在登记机关登记的正式称谓；姓名是指公民在身份证明或者户籍登记上的正式称谓。住所对公民个人而言一般以其户籍所在地的居住地、或经常所在地为住所。法人和其他组织的住所，则是指其主要办事机构所在地，通常法人和其他组织的住所都在登记机关登记。

（2）标的。标的是指合同中当事人双方权利义务所指向的对象，即合同法律关系的客体。由于合同的种类不同，合同的标的也各不相同。例如，买卖合同的标的是货物；建筑工程的标的是工程项目；货物运输合同的标的是运输劳务；借款合同的标的是货币；委托合同的标的是委托人委托受托人处理的委托事务。标的是一切合同的首要条款，没有标的的合同是不存在的，标的不明确，会导致合同无法履行，甚至产生纠纷。

（3）数量。数量是计算标的的尺度。它把标的定量化，以便确定合同当事人之间权利和义务的量化指标，从而计算价款或报酬。签订合同必须使用国家法定计量单位，做到计量标准化、规范化。如果计量单位不统一，不仅会降低工作效率，也会因发生误解而引起纠纷。

（4）质量。质量是标的物内在的特殊物质属性和一定的社会属性，是标的物性质差异的具体特征。当事人在签订合同时，必须对标的物的质量作出明确规定。标的物的质量，有国家标准按国家标准签订；没有国家标准，有行业标准的按行业标准签订；有地方标准的按地方标准签订；如果标的物没有上述标准的新产品，可按企业新产品鉴定的标准写明相应的质量标准。

（5）价格或者报酬。价款，是指当事人一方为取得对方出让的标的物，而支付给对方一定数量的货币。报酬，是当事人一方为对方提供劳务、服务等，而向对方收取一定数额的货币报酬。

（6）履行期限、地点和方式。履行期限指当事人交付标的和支付价款或报酬的日期。也就是依照合同的约定，权利人要求义务人请求权发生的时间。当事人必须写明具体的履行起止日期，避免因履行期限不明确而产生纠纷。履行地点是指当事人交付标的和支付价款或报酬的地点；包括标的的交付、提取地点；服务、劳务或工程项目建设的地点；价款或报酬结算的地点。当事人签订合同时必须将履行地点写明，以免发生差错引起纠纷。履行方式，指合同当事人双方约定以哪种方式转移标的物和结算价款。合同中还应写明包装、结算等方式，以利于合同的完善。

（7）违约责任。违约责任是指合同当事人约定一方或双方不履行或不完全履行合同义务时必须承担的法律责任。违约金包括支付违约金、偿付赔偿金及发生意外事故的处理等其他责任。法律有规定责任范围的按规定处理；法律没有规定责任范围的，当事人双方协商议定办理。当事人签订合同时，必须写明违约责任。否则，主管机关不予登记、公证机构不予公证。

（8）解决争议的方法。解决争议的方法，是指合同当事人选择解决合同纠纷的方式、地点等。根据我国法律的有关规定，当事人解决合同争议时，实行"或裁或审制，即当事人可以在合同中约定选择仲裁机构或人民法院解决争议，当事人可以就仲裁机构或审判机构的管辖进行议定选择。当事人如果在合同中既没有约定仲裁条款，事后又没有达成新的仲裁协议，那么当事人只能通过诉讼途径解决合同纠纷，因为起诉权是当事人的法定权。

当事人可以参照各类合同示范文本订立合同。

4. 合同无效、终止与争议

1）无效合同

无效合同是相对于有效合同而言的，是指合同虽然已经成立，但由于存在无效事由，故自始不具有法律约束力的合同。

（1）无效合同的特征。

① 合同已经成立。
② 合同具有违法性。
③ 合同没有约束力。
④ 合同自始无效。
(2) 合同无效的情形。
① 一方以欺诈、胁迫的手段订立合同，损害国家利益。
② 恶意串通，损害国家、集体或第三人利益。
③ 以合法形式掩盖非法目的。
④ 损害社会公众利益。
⑤ 违反法律、行政法规的强制性规定。
⑥ 格式条款及免责条款无效。
⑦ 虚伪表示与隐匿行为。
2) 合同的终止

合同生效后，当事人按照约定履行自己的义务，实现自己的全部权利，订立合同的目标已经实现，合同确定的权利义务关系消灭，因此合同终止。

合同终止，是合同当事人双方依法使相互间权利义务关系终止。合同终止是合同关系的消灭。

合同生效后，当事人一方不得擅自解除合同。但在履行中，有时会产生某种特定情况，应当允许解除合同。

合同解除，是指对已经发生法律效力，但尚未履行或者尚未完全履行的合同，因当事人一方的意思表示或者双方的协议而使债权债务关系提前归于消灭的行为。合同解除分为约定解除和法定解除两类。

(1) 约定解除。约定解除是当事人通过行使约定的解除权或者双方协商决定而进行的合同解除。当事人协商一致可以解除合同，即合同的协商解除。当事人也可以约定一方解除合同的条件，解除合同条件成熟时，解除权人可以解除合同，即合同约定解除权的解除。

(2) 法定解除。法定解除，是指根据法律规定而解除合同。《合同法》规定，有下列情形之一的，当事人可以解除合同。

① 因不可抗力致使不能实现合同目的。
② 在履行期限届满之前，当事人一方明确表示或者以自己的行为表明不履行主要债务。
③ 当事人一方迟延履行主要债务，经催告后在合理期限内仍未履行。
④ 当事人一方迟延履行债务或者有其他违约行为致使不能实现合同目的。

3) 合同争议的解决

合同纠纷是指在合同履行中双方当事人对权利和义务所发生的争执，或称争议。如建设工程合同招标投标纠纷，施工合同的修改纠纷，建设工程质量纠纷，质量责任的诉讼时效纠纷及施工方案缺陷的责任纠纷等。

合同在履行过程中，合同纠纷的处理方式有协商、调解、仲裁、诉讼四种。

(1) 协商。合同纠纷的协商又称和解，是指合同当事人在履行合同过程中，对所产生的合同纠纷，互相主动接触，充分商议，取得一致意见，从而正确解决合同纠纷的一种方法。

（2）调解。调解是在第三者参加下，由第三者出面，认真查明事实，分清责任，通过说服调解，从而促使双方互相谅解，在双方当事人同意的条件下，达到解决合同纠纷协议的一种方法。调解合同纠纷主要有以下四种方式：当事人上级主管机关的调解；律师事务所调解；工商行政管理部门调解；人民法院调解。工程承包合同实行监理制度后，监理工程师也有权进行合同的调解。

（3）仲裁。仲裁亦称公断，是第三者就某一争议居中裁断的过程。合同的仲裁是指合同双方当事人之间因合同发生争议经双方协商不成，调解又达不成协议时，根据当事人双方的协议或申请，由仲裁委员会对合同争执所进行的裁决。中国实行一裁终局制，裁决作出后，合同当事人就同一争执若再申请仲裁或向人民法院起诉，则不再予以受理。

（4）执行。裁决作出后，当事人应当履行裁决；如果当事人不履行，另一方可以依照民事诉讼法规定向人民法院申请执行。

7.1.2 工程项目合同

1. 工程合同的概念和特点

1）工程合同的概念

工程合同又称建设工程合同或建设工程承发包合同，是指由承包人进行工程建设，发包人支付价款的合同。发包人，一般为投资建设该项工程的建设单位，即"业主"，包括业主委托的管理机构。承包人，是实施建设工程的勘察、设计、施工等业务的单位。这里的工程指土木工程、建筑工程、线路管道和设备安装工程以及装修工程。

工程合同是一类特殊的加工承揽合同，因为建设工程一般具有投资大、回收期长、风险大等特点，在合同履行中有较大的特殊性，涉及的法律问题比一般的承揽合同要复杂得多，因此，《合同法》将建筑工程合同从加工承揽合同中分离出来，单独进行规定。

按照《合同法》的规定，建设工程合同包括三种：建设工程勘察合同、建设工程设计合同、建设工程施工合同。双发当事人应当在合同中明确各自的权利和义务，但合同的主要内容是承包人进行工程建设，发包人支付工程款。建设工程实行监理制的，发包人应与监理人采用书面形式订立委托监理合同。

在现代工程中，合同具有独特的作用。

（1）合同作为工程项目实施和管理的手段和工具。

业主经过项目结构分解，将一个完整的工程项目项目分解为许多专业实施和管理的活动，通过合同将这些活动委托出去，并实施对项目过程的控制。同样承包商通过分包合同、采购合同和劳务供应合同委托工程分包和供应工作任务，形成项目的实施过程。

工程项目的融资模式、承发包方式、管理模式、实施策略和各种管理规范是通过合同定义和运作的。工程项目的建设过程实质上又是一系列工程合同的签订和履行过程。

（2）工程建设合同确定了工程实施和工程管理的主要目标，是合同双方在工程中各种经济活动的依据。

工程建设合同在工程实施前签订。它确定了工程所要达到的目标及与目标相关的所有主要的和具体的问题。

例如，工程建设施工合同确定的工程目标主要有三个方面。

① 工期，包括工程开始、工程结束及工程中的一些主要活动的具体日期等。

② 工程质量要求、规模和范围，详细的、具体的质量、技术和功能等方面的要求，如建筑材料、设计、施工等质量标准、技术规范、建筑面积、项目要达到的生产能力等。

③ 费用，包括工程总价格，各分项工程的单位和总价格，支付形式和支付时间等。

以上是工程施工和工程管理的目标和依据。工程中的合同管理工作就是为了保证这些目标的实现。

(3) 合同明确了双方的经济关系。

合同一经签订，合同双方就结成一定的经济关系。合同规定了双方在合同实施过程中的经济责任、利益和权力。工程任务通过合同委托、业主和承包商通过合同调整，签订与执行合同又是工程承包的市场行为。

从根本上来说，合同双方的利益是不一致的。由于利益的不一致，导致工程过程中的利益冲突，造成在工程实施和管理中双方行为的不一致、不协调和矛盾。很自然，合同双方都从各自利益出发考虑和分析问题，采用一些策略、手段和措施达到自己的目的。但这又必然影响和损害对方利益，妨碍工程顺利实施。合同是调节这种关系的主要手段，它规定了双方的责任和权益，双方都可以利用合同保护自己的利益，限制和制约对方。

(4) 合同是工程建设过程中合同双方的最高行为准则。

合同是严肃的，具有法律效力，受到法律的保护和制约。订立合同是双方的法律行为。合同一经签订，只要合同合法，双方必须全面地完成合同规定的责任和义务。如果不能认真履行自己的责任和义务，甚至单方撕毁合同，则必须接受经济的，甚至法律的处罚。除了特殊情况（如不可抗力因素等）使合同不能实施外，合同当事人即使亏本甚至破产，也不能摆脱这种法律约束力。

(5) 合同是工程项目组织的纽带。

合同将工程所涉及的生产、材料和设备供应、运输、各专业施工的分工协作关系联系起来，协调并统一工程各参加者的行为。

由于社会化生产和专业分工的需要，一个工程必须有几个、十几个，甚至更多的参加单位。专业化越发达，工程参加者越多，这种协调关系越重要。在工程实施中，由于合同一方违约，不能履行合同责任，不仅会造成自己的损失，而且会殃及合同伙伴和其他工程参加者，甚至会造成整个工程的中断。如果没有合同的法律约束力，就不能保证工程的各参加者在工程的各个方面，工程实施的每个环节上都按时、按质、按量地完成自己的义务，就不会有正常的工程施工秩序，就不可能顺利地实现工程总目标。

合同管理必须协调和处理各方面的关系，使相关的各合同和合同规定的各工程活动之间不相矛盾，以保证工程有秩序、按计划地实施。

(6) 合同是工程过程中双方争执解决的依据

由于双方经济利益的不一致，在工程建设过程中争执是难免的。合同争执是经济利益冲突的表现，它常常起因于双方对合同理解的不一致，合同实施环境的变化，有一方违反合同或未能正确履行合同等。

合同对争执的解决有两个决定性作用。

① 争执的判定以合同作为法律依据。即以合同条文判定争执的性质，谁对争执负责，应负什么样的责任等。

② 争执的解决方法和解决程序由合同规定。

2) 工程合同的特点

由于建设工程的特点，决定了与一般承揽合同相比较有如下四个特征。

(1) 工程合同标的的特殊性。

合同的标的仅限于基本建设工程。基本建设工程是以资金、材料、设备为条件，以科学技术为手段，通过脑力劳动和体力劳动，建设的各种工厂、矿山、道路、住宅、公用设施等，以形成固定资产扩大再生产能力和改进人民物质文化生活水平。即主要作为基本建设工程的各类建筑物、地下设施附属设施的建筑，以及对线路、管道、设备进行的安装建设。其专业性很强。

(2) 工程合同合同的主体的严格性。

建设工程合同的主体是法人，发包人应是经过批准能够进行工程建设的法人，必须有国家批准的项目建设文件，并具有相应的组织协调能力。承包人只能是具有从事勘察、设计、建筑、安装资格的法人。这些单位必须经国家主管部门审查、批准，在当地工商行政管理部门进行核准登记并领有营业执照的专业组织，必须具备必要的人力、技术力量、机械设备及工程技术人员等条件。承包人未取得建筑施工企业资质或者超越资质登记的，或没有资质的实际施工人借用有资质的建筑施工企业名义的，建设工程施工合同无效。承包人超越资质等级许可的业务范围签订建设工程施工合同，在建设工程竣工前取得相应资质等级的，当事人请求按照合同无效处理的，不予支持。

(3) 建设工程合同具有较强的国家管理性。

基本建设是国民经济中一项重要的经济活动。由于建设工程的标的物为不动产，具有不可移动性，长期存在和发挥效用，工程建设关系到国计民生，对国家和社会生活的方方面面影响较大，签订基本建设合同，必须严格遵守基本建设程序。此外，以政府作为工程建设者的政府工程，往往要纳入国家计划或地方政府计划，工程的立项、发包、承包、建设及验收都受到《合同法》《中华人民共和国建筑法》及相关的法律法规制约。建设工程合同从订立到履行，从资金的投放到最终的竣工验收，都受到国家严格的管理和监督。

(4) 建设工程合同的要式性。

即法律对建设工程合同的形式要件有特殊要求，应当采取书面形式。一个建设工程中，涉及业主、勘察设计单位、施工单位、监理单位材料设备供应商等多家单位，各单位之间的经济法律关系非常复杂，一旦出现工程法律责任，往往出现连带责任。由于书面合同有法律强制性，因此十分讲究措辞的准确性和鲜明性，不容有丝毫的含糊。

根据《合同法》第三十六条的规定，法律、行政法规规定应当采用书面形式订立合同，当事人未采用书面形式，但一方已经履行主要义务，对方业已接受的，认为该合同成立。因此，对已开始履行的建设工程，如果双方当事人对已经履行的并无异议，一般由建设工程行政主管部门、工商行政主管部门或其他行政主管部门责令其在一定期限内补签书面建设工程合同；如果当事人在一定期限内不补签的，则责令其立即停工；如果双方当事人对已履行的有异议，则口头建设工程合同无效，应立即停止履行。

2. 工程项目合同体系

1) 工程项目中的主要合同关系

工程项目是一个极为复杂的社会生产过程，它分为可行性研究、勘察设计、工程施工和运行阶段，有建筑、土建、水电、机械设备、通信、园林等专业设计和施工活动；需要各种材料、设备、资金和劳动力的供应。它们之间形成各式各样的经济法律关系，维系这种关系的纽带就是合同。在一个工程项目中，不同参与方之间的合同关系构成了该项目的合同体系，其中，业主和承包商是两个最重要的节点。这两个体系有不同层次的合同，如图 7.1 所示。工程项目的建设过程实际上是一系列合同的签订和履行过程。

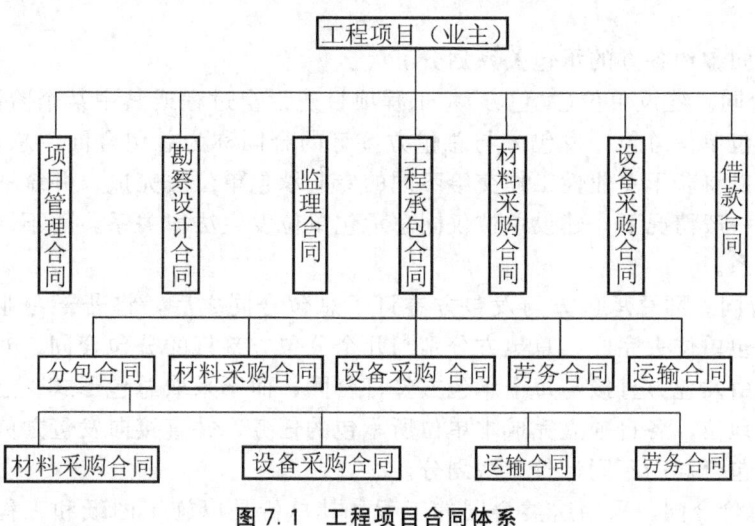

图 7.1 工程项目合同体系

2) 工程合同的类型

工程项目合同，按照不同的标准有多种不同的表示方法。

(1) 按合同签约的对象内容划分。

① 建设工程勘察合同。建设工程勘察合同是承包方进行工程勘察，发包人支付价款的合同。建设工程勘察单位称为承包方，建设单位或者有关单位称为发包方（也称为委托方）。

建设工程勘察合同的标的是为建设工程需要而作的勘察成果。工程勘察是工程建设的第一个环节，也是保证建设工程质量的基础环节。为了确保工程勘察的质量，勘察合同的承包方必须是经国家或省级主管机关批准，持有《勘察许可证》，具有法人资格的勘察单位。

② 建设工程设计合同。建设工程设计合同是承包方进行工程设计，委托方支付价款的合同。建设单位或有关单位为委托方，建设工程设计单位为承包方。

建设工程设计合同为建设工程需要而作的设计成果。工程设计是工程建设的第二个环节，是保证建设工程质量的重要环节。

③ 建设工程施工合同。建设工程施工合同通常也称为建筑安装工程承包合同，是指建设单位（发包方）和施工单位（承包方），为了完成商定的或通过招标投标确定的建筑工程安装任务，明确相互权利义务关系的书面协议。

④ 建设工程委托监理合同。简称监理合同，是指工程建设单位聘请监理单位代其对工程项目进行管理，明确双方权利、义务的协议。建设单位称委托人（甲方）、监理单位称受委托人（乙方）。

⑤ 工程项目物资购销合同。由建设单位或承建单位根据工程建设的需要，分别与有

关物资、供销单位，为执行建筑工程物资（包括设备、建材等）供应协作任务，明确双方权利和义务而签订的具有法律效力的书面协议。

⑥ 建设项目借款合同。由建设单位与中国建设银行或其他金融机构，根据国家批准的投资计划、信贷计划，为保证项目贷款资金供应和项目投产后能及时收回贷款签订的明确双方权利义务关系的书面协议。除以上合同外，还有运输合同、劳务合同、供电合同等。

（2）按合同签约各方的承包关系划分。

① 总包合同。建设单位（发包方）将工程项目建设全过程或其中某个阶段的全部工作，发包给一个承包单位总包，发包方与总包方签订的合同称为总包合同。总包合同签订后，总承包单位可以将若干专业性工作交给不同的专业承包单位去完成，并统一协调和监督它们的工作。在一般情况下，建设单位仅同总承包单位发生法律关系，而不同各专业承包单位发生法律关系。

② 分包合同。即总承包方与发包方签订了总包合同之后，将若干专业性工作分包给不同的专业承包单位去完成，总包方分别与几个分包方签订的分包合同。对于大型工程项目，有时也可由发包方直接与每个承包方签订合同，而不采取总包形式。这时每个承包方都是处于同样地位，各自独立完成本单位所承包的任务，并直接向发包方负责。

（3）按承包合同的不同计价方法划分。

① 固定总价合同。采用这类合同的工程，其总价是以施工图纸和工程说明书为计算依据，在招标时将造价一次包死。在合同执行过程中，不能因为工程量、设备、材料价格、工资等变动而调整合同总价。但人力不可抗拒的各种自然灾害、国家统一调整价格、设计有重大修改等情况除外。

② 计量合同。计量合同又称为单价合同，分为两种形式。

a. 工程量清单合同。这种合同通常由建设单位委托设计、咨询单位计算出工程量清单，分别列出分部分项工程量。承包商在投标时填报单价，并计算出总造价。工程施工过程中，各分部分项的实际工程量应按实际完成量计算，并按投标时承包商所填报的单价计算实际工程总造价。这种合同的特点是在整个施工过程中单价不变，工程承包金额将有变化。

b. 单价一览表合同。这种合同包括一个单价一览表，发包单位只在表中列出各分部分项工程，但不列出工程量。承包单位投标时只填各分部分项工程的单价。工程施工过程中按实际完成的工程量和原填单价计价。

③ 成本加酬金合同。这类合同中的合同总价由两部分组成：一部分是工程直接成本，工程直接成本是按工程施工过程中实际发生的直接成本实报实销；另一部分是事先商定好的一笔支付给承包商的酬金。

3. 工程合同管理的内容

工程合同管理是指项目管理机构通过自身在工程合同的订立和履行过程中所进行的计划、组织、指挥、监督和协调等工作，促使项目内部各部门、各环节相互衔接、密切配合，形成合格的工程项目。工程合同管理是一个动态的过程，是工程项目合同管理机构和管理人员为实现预期的管理目标，运用管理职能和管理方法对工程合同的订立和履行行为实施管理活动的过程。

工程合同管理的全过程包括合同订立前的管理、合同订立中的管理、合同履行中的管理和合同发生纠纷时的管理。

1) 合同订立前的管理

合同订立前的管理称为合同总体策划。合同签订意味着合同生效和合同全面履行，所以必须采取谨慎、严肃、认真的态度，做好签订前的准备工作。合同订立前的管理具体内容包括市场预测、资信调查和决策及订立合同前的行为管理。

作为业主方，主要通过合同总体策划对以下几方面内容作出决策：与业主签约的承包商的数量、招标方式的确定、合同种类的选择、合同条件的选择、重要的合同条款的确定以及其他战略性问题。作为承包商，其合同策划应服从于其基本目标和企业战略经营，具体内容包括投标方向的选择、合同风险的总评价、合作方式的选择等。

2) 合同订立时的管理

合同订立阶段，意味着当事人双方经过工程招标与投标活动，充分酝酿、协商一致，从而建立起建设工程合同法律关系。订立合同是一种法律行为，双方应当认真、严肃拟定合同条款，使合同合法、公平、有效。

3) 合同履行中的管理

合同依法订立后，当事人应认真做好履行过程中的组织和管理工作，严格按照合同条款，享有权利和履行义务。

这阶段合同管理人员的主要工作包括：建立合同实施的保证体系，对合同实施情况进行跟踪并进行诊断分析，进行合同变更管理等。

4) 合同发生纠纷时的管理

在合同履行中，当事人之间可能发生纠纷，当争议纠纷出现时，有关双方首先应从整体、全局利益出发，做好有关合同管理工作。

4．FIDIC 系列合同条件

FIDIC 是指国际咨询工程师联合会，是国际上最权威的咨询工程师的组织之一。与其他类似的国际组织一样，它推动了高质量的工程咨询服务业的发展。

FIDIC 专业委员会编制了许多规范性的文件，被许多国际组织和许多国家采用，其中最主要的文件就是一系列的工程合同条件。在 1999 年以前，FIDIC 编制出版的合同条件包括《土木工程施工合同条件》(FIDIC "红皮书")、《电气和机械工程合同条件》(FIDIC "黄皮书")、《设计—建造与交钥匙工程合同条件》(FIDIC "橘皮书")和《土木工程施工分包合同条件》等。为了适应国际工程市场的需要，FIDIC 于 1999 年出版了一套新型的合同条件，旨在逐步取代以前的合同条件，这套新版合同条件共 4 本，它们是《施工合同条件》《生产设备和设计——建造合同条件》《设计采购施工 EPC/交钥匙项目合同条件》和《简明合同格式》。

(1)《施工合同条件》(Condition of Contract for Construction，简称"新红皮书")。"新红皮书"与原"红皮书"相对应，但其名称改变后合同的适用范围更大。该合同主要用于由发包人设计的或由咨询工程师设计的房屋建筑工程(Building Works)和土木工程(Engineering Works)的施工项目。其特点是承包商按照发包人提供的设计施工。但发包人可要求承包商做少量的设计工作，这些设计可以包括含土木、机械、电气或构筑物的某些部分。这些部分的范围和设计标准必须在规范中作出明确规定，如果大部分工程都要承包商设计，红皮书就不适用了。

（2）《生产设备和设计——建造合同条件》(Conditions of Contract for Plant and Design-Build，简称"新黄皮书")。它主要适用于电气或机械设备的供货及建筑或工程的设计与施工。其特点是具有设计—建造资质的承包商按照业主的要求进行设计并建造该项目，可能包括由土木、机械、电力等工程的组合。采用该模式时由于设计是承包商的职责，承包商则有可能通过牺牲质量来降低成本。因此，业主应考虑雇用专业技术顾问来保证其要求在招标文件中得以体现。

（3）《设计采购施工 EPC/交钥匙项目合同条件》(Conditions of Contract for EPC Turnkey Projects，简称"银皮书")。它适用于在交钥匙方式提供的生产线或发电厂等工厂或类似设施、基础设施项目或其他类型的开发项目。采用这种采购方式的项目的最终价格和要求的工期有更大程度的确定性，由承包商承担项目的设计和施工并提供完善的全部设施，业主介入较少。为达到上述目的，只有采用总价合同并要求承包商承担更大的风险。

（4）《简明合同格式》(Short Form of Contract)。该合同条件主要适用于投资较低的一般不需要分包的建筑工程或设施，或尽管投资较高，但工作内容简单、重复，或建设周期短。一般情况下由承包商按照发包人提供的设计进行施工，但也适应于部分或全部由承包商设计的土木、机械、电气或构筑物合同。

FIDIC 系列合同条件具有国际性、通用性和权威性。其合同条款公正合理，职责分明，程序严谨，易于操作。考虑到工程项目的一次性、唯一性等特点，FIDIC 合同条件分成了"通用条件"(General Conditions)和"专用条件"(Conditions of Particular Application)两部分。通用条件适用于所有的工程。专用条件则针对一个具体的工程项目，是在考虑项目所在国法律法规、项目特点和发包人要求不同的基础上，对通用条件进行的具体化、修改和补充。

5．中国建设工程标准合同文本

建设工程施工合同(示范文本)》由《协议书》《通用条款》《专用条款》三部分组成，并附有三个附件：附件一是《承包人承揽工程项目一览表》，附件二是《发包人供应材料设备一览表》，附件三是《工程质量保修书》。

《协议书》是《施工合同文本》中总纲性的文件。虽然其文字量并不大，但它规定了合同当事人双方最主要的权利义务，规定了组成合同的文件及合同当事人对履行合同义务的承诺，并且合同当事人在这份文件上签字盖章，因此具有很高的法律效力。

《通用条款》是根据《合同法》《建筑法》《建设工程施工合同管理办法》等法律、法规对承发包双方的权利义务作出的规定，除双方协商一致对其中的某些条款作了修改、补充或取消外，双方都必须履行。它是将建设工程施工合同中共性的一些内容抽象出来编写的一份完整的合同文件。《通用条款》具有很强的通用性，基本适用于各类建设工程。

考虑到建设工程的内容各不相同，工期、造价也随之变动，承包、发包人各自的能力、施工现场的环境和条件也各不相同，《通用条款》不能完全适用于各个具体工程，因此，配之以《专用条款》对其作必要的修改和补充，使《通用条款》和《专用条款》成为双方统一意愿的体现。《专用条款》的条款号与《通用条款》相一致，但主要是空格，由当事人根据工程的具体情况予以明确或者对《通用条款》进行修改补充。

《施工合同文本》的附件则是对施工合同当事人的权利义务的进一步明确，并且使得施工合同当事人的有关工作一目了然，便于执行和管理。

1）施工合同文件组成

（1）协议书。

（2）中标通知书。

（3）投标书及其附件。

（4）专用合同条款。

（5）通用合同条款。

（6）有关的标准、规范及技术条件。

（7）图纸。

（8）工程量清单。

（9）工程报价单或预算书等。

2）施工合同文件的相关内容

（1）词语定义与解释。

（2）合同双方的一般权利与义务，包括代表业主利益进行监督管理的监理人员的权力和职责。

（3）工程施工的进度控制。

（4）工程施工的质量控制。

（5）工程施工的费用控制。

（6）施工合同的监督和管理。

（7）工程施工的信息管理。

（8）工程施工的组织和协调。

（9）施工安全管理与风险管理等。

3）合同双方的责任与义务

（1）发包人的主要责任与义务。

① 提供具备施工条件的施工现场和施工用地。

② 提供其他施工条件，包括将施工所需水、电、通信线路从施工场地外部接至专用条款约定地点，并保证施工期间的需要，开通施工场地与城乡公共道路的通道，以及专用条款规定的施工场地内的主要道路，满足施工运输的需要，保证施工期间的畅通。

③ 提供有关水文地质勘探资料和地下管线资料，提供现场测量基准点、基准线和水准点及有关资料，以书面形式交给承包人，并进行现场交验，提供图纸等其他与合同工程有关的资料。

④ 办理施工许可证及其他施工所需的证件、批件和临时用地、停水、停电、中断道路交通、爆破作业等的申请审批手续。

⑤ 协调处理施工场地周围地下管线和临近建筑物、构筑物、古树名木的保护工作、承担有关费用。

⑥ 组织承包人和设计单位进行图纸会审和设计交底。

⑦ 按合同规定支付合同价款。

⑧ 按合同规定及时向承包人提供所需指令、批准等。

⑨ 按合同规定主持和组织工程的验收。

(2) 承包人的主要义务。

① 根据发包人的委托，在其设计资质等级和业务允许的范围内，完成施工图设计或与工程配套的设计，经工程师确认后使用，发包人承担由此发生的费用。

② 按合同要求的质量完成施工任务。

③ 按合同要求的工期完成并交付工程。

④ 按专用条款约定的数量和要求，向发包人提供施工场地办公和生活的房屋及设施，发包人承担由此发生的费用。

⑤ 遵守政府有关主管部门对施工场地交通、施工噪声以及环境保护和安全生产等的管理规定，按规定办理有关手续，并以书面形式通知发包人，发包人承担由此发生的费用，因承包人责任造成的罚款除外。

⑥ 负责保修期内的工程维修。

⑦ 接受发包人、工程师或其代表的指令。

⑧ 负责工地安全，看管进场材料、设备和未交工工程。

⑨ 负责对分包的管理，并对分包方的行为负责。

⑩ 按专用条款约定做好施工场地地下管线和邻近建筑物、构筑物、古树名木的保护工作等。

4) 进度控制的主要条款内容

(1) 合同工期的约定。

工期是指发包人和承包人在协议书中约定，按照总日历天数计算承包天数。

承发包双方必须在协议书中明确约定工期，包括开工日期和竣工日期。工程竣工验收通过，实际竣工日期为承包人送交竣工验收报告的日期；工程按发包人要求修改后通过验收的，实际竣工日期为承包人修改后提请发包人验收的日期。

(2) 进度计划。

承包人应按合同专用条款约定的日期，将施工组织设计和工程进度计划提交工程师，工程师按专用条款约定的时间予以确认或提出修改意见。

工程师对进度计划予以确认或者提出修改意见，并不免除承包人对施工组织设计和工程进度计划本身的缺陷应承担的责任。

(3) 工程师对进度计划的检查和监督。

开工后，承包人应该按照工程师确认的进度计划组织施工，接受工程师对进度的检查和监督。检查和监督的依据一般是双方已经确认的月度进度计划。

工程实际进度与经过确认的进度计划不符时，承包人应按照工程师的要求提出改进措施，经过工程师确认执行。但是，对于因承包人自身的原因导致实际进度与计划进度不符时，所有的后果都应由承包人自行承担，承包人无权就改进措施追加合同价款，工程师也不对改进措施的效果负责。

(4) 暂停施工。

① 工程师认为确有必要暂停施工时，应当以书面形式要求承包人暂停施工，并在提出要求后 48 小时内提出书面处理意见。承包人应当按照工程师的要求停止施工，并妥善保护已完工程。

因为发包人原因造成停工的，由发包人承担所发生的追加合同价款，赔偿承包人由此造成的损失，相应顺延工期；因承包人原因造成停工的，由承包人承担发生的费用，工期不予顺延；因工程师不及时作出答复，导致承包人无法复工，由发包人承担违约责任。

② 当发包人出现某些违约情况时，承包人可以暂停施工，这时发包人应当承担相应的违约责任。

③ 在施工过程中出现一些意外情况，如果需要承包人暂停施工的，承包人应该暂停施工，此时工期是否给予顺延，应视风险责任应由谁承担而确定。

（5）竣工验收。

① 承包人提交竣工验收报告，当工程按合同要求全部完成后，具备竣工验收条件，承包人按国家工程竣工验收的有关规定，向发包人提供完整的竣工资料和竣工验收报告。

② 发包人组织验收。发包人收到竣工验收报告后 28 天内组织验收，并在验收后 14 天内给予认可或提出修改意见，承包人应当按要求进行修改，并承担因自身原因造成修改的费用，中间交工工程的范围和竣工时间，由双方在专用条款内约定。

发包人收到承包人送交的竣工验收报告后 28 天内不组织验收，或者在组织验收后 14 天内不提出修改意见，则视为竣工验收报告已经被认可。发包人在收到承包人竣工验收报告后 28 天内不组织验收，从第 29 天起承担工程保管及一切意外责任。

5）质量控制的主要条款内容

在施工过程中，承包人要随时接受工程师对材料、设备、中间部位、隐蔽工程和竣工工程等质量的检查、验收和监督。

（1）工程质量标准。

工程质量应当达到协议书约定的质量标准，质量标准的评定以国家或行业质量检验评定标准为依据。

双方对工程质量争议，由双方同意的工程质量检测机构鉴定，所需要的费用及因此造成的损失，由责任方承担。

（2）检查和返工。

承包人应认真按照标准、规范和设计图纸要求及工程师依据合同发出的指令施工，随时接受工程师的检查检验，为检查检验提供便利条件。

工程师的检查检验不应影响施工的正常进行。如影响施工正常进行，检查检验不合格时，影响正常施工费用由承包人承担。除此之外，影响施工的追加合同条款由发包人承担，相应顺延工期。

（3）隐蔽工程和中间验收。

工程具备隐蔽条件或达到专用条款约定的中间验收部位，承包人进行自检，并在隐蔽或中间验收前 48 小时以书面形式通知工程师验收。承包人准备验收记录，验收合格，工程师在验收记录上签字后，承包人方可进行隐蔽和继续施工。验收不合格，承包人在工程师限定的时间内修改后重新验收。

（4）重新检验。

无论工程师是否进行验收，当其提出对已经隐蔽的工程重新检验的要求是，承包人应按要求进行剥离或开孔，并在检验后重新覆盖或修复。检验合格，发包人承担由此发生的全部追加合同价款，赔偿承包人损失，并相应顺延工期。检验不合格，承包人承担发生的全部费用，工期不予顺延。

（5）工程试车。

双方约定需要试车的，应当组织试车。试车有单机无负荷试车、联动无负荷试车和投料试车。

① 单机无负荷试车。设备安装工程具备单机无负荷试车条件，由承包人组织试车，并在试车前 48 小时以书面形式通知工程师。

② 联动无负荷试车。设备安装工程具备联动无负荷试车条件，发包人组织试车，并在试车前 48 小时以书面形式通知承包人。

③ 投料试车。投料试车应在工程竣工验收后由发包人负责。

（6）竣工验收。

工程未经竣工验收或竣工验收未通过的，发包人不得使用。发包人强行使用时，由此发生的质量问题及其他问题，由发包人承担负责。

（7）质量保修。

承包人应按照法律、行政法规或国家关于工程质量保修的有关规定，以及合同中有关质量保修要求，对交付发包人使用的工程在质量保修期内承担质量保修责任。承包人应在工程竣工验收之前，与发包人签订质量保修书，作为合同附件，主要内容包括工程质量保修范围和内容、质量保修期、质量保修责任和质量保修金的支付方法等。

（8）材料设备供应。

① 发包人供应的材料设备。发包人应按合同约定提供材料设备，并向承包人提供产品合格证明，对其质量负责。发包人在所供材料设备到货前 24 小时以书面形式通知承包人，由承包人派人与发包人共同清点。

② 承包人采购材料设备。承包人负责采购材料设备的，应按照专用条款约定及设计和有关标准要求采购，并提供产品合格证明，对材料设备质量负责。

承包人供应的材料设备使用前，承包人应按照工程师的要求进行检验或试验，不合格的不得使用，检验或试验费用由承包人承担。

6）费用控制的主要条款内容

（1）施工合同条款

施工合同条款的约定可以采用固定总价、可调总价、固定单价、可调单价及成本加酬金合同等方式。

（2）工程预付款。

实行工程预付款的，双方应当在专用条款内约定发包人向承包人预付工程款的时间和数额，开工后按约定的时间和比例逐次扣回。

（3）工程进度款。

工程量的确认，包括对承包人已完工程量进行计量、核实与确认，是发包人支付工程款的前提。

工程款结算可以采用按月结算、按形象进度分段结算或者竣工后一次性结算等方式。

（4）变更价款的确定。

承包人在工程变更确定后 14 天内提出变更工程价款的报告，经工程师确认后调整合同价款。

（5）竣工结算。

工程竣工验收报告经发包人认可后 28 天内，承包人向发包人递交竣工结算报告及完整的结算资料，双方按照协议书约定的合同价款及专用条款约定的合同价款调整内容进行竣工结算。发包人收到承包人递交的竣工结算报告及结算资料后 28 天内进行核实，给予确认或者提出修改意见。发包人确认竣工结算报告后向承包人支付工程竣工结算价款。

（6）质量保修金。

保修期满，承包人履行了保修义务，发包人应在质量保修期满后14天内结算，将剩余保修金和按工程量保修书约定银行利率计算的利息一起返还承包人。

案例 7-1

某施工单位承担了某学校实验楼的施工任务，并与该学校签订了该项目建设工程施工承包合同。现就部分合同内容摘录如下。

（1）施工单位按工程师批准的施工组织设计（或施工方案）组织施工，施工单位不应承担因此引起的工程延期和费用增加的责任。

（2）承包人应当按照协议书约定的开工日期开工。承包人不能按时开工，可以以书面形式向发包人提出延期开工的理由和要求，发包人应在接到延期开工申请后的24小时内以书面形式答复承包人。发包人在接到延期开工申请后的24小时内不答复，视为同意承包人要求，工期相应顺延。

（3）建设单位向施工单位提供施工场地的工程地质和地下主要管网线路资料，供施工单位参考使用。

（4）施工单位不能将工程转包，但允许分包，也允许分包单位将分包的工程再次分包给其他施工单位。

（5）无论监理工程师是否进行验收，但其要求对已经隐蔽的工程重新检验时，承包人应按要求进行剥离或开孔，并在检验后重新覆盖或修复。检验合格，发包人承担由此发生的全部追加合同价款，赔偿承包人损失，并相应顺延工期。检验不合格，承包人承担发生的全部费用，工期应予顺延。

（6）承包人应按专用条款约定时间，向发包方提交已完工程量的报告。发包方接到报告后3天内按设计图纸核实已完工程量，作为工程价款支付的依据。

分析上述合同内容中存在的不妥之处及改正内容。

【解】（1）"施工单位不应承担因此引起的工程延期和费用增加的责任"不妥。改正为：施工单位按监理工程师批准的施工组织设计（或施工方案）组织施工，不应承担非自身原因引起的工程延期和费用增加的责任。

（2）时限要求不妥。改正为：承包人应当按照协议书约定的开工日期开工。承包人不能按时开工，应当不迟于协议书约定的开工日期前7天，以书面形式向监理工程师提出延期开工的理由和要求，监理工程师应在接到延期开工申请后的48小时内以书面形式答复承包人。监理工程师在接到延期开工申请后的48小时内不答复，视为同意承包人要求，工期相应顺延。监理工程师不同意延期要求或承包人未在规定时间内提出延期开工要求的，工期不予顺延。

（3）"供施工单位参考使用"不妥。改正为：保证资料（数据）真实、准确（或作为施工单位现场施工的依据）。

（4）"也允许分包单位将分包的工程再次分包给其他施工单位"不妥。改正为：不允许分包单位再分包。

（5）"检验不合格……工期应予顺延"不妥。改正为：检验不合格，工期不予顺延。

（6）"发包方接到报告后3天内……"不妥。改正为：承包人应按专用条款约定的时间，向监理工程师提交已完工程量的报告。监理工程师接到报告后7天内按设计图纸核实已完工程量（以下称计量），并在计量前24小时通知承包人，承包人为计量提供便利条件并派人参加。承包人收到通知后不参加计量，计量结果有效，作为工程价款支付的依据。

7.2 工程项目合同管理的实施

工程项目合同管理是合同管理本身所具有的管理职能和工作过程实施，包括工程合同的签订、工程项目合同的履行、工程变更管理和工程项目索赔管理等。它们构成工程项目的合同管理子系统。

7.2.1 工程项目合同的签订

1. 合同订立的一般原则

订立合同的过程就是合同当事人就合同的权利、义务及合同的主要条款达到一致的过程，订立合同必须遵循《合同法》规定的基本原则。

1) 平等原则

合同当事人的法律地位平等，即享有民事权利和承担民事义务的资格是平等的，一方不得将自己的意志强加给另一方。市场经济中交易双方的关系实质上是一种平等的契约关系，因此，在订立合同中一方当事人的意思表示必须是完全自愿的，不能是在强迫和压力下所作出的非自愿的意思表示。因为合同是平等主体之间的法律行为，只有订立合同的当事人平等协商，才有可能订立意思表示一致的协议。

2) 自愿原则

合同当事人依法享有自愿订立合同的权利，不受任何单位和个人的非法干预。合同法中的自愿原则，是合同自由的具体体现。民事主体在民事活动中享有自主的决策权，其合法的民事权利可以抗御非正当行使的国家权利，也不受其他民事主体的非法干预。

合同法中的自愿原则有以下含义：第一，合同当事人有订立或者不订立合同的自由；第二，当事人有选择合同相对人、合同内容和合同形式的自由，即有权决定与谁订立合同、有权拟定或者接受合同条款、有权以书面或者口头的形式订立合同。

3) 公平原则

合同当事人应当遵循公平原则确定各方的权利和义务。在合同的订立和履行中，合同当事人应当正当行使合同权利和履行合同义务，兼顾他人利益，使当事人的利益能够均衡。在双务合同中，一方当事人在享有权利的同时，也要承担相应义务，取得的利益要与付出的代价相适应。

4) 诚实信用原则

合同当事人在订立合同、行使权利、履行义务中，都应当遵循诚实信用原则。这是市场经济活动中形成的道德规则，它要求人们在交易活动（订立和履行合同）中讲究信用，恪守诺言，诚实不欺。在行使权利时应当充分尊重他人和社会的利益，对约定的义务要忠实地履行。

5) 合法性原则

合同当事人在订立及履行合同时，合同的形式和内容等各构成要件必须符合法律的要求，符合国家强行性法律的要求，不违背社会公共利益，不扰乱社会经济秩序。

2. 合同订立的程序

合同的订立，就是当事人双方依法就合同的主要内容进行协商，取得一致意见，确立相互权利义务的过程。所以，合同是当事人之间意见表示一致的结果。当事人订立合同的具体方式各不相同，有的通过书面往来协商谈判，有的面对面谈判，有的采用拍卖、投标等方式，但不管采取什么具体形式，都必须通过要约和承诺，合同才能成立。《合同法》对要约、承诺做了具体规定。一般合同的签订需要经过要约和承诺两个步骤，但施工合同的签订有其特殊性，需要经过要约邀请—要约—承诺三个阶段。

1）要约邀请

要约邀请是指当事人一方邀请不特定的另一方当事人向自己提出要约的意思表示。要约邀请行为属于实事行为，不具有法律约束力，只有经过被邀请的一方作出要约并经邀请方承诺后，合同方可成立。在施工合同订立过程中，发包方发布招标公告或招标邀请书的行为就是一种要约邀请行为，其目的在邀请承包方投标。

2）要约

要约是由要约人向受要约人提出希望与其订立合同的意思表示。要约具有法律约束力，要约生效后要约人不得擅自撤回或更改。在施工合同签订过程中，承包商向发包人递交投标书的行为就是要约行为，为使要约有效，投标书中应包含施工合同应具备的主要条款，如工期、工程质量、工程造价等内容。作为要约的投标对承包商具有法律约束力，主要表现为，承包商在投标生效后无权修改或撤回投标，而且一旦中标就必须与发包人签订合同，否则将承担相应的法律责任。

3）承诺

承诺是指受要约人完全同意要约的意思表示。受要约人作出承诺的意思表示后，即受到法律的约束，不得任意变更或解除承诺。在招投标过程中，发包人发出中标通知书的行为即为承诺。《中华人民共和国招标投标法》规定，招标人和中标人应当自中标通知书发出之日起30天内，按照招标文件和中标人的投标文件订立书面合同。因此，确定中标单位后，发包方和承包方均有权利要求对方签订施工合同。

3. 工程合同签订的依据和条件

规范工程项目合同管理，不但需要规范合同本身的法律法规的完善，也需要相关法律体系的完善。目前，中国的立法体系已基本完善。与工程项目合同有直接关系的是《中华人民共和国民法通则》《中华人民共和国合同法》《中华人民共和国招标投标法》《中华人民共和国建筑法》等。

1）《中华人民共和国民法通则》

是调整平等主体的公民之间、法人之间、公民和法人之间的财产关系和人身关系的基本法律。合同关系也是一种财产关系，因此，民法通则对规范合同关系做出了原则性的规定。

2）《中华人民共和国合同法》

是规范我国市场经济财产流转关系的基本法，工程项目的订立和履行也要遵守其基本规定，工程项目实施过程中，会涉及大量的合同，均需遵守《中华人民共和国合同法》的规定。

3）《中华人民共和国招标投标法》

是规范工程建设市场竞争的主要法律，也是规范合同管理行为的法律，能够有效地实现公开、公平、公正的竞争。国家对工程项目招标的范围和规模有明确的规定，必须通过招标投标确定承包人，发包人和承包人的合同行为也必须遵守《中华人民共和国招标投标法》的规定。

4）《中华人民共和国建筑法》

是规范建筑活动的基本规律，工程项目的订立和履行就是一种建筑活动，合同的内容也必须遵守《中华人民共和国建筑法》的规定。

5) 其他法律法规

工程项目在订立和履行过程还涉及其他一些法律关系，需要遵守相应的法律规定。执行建筑工程施工合同管理办法、建筑工程合同示范文本等。

工程合同签订必须具备以下条件。

(1) 初步设计已经批准。

(2) 工程项目已经列入年度建设计划。

(3) 有能够满足施工需要的设计文件和有关技术资料。

(4) 建设资金和主要建筑材料设备来源已经落实。

(5) 招投标工程，中标通知书已经下达。

7.2.2 工程项目合同的履行

1. 工程合同管理体系的建立

现代工程的特点使得施工中的合同管理极为困难和复杂，日常的事务性工作较多。为了使工作有序、有计划地进行，必须建立工程承包合同实施管理体系。

1) 制定合同实施工作程序

对于一些经常性工作应订立工作程序。如图纸批准程序，承(分)包商的索赔程序，承(分)包商的账单审查程序，材料、设备、隐蔽工程、已完工程的检查验收程序，工程进度付款账单的审查批准程序，工程问题的请示报告程序等。

2) 建立定期和不定期的协商会办制度

工程施工过程中，业主、工程师和承包商、分包商，以及施工项目管理职能人员和各工程小组负责人都应定期协商会办，以解决和讨论合同实施进度和各种计划落实情况、各方面工作的协调、后期工作的安排、目前发生的和以后可能发生的各种问题及合同变更问题。

3) 进行"合同交底"，落实合同责任，实行目标管理

合同交底是对合同的主要内容作出解释和说明，使大家熟悉合同中的各种规定及管理程序，了解承包商的合同责任、工程范围，以及各种行为的法律后果等。在实施合同前，相关单位召开内部协调会议，做好各种安排。将各种合同事件责任分解到各工程小组或分包商，使他们对合同事件表、施工图纸、设备安装图纸、施工说明等有十分详细的了解，并对工程实施技术和法律问题进行解释和说明。

4) 建立报告和行文制度

施工项目部和业主、监理工程师、分包商之间的沟通，都应以书面形式进行，或以书面形式作为最终依据。

5) 建立文档系统

在合同实施过程中，业主、承包商、工程师及其他承包商之间有大量的信息交往，承包商的项目经理部内部的各个职能部门或人员之间有大量的信息交往。这些信息都是重要的合同文件，因此有必要建立合同文档系统，对这些信息资料进行整理归类，以便于分析和查询。

6）建立严格的质量检查验收制度

合同管理人员应主动抓好工程质量，协助做好全面质量管理工作，建立一整套质量检查和验收制度。

2. 工程合同履行的原则

施工合同一经依法订立即具有法律效力，双方当事人应当按合同约定严格履行，不得违反。《合同法》规定：合同当事人应当按照约定"全面履行自己的义务"。所以，施工合同的履行应当遵守以下两个原则。

1）实际履行原则

施工合同的实际履行原则是指施工合同当事人必须依据施工合同规定的标的履行自己的义务。由于施工合同的标的特殊性及不可替代性，因此，施工合同签订后，合同当事人就必须按照合同规定的内容和范围实际履行，承包方应按期保质保量交付工程项目，发包人应及时予以接受。

2）全面履行原则

施工合同的全面履行原则是指施工合同当事人必须按照合同规定的所有条款完成工程建设任务。因此，在施工合同中应明确履行标的、履行期限、履行价格及标的质量等内容。如果施工合同对以上内容约定不明，当事人如果不能通过协商达成补充协议，则应按照合同有关条款或交易习惯确定；如仍确定不了，则可根据适当履行的原则，在适当的时间、适当的地点、以适当的方式来履行。

施工合同履行中应注意以下问题。

（1）安全施工。

承包人按工程质量、安全及消防管理有关规定组织施工，并随时接受行业安全检查人员依法实施的监督检查，采取严格的安全防护措施，承担由于自身的安全措施不力造成事故的责任和因此发生的费用。非承包人责任造成安全事故，由责任方承担责任和发生的费用。

（2）不可抗力。

不可抗力是指合同当事人不能预见、不能避免并不能克服的客观情况。建设工程施工中的不可抗力包括因战争、动乱、空中飞行物坠落或其他非发包人责任造成的爆炸、火灾，以及专用条款约定的风、雨、雪、洪水、地震等自然灾害。不可抗力事件发生后，对施工合同的履行会造成较大的影响。在合同订立时应当明确不可抗力的范围。

7.2.3 工程变更管理

在合同的履行过程中，由于工程环境变化、业主的新要求、设计变更及工程施工方案的变化导致合同变更，合同的内容变更是工程合同的特点之一，合同变更中最频繁和数量最大的是工程变更。

工程变更一般是指在工程施工的过程中，根据合同约定对施工的程序、工程的内容、数量、质量要求及标准等作出变更。

1. 工程变更的原因

（1）业主新的变更指令，对建筑的新要求，如业主有新的意图、修改项目计划、削减项目预算等。

（2）由于设计人员、监理方人员、承包商事先没有很好地理解业主的意图，或设计的错误，导致图纸的修改。

（3）工程环境的变化，预定的工程条件不准确，要求实施方案或实施计划变更。

（4）由于产生新技术和知识，有必要改变原设计、原实施方案或实施计划，或由于业主指令及业主责任的原因造成承包商施工方案的改变。

（5）政府部门对工程新的要求，如国家计划变化、环境保护要求、城市规划变动等。

（6）由于合同实施出现问题，必须调整合同目标或修改合同条款。

2．工程变更的范围

（1）根据 FIDIC 施工合同条件，工程变更的内容可能包括以下几个方面。

① 改变合同中所包括的任何工作的数量。

② 改变任何工作的质量和性质。

③ 改变工程任何部分的标高、基线、位置和尺寸。

④ 删减任何工作，但要交他人实施的工作除外。

⑤ 任何永久工程需要的任何附加工作、工程设备、材料或服务。

⑥ 改动工程的施工顺序或时间安排。

（2）根据我国施工合同示范文本，工程变更包括设计变更和工程质量标准等其他实质性内容的变更，其中设计变更包括以下几类。

① 更改工程有关部分的标高、基线、位置和尺寸。

② 增减合同中约定的工程量。

③ 改变有关工程的施工时间和顺序。

④ 其他有关工程变更需要的附加工作。

3．工程变更的程序

根据统计，工程变更是索赔的主要起因。由于工程变更对工程施工过程影响很大，会造成工期的拖延和费用的增加，容易引起双方的争议，所以要十分重视工程变更管理问题。

一般工程施工承包合同中都有关于工程变更的具体规定。工程变更一般按照图 7.2 程序进行。

1）提出工程变更

根据工程实施的实际情况，以下单位都可以根据需要提出工程变更：①承包商；②业主方；③设计方。

2）工程变更的批准

承包商提出的工程变更，应该交付工程师审查并批准；由业主方提出的工程变更，涉及设计修改的应该与设计单位协商，并一般通过工程师发出。工程师发出工程变更的权力，一般会在施工合同中明确约定，通常在发出变更通知前应征得业主批准。

3）工程变更指令的发出及执行

为了避免耽误工程，工程师和承包人就变更价格和工期补偿达成一致意见之前有必要先行发布变更指示，先执行工程变更工作，然后再就变更价格和工期补偿进行协商和确定。

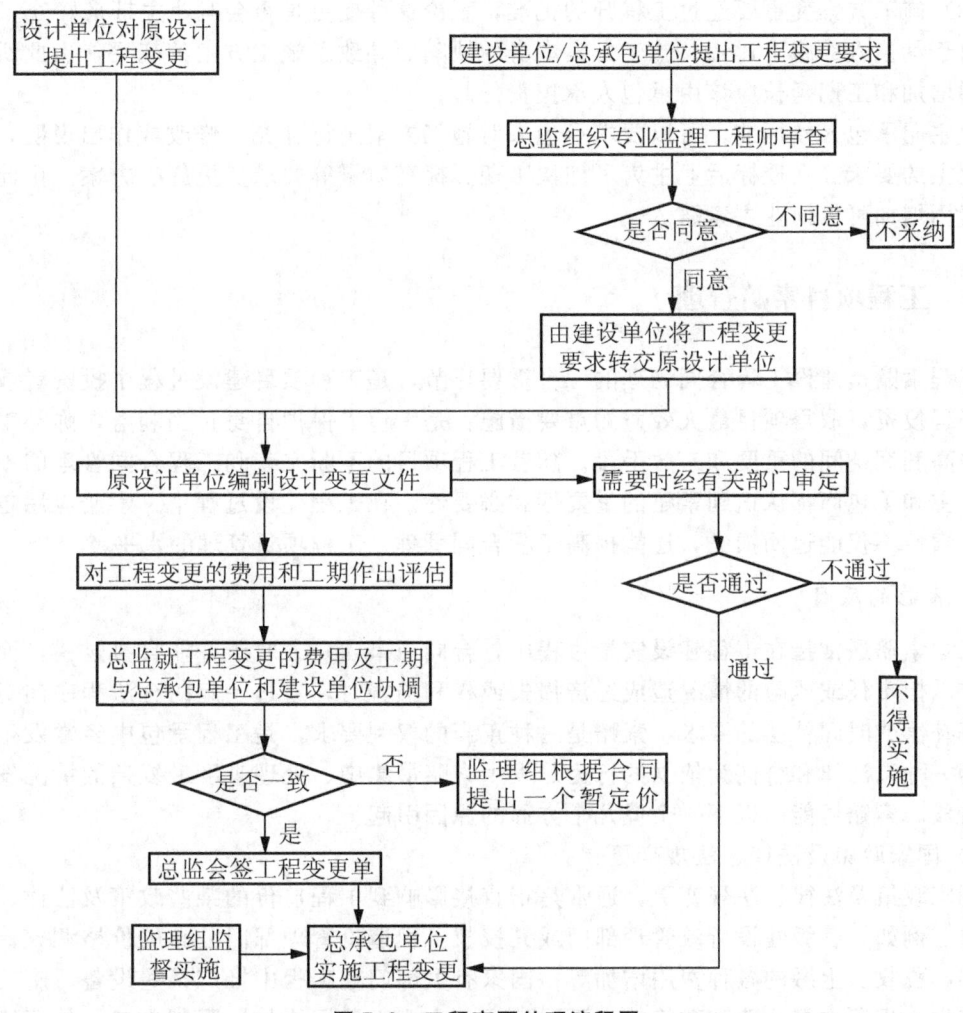

图 7.2 工程变更处理流程图

工程变更指示的发出有两种形式：书面形式和口头形式。一般情况下要求用书面形式发布变更指示，如果由于情况紧急而来不及发出书面指示，承包人应该根据合同规定要求工程师书面认可。

根据工程惯例，除非工程师明显超越合同权限，承包商应该无条件地执行工程变更的指示。即使工程变更价款没有确定，或者承包人对工程师答应给予付款的金额不满意，承包人必须一边进行变更工作，一边根据合同寻求解决办法。

4. 工程变更的责任分析与补偿要求

根据工程变更的具体情况可以分析确定工程变更的责任和费用补偿。

（1）由于业主要求、政府部门要求、环境变化、不可抗力、原设计错误等导致的设计修改，应该由业主承担责任。由此所造成的施工方案的变更，以及工期的延长和费用的增加应该向业主索赔。

（2）由于承包人的施工过程、施工方案出现错误、疏漏而导致设计的修改，应该由承包人承担责任。

（3）施工方案变更要经过工程师的批准，不论这种变更是否会对业主带来好处。

由于承包人的施工过程、施工方案本身的缺陷而导致了施工方案的变更，由此所引起的费用增加和工期延长应该由承包人承担责任。

业主向承包人授标前，可以要求承包人对施工方案进行补充、修改或作出说明，以便符合业主的要求。在授标后业主为了加快工期、提高质量等要求变更施工方案，由此所引起的费用增加可以向业主索赔。

7.2.4 工程项目索赔管理

工程索赔是建设工程合同管理的一个重要环节，是工程项目建设过程中投资者或业主控制工程投资，取得项目最大效益的重要措施；是承包人保护自身正当利益，弥补工程损失，提高利润空间的重要和有效手段。随着工程项目的不断完善和工程合同管理的不断强化，业主和承包商都认识到索赔的重要性和必要性。在工程建设过程中，索赔应用越来越广泛。索赔不仅能追回损失，还能提高工程合同管理、工程项目管理的水平。

1. 索赔的原因

工程索赔通常指在工程建设实施过程中，合同当事人一方对于并非自身过错，而是应由对方承担责任或风险的情况造成经济损失或权利损害时，通过一定的合法程序向对方提出经济补偿或时间补偿的要求。索赔是一种正当的权利要求，是工程承包中经常发生的现象，是一种以法律和合同为依据的行为。发生索赔最集中、处理难度最复杂的情况发生在施工阶段。索赔可能由以下一个或几个方面的原因引起。

1）国家政策及法律、法规变更

国家政策及法律、法规变更，通常是指直接影响到工程造价的某些政策及法律、法规的变更。例如：各级建设行政管理部门或其授权工程造价管理部门公布的价格调整，如收费标准、税收、上缴的各种费用增加等；国家有关部门在工程中推广某些设备、施工技术的规定；工程所在国法律和政策的变更导致承包人施工费用增加；限制进口、外汇管制或税收及其他收费标准的提高。

2）不可抗力和不可预见因素

不可抗力事件是指当事人在订立合同时不能预见，对其发生和后果不能避免且不能克服的事件。不可抗力事件包括：自然灾害（如台风、暴雨、地震等）超过了合同规定的，认定为不可抗力的标准；社会动乱、战争、内乱、暴动等。不可预见因素是事先没办法预见的意外情况，如遇地下水、地质断层、熔岩孔洞、沉陷、地下文物遗址、地下实际隐藏的障碍物等。

3）业主违约

没有按合同规定提供设计资料、图纸，未及时下达指令，答复请示等，使工程延期。没有按合同规定的日期交付施工场地、行驶道路、提供水电、提供应由业主供应的材料和设备，使承包人不能及时开工，或造成工程中断。业主未按合同规定按时支付工程款，或业主应经处于破产境地，不能再继续履行合同。下达错误的指令，提供错误的信息。

4）监理工程师指令、通知

监理工程师及监理人员到达现场前，未按合同规定通知施工单位，致使对施工造成不利影响。监理工程师发出的指令、通知有误，影响了施工的正常进行或对施工造成不利影响。监理工程师未按合同规定及时提供必须由其发出的指令，对施工造成不利影响。监理工程师未按合同规定及时履行其必须履行的其他义务，以致对施工造成的不利影响。监理工程师对施工单位的施工组织进行不合理干预，或超越其职权的不合理干预，影响施工正常进行，而造成对施工的不利影响。

5) 合同缺陷

合同文件的缺陷，如条文不全、前后矛盾、遗漏、错误，合同条款之间出现矛盾等，对施工造成不利影响。业主或监理工程师对合同作出错误解释，使承包人受到损失。招投标文件中存在缺陷，使承包人报价失误受到损失。合同风险规定不具体、含混不清，或有失公正，造成合同一方当事人损失。

6) 其他

施工条件变化、工程变更、其他承包人未能按时、按程序进行并完成某项工作、各承包人之间配合协调不好等而给本承包人的工作带来的干扰都会造成索赔事件的发生。

2. 索赔的分类

1) 按索赔有关当事人分类

(1) 承包人与发包人之间的索赔，在建设工程实践中，发生的比较多的是承包商向业主提出索赔。业主向承包商索赔，在承包商未按合同要求实施工程时，除了工程师可向承包商发出批评或警告，要求承包商及时改正外，在许多情况下，工程师可以代表业主根据合同向承包商提出索赔，主要涉及工程量计算、工程变更、工期和价格方面的争议及暂停施工和终止合同的损害赔偿等。

(2) 承包人与分包人之间的索赔，与上述内容大致相似，形式为分包人向总包人索要付款和赔偿，总包人向分包人罚款和扣留支付款等。

(3) 承包人或发包人与供货人之间的索赔，实施项目的供货若独立于土建或安装合同之外，由业主与招标选定的供货商签订合同，涉及业主与供应商；而若项目施工中所需材料和设备较少，一般由土建总包商选定供货商，议定供货价格，签订供货合同的话，供货商处于分包商的地位，涉及的当事人为总包商和供应商。索赔内容多为商贸方面争议，例如商品质量不符合技术要求、数量短缺、交货拖延、运输损坏等。

(4) 承包人或发包人与保险人之间的索赔。多为承包商和业主已受到灾害、事故等保险规定范围内的损害或损失。由于承包商的保险一般是按合同规定以承包商和业主的共同名义向保险公司投保的，事故发生后，承包商与业主一起按保单向所投保的保险公司索取赔偿。

2) 按照索赔目的和要求分类

(1) 工期索赔，一般指承包人向业主或者分包人向承包人要求延长工期。

(2) 费用索赔，即要求补偿经济损失，调整合同价格。

3) 按照索赔事件的性质分类

(1) 工程延期索赔，因为发包人未按合同要求提供施工条件，或者发包人指令工程暂停或不可抗力事件等原因造成工期拖延的，承包人向发包人提出索赔；如果由于承包人原因导致工期拖延，发包人可以向承包人提出索赔；由于非分包人的原因导致工期拖延，分包人可以向承包人提出索赔。

(2) 工程加速索赔，通常是由于发包人或工程师指令承包人加快施工进度，缩短工期，引起承包人的人力、物力、财力的额外开支，承包人提出索赔；承包人指令分包人加快进度，分包人也可以向承包人提出索赔。

(3) 工程变更索赔，由于发包人或工程师指令增加或减少工程量或增加附加工程、修改设计、变更施工顺序等，造成工期延长和费用增加，承包人对此向发包人提出索赔，分包人也可以对此向承包人提出索赔。

(4) 工程终止索赔，由于发包人违约或发生了不可抗力事件等造成工程非正常终止，承包人和分包人因蒙受经济损失而提出索赔；如果由于承包人或者分包人的原因导致工程非正常终止，或者合同无法继续履行，发包人可以对此提出索赔。

(5) 不可预见的外部障碍或条件索赔，即施工期间在现场遇到一个有经验的承包商通常不能预见的外界障碍或条件，例如地质条件与预计的（业主提供的资料）不同，出现未预见的岩石、淤泥或地下水等，导致承包人损失，这类风险通常应该由发包人承担，即承包人可以据此提出索赔。

(6) 不可抗力事件引起的索赔，在新版 FIDIC 施工合同条件中，不可抗力通常是满足以下条件的特殊事件或情况：一方无法控制的、该方在签订合同前不能对之进行合理防备的、发生后该方不能合理避免或克服的、不主要归因于他方的。不可抗力事件发生导致承包人损失，通常应该由发包人承担，即承包人可以据此提出索赔。

(7) 其他索赔，如货币贬值、汇率变化、物价变化、政策法令变化等原因引起的索赔。

4) 按索赔的依据分类

(1) 合约内索赔，索赔所涉及的内容可以在合同内找到依据。如工程量的计算、变更工程的计量和价格、不同原因引起的拖期等。

(2) 合约外索赔，索赔的内容或权力虽然在合同条款中找到依据，但权力可以来自民法、经济法或政府部门颁布的法规等。如业主原因中止合同，但虽然业主同意支付给承包商全部已完工程款和人员设备撤离所需费用，但承包商认为补偿太少，还应补偿利润损失和失去其他工程机会所造成的损失。

(3) 额外索赔，指非业主违约，承包商所蒙受的损失在合同中找不到相应的条款。如承包商在投标时对标价估计不足，工程实施中发现比他原来预计的困难要大得多，尽管找不到合同条款依据或法律依据，业主出于同情和对承包商的信任而给予一定程度上的补偿。

3. 索赔成立的条件

1) 构成施工项目索赔条件的事件

索赔事件，又称为干扰事件，是指那些使实际情况与合同规定不符合，最终引起工期和费用变化的各类事件。在工程实施过程中，只要不断地跟踪、监督索赔事件，就可以不断地发现索赔机会。通常，承包商可以提起索赔的事件有：发包人违反合同给承包人造成时间、费用的损失；因工程变更（合设计变更、发包人提出的工程变更、监理工程师提出的工程变更，以及承包人提出并经监理工程师批准的变更）造成的时间、费用损失；由于监理工程师对合同文件的歧义解释、技术资料不确切，或由于不可抗力导致施工条件的改变，造成了时间、费用的增加；发包人提出提前完成项目或缩短工期而造成承包人的费用增加；发包人延误支付期限造成承包人的损失；对合同规定以外的项目进行检验，且检验合格，或非承包人的原因导致项目缺陷的修复所发生的损失或费用；非承包人的原因导致工程暂时停工；物价上涨，法规变化及其他。

2）索赔成立的前提条件

索赔的成立，应该同时具备以下三个前提条件。

(1) 与合同对照，事件已造成了承包人工程项目成本的额外支出，或直接工期损失。

(2) 造成费用增加或工期损失的原因，按合同约定不属于承包人的行为责任或风险责任。

(3) 承包人按合同规定的程序和时间提交索赔意向通知和索赔报告。

4. 索赔的依据

总体而言，索赔的依据主要是三个方面：合同文件；法律、法规；工程建设惯例。

1）合同文件

合同文件是索赔的最主要依据，合同文件包括以下内容。

(1) 合同协议书。

(2) 中标通知书。

(3) 投标书及其附件。

(4) 合同专用条款。

(5) 合同通用条款。

(6) 标准、规范及有关技术文件。

(7) 图纸。

(8) 工程量清单。

(9) 工程报价单或预算书。

合同履行中，发包人与承包人有关工程的洽商、变更等书面协议或文件应视为合同文件的组成部分。

2）订立合同所依据的法律法规

(1) 适用法律和法规。

建设工程合同文件适用国家的法律和行政法规，需要明示的法律、行政法规，由双方在专用条款中约定。

(2) 适用标准、规范。

双方在专用条款内约定适用的国家标准、规范和名称。

5. 索赔证据

索赔证据是当事人用来支持其索赔成立或和索赔有关的证明文件和资料。索赔证据作为索赔文件的组成部分，在很大程度上关系到索赔的成功与否。证据不全、不足或没有证据，索赔是很难获得成功的。

在工程项目实施过程中，会产生大量的工程信息和资料，这些信息和资料是开展索赔的重要证据。因此，在施工过程中应该自始至终做好资料积累工作，建立完善的资料记录和科学管理制度，认真系统地积累和管理合同、质量、进度及财务收支等方面的资料。

常见的工程索赔证据有以下几种类型。

(1) 各种合同文件，包括施工合同协议书及其附件、中标通知书、投标书、标准和技术规范、图纸、工程量清单、工程报价单或者预算书、有关技术资料和要求、施工过程中的补充协议等。

(2) 工程各种往来函件、通知、答复等。

(3) 各种会谈纪要。

(4) 经过发包人或者工程师批准的承包人的施工进度计划、施工方案、施工组织设计和现场实施情况记录。

(5) 工程各项会议纪要。

(6) 气象报告和资料，如有关温度、风力、雨雪的资料。

(7) 施工现场记录，包括有关设计交底、设计变更、施工变更指令，工程材料和机械设备的采购、验收与使用等方面的凭证及材料供应清单、合格证书，工程现场水、电、道路等开通、封闭的记录，停水、停电等各种干扰事件的时间和影响记录等。

(8) 工程有关照片和录像等。

(9) 施工日记、备忘录等。

(10) 发包人或者工程师签认的签证。

(11) 发包人或者工程师发布的各种书面指令和确认书，以及承包人的要求、请求、通知书等。

(12) 工程中的各种检查验收报告和各种技术鉴定报告。

(13) 工地的交接记录（应注明交接日期，场地平整情况，水、电、路情况等），图纸和各种资料交接记录。

(14) 建筑材料和设备的采购、订货、运输、进场、使用方面的记录、凭证和报表等。

(15) 市场行情资料，包括市场价格、官方的物价指数、工资指数、中央银行的外汇比率等公布材料。

(16) 投标前发包人提供的参考资料和现场资料。

(17) 工程结算资料、财务报告、财务凭证等。

(18) 各种会计核算资料。

(19) 国家法律、法令、政策文件。

6. 索赔的程序和方法

在工程施工阶段，每出现一个索赔事件，都应按照国家有关规定及工程合同条件，认真及时协商解决。工程施工中承包人向发包人索赔、发包人向承包人索赔及分包人向承包人索赔的情况都有可能发生。索赔的一般程序见图 7.3。

1) 索赔意向通知

在工程实施过程中发生索赔事件以后，或者承包人发现索赔机会，首先要提出索赔意向，即在合同规定时间内将索赔意向用书面形式及时通知发包人或者工程师，向对方表明索赔愿望、要求或者声明保留索赔权利，这是索赔工作程序的第一步。

索赔意向通知要简明扼要地说明索赔事由发生的时间、地点、简单事实情况描述和发展动态、索赔依据和理由、索赔事件的不利影响等。

2) 索赔资料的准备

在索赔资料准备阶段，主要工作有以下几项。

(1) 跟踪和调查干扰事件，掌握事件产生的详细经过。

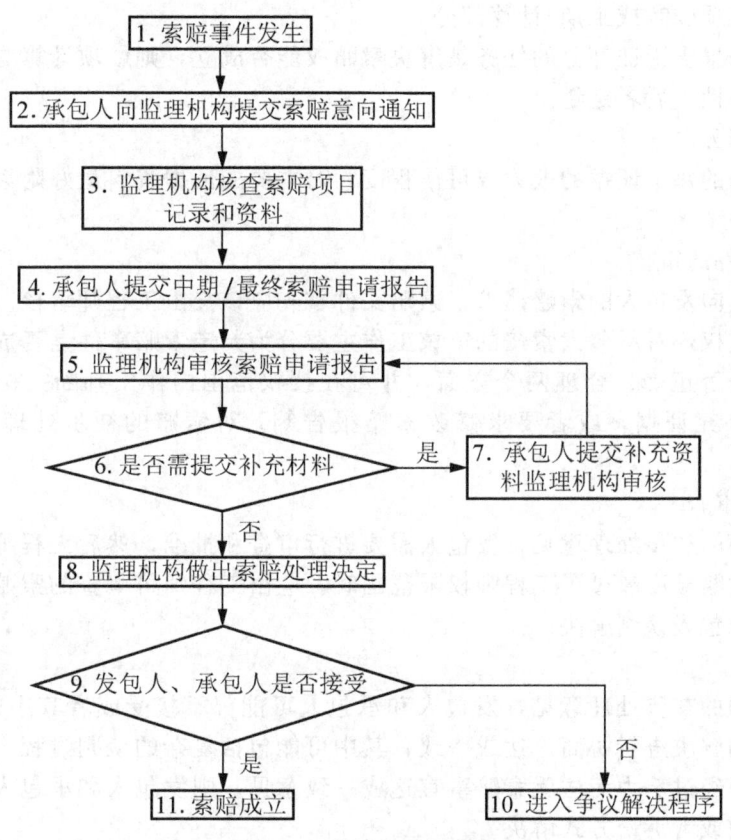

图 7.3 索赔处理程序图

(2) 分析干扰事件产生的原因，划清各方责任，确定索赔依据。
(3) 损失或损害调查分析与计算，确定工期索赔和费用索赔值。
(4) 收集证据，获得充分而有效的各种证据。
(5) 起草索赔文件。
3) 索赔文件的提交

提出索赔的一方应该在合同规定的时限内向对方提交正式的书面索赔文件。例如，FIDIC 合同条件和中国《建设工程施工合同示范文本》都规定，承包人必须在发出索赔意向通知后的 28 天内或经过工程师同意的其他合理时间内向工程师提交一份详细的索赔文件和有关资料。如果干扰事件对工程的影响持续时间长，承包人则应按工程师要求的合理间隔（一般为 28 天），提交中间索赔报告，并在干扰事件影响结束后的 28 天提交一份最终索赔报告，否则将失去该事件请求补偿的索赔权利。

索赔文件的主要内容包括以下几个方面。

(1) 总述部分。

概要论述索赔事项发生的日期和过程；承包人为该索赔事项付出的努力和附加开支；承包人的具体索赔要求。

(2) 论证部分。

论证部分是索赔报告的关键部分，其目的是说明自己有索赔权，是索赔能否成立的关键。

（3）索赔款项（和/或工期）计算部分

如果说索赔报告论证部分的任务是解决索赔权能否成立，则款项计算是为解决能得多少款项。前者定性，后者定量。

（4）证据部分。

要注意引用的每个证据的效力或可信程度，对重要的证据资料最好附以文字说明，或附以确认文件。

4）索赔文件的审核

对于承包人向发包人的索赔请求，索赔文件首先应该交由工程师审核。工程师根据发包人的委托或授权，对承包人索赔的审核工作主要分为判定索赔事件是否成立和核查承包人的索赔计算是否正确、合理两个方面，并可在授权范围内作出判断：初步确定补偿额度，或者要求补充证据，或者要求修改索赔报告等。对索赔的初步处理意见要提交发包人。

5）发包人审查

对于工程师的初步处理意见，发包人需要进行审查和批准，然后工程师才可以签发有关证书。如果索赔额度超过了工程师权限范围时，应由工程师将审查的索赔报告报请发包人审批，并与承包人谈判解决。

6）协商

对于工程师的初步处理意见，发包人和承包人可能都不接受或者其中的一方不接受，三方可就索赔的解决进行协商，达成一致；其中可能包括复杂的谈判过程，经过多次协商才能达成。如果经过努力无法就索赔事宜达成一致意见，则发包人和承包人可根据合同约定选择采用仲裁或者诉讼方式解决。

7）反索赔的基本内容

反索赔的工作内容可以包括两个方面：一是防止对方提出索赔；二是反击或反驳对方的索赔要求。

要成功地防止对方提出索赔，应采取积极防御的策略。首先是自己严格履行合同规定的各项义务，防止自己违约，并通过加强合同管理，使对方找不到索赔的理由和根据，使自己处于不能被索赔的地位。其次，如果在工程实施过程中发生了干扰事件，则应立即着手研究和分析合同依据，收集证据，为提出索赔和反索赔做好两手准备。

如果对方提出了索赔要求或索赔报告，则自己一方应采取各种措施来反击或反驳对方的索赔要求。常用的措施有以下两种。

（1）抓对方的失误，直接向对方提出索赔，以对抗或平衡对方的索赔要求，以求在最终解决索赔时互相让步或者互不支付。

（2）针对对方的索赔报告，进行仔细、认真研究和分析，找出理由和证据，证明对方索赔要求或索赔报告不符合实际情况和合同规定，没有合同依据或事实证据，索赔值计算不合理或不准确等问题，反击对方的不合理索赔要求，推卸或减轻自己的责任，使自己不受或少受损失。

8）对索赔报告的反击或反驳要点

对方索赔报告的反击或反驳，一般可以从以下几个方面进行。

（1）索赔要求或报告的时限性。

审查对方是否在干扰事件发生后的索赔时限内及时提出索赔要求或报告。

(2) 索赔事件的真实性。

(3) 干扰事件的原因、责任分析。

如果干扰事件确实存在，则要通过对事件的调查分析，确定原因和责任。如果事件责任属于索赔者自己，则索赔不能成立，如果合同双方都有责任，则应按各自的责任大小分担损失。

(4) 索赔理由分析。

分析对方的索赔要求是否与合同条款或有关法规一致，所受损失是否属于非对方负责的原因造成。

(5) 索赔证据分析。

分析对方所提供的证据是否真实、有效、合法，是否能证明索赔要求成立。证据不足、不全、不当、没有法律证明效力或没有证据，索赔不能成立。

(6) 索赔值审核。

如果经过上述的各种分析、评价，仍不能从根本上否定对方的索赔要求，则必须对索赔报告中的索赔值进行认真细致地审核，审核的重点是索赔值的计算方法是否合情合理，各种取费是否合理适度，有无重复计算，计算结果是否准确等。

7. 工程索赔的计算

1) 工期索赔的计算

为了使工程项目尽快投入运营，以便早日发挥投资的效益，因此合同中必须确定完成该工程的合同工期，以便督促承包人积极进行工作。

(1) 工期延误的含义。

工期延误又称工程延误或进度延误，指工程实施过程中任何一项或多项工作的实际完成日期迟于计划规定的完成日期，从而可能导致整个合同工期的延长。工期延误对合同双方一半都会造成损失。工期延误的后果形式上是时间损失，而实质上会造成经济损失。

(2) 工期延误的分类。

① 按照工期延误的原因划分业主和工程师及承包商原因引起的延误。

a. 因业主和工程师原因引起的延误，可能有以下几种：未能及时交付合格的施工现场；未能及时交付施工图纸；未能及时审批图纸、施工方案、施工计划等；未能及时支付预付款或工程款；未能及时提供合同规定的材料和设备；拖延关键线路上工序的验收时间导致下道工序施工延误；发布暂停施工指令；设计变更；提供错误数据。

b. 因承包商原因引起的延误，可能存在以下几种：施工组织不当，出现窝工或停工待料等现象；质量不符合合同要求而造成返工；资源配置不足；开工延误；劳动生产率低；分包商或供应商延误等。

c. 因客观原因引起的延误，可能存在以下几种：自然灾害、战争或叛乱、不利的施工条件等。

② 按照索赔要求和结果分为可索赔延误和不可索赔延误。

可索赔延误是指非承包商原因引起的工程延误，包括业主或工程师的原因和双方不可控制的原因引起的索赔，根据补偿内容可分为只可索赔工期的延误、只可索赔费用的延误、可索赔工期和费用的延误。

③ 按延误工作所在的工程网络计划的线路性质分为关键线路延误和非关键线路延误。

由于关键线路上任何工作的延误都会造成总工期的推迟,因此,非承包商的原因造成关键线路延误都是可索赔延误。而非关键线路上的工作一般都存在机动时间,其延误是否会影响到总工期的推迟取决于其总时差的大小和延误时间的长短。如果延误时间小于该工作的总时差,业主一般不会给予工期顺延,但可能给予费用补偿;如果延误时间大于该工作的总时差,非关键线路的工作就会转化为关键工作,从而成为可索赔延误。

④ 按照延误事件之间的关联性划分为单一延误、共同延误和交叉延误。

某一延误事件从发生到终止的时间间隔内,没有其他延误事件的发生,该延误事件引起的延误称为单一延误。

当两个或两个以上的延误事件从发生到终止的时间完全相同时,这些事件引起的延误称为共同延误。当业主引起的延误或双方不可控制因素引起的延误与承包商引起的延误共同发生时,即可索赔延误与不可索赔延误同时发生时,可索赔延误就将变成不可索赔延误。

当两个或两个以上的延误事件从发生到终止只有部分时间重合时,称为交叉延误。由于工程项目是一个较为复杂的系统工程,影响因素众多,常常会出现多种原因引起的延误交织在一起的情况,这种交叉延误补偿分析更加复杂。

2) 工期索赔的处理原则

工期索赔,一般是指承包商依据合同对由于非自身的原因而导致的工期延误向业主提出的工期顺延要求。

(1) 工期索赔的具体依据。

① 合同约定或双方认可的施工总进度规划。

② 合同双方认可的详细进度计划。

③ 合同双方认可的对工期的修改文件。

④ 施工日志、气象资料。

⑤ 业主或工程师的变更指令。

⑥ 影响工期的干扰事件。

⑦ 受干扰后的实际工程进度等。

(2) 工期索赔的处理原则。

中国现行建设工程施工合同文本规定,对以下原因造成工期延误,经工程师确认,工期相应顺延。

① 发包人未能按专用条款的约定提供图纸及开工条件。

② 发包人未能按约定日期支付工程预付款、进度款,致使施工不能正常进行。

③ 工程师未按合同约定提供所需指令、批准等,致使施工不能正常进行。

④ 设计变更和工程量增加。

⑤ 一周内非承包商原因停水、停电、停气造成停工累计超过 8 小时。

⑥ 不可抗力。

⑦ 专用条款中约定或工程师同意工期顺延的其他情况。

3) 工期索赔的计算

(1) 工期索赔计算的依据。

在工程实践中,承包人提出工期索赔计算的依据主要有以下几类。

① 合同约定的工程总进度计划。

② 合同双方共同认可的详细进度计划，如网络图、横道图等。
③ 合同双方共同认可的周、月、季进度实施计划。
④ 合同双方共同认可的对工期的修改文件，如会议纪要、来往信件、确认信等。
⑤ 施工日志、气象资料。
⑥ 业主或工程师的变更指令。
⑦ 影响工期的干扰事件。
⑧ 受干扰后的实际工程进度。
⑨ 其他有关工期的资料等。

(2) 工期索赔的计算方法。

① 直接法。如果某干扰事件直接发生在关键线路上，造成总工期的延误，可以直接将该干扰事件的实际干扰时间（延误时间）作为工期索赔值。

② 比例分析法。如果某干扰事件仅仅影响某单项工程、单位工程或分部分项工程的工期，要分析其对总工期的影响，可以采用比例分析法。

案例 7-2

按工程量的比例进行分析。某工程基础施工中出现了意外情况，导致工程量由原来的 $2\ 800m^3$ 增加到 $3\ 500m^3$，原定工期 40 天，则承包商可以提出的工期索赔值是：

工期索赔值＝原工期×新增工程量/原工程量＝$40×(3\ 500-2\ 800)/2\ 800=10(d)$

本例中，如果合同规定工程量增减 10% 为承包商应承担的风险，则工期索赔值应该是：

工期索赔值＝$40×(3\ 500-2\ 800×110\%)/2\ 800=6(d)$

工期索赔值也可以按照造价比例进行分析，例如某合同价为 1 200 万元，总工期 24 个月，施工过程中业主增加额外工程 200 万元，则承包商提出的工期索赔值为：

工期索赔值＝原合同工期×附加或新增工程造价/原合同总价＝$24×200/1\ 200=4$（个月）

③ 网络分析法。通过分析干扰事件发生前和发生后网络计划的计算工期之差来计算工期索赔值，可以用于各种干扰事件和多种干扰事件共同作用所引起的工期索赔。

利用网络计划对工期索赔分析的一般思路是：假设工程一直按原网络计划确定的施工顺序和时间施工，当一个或一些干扰事件发生后，使网络中的某个工作或某些活动受到影响而延长施工持续时间。将这些活动受干扰后的新的持续时间代入网络计划中，重新进行网络分析和计算，即会得到一个新工期。新工期与原工期之差即为干扰事件对总工期的影响，也即为承包商的工期索赔值。

4) 费用索赔的计算

(1) 索赔费用的组成。索赔费用的主要组成部分，同工程款的计价内容相似。按中国现行规定（参见《建标 [2003] 206 号建筑安装工程费用项目组成》），建安工程合同价包括直接费、间接费、利润和税金。中国的这种规定，同国际上通行的做法还不完全一致。从原则上说，承包商有索赔权利的工程成本增加，都是可以索赔的费用。但是，对于不同原因引起的索赔，承包商可索赔的具体费用内容是不完全一样的。哪些内容可索赔，要按照各项费用的特点、条件进行分析论证。

① 人工费。人工费包括施工人员的基本工资、工资性质的津贴、加班费、奖金及法定的安全福利等费用。对于索赔费用中的人工费部分而言，人工费是指完成合同之外的额外工

作所花费的人工费用；由于非承包商责任的工效降低所增加的人工费用；超过法定工作时间加班劳动；法定人工费增长及非承包商责任工程延期导致的人员窝工费和工资上涨费等。

② 材料费。材料费的索赔包括：由于索赔事项材料实际用量超过计划用量而增加的材料费；由于客观原因材料价格大幅度上涨；由于非承包商责任工程延期导致的材料价格上涨和超期储存费用。材料费中应包括运输费、仓储费，以及合理的损耗费用。如果由于承包商管理不善，造成材料损坏失效，则不能列入索赔计价。承包商应该建立健全物资管理制度，记录建筑材料的进货日期和价格，建立领料耗用制度，以便索赔时能准确地分离出索赔事项所引起的材料额外耗用量。为了证明材料单价的上涨，承包商应提供可靠的订货单、采购单，或官方公布的材料价格调整指数。

③ 施工机械使用费。施工机械使用费的索赔包括：由于完成额外工作增加的机械使用费；非承包商责任工效降低增加的机械使用费；由于业主或监理工程师原因导致机械停工的窝工费。窝工费的计算，如系租赁设备，一般按实际租金和调进调出费分摊计算；如系承包商自有设备，一般按台班折旧费计算，而不能按台班费计算，因台班费中包括了设备使用费。

④ 分包费用。分包费用索赔指的是分包商的索赔费，一般也包括人工、材料、机械使用费的索赔。分包商的索赔应如数列入总承包商的索赔款总额以内。

⑤ 现场管理费。索赔款中的现场管理费是指承包商完成额外工程、索赔事项工作，以及工期延长期间的现场管理费，包括管理人员工资、办公、通信、交通费等。

⑥ 利息。在索赔款额的计算中，经常包括利息。利息的索赔通常发生于下列情况：拖期付款的利息；错误扣款的利息。至于具体利率应是多少，在实践中可采用不同的标准，主要有这样几种规定：按当时的银行贷款利率；按当时的银行透支利率；按合同双方协议的利率；按中央银行贴现率加三个百分点。

⑦ 总部（企业）管理费。索赔款中的总部管理费主要指的是工程延期期间所增加的管理费，包括总部职工工资、办公大楼、办公用品、财务管理、通信设施及总部领导人员赴工地检查指导工作等开支。这项索赔款的计算，目前还没有统一的方法。在国际工程施工索赔中总部管理费的计算有以下几种。

a. 按照投标书中总部管理费的比例（3%~8%）计算。

b. 总部管理费＝合同中总部管理费比率（%）×（直接费索赔款额＋现场管理费索赔款额等），也可以按照公司总部统一规定的管理费比率计算。

⑧ 利润。一般来说，由于工程范围的变更、文件有缺陷或技术性错误、业主未能提供现场等引起的索赔，承包商可以列入利润。但对于工程暂停的索赔，由于利润通常是包括在每项实施工程内容的价格之内的，而延长工期并未影响削减某些项目的实施，也未导致利润减少。所以，一般监理工程师很难同意在工程暂停的费用索赔中加进利润损失。

索赔利润的款额计算通常是与原报价单中的利润百分率保持一致。

(2) 索赔费用的计算方法。

索赔费用的计算方法有：实际费用法、总费用法和修正的总费用法。

① 实际费用法。

实际费用法是计算工程索赔时最常用的一种方法。这种方法的计算原则是以承包商为某项索赔工作所支付的实际开支为根据，向业主要求费用补偿。

用实际费用法计算时，在直接费的额外费用部分的基础上，再加上应得的间接费和利润，即是承包商应得的索赔金额。由于实际费用法所依据的是实际发生的成本记录或单据，所以，在施工过程中，系统而准确地积累记录资料是非常重要的。

② 总费用法。

总费用法就是当发生多次索赔事件以后，重新计算该工程的实际总费用，实际总费用减去投标报价时的估算总费用，即为索赔金额，即：

$$索赔金额＝实际总费用－投标报价估算总费用$$

不少人对采用该方法计算索赔费用持批评态度，因为实际发生的总费用中可能包括了承包商的原因，如施工组织不善而增加的费用；同时投标报价估算的总费用也可能为了中标而过低。所以这种方法只有在难以采用实际费用法时才应用。

③ 修正的总费用法。

修正的总费用法是对总费用法的改进，即在总费用计算的原则上，去掉一些不合理的因素，使其更合理。修正的内容如下：将计算索赔款的时段局限于受到外界影响的时间，而不是整个施工期；只计算受影响时段内的某项工作所受影响的损失，而不是计算该时段内所有施工工作所受的损失；与该项工作无关的费用不列入总费用中；对投标报价费用重新进行核算；按受影响时段内该项工作的实际单价进行核算，乘以实际完成的该项工作的工程量，得出调整后的报价费用。

按修正后的总费用计算索赔金额的公式如下。

$$索赔金额＝某项工作调整后的实际总费用－该项工作的报价费用$$

修正的总费用法与总费用法相比，有了实质性的改进，它的准确程度已接近于实际费用法。

 **案例 7-3**

某高速公路项目由于业主高架桥修改设计，监理工程师下令承包商工程暂停一个月。试分析在这种情况下，承包商可索赔哪些费用？

【解】 可索赔如下费用。

(1) 人工费：对于不可辞退的工人，索赔人工窝工费，应按人工工日成本计算；对于可以辞退的工人，可索赔人工上涨费。

(2) 材料费：可索赔超期储存费用或材料价格上涨费。

(3) 施工机械使用费：可索赔机械窝工费或机械台班上涨费。自有机械窝工费一般按台班折旧费索赔；租赁机械一般按实际租金和调进调出的分摊费计算。

(4) 分包费用：是指由于工程暂停分包商向总包索赔的费用。总包向业主索赔应包括分包商向总包索赔的费用。

(5) 现场管理费：由于全面停工，可索赔增加的工地管理费。可按日计算，也可按直接成本的百分比计算。

(6) 保险费：可索赔延期一个月的保险费，按保险公司保险费率计算。

(7) 保函手续费：可索赔延期一个月的保函手续费，按银行规定的保函手续费率计算。

(8) 利息：可索赔延期一个月增加的利息支出，按合同约定的利率计算。

(9) 总部管理费：由于全面停工，可索赔延期增加的总部管理费，可按总部规定的百分比计算。如果工程只是部分停工，监理工程师可能不同意总部管理费的索赔。

某工程费用索赔分析

某承包商与业主签订了一项工程施工合同,合同工期55天,承包商在开工前递交了一份施工方案和施工网络进度计划并获批准。

如图7.4所示为该工程施工网络进度计划。在施工过程中,由于业主未及时向承包人提交图纸,使A工作延长6d,承包商向业主提出工期索赔6d的要求。当工程即将完工时,由于业主提供的某些装饰材料质量不合格,需要重新更换,使E工作延长了4d,承包商又向业主提出工期索赔4d的要求。该工程竣工时,承包商一共向业主提出工期索赔10d。试分析承包商索赔要求是否合理。

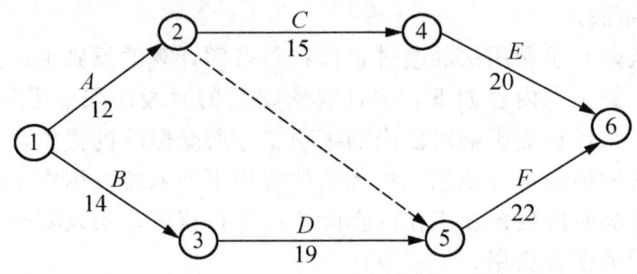

图7.4 施工网络进度计划

【解】(1) 从施工网络图计划分析可知,该网络计划有三条线路。

线路1:①—②—④—⑥ $t_1=12+15+20=47(d)$

线路2:①—②—⑤—⑥ $t_2=12+22=34(d)$

线路3:①—③—⑤—⑥ $t_3=14+19+22=55(d)$

所以关键线路为线路3,计算工期55天,与合同工期相同。

(2) 迟交图纸属于业主责任,使A工作延长6d,但A工作不在关键线路上,延长6d后:$t_1=(12+6)+15+20=53(d)$,线路1仍不是关键路线,A工作也不是关键工作,即A工作延长6d并未影响总工期,因此,不能同意承包商提出的索赔6d的要求。

(3) 完工前由于业主原因使E工作延长4d,此时线路1的计算工期为

$$t_1=18+15+20+4=57(d)$$

由于E工作的变化,线路1变成了关键路线,线路2、线路3未变化,所以应该给予工期补偿,实际工期57d,合同工期55d。

工期补偿:57-55=2(d)

即:该工程竣工时,业主共向承包人补偿工期2d。

(4) 该案例未给出费用补偿的相关数据,在此不作讨论。

本 章 小 结

通过学习本章,可以理解合同管理在整个工程实施中的意义。为了实现工程项目的目标,必须对工程项目的全过程实施有效的合同管理,将合同管理融入工程项目管理全过程中。工程项目合同管理包括工程合同的签订、履行和工程变更及索赔等全过程管理中主要内容和实践操作。

习 题

1. 填空题

（1）施工合同文件通常包括：①投标书及其附件；②专用合同条款；③协议书；④工程量清单；⑤通用合同条款；⑥中标通知书等。通用条款中规定合同文件解释的优先顺序是 _____。

（2）工程具备隐蔽条件或达到专用条款约定的中间验收部位，承包人进行自检，并在隐蔽或中间验收前最晚 _____ 小时以书面形式通知工程师验收。

（3）承包人在工程变更后 _____ 天内提出变更工程价款的报告，经工程师确认后调整合同价款。

（4）根据《建设工程施工劳务分包合同（示范文本）》，属于劳务报酬所采用的方式的是 _____。

（5）采用工程总承包模式的建设项目，发包人可以将 _____ 等一系列工作全部发包给一家承包单位。

（6）约定按不同工作成果计件单价支付报酬的施工劳务分包合同履行过程中，总承包人应承担违约责任的情况是 _____。

2. 选择题

（1）根据《建设工程施工劳务分包合同（示范文本）》（GF—2003—0214），正确的是（　　）。（单选）

A. 劳务分包人在施工开始前，为施工场地内的自有人员及第三人人员生命财产办理保险，保险费由劳务分包人支付
B. 分包人负责编制劳务分包合同项下的施工组织设计
C. 分包人未经承包人授权或允许，不得擅自与发包人及有关部门建立工作联系
D. 分包人可以把劳务分包合同项下的劳务作业转包

（2）下列文件中能作为建设工程监理合同文件的是（　　）。（单选）

A. 监理招标文件　　　B. 工程图纸　　　C. 规范　　　D. 中标通知

（3）施工承包合同中，承包人一般应承担的义务包括（　　）。（多选）

A. 安全施工，负责施工人员及业主人员的安全和健康
B. 按合同规定组织工程的竣工验收
C. 接受发包人、工程师或其他代表的指令
D. 按合同约定向发包人提供施工场地办公和生活的房屋及设施
E. 负责对分包的管理，但不对分包人的行为负责

（4）建设工程项目总承包是指工程总承包企业按照合同约定，承担工程项目的（　　）等工作，并对承包工程的质量、安全、工期、造价全面负责。（多选）

A. 勘察设计　　　B. 设备采购　　　C. 施工
D. 交付使用　　　E. 培训

（5）根据《建设工程施工劳务分包合同（示范文本）》GF—2003—0214，承包人的工

作有（　　）。（多选）
　　A. 负责编制施工组织设计　　　　　　B. 科学安排作业计划
　　C. 组织编制年、季、月施工计划　　　D. 负责工程测量定位
　　E. 负责与监理、设计及有关部门联系
（6）建筑材料采购合同中，交货日期的确定可以采用的方式有（　　）。（多选）
　　A. 需方提货的，以需方提货日期为准
　　B. 供方负责送货的，以货发出日期为准
　　C. 供方负责送货的，以需方收货戳记的日期为准
　　D. 需方提货的，以供方按合同规定通知的提货日期为准
　　E. 委托运输部门运输的，以向承运单位提出申请的日期为准

3. 简答题
（1）什么是工程合同，工程合同的特点有哪些？
（2）建筑工程合同有哪几种？
（3）工程合同订立的原则是什么？
（4）简述工程合同合同订立的程序。
（5）工程合同的内容有哪些？
（6）工程合同变更的原因是什么？
（7）简述工程索赔的类型及特点。

4. 练习题
　　某综合办公楼工程，建设单位甲通过公开招标确定本工程由乙承包商为中标单位，双方签订了工程承包合同。由于乙承包商不具有勘察、设计能力，经甲建设单位同意，乙分别与丙建筑设计院和丁建筑工程公司签订了工程勘察设计合同和工程施工合同。勘察设计合同约定由丙对甲的办公楼及附属公共设施提供设计服务，并按勘察设计合同的约定交付有关的设计文件和资料。施工合同约定由丁根据丙提供的设计图纸进行施工，工程竣工时根据国家有关验收规定及设计图纸进行质量验收。合同签订后，丙按时将设计文件和有关资料交付给丁，丁根据设计图纸进行施工。工程竣工后，甲会同有关质量监督部门对工程进行验收，发现工程存在严重质量问题，并且是由于设计不符合规范所致。原来丙未对现场进行仔细勘察即自行进行设计导致设计不合理，给甲带来了重大损失，并以与甲方没有合同关系为由拒绝承担责任，乙又以自己不是设计人为由推卸责任，甲遂以丙为被告向法院提起诉讼。
　　问题：
（1）本案例中，甲与乙、乙与丙、乙与丁分别签订的合同是否有效？并分别说明理由。
（2）甲以丙为被告向法院提起诉讼是否妥当？为什么？
（3）工程存在严重质量问题的责任应如何划分？
（4）根据中国法律法规的规定，承包单位将承包的工程转包或违法分包应承担什么法律后果？

第 8 章 工程项目安全与环境管理

教学目标

本章主要讲述工程项目安全与环境管理的基本理论和方法。通过学习本章，应达到以下目标：
(1) 了解职业健康管理安全体系标准与环境管理体系标准；
(2) 掌握工程项目安全管理的内容；
(3) 掌握生产安全事故应急预案和事故处理、施工现场文明施工和环境保护的要求。

教学要求

知识要点	能力要求	相关知识
工程项目安全管理	(1) 工程项目安全管理概述； (2) 工程安全控制的理论和方法； (3) 建筑工程项目职业健康安全事故的分类和处理； (4) 建筑工程项目安全管理体系	(1) 工程项目安全管理的特点； (2) 施工安全的控制程序； (3) 施工安全技术措施； (4) 生产安全事故应急预案的管理
工程项目环境管理	(1) 工程项目环境管理概述； (2) 工程项目环境管理相关规定	(1) 环境管理体系； (2) 施工现场文明施工和环境保护的要求

基本概念

工程项目安全管理；环境；环境管理体系

引例

人类社会进入 21 世纪以来，科技飞速发展，经济高速增长。人们在急切追求物质文明的同时，却忽略了劳动者劳动条件和环境的改善，甚至以牺牲劳动者的人身安全和破坏人类赖以生存的自然环境为代价。随着中国建筑行业的高速发展，每年都有大量的高楼大厦建成，在欣欣向荣的现状背后，却不可避免地存在着许多安全事故的隐患。例如，2013 年 11 月 2 日，山西省大同市深特建筑安装公司承建的永久建材市场在进行混凝土浇筑施工过程中，发生坍塌事故，造成 5 人死亡；2013 年 11 月 20 日，湖北省襄阳市南漳县金南漳国际大酒店浇筑内五楼天井顶层时，脚手架坍塌，将现场施工的工人压住，共造成 7 人死亡，5 人受伤；2014 年 8 月 3 日，黑龙江省绥化市第七中学新建项目（艺体馆）工程施工现场，屋面钢结构网架在安装过程中发生坍塌，造成 3 名施工人员死亡。中华人民共和国住房和城乡建设部安全生产管理委员会通报了 2014 年上半年，全国共发生房屋市政工程生产安全事故 225 起、死亡 267 人。在全世界范围内，建筑业都是最危险的行业之一。同时，建筑业的生产经营活动也极大地耗费资源，改造和影响着我们的生态环境。在谋求经济与社会发展的过程中,人的生命始终是最宝贵的,安全是人类最基本的需求。建设项目安全与环境管理的目的就是提高建筑业的安全与环境管理水平,保障从业人员的生命财产安全,控制生产活动对环境污染和危害,使建筑生产与人类自身及生态环境相协调。

8.1 工程项目安全管理

安全生产管理是管理的重要组成部分,是安全科学的一个分支。对工程项目实行健康、安全、环保的全方位管理,要求对项目建设本身的危险、对社会的危害、对环境的破坏降到最低点。通过工程项目安全与环境管理可以实现工程项目的管理目标,即保护施工生产者的健康与安全,同时使社会经济发展与人类的生存环境相协调,控制作业现场的各种环境因素对环境的污染和危害。

8.1.1 工程项目安全管理概述

1. 工程项目安全管理的内涵

工程项目安全管理,就是对建筑活动过程中所涉及的安全进行管理。包括建设行政主管部门对建设活动中的安全问题所进行的行业管理,以及从事建设活动的主体对自己建设活动安全生产所进行的企业管理。从事建设活动主体所进行的安全生产管理包括建设单位、设计单位和施工单位对建设工程安全生产的管理等。其中,施工单位安全管理是管理的中心。

施工企业在施工过程中,组织安全生产的全部管理活动即为施工项目安全管理。通过对生产因素具体的状态控制,使生产因素不安全的行为和状态减少或消除,杜绝伤亡事故。

安全生产是施工项目重要的控制目标之一,也是衡量施工项目管理水平的重要标志。因此,施工项目必须把实现安全生产当作组织施工活动时的重要任务。

2. 工程项目安全管理的特点

1) 管理面广

由于工程项目规模一般比较大,生产工艺复杂、工序多控制面广。主要表现为施工队伍在同一工地不同建筑之间流动,在同一建筑不同建筑部位上流动。一项工程建设完毕后,施工队伍又要投入另一项新的工程。同时由于露天作业多,受气候条件变化、工程地质和水文条件的变化和地理条件和地域资源的影响较大,遇到的不确定因素多,使得安全管理工作涉及的范围大。

2) 管理的动态性

建筑产品的多样性决定了生产的单件性。每一个建筑产品都要根据其特定要求进行施工,主要表现是:不能按同一图纸、同一施工工艺、同一生产设备进行批量生产;施工生产组织及其机构变动频繁,生产经营的"一次性"特征特别突出;生产过程中试验研究课题多,所碰到的新技术、新工艺、新设备、新材料给职工健康安全与环境管理带来了不少难题。由于施工项目的单件性，使得各个施工项目所面临的危险因素和防范措施也会有所不同。

3）管理系统的交叉性

施工项目是开放系统，受自然环境和社会环境影响较大，安全控制需要把工程系统和环境系统及社会系统结合起来。建筑产品不能像其他许多工业产品一样可以分解为若干部分同时生产，而必须在同一固定场地按严格程序连续生产，上一道程序不完成，下一道程序不能进行。上一道工序生产的结果往往会被下一道工序所掩盖。而且每一道程序由不同的人员和单位来完成，这就要求在职业健康安全与环境管理中要求各单位和各专业人员横向配合和协调，共同注意产品生产过程接口部分的健康安全和环境管理的协调性。

4）管理的严谨性

安全状态具有触发性，其控制措施必须严谨。一个建设工程项目从立项到投产使用要经历五个阶段，即设计前的准备阶段、设计阶段、施工阶段、使用前的准备阶段、保修阶段。这五个阶段都要十分重视项目的安全和环境问题，持续不断地对项目各个阶段出现安全和环境问题实施管理。否则，一旦失控，就会造成损失和危害。

5）管理的经济性

建设工程产品是时代政治、经济、文化、风俗的历史记录，表现了不同时代的艺术风格和科学文化水平，反映一定的社会、道德、文化、美学艺术效果，成为可供人们观赏和旅游的景观。

建设工程产品是否适应可持续发展的要求，工程的规划、设计、施工质量的好坏，受益和受害不仅仅是使用者，而且是整个社会，影响社会持续发展的环境。

建设工程产品不仅应考虑建造成本的消耗，还应考虑其寿命期内的使用成本消耗。环境管理注重包括工程使用期内的成本，如能耗、水耗、维护、保养、改建更新的费用。并通过比较分析，判断工程是否符合经济要求，一般采用生命周期法可作为对其进行管理的参考。

3. 工程安全管理的依据和内容

1）工程安全管理的依据

（1）国家和地方有关安全生产、建筑工程安全生产法律法规。如《中华人民共和国安全生产法》《中华人民共和国建筑法》《中华人民共和国消防法》《建筑工程安全生产管理条例》《生产安全事故报告和调查处理条例》等。

（2）有关建筑工程安全生产技术法规。如《建筑施工安全检查标准》《建筑机械安全使用技术规程》等。

（3）建筑工程合同。

（4）设计交底、图纸会审。

2）工程安全管理的内容

（1）认真贯彻执行国家和地方安全生产管理工作的法律法规和方针政策，建设工程施工安全技术标准规范及各项安全生产管理制度。结合工程项目具体情况，制定安全技术措施、安全计划，并组织实施。

（2）建立安全生产组织机构、明确职责权限，建立和落实安全生产责任制度、安全教育培训制度等，实行项目施工安全控制。

(3) 认真进行施工安全检查，实行班组安全自检、互检相结合的办法，做好安全检查、安全验收。

(4) 对安全检查中发现的安全隐患及时处理。

(5) 做好施工现场的文明施工、环境保护的管理。

(6) 做好安全事故的调查和处理工作。

4. 工程安全管理制度

1) 安全生产责任制度

安全生产责任制是最基本的安全管理制度，是所有安全生产管理制度的核心。安全生产责任制是按照安全生产管理方针和"管生产的同时必须管安全"的原则，将各级负责人员、各职能部门及其工作人员和在各岗位生产工人在安全生产方面应做的事情及应负的责任加以明确规定的一种制度。具体来说，就是将安全生产责任分解到相关单位的主要负责人、项目负责人、班组长以及每个岗位的作业人员身上。根据《建筑工程安全生产管理条例》和《建筑施工安全检查标准》的相关规定，制定相应的安全生产责任制度。

2) 安全生产许可证制度

《安全生产许可证条例》规定国家对建筑施工企业实施安全生产许可证制度。其目的是为了严格规范安全生产条件，进一步加强安全生产监督管理。防止和减少生产安全事故。

3) 政府安全生产监督检查制度

政府安全生产监督检查制度是指国家法律、法规授权的行政部门，代表政府对企业的安全生产过程实施监督管理。

4) 安全生产教育培训制度

企业安全生产教育培训一般包括对管理人员、特种作业人员和企业员工的安全教育。

5) 安全措施计划制度

安全措施计划制度是指企业进行安全活动时，必须编制安全生产措施计划，它是企业有计划地改善劳动条件和安全卫生设施，防止工伤事故和职业病的重要措施之一，对企业加强劳动保护，改善劳动条件，保障职工的安全和健康，促进企业生产经营的发展起着积极作用。

安全技术措施计划的范围包括改善企业劳动条件、防止伤亡事故和职业病为目的的一切技术措施。

6) 特种作业人员持证上岗制度

垂直运输机械作业人员、起重机械安装拆卸工、爆破作业人员、起重信号工、登高架设作业人员等特种作业人员，必须按照国家有关规定经过专门的安全作业培训，并取得特种作业操作资格证书后，方可上岗作业。

7) 专项施工方案专家论证制度

施工单位应当在施工组织设计中编制安全技术措施和施工现场临时用电方案，对下列达到一定规模的危险性较大的分部分项工程编制专项施工方案，并附具安全验算结果，经施工单位技术负责人、总监理工程师签字后实施，由专职安全生产管理人员进行现场监督：基坑支护与降水工程；土方开挖工程；模板工程；起重吊装工程；脚手架工程；拆除、爆破工程；国务院建设行政主管部门或者其他有关部门规定的其他危险性较大的工程。

对上述所列工程中涉及深基坑、地下暗挖工程、高大模板工程的专项施工方案，施工单位还应当组织专家进行论证、审查。

8）危及施工安全工艺、设备、材料淘汰制度

严重危及施工安全的工艺、设备、材料是指不符合生产安全要求，极有可能导致生产安全事故发生，致使人民生命和财产遭受重大损失的工艺、设备和材料。

对于已经公布的严重危及施工安全的工艺、设备和材料，建设单位和施工单位都应当严格遵守和执行，不得继续使用此类工艺和设备，也不得转让他人使用。

9）施工起重机械使用登记制度

《建设工程安全生产管理条例》第三十五条规定："施工单位应当自施工起重机械和整体提升脚手架、模板等自升式架设设施验收合格之日起 30 日内，向建设行政主管部门或者其他有关部门登记。登记标志应当置于或者附着于该设备的显著位置。"该条内容规定了施工起重机械使用时必须进行登记的管理制度。

这是对施工起重机械的使用进行监督和管理的一项重要制度，能够有效防止非法设计、非法制造、非法安装的机械和设施投入使用；同时，还可以使建设行政主管部门或者其他有关部门及时、全面了解和掌握施工起重机械和整体提升脚手架、模板等自升式架设设施的使用情况，以利于监督管理。

10）安全检查制度

安全检查制度是消除隐患、防止事故、改善劳动条件的重要手段，是企业安全生产管理工作的一项重要内容。通过安全检查可以发现企业及生产过程中的危险因素，以便有计划地采取措施，保证安全生产。

11）生产安全事故报告和调查处理制度

关于生产安全事故报告和调查处理制度，《中华人民共和国安全生产法》《中华人民共和国建筑法》《建筑工程安全生产条例》《生产安全事故报告和调查处理条例》《特种设备安全监察条例》等法律法规都对此作出了相应规定。

12）"三同时"制度

"三同时"制度是指凡是在中国境内新建、改建、扩建的基本建设项目，技术改建项目和引进的建设项目，其安全设施必须符合国家标准，必须与主体工程同时设计、同时施工、同时投入生产和使用。安全生产设施主要是指安全技术方面的设施、职业卫生方面的设施、生产辅助性设施。

13）安全预评价制度

安全预评价是在建设工程项目前期，应用安全评价的原理和方法对工程项目的危险性、危害性进行预测性评价。

开展安全预评价工作，是贯彻落实"安全第一，预防为主"方针的重要手段，是企业实施科学化、规范化安全管理的工作基础。科学、系统地开展安全评价工作，不仅直接起到消除危险有害因素、减少事故发生的作用，有利于全面提高企业的安全管理水平，而且有利于系统地、有针对性地加强对不安全状况的治理、改造，最大限度地降低安全生产风险。

14）意外伤害保险制度

根据《中华人民共和国建筑法》规定，建筑职工意外伤害保险是法定的强制性保险。

施工企业应为施工现场从事施工作业和管理的人员，在施工活动过程中发生的人身意外伤亡事故提供保障，办理意外伤害保险、支付保险费，范围应当覆盖工程项目。

8.1.2　工程安全控制的理论和方法

1. 工程安全控制原理

管理学的控制原理认为，一项管理活动由四个方面的要素构成。一是控制者，即管理者和领导者。前者执行的主要是程序性控制、例行（常规）控制，后者执行的是职权性控制、例外（非常规）控制。二是控制对象，包括管理要素中的人、财、物、时间、信息等资源及其结构系统。三是控制手段和工具，主要包括管理的组织机构和管理法规、计算机、信息等。组织机构和管理法规保证控制活动的顺利进行，计算机可以提高控制效率，信息是管理活动沟通情况的桥梁。四是控制成果。管理学上的控制分为前馈控制和后馈控制、目标控制、行为控制、资源使用控制、结果控制等。

建设工程安全系统原理就是施工安全管理与投资管理、进度管理和质量管理同时进行的，是针对整个建设工程目标系统所实施的管理活动的一个组成部分，在实施施工安全管理的同时需要满足预定的投资目标、进度目标和质量目标。

2. 工程项目现场安全控制内容和手段

1）施工现场安全计划

施工现场安全计划，是工程项目管理的重点，是针对特定的施工项目为完成预定安全目标，编制专门规定的安全措施、资源和活动顺序的文件。

根据施工项目安全管理的原理，施工项目安全计划包括为实现安全目标及安全要求的计划、实施、检查及处理四个环节的相关内容，即 PDCA 循环。一般而言，安全计划的内容包括以下几个方面：项目的安全目标；实现安全目标所规定的相关部门、岗位的职责和权限；危险源与环境因素的识别、评价、论证的结果和相应的控制方式；适用法律法规、标准规范和其他要求的识别结果；实施阶段有关各项要求的具体控制程序和方法；检查、审核和改进活动的安排，以及相应的运行程序和准则；实施、控制和改进安全管理体系所需的资源；安全控制程序、规章制度、施工组织设计、专项施工方案、专项安全技术措施及安全记录；为满足安全目标所采取的其他措施等。

2）施工安全控制程序

安全控制是生产过程中涉及的计划、组织、监控、调节和改进等一系列致力于满足生产安全所进行的管理活动。

安全控制的目标是减少和消除生产过程中的事故，保证人员健康安全和财产免受损失。具体应包括：减少或消除人的不安全行为的目标；减少或消除设备、材料的不安全状态的目标；改善生产环境和保护自然环境的目标。施工安全的控制程序如下。

（1）确定每项具体建设工程项目的安全目标。按"目标管理"方法在以项目经理为首的项目管理系统内进行分解，从而确定每个岗位的安全目标，实现全员安全控制。

（2）编制建设工程项目安全技术措施计划。工程施工安全技术措施计划是对生产过程中的不安全因素，用技术手段加以消除和控制的文件，是落实"预防为主"方针的具体体现，是进行工程项目安全控制的指导性文件。

（3）安全技术措施计划的落实和实施。安全技术措施计划的落实和实施包括建立健全安全生产责任制，设置安全生产设施，采用安全技术和应急措施，进行安全教育和培训，安全检查，事故处理，沟通和交流信息，通过一系列安全措施的贯彻，使生产作业的安全状况处于受控状态。

（4）安全技术措施计划的验证。安全技术措施计划的验证是通过施工过程中对安全技术措施计划实施情况的安全检查，纠正不符合安全技术措施计划的情况，保证安全技术措施的贯彻和实施。

（5）持续改进根据安全技术措施计划的验证结果，对不适宜的安全技术措施计划进行修改、补充和完善。

3）施工安全技术措施的一般要求

（1）施工安全技术措施必须在工程开工前制定。施工安全技术措施是施工组织设计的重要组成部分，应在工程开工前与施工组织设计一同编制。为保证各项安全设施的落实，在工程图纸会审时，就应特别注意考虑安全施工的问题，并在开工前制定好安全技术措施，使得用于该工程的各种安全设施有较充分的时间进行采购、制作和维护等准备工作。

（2）施工安全技术措施要有全面性。按照有关法律法规的要求，在编制工程施工组织设计时，应当根据工程特点制定相应的施工安全技术措施。对于大中型工程项目、结构复杂的重点工程，除必须在施工组织设计中编制施工安全技术措施外，还应编制专项工程施工安全技术措施，详细说明有关安全方面的防护要求和措施，确保单位工程或分部分项工程的施工安全。对爆破、拆除、起重吊装、水下、基坑支护和降水、土方开挖、脚手架、模板等危险性较大的作业，必须编制专项安全施工技术方案。

（3）施工安全技术措施要有针对性。施工安全技术措施是针对每项工程的特点制定的，编制安全技术措施的技术人员必须掌握工程概况、施工方法、施工环境、条件等第一手资料，并熟悉安全法规、标准等，才能制定有针对性的安全技术措施。

（4）施工安全技术措施应力求全面、具体、可靠。施工安全技术措施应把可能出现的各种不安全因素考虑周全，制定的对策措施方案应力求全面、具体、可靠，这样才能真正做到预防事故的发生。但是，全面具体不等于罗列一般通常的操作工艺、施工方法及日常安全工作制度、安全纪律等。这些制度性规定，安全技术措施中不需要再作抄录，但必须严格执行。

对大型群体工程或一些面积大、结构复杂的重点工程，除必须在施工组织总设计中编制施工安全技术总体措施外，还应编制单位工程或分部分项工程安全技术措施，详细地制定出有关安全方面的防护要求和措施，确保该单位工程或分部分项工程的安全施工。

（5）施工安全技术措施必须包括应急预案。由于施工安全技术措施是在相应的工程施工实施之前制定的，所涉及的施工条件和危险情况大都是建立在可预测的基础上，而建设工程施工过程是开放的过程，在施工期间的变化是经常发生的，还可能出现预测不到的突发事件或灾害(如地震、火灾、台风、洪水等)。所以，施工技术措施计划必须包括面对突发事件或紧急状态的各种应急设施、人员逃生和救援预案，以便在紧急情况下，能及时启动应急预案，减少损失，保护人员安全。

（6）施工安全技术措施要有可行性和可操作性。施工安全技术措施应能够在每个施工工序之中得到贯彻实施，既要考虑保证安全要求，又要考虑现场环境条件和施工技术条件能够做得到。

4）施工安全技术措施的主要内容

（1）进入施工现场的安全规定。

（2）地面及深槽作业的防护。

（3）高处及立体交叉作业的防护。

（4）施工用电安全。

（5）施工机械设备的安全使用。

（6）在采取"四新"技术时，有针对性的专门安全技术措施。

（7）有针对自然灾害预防的安全措施。

（8）预防有毒、有害、易燃、易爆等作业造成危害的安全技术措施。

（9）现场消防措施。

安全技术措施中必须包含施工总平面图，在图中必须对危险的油库、易燃材料库、变电设备、材料和构配件的堆放位置、塔式起重机、物料提升机（井架、龙门架）、施工用电梯、垂直运输设备位置、搅拌台的位置等按照施工需求和安全规程的要求明确定位，并提出具体要求。

结构复杂，危险性大、特性较多的分部分项工程，应编制专项施工方案和安全措施。如基坑支护与降水工程、土方开挖工程、模板工程、起重吊装工程、脚手架工程、拆除工程、爆破工程等，必须编制单项的安全技术措施，并要有设计依据、有计算、有详图、有文字要求。

季节性施工安全技术措施，就是考虑夏季、雨季、冬季等不同季节的气候对施工生产带来的不安全因素可能造成的各种突发性事故，而从防护上、技术上、管理上采取的防护措施。一般工程可在施工组织设计或施工方案的安全技术措施中编制季节性施工安全措施；危险性大、高温期长的工程，应单独编制季节性施工安全措施。

5）安全技术交底

（1）安全技术交底的内容。安全技术交底是一项技术性很强的工作，对于贯彻设计意图、严格实施技术方案、按图施工、循规操作、保证施工质量和施工安全至关重要。

安全技术交底主要内容包括：本施工项目的施工作业特点和危险点；针对危险点的具体预防措施；相应的注意安全事项；相应的安全操作规程和标准；发生事故后应及时采取的避难和急救措施。

（2）安全技术交底的要求。

① 项目经理必须实行逐级安全技术交底制度，纵向延伸到班组全体作业人员。

② 技术交底必须具体、明确，针对性强。

③ 技术交底的内容应针对分部分项工程施工中给作业人员带来的潜在危险因素和存在问题。

④ 应优先采用新的安全技术措施。

⑤ 对于涉及"四新"项目或技术含量高、技术难度大的单项技术设计，必须经过两个阶段技术交底，即初步设计技术交底和实施性施工图技术交底。

⑥ 应将工程概况、施工方法、施工程序、安全技术措施等向工长、班组长进行详细交底。

⑦ 定期向两个以上作业队和多工种进行交叉施工的作业队伍进行书面交底。

⑧ 保持书面安全技术交底签字记录。

6) 建筑施工安全检查标准

《建筑施工安全检查标准》(JGJ 59—2011)适用于房屋建筑工程施工现场安全生产的检查评定。建筑施工安全检查除应符合本标准外，尚应符合国家现行有关标准的规定。

执行《建筑施工安全检查标准》，对建筑施工中易发生伤亡事故的主要环节、部位和工艺等做安全检查评价时，标准将检查对象分为10个分项，每个分项又设立若干检查项目。

(1) 安全管理，是对施工单位安全管理工作的评价。安全管理检查评定保证项目应包括：安全生产责任制、施工组织设计及专项施工方案、安全技术交底、安全检查、安全教育、应急救援。一般项目应包括：分包单位安全管理、持证上岗、生产安全事故处理、安全标志。

(2) 文明施工，是对施工现场文明施工的评价。文明施工检查评定保证项目应包括：现场围挡、封闭管理、施工场地、材料管理、现场办公与住宿、现场防火。一般项目应包括：综合治理、公示标牌、生活设施、社区服务。

(3) 脚手架，是对扣件式钢管脚手架、门式钢管脚手架、碗扣式钢管脚手架、承插型盘扣式钢管脚手架、满堂脚手架、悬挑式脚手架、附着式升降脚手架、高处作业吊篮等8种脚手架的评价。

(4) 基坑支护，是对施工现场基坑支护工程的安全评价。基坑工程检查评定保证项目应包括：施工方案、基坑支护、降排水、基坑开挖、坑边荷载、安全防护。一般项目应包括：基坑监测、支撑拆除、作业环境、应急预案。

(5) 模板支架，是对施工过程中模板工作的安全评价。模板支架检查评定保证项目应包括：施工方案、支架基础、支架构造、支架稳定、施工荷载、交底与验收。一般项目应包括：杆件连接、底座与托撑、构配件材质、支架拆除。

(6) 高处作业，是对施工现场高处作业工作的安全评价。高处作业检查评定项目应包括：安全帽、安全网、安全带、临边防护、洞口防护、通道口防护、攀登作业、悬空作业、移动式操作平台、悬挑式物料钢平台。

(7) 施工用电，是对施工现场临时用电情况的评价。施工用电检查评定的保证项目应包括：外电防护、接地与接零保护系统、配电线路、配电箱与开关箱。一般项目应包括：配电室与配电装置、现场照明、用电档案。

(8) 物料提升机与施工升降机，是对龙门架、井字架等物料提升机的设计制作、搭设和使用情况和施工现场用人货两用电梯的评价。物料提升机检查评定保证项目应包括：安全装置、防护设施、附墙架与缆风绳、钢丝绳、安拆、验收与使用。一般项目应包括：基础与导轨架、动力与传动、通信装置、卷扬机操作棚、避雷装置。施工升降机检查评定保证项目应包括：安全装置、限位装置、防护设施、附墙架、钢丝绳、滑轮与对重、安拆、验收与使用。一般项目应包括：导轨架、基础、电气安全、通信装置。

(9) 塔式起重机与起重吊装，是对施工现场塔式起重机使用情况、起重吊装作业和起重吊装机械的安全评价。塔式起重机检查评定保证项目应包括：载荷限制装置、行程限位装置、保护装置、吊钩、滑轮、卷筒与钢丝绳、多塔作业、安拆、验收与使用。一般项目应包括：附着、基础与轨道、结构设施、电气安全。起重吊装检查评定保证项目应包括：施工方案、起重机械、钢丝绳与地锚、索具、作业环境、作业人员。一般项目应包括：起重吊装、高处作业、构件码放、警戒监护。

（10）施工机具，是对施工中使用的施工机具安全状况的评价。施工机具检查评定项目应包括：平刨、圆盘锯、手持电动工具、钢筋机械、电焊机、搅拌机、气瓶、翻斗车、潜水泵、振捣器、桩工机械。

7）建设工程安全隐患的处理

建设工程安全隐患包括三个部分的不安全因素：人的不安全因素、物的不安全状态和组织管理上的不安全因素。

人的不安全因素是指能够使系统发生故障或发生性能不良的事件的个人的不安全因素和违背安全要求的错误行为。个人的不安全因素包括人员的心理、生理、能力中所具有不能适应工作、作业岗位要求的影响安全的因素。人的不安全行为指能造成事故的人为错误，是人为地使系统发生故障或发生性能不良的事件，是违背设计和操作规程的错误行为。

物的不安全状态是指能导致事故发生的物质条件，包括机械设备或环境所存在的不安全因素。

组织管理上的不安全因素是指组织管理上的缺陷，也是事故潜在的不安全因素。主要有技术上、教育上、生理上、心理上、管理工作上的缺陷及学校教育和社会、历史上的原因造成的缺陷。

在建设工程中，安全事故隐患的发现可以来自各参与方，包括建设单位、设计单位、监理单位、施工单位、供货商、工程监管部门等。各方对于事故安全隐患处理的义务和责任，以及相关的处理程序在《建设工程安全生产管理条例》中已有明确的界定。这里仅从施工单位角度谈其对事故安全隐患的处理方法。

（1）当场指正，限期纠正，预防隐患发生。对于违章指挥和违章作业行为，检查人员应当场指出，并限期纠正，预防事故的发生。

（2）做好记录，及时整改，消除安全隐患。对检查中发现的各类安全事故隐患，应做好记录。分析安全隐患产生的原因，制定消除隐患的纠正措施，报相关方审查批准后进行整改，及时消除隐患。对重大安全事故隐患排除前或者排除过程中无法保证安全的，责令从危险区域撤出作业人员或者停止施工，待隐患消除再进行施工。

（3）分析统计，查找原因，制定预防措施。对于反复发生的安全隐患，应通过分析统计，属于多个部位存在的同类型隐患，即"通病"；属于重复出现的隐患，即"顽症"，查找产生的原因，修订和完善安全管理措施，制定预防措施，从源头上消除安全事故隐患的发生。

（4）跟踪验证。检查单位应对受检单位的纠正和预防措施的实施过程和实施效果，进行跟踪验证，并保存验证记录。

案例 8-1

焊工贾某、王某在市职业大学教学楼工地负责焊接一个 4.5m×2m×1.5m 的水箱。两人在当天完成了 4/5 的工作量，下班后为了赶进度、抢工期，工地负责人又临时安排了一名油工加班施工，将水箱焊好的部分刷上了防锈漆。因箱顶离屋顶仅有 50cm 的间隔，通风不良，到第二天早上上班时，防锈漆根本未干。焊工上班后，工地负责人虽然明知水箱上的油漆未干，但因不愿误工，就又安排焊工继续施焊。作业过程中，贾某钻进水箱内侧扶焊，王某站在外面焊接，刚一打火，"轰"的一声，水箱上的油漆发生了爆燃，王某、贾某顿时被火焰吞噬在内，事后虽经救出，但两人均被深度烧伤，烧伤面积达 25%。

【解】 本案例中，现场存在的主要问题是：①工地负责人没有严格按照焊接作业安全技术要求组织生产，合理安排工序，违章指挥，强令工人冒险作业。②工地负责人在作业前没有对工人进行书面的安全技术交底。③油漆作业和焊接作业不可以同时进行。④没有严格执行动火审批和动火监护制度。⑤动火作业前和动火过程中没有按要求进行安全检查。⑥作业人员安全意识不强，违章作业。这起事故工地负责人应对这起事故负主要责任。施工现场定期安全检查应由现场项目经理亲自组织。

8.1.3 建筑工程项目职业健康安全事故的分类和处理

1. 生产安全事故应急预案的内容

应急预案是对特定的潜在事件和紧急情况发生时所采取措施的计划安排，是应急响应的行动指南。编制应急预案的目的，是防止一旦紧急情况发生时出现混乱，按照合理的响应流程采取适当的救援措施，预防和减少可能随之引发的职业健康安全和环境影响。

应急预案的制定，首先必须与重大环境因素和重大危险源相结合，特别是与这些环境因素和危险源一旦控制失效可能导致的后果相适应，还要考虑在实施应急救援过程中可能产生新的伤害和损失。

1）应急预案体系的构成

应急预案应形成体系，针对各级各类可能发生的事故和所有危险源制定专项应急预案和现场应急处置方案，并明确事前、事发、事中、事后的各个过程中相关部门和有关人员的职责。生产规模小、危险因素少的生产经营单位，综合应急预案和专项应急预案可以合并编写。

（1）综合应急预案。综合应急预案是从总体上阐述事故的应急方针、政策，应急组织结构及相关应急职责，应急行动、措施和保障等基本要求和程序，是应对各类事故的综合性文件。

（2）专项应急预案。专项应急预案是针对具体的事故类别（如基坑开挖、脚手架拆除等事故）、危险源和应急保障而制定的计划或方案，是综合应急预案的组成部分，应按照综合应急预案的程序和要求组织制定，并作为综合应急预案的附件。专项应急预案应制定明确的救援程序和具体的应急救援措施。

（3）现场处置方案。现场处置方案是针对具体的装置、场所或设施、岗位所制定的应急处置措施。现场处置方案应具体、简单、针对性强。现场处置方案应根据风险评估及危险性控制措施逐一编制，做到事故相关人员应知应会、熟练掌握，并通过应急演练，做到迅速反应、正确处置。

2）建设工程生产安全事故应急预案编制的要求和内容

（1）建设工程安全生产事故应急预案编制的要求。

① 符合有关法律、法规、规章和标准的规定。

② 结合本地区、本部门、本单位的安全生产实际情况。

③ 结合本地区、本部门、本单位的危险性分析情况。

④ 应急组织和人员的职责分工明确，并有具体的落实措施。

⑤ 有明确、具体的事故预防措施和应急程序，并与应急能力相适应。

⑥ 有明确的应急保障措施，并能满足本地区、本部门、本单位的应急工作要求。

⑦ 预案基本要素齐全、完整，预案提供的信息准确。
⑧ 预案内容与相关应急预案相互衔接。
（2）建设工程生产安全事故应急预案编制内容。
① 综合应急预案编制的主要内容：总则，施工单位的危险性分析，组织机构及职责，信息发布，后期处理，培训与演练，奖惩，附则等。
② 专项应急预案编制的主要内容：事故类型和危险程度分析，应急处置基本原则，组织机构及职责，预防与预警，信息报告程序，应急处置，应急物资与装备保障。
③ 现场处置方案的主要内容：事故特征，应急组织与职责，应急处置，注意事项。

2. 生产安全事故应急预案的管理

建设工程生产安全事故应急预案（以下简称应急预案）的管理包括应急预案的评审、备案、实施和奖惩等。

国家安全生产监督管理总局负责应急预案的综合协调管理工作。国务院其他负有安全生产监督管理职责的部门按照各自的职责负责本行业、本领域内应急预案的管理工作。

县级以上地方各级人民政府安全生产监督管理部门负责本行政区域内应急预案的综合协调管理工作。县级以上地方各级人民政府其他负有安全生产监督管理职责的部门按照各自的职责负责辖区内本行业、本领域应急预案的管理工作。

1）应急预案的评审

地方各级安全生产监督管理部门应当组织有关专家对本部门编制的应急预案进行审定，必要时可以召开听证会，听取社会有关方面的意见。涉及相关部门职能或者需要有关部门配合的，应当征得有关部门同意。

参加应急预案评审的人员应当包括应急预案涉及的政府部门工作人员和有关安全生产及应急管理方面的专家。

评审人员与所评审预案的生产经营单位有利害关系的，应当回避。

应急预案的评审或者论证应当注重应急预案的实用性、基本要素的完整性、预防措施的针对性、组织体系的科学性、响应程序的操作性、应急保障措施的可行性、应急预案的衔接性等内容。

2）应急预案的备案

地方各级安全生产监督管理部门的应急预案，应当报同级人民政府和上一级安全生产监督管理部门备案。

其他负有安全生产监督管理职责的部门的应急预案，应当抄送同级安全生产监督管理部门。

中央管理的总公司的综合应急预案和专项应急预案，报国务院国有资产监督管理部门、国务院安全生产监督管理部门和国务院有关主管部门备案；其所属单位的应急预案分别抄送所在地的省、自治区、直辖市或者设区的市人民政府安全生产监督管理部门和有关主管部门备案。

上述规定以外的其他生产经营单位中涉及实行安全生产许可的，其综合应急预案和专项应急预案，按照隶属关系报所在地县级以上地方人民政府安全生产监督管理部门和有关主管部门备案；未实行安全生产许可的，其综合应急预案和专项应急预案的备案，由省、自治区、直辖市人民政府安全生产监督管理部门确定。

3) 应急预案的实施

各级安全生产监督管理部门、生产经营单位应当采取多种形式开展应急预案的宣传教育，普及生产安全事故预防、避险、自救和互救知识，提高从业人员安全意识和应急处置技能。

生产经营单位应当制定本单位的应急预案演练计划，根据本单位的事故预防重点，每年至少组织一次综合应急预案演练或者专项应急预案演练，每半年至少组织一次现场处置方案演练。

4) 奖惩

生产经营单位应急预案未按照有关规定备案的，由县级以上安全生产监督部门给予警告，并处 3 万元以下罚款。

生产经营单位未制定应急预案或者未按照应急预案采取预防措施，导致事故救援不力或者造成严重后果的，由县级以上安全生产监督管理部门依照有关法律、法规和规章的规定，责令停产停业整顿，并依法给予行政处罚。

3. 职业伤害事故的分类

职业健康安全事故分两大类型，即职业伤害事故与职业病。职业伤害事故是指因生产过程及工作原因或与其相关的其他原因造成的伤亡事故。

1) 按照事故发生的原因分类

按照我国《企业职工伤亡事故分类》(GB 6441—1986)标准规定，职业伤害事故分为 20 类，其中，与建筑业有关的主要有 12 类。

2) 按事故后果严重程度分类

我国《企业职工伤亡事故分类》(GB 6441—1986)规定，按事故后果严重程度分类，事故分为①轻伤事故。②重伤事故。③死亡事故。④重大伤亡事故。⑤特大伤亡事故。

3) 按事故造成的人员伤亡或者直接经济损失分类

依据 2007 年 6 月 1 日起实施的《生产安全事故报告和调查处理条例》规定，按生产安全事故造成的人员伤亡或者直接经济损失，事故分为以下几类。

(1) 特别重大事故，是指造成 30 人以上死亡，或者 100 人以上重伤(包括急性工业中毒，下同)，或者 1 亿元以上直接经济损失的事故。

(2) 重大事故，是指造成 10 人以上 30 人以下死亡，或者 50 人以上 100 人以下重伤，或者 5 000 万元以上 1 亿元以下直接经济损失的事故。

(3) 较大事故，是指造成 3 人以上 10 人以下死亡，或者 10 人以上 50 人以下重伤，或者 1 000 万元以上 5 000 万元以下直接经济损失的事故。

(4) 一般事故，是指造成 3 人以下死亡，或者 10 人以下重伤，或者 1 000 万元以下直接经济损失的事故。

目前，在建筑工程领域中，判别事故等级较多采用的是《生产安全事故报告和调查处理条例》。

4. 建筑工程安全事故的处理

一旦事故发生，通过应急预案的实施，尽可能防止事态的扩大和减少事故的损失。通过事故处理程序，查明原因，制定相应的纠正和预防措施，避免类似事故再次发生。

1) 事故处理的原则

国家对发生事故后的"四不放过"处理原则，具体内容如下。

（1）事故原因不清楚不放过。要求在调查处理伤亡事故时，首先要把事故原因分析清楚，找出导致事故发生的真正原因，未找到真正原因决不轻易放过。搞清各因素之间的因果关系才算达到事故原因分析的目的，避免今后类似事故的发生。

（2）事故责任人未受到处理不放过。这是安全事故责任追究制的具体体现，对事故责任者要严格按照安全事故责任追究的法律法规的规定进行严肃处理；不仅要追究事故责任人的责任，同时要追究有关责任人的领导责任。当然，处理事故责任者必须谨慎，避免事故责任追究的扩大化。

（3）事故责任者和员工没有受到教育不放过。使事故责任者和广大群众了解事故发生的原因及所造成的危害，并深刻认识到搞好安全生产的重要性，从事故中吸取教训，提高安全意识，改进安全管理工作。

（4）事故没有制定切实可行的整改措施不放过。必须针对事故发生的原因，提出防止相同或类似事故发生的切实可行的预防措施，并督促事故发生单位加以实施。只有这样，才算达到了事故调查和处理的最终目的。

2) 建设工程安全事故的处理

（1）迅速抢救伤员并保护事故现场。各个行业的建设施工中出现了安全事故，都应当向建设行政主管部门报告。专业工程出现安全事故，还需要向有关行业主管部门报告。

① 特别重大事故、重大事故逐级上报至国务院安全生产监督管理部门和负有安全生产监督管理职责的有关部门。

② 较大事故逐级上报至省、自治区、直辖市人民政府安全生产监督管理部门和负有安全生产监督管理职责的有关部门。

③ 一般事故上报至设区的市级人民政府安全生产监督管理部门和负有安全生产监督管理职责的有关部门。

（2）组织调查组，开展事故调查。特别重大事故由国务院或者国务院授权有关部门组织事故调查组进行调查。重大事故、较大事故、一般事故分别由事故发生地省级人民政府、设区的市级人民政府、县级人民政府负责调查。

（3）现场勘查。事故发生后，调查组应迅速到现场进行及时、全面、准确和客观的勘察，包括现场笔录、现场拍照和现场绘图等。

（4）分析事故原因。通过直接和间接地分析，确定事故的直接责任者、间接责任者和主要责任者。

（5）制定预防措施。根据事故原因分析，制定防止类似事故再次发生的预防措施，根据事故后果和事故责任者应负的责任提出处理意见。

（6）提交事故调查报告。事故调查组应当自事故发生之日起60日内提交事故调查报告；特殊情况下，经负责事故调查的人民政府批准，提交事故调查报告的期限可以适当延长，但延长的期限最长不超过60日。

（7）事故的审理和结案。重大事故、较大事故、一般事故，负责事故调查的人民政府应当自收到事故调查报告之日起15日内作出批复；特别重大事故，30日内作出批复；特殊情况下，批复时间可以适当延长，但延长的时间最长不超过30日。

8.1.4 建筑工程项目安全管理体系

职业健康安全管理体系，总的管理体系的一部分，便于组织对于其业务相关的职业健康风险的管理。它包括为制定、实施、实现、评审和保持职业健康安全方针所需的组织结构、策划活动、职责、惯例、程序、过程和资源。

作为我国推荐性标准的职业健康安全管理体系标准，目前被企业普遍采用，用以建立健康安全管理体系。该标准覆盖了国际上的 OHSAS18000 体系标准，即《职业健康安全管理体系规范》（GB/T 28001—2011）、《职业健康安全管理体系指南》（GB/T 28002—2011）。

1. 建筑工程项目安全管理体系的目标

1）职业健康安全管理体系的结构

《职业健康安全管理体系规范》（GB/T 28001—2011)有关职业健康安全管理体系的结构图如图 8.1 所示。从中可以看出，该标准由"范围""引用标准""定义"和"职业健康安全管理体系要素"四部分组成。

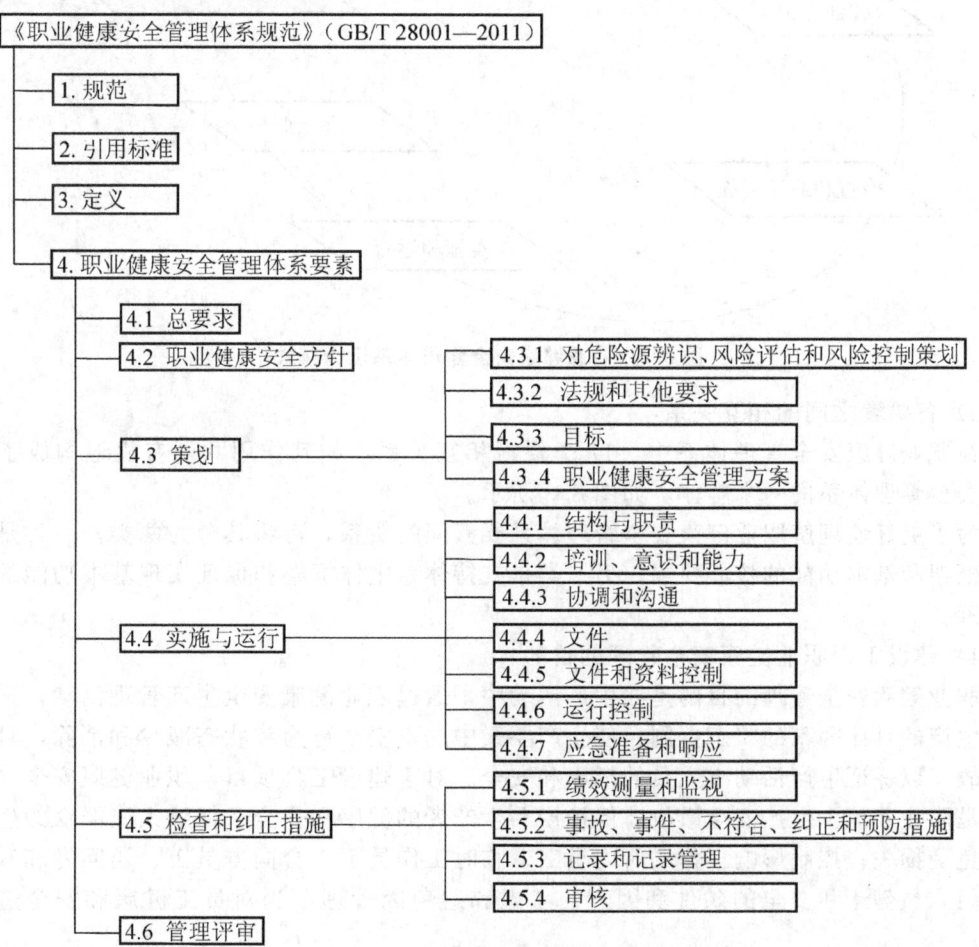

图 8.1 职业健康安全管理体系总体结构图

"范围"中指出了管理体系标准中一般要求，旨在纳入任何一个职业健康安全管理体系。其应用程度取决于组织的职业健康安全方针、活动性质、运行的风险与复杂性等因素。本标准针对的是职业健康安全，而非产品和服务安全。

"职业健康安全管理体系要素"是管理体系的具体内容。

2）职业健康管理体系的运行模式

为适应现代职业健康安全的需要，《职业健康安全管理体系规范》（GB/T 28001—2011)在确定职业健康管理体系模式时，强调按系统理论管理职业健康安全及其相关事务，以达到预防和减少生产事故和劳动疾病的目的。具体采用了系统化的戴明模式，即一个动态循环并螺旋上升的系统化管理模式。职业健康安全管理体系运行模式如图 8.2 所示。

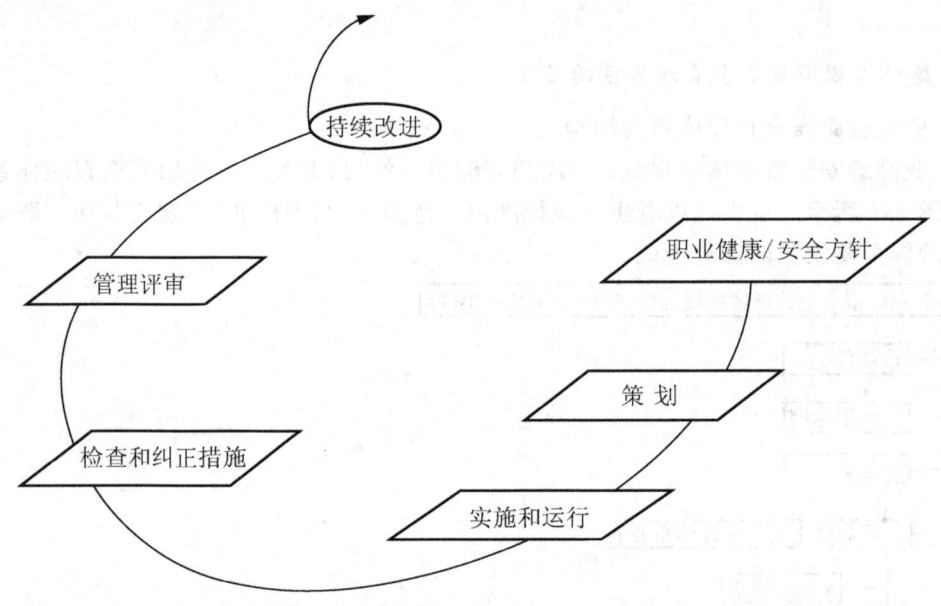

图 8.2　职业健康安全管理体系运行模式

3）各要素之间的相互关系

在职业健康安全管理体系中，17 个要素相互关系，相互作用共同有机地构成了职业健康安全管理体系的一个整体，如图 8.3 所示。

为了更好地理解职业健康安全管理体系要素间的关系，可将其分为两类，一类是体现主体框架和基本功能的核心要素，另一类是支持体系主体框架和保证实现基本功能的辅助性要素。

4）建设工程职业健康安全管理的目的

职业健康安全管理的目的是在生产活动中，通过职业健康安全生产管理活动，进行对影响生产的具体因素的状态控制，使生产要素中的不安全行为和状态减少和消除，且不引发事故，以保证生产活动中人员的健康和安全。对于建设工程项目，职业健康安全管理的目的是防止和减少生产安全事故、保护产品生产者的健康和安全、保障人民群众的生命和财产免受损失；控制影响工作场所内员工、临时工作员工、合同方员工、访问者和其他有关部门人员健康和安全的条件和因素；考虑和避免因管理不当对员工健康和安全造成的危害。

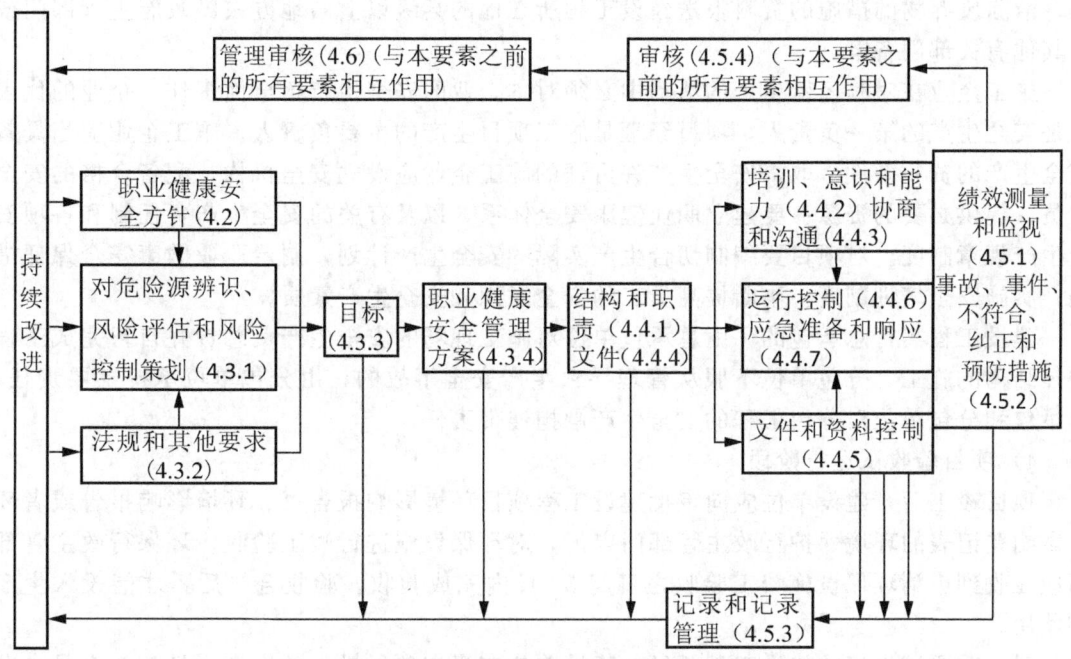

图 8.3 职业健康安全管理体系各要素的关联图

2. 建筑工程项目安全管理体系的要求

1) 建设工程项目决策阶段

建设单位应按照有关建设工程法律法规的规定和强制性标准的要求，办理各种有关安全与环境保护方面的审批手续。对需要进行安全预评价的建设工程项目，应组织或委托有相应资质的单位进行建设工程项目安全预评价。

2) 工程设计阶段

设计单位应按照有关建设工程法律法规的规定和强制性标准的要求，进行环境保护设施和安全设施的设计，防止因设计考虑不周而导致生产安全事故的发生或对环境造成不良影响。

在进行工程设计时，设计单位应当考虑施工安全和防护需要，对涉及施工安全的重点部分和环节在设计文件中应进行注明，并对防范生产安全事故提出指导意见。

对于采用新结构、新材料、新工艺的建设工程和特殊结构的建设工程，设计单位应在设计中提出保障施工作业人员安全和预防生产安全事故的措施建议。

在工程总概算中，应明确工程安全环保设施费用、安全施工和环境保护措施费等。

3) 工程施工阶段

建设单位在申请领取施工许可证时，应当提供建设工程有关安全施工措施的资料。对于依法批准开工报告的建设工程，建设单位应当自开工报告批准之日起 15 日内，将保证安全施工的措施报送建设工程所在地的县级以上人民政府建设行政主管部门或者其他有关部门备案。

对于应当拆除的工程，建设单位应当在拆除工程施工 15 日前，将拆除施工单位资质等级证明，拟拆除建筑物、构筑物及可能涉及毗邻建筑的说明，拆除施工组织方案，堆放、清除废弃物的措施的资料报送建设工程所在地的县级以上的地方人民政府主管部门或者其他有关部门备案。

施工企业在对其经营生产的活动中必须对本企业的安全生产负全面责任。企业的代表人是安全生产的第一负责人，项目经理是施工项目生产的主要负责人。施工企业应当具备安全生产的资质条件，取得安全生产许可证的施工企业应设立安全机构，配备合格的安全人员，提供必要的资源；要建立职业健康安全体系，以及有关的安全生产责任制和各项安全生产规章制度。对项目要编制切合生产实际的安全生产计划，制定职业健康安全保证措施；实施安全培训制度，不断提高员工的安全意识和安全生产素质。

建设工程实行总承包的，由总承包单位对施工现场的安全生产负总责并自行完成工程主体结构的施工。分包单位不服从管理导致生产安全事故的，由分包单位承担主要责任，总承包和分包单位对分包工程的安全生产承担连带责任。

4）项目验收试运行阶段

项目竣工后，建设单位应向审批建设工程项目环境影响报告书、环境影响报告或者环境影响登记表的环境保护行政主管部门申请，对环保设施进行竣工验收。环保行政主管部门应在收到申请环保设施竣工验收之日起 30 日内完成验收。验收合格后，才能投入生产和使用。

对于需要试生产的建设工程项目，建设单位应当在项目投入试生产之日起 3 个月内向环保行政主管部门申请对其项目配套的环保设施进行竣工验收。

3. 建筑工程项目安全管理体系的建立

1）领导决策

建立职业健康安全管理体系需要最高管理者亲自决策，以便获得各方面的支持和保证建立体系所需资源。

2）成立工作组

最高管理者或授权管理者代表成立工作小组负责建立职业健康安全与环境管理体系。工作小组的成员要覆盖组织的主要职能部门，组长最好由管理者代表担任，以保证小组对人力、资金、信息的获取。

3）人员培训

人员培训的目的是使组织内的有关人员了解建立职业健康与环境体系的重要性，了解标准的主要思想和内容。根据对不同人员的培训要求，可将参加培训的人员分为四个层次，即：最高管理层；中层领导及技术负责人；具体负责建立体系的主要骨干人员；普通员工。

在开展工作之前，参与建立和实施管理体系的有关人员及内审员应接受职业健康安全与环境管理体系标准及相关知识的培训。

4）初始状态评审

初始状态评审是对组织过去和现在的职业健康安全与环境的信息、状态进行收集、调查分析、识别和获取现有的适用于组织的健康安全与环境的法律法规和其他要求，进行危险源辨识和风险评价、环境因素识别和重要环境因素评价。评审的结果将作为确定职业健康安全与环境方针、制定管理方案、编制体系文件和建立职业健康安全与环境管理体系的基础。

5）制定方针、目标、指标和管理方案

方针是组织对其健康安全与环境行为的原则和意图的声明，也是组织自觉承担其责任和义务的承诺。方针不仅为组织确定了总的指导方向和行动准则，而且是评价一切后续活动的依据，并为更加具体的目标和指标提供一个框架。目标和指标制定的依据和准则为：依据并符合方针；考虑法律、法规和其他要求；考虑自身潜在的危险和重要环境因素；考虑商业机会和竞争机遇；考虑可实施性；考虑监测考评的现实性；考虑相关方的观点。管理方案是实现目标、指标的行动方案。

6）管理体系策划与设计

体系策划与设计是依据制定的方针、目标和指标、管理方案，确定组织机构职责和筹划各种运行程序。建立组织机构应考虑的主要因素有：合理分工；加强协作；明确定位，落实岗位责任；赋予权限。

文件策划的主要工作有：确定文件结构；确定文件编写格式；确定各层文件名称及编号；制订文件编写计划；安排文件的审查、审批和发布工作等。

7）体系文件的编写

体系文件包括管理手册、程序文件、作业文件，在编写中要根据文件的特点考虑编写的原则和方法。

8）文件的审查审批和发布

文件编写完成后应进行审查，经审查、修改、汇总后进行审批，然后发布。

8.2 工程项目环境管理

8.2.1 工程项目环境管理概述

1. 环境管理体系的产生

环境是指组织运行活动的外部存在，包括空气、水、土地、自然资源、植物、动物、人，以及它们之间的相互关系。

环境管理体系是指环境管理体系是一个组织内全面管理体系的组成部分。它包括为制定、实施、实现、评审和保持环境方针所需的组织机构、规划活动、机构职责、惯例、程序、过程和资源，还包括组织的环境方针、目标和指标等管理方面的内容。

环境保护是中国的一项基本国策。对环境管理的目的是保护生态环境，使社会的经济发展与人类的生存环境相协调。对于建设工程项目，环境保护主要是保护和改善施工现场的环境。企业应当遵照国家和地方的相关法律法规以及行业和企业自身的要求，采取措施控制施工现场的各种粉尘、废水、废气、固体废弃物以及噪声、振动对环境的污染和危害，并且注意资源节约和避免资源的浪费。

2. 环境管理体系的特点

随着全球经济的发展，人类赖以生存的环境不断恶化，20 世纪 80 年代，联合国组建了世界环境与发展委员会，提出了可持续发展的观点。国际标准化制定的 ISO 14000 体系标准，被中国等同采用。

1) 职业健康安全与环境管理体系的相同点

(1) 管理目标基本一致。上述两个管理体系均为组织管理体系的组成部分，管理目标一致。一是分别从职业健康安全和环境方面，改善管理绩效；二是增强顾客和相关方的满意程度；三是减少风险，降低成本；四是提高组织的信誉和形象。

(2) 管理原理基本相同。职业健康安全和环境管理体系标准均强调了预防为主，系统管理，持续改进和PDCA循环原理；都强调了为制定、实施、实现、评审和保持响应的方针所需要的组织活动、策划活动、职责、程序、过程和资源。

(3) 不规定具体绩效标准。这两个管理体系都不规定具体的绩效标准，它们只是组织实现目标的基础、条件和组织保证。

2) 职业健康安全与环境管理体系的不同点

(1) 需要满足的对象不同。建立职业健康安全管理体系的目的是"消除或减少因组织活动而使员工和其他相关方可能面临的职业健康安全风险"，即主要目标是使员工和其他相关方对职业健康安全条件满意。

建立环境管理体系的目的是"针对众多相关方和社会对环境保护的不断需要"，即主要目标是使公众和社会对环境保护满意。

(2) 管理的侧重点有所不同。职业健康安全管理体系是对危险源的辨识，评价风险，控制风险，改进职业健康安全绩效，满足员工和相关方的要求。环境管理体系通过对环境产生不利影响的因素分析，进行环境管理，满足相关法律法规的要求。

3. 环境管理体系的内容

1) 环境管理体系的结构

在环境管理中，应建立环境管理的方针和目标，识别与组织运行活动有关的危险源及其危险，通过环境影响评价，对可能产生重大环境影响的环境因素采取措施进行管理和控制。根据《环境管理体系要求及使用指南》(GB/T 24001—2004)，组织应根据本标准的要求建立环境管理体系，形成文件，实施、保持和持续改进环境管理体系，并确定它将如何实现这些要求。组织应确定环境管理体系覆盖的范围并形成文件。《环境管理体系要求及使用指南》(GB/T 24001—2004)的结构图如图8.4所示。

"范围"中指出，本标准旨在其所有的要求都能纳入任何一个环境管理体系。其应用程度取决于诸如组织的环境方针、活动、产品和服务的性质、运行场所的条件和因素。"环境管理体系要求"指出了管理体系的全部具体内容。

2) 环境管理体系的运行模式

《环境管理体系要求及使用指南》(GB/T 24001—2004)是环境管理体系系列标准的主要标准，也是在环境管理体系标准中唯一可供认证的管理标准。

图8.5给出了环境管理体系的运行模式，该模式为环境管理体系提供了一套系统化的方法，指导其组织合理有效地推行其环境管理工作。该模式是由"策划、实施、检查、评审和改进"构成的动态循环过程，与戴明的PDCA模式是一致的。

3) 各内容要素之间的相互关系

从17个要素的内容及其内在关系来看，相互关系如图8.6所示。

从图8.6中可以看出，体系中的一部分要素构成主体框架，是体现其基本功能的核心

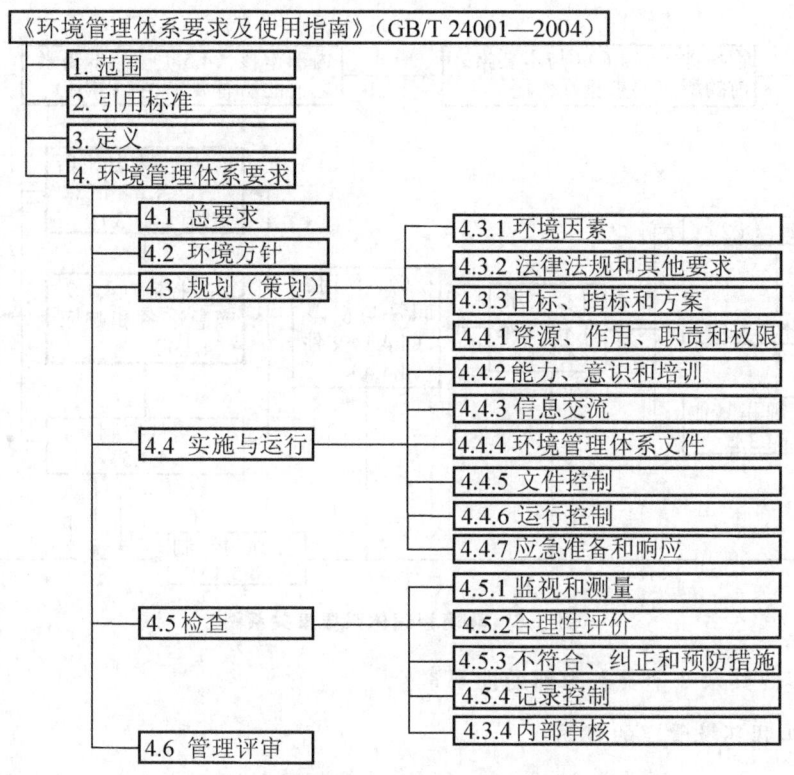

图 8.4 《环境管理体系 要求及使用指南》结构图

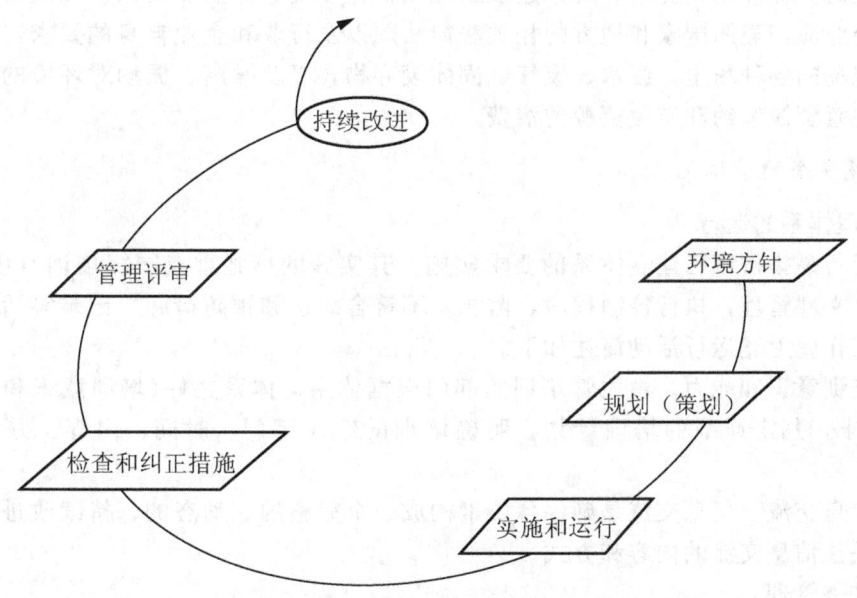

图 8.5 环境管理体系要素关系图

要素;另一部分是对主体框架其支持作用,实现其基本功能起保证作用的辅助性要素。

核心要素共 10 个,包括:环境方针;环境因素;法律法规与其他要求;目标、指标和方案;资源、作用、职责与权限;运行控制;监测与测量;评估法规的符合性;内部审

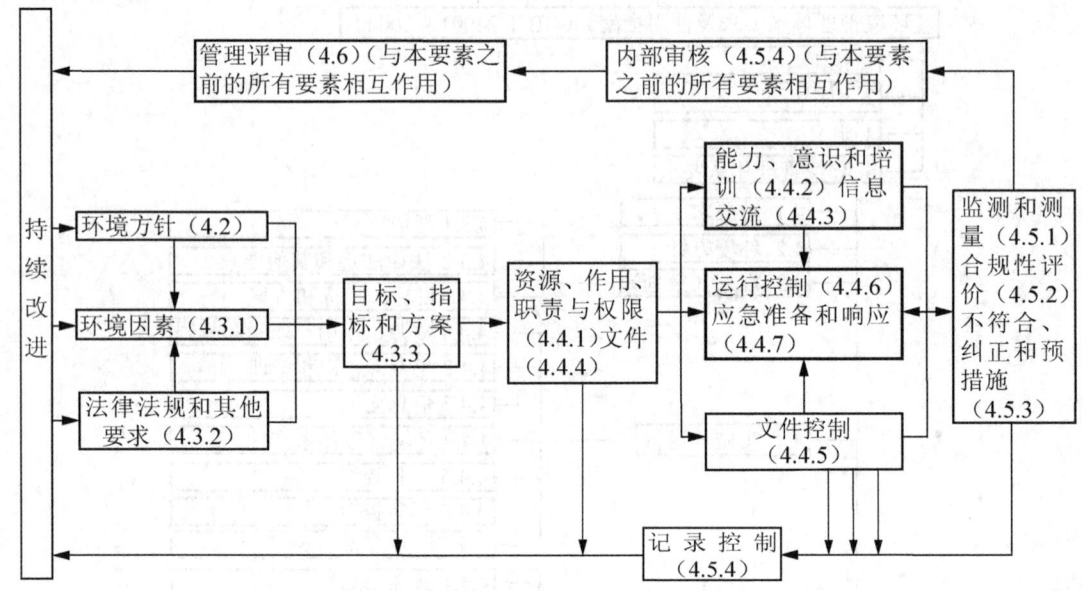

图 8.6 环境管理体系要素关系图

核；管理评审。其余 7 个要素为辅助性要素。

4. 建设工程环境管理的目的

环境保护是中国的一项基本国策。对环境管理的目的是保护生态环境，使社会的经济发展与人类的生存环境相协调。对于建设工程项目，环境保护主要是保护和改善施工现场的环境。企业应当遵照国家和地方的相关法律法规以及行业和企业自身的要求，采取措施控制施工现场的各种粉尘、废水、废气、固体废弃物，以及噪声、振动对环境的污染和危害，并且注意资源节约和避免资源的浪费。

5. 环境安全的一体化

1）管理体系的运行

体系运行是指按照已建立体系的要求实施，其实施的措施重点围绕培训意识和能力，信息交流，文件管理，执行控制程序，监测，不符合纠正和预防措施，记录等活动推进体系的运行工作。上述运行活动简述如下。

（1）培训意识和能力。由主管培训的部门根据体系，体系文件（培训意识和能力程序文件）的要求，判定详细的培训计划，明确培训的组织部门、时间、内容、方法和考核要求。

（2）信息交流。信息交流是确保各要素构成一个完整的、动态的、持续改进的体系和基础，应关注信息交流的内容和方式。

（3）文件管理。

① 对现有有效文件进行整理编号，方便查询索引。

② 对适用的规范、规程等行业标准应及时购买补充，对适用的表格要及时发放。

③ 对在内容上有抵触的文件和过期的文件要及时作废并妥善处理。

（4）执行控制程序文件的规定。体系的运行离不开程序文件的指导，程序文件及其相关的作业文件在组织内部都具有法定效力，必须严格执行，才能保证体系正确运行。

（5）监测。为保证体系正确有效地运行，必须严格监测体系的运行情况。监测中应明确监测的对象和监测的方法。

（6）不符合纠正和预防措施。体系在运行过程中，不符合的出现是不可避免的，包括事故也难免要发生，关键是相应的纠正与预防措施是否及时有效。

（7）记录。在体系运行过程中及时按文件要求进行记录，如实反映体系运行情况。

2）管理体系的维持

（1）内部审核。内部审核是组织对其自身的管理体系进行的审核，是对体系是否正常进行以及是否达到了规定的目标所作的独立的检查和评价，是管理体系自我保证和自我监督的一种机制。内部审核要明确策划，提出审核的方式方法和步骤，形成审核日程计划，并发至相关部门。

（2）管理评审。管理评审是由组织的最高管理者对管理体系的系统评价，判断组织的管理体系面对内部情况的变化和外部环境是否充分适应有效，由此决定是否对管理体系做出调整，包括方针、目标、机构和程序等。

（3）合规性评价。为了履行对合规性承诺，合规性评价分公司级和项目班组级评价两个层次进行。

项目班组评价，由项目经理组织有关人员对施工应遵守的法律法规和其他要求的执行情况进行一次合规性评价。当某个阶段施工时间超过半年时，合规性评价不少于一次。项目工程结束时应针对某个项目工程进行系统的合规性评价。

公司级评价每年进行一次，制定计划后由管理者代表组织企业相关部门和项目组，对公司应遵守的法律法规和其他要求的执行情况进行合规性评价。

各级合规性评价后，对不能充分满足要求的相关活动或行为，通过管理方案或纠正错误等方式进行逐步改进。上述评价和改进的结果，应形成必要的记录和证据，作为管理评审的依据。

管理评审时，最高管理者应结合上述合规性评审的结果、企业的客观管理实际、相关法律法规和其他要求，系统评价体系运行过程中对适用法律法规和其他要求的遵守执行情况，并由相关部门或最高管理者提出改进要求。

 案例 8-2

某市一建筑公司建了枫林住宅小区东区工程。在施工期间，施工现场临时道路没有硬化处理，大量尘土、泥浆被带到场外，不经清扫便洒水，使现场进出口附近道路泥泞，污水横流；不洁车辆离开现场前，虽然进行了冲洗，但污水却排到了场外主要街道上；土方车辆和清运垃圾车辆出场时，尽管采取了封闭苫盖措施，但仍有少量遗撒，对附近居民的生活环境产生了不良影响。这些现象暴露出施工单位在文明施工、环境保护管理方面，措施不力，管理不到位。经举报该施工单位受到了有关部门责令限期整改并罚款的处理。

【解】　① 环境方针是一个组织制定环境管理目标与指标的依据和出发点。环境方针的制定要注意，第一，制定环境方针是最高管理者的选择。第二，环境方针的内容必须对遵守法律及其他要求、持续改进和污染预防的承诺，并作为制定与评价环境目标和指标的框架。第三，环境方针应适合组织的规模、行业特点，要有个性。第四，环境方针在管理上要求形成文件，便于员工理解和相关方获取。

② 企业建立环境管理体系的步骤是：领导决策，成立工作组，人员培训，初始状态评审，制定方

针、目标、指标和管理方案,管理体系策划与设计体系文件的编写,文件的审查审批和发布等。

③ 环境管理体系的运行是按照已建立体系的要求逐步实施,实施的措施重点是围绕培训意识和能力,信息交流,文件管理,执行控制程序,监测,不符合纠正和预防措施,记录等活动推进体系的运行工作。

8.2.2 工程项目环境管理相关规定

文明施工是指保持施工现场良好的作业环境、卫生环境和工作秩序。文明施工主要包括:规范施工现场的场容,保持作业环境的整洁卫生;科学组织施工,使生产有序进行;减少施工对周围居民和环境的影响;遵守施工现场文明施工的规定和要求,保证职工的安全和身体健康。

1. 建设工程现场文明施工的要求

依据中国相关标准,文明施工的要求主要包括现场围挡、封闭管理、施工场地、材料堆放、现场住宿、现场防火、治安综合治理、施工现场标牌、生活设施、保健急救、社区服务等11项内容。具体要求如下。

(1) 有整套的施工组织设计或施工方案,施工总平面图布置紧凑,施工场地规划合理,符合环保、市容、卫生的要求;

(2) 有健全的施工组织管理机构和指挥系统,岗位分工明确;工序交叉合理,交接责任明确。

(3) 有严格的成品保护措施和制度,大小临时设施和各种材料构件、半成品按平面布置堆放整齐。

(4) 施工场地平整,道路畅通,排水设施得当,水电线路整齐,机具设备状况良好,适用合理。施工作业符合消防和安全要求。

(5) 搞好环境卫生管理,包括施工区、生活区环境卫生和食堂卫生管理。

(6) 文明施工应贯穿施工结束后的清场。

文明施工不仅要抓好现场的场容管理,而且还要做好现场材料、机械、安全、技术、保卫、消防和生活卫生等方面的工作。

2. 落实现场文明施工的各项管理措施

1) 施工平面图布置

施工平面图是现场管理、实现文明施工的依据。施工平面图应对施工机械设备设置、材料和构配件的堆场、现场加工场地,以及现场临时运输道路、供水供电线路和其他临时设施进行合理布置,并随工程实施的不同阶段进行场地布置和调整。

2) 现场围挡、标牌

(1) 施工现场必须封闭管理,设置进出口大门、制度门卫制度,严格执行外来人员进场登记制度。沿工地四周连续设置围挡,市区主要路段和其他涉及市容景观路段的工地设置围挡高度不低于2.5m,其他工地围挡高度不低于1.8m,围挡材料要求坚固、稳定、统一、整洁、美观。

(2) 施工现场必须设置"五牌一图",即工程概况牌、管理人员名单及监督电话牌、消防保卫(防火责任)牌、安全生产牌、文明施工牌和施工现场平面图。

(3) 施工现场应合理悬挂安全生产宣传和警示牌，标牌悬挂牢固可靠，特别是主要施工部位、作业点和危险区域，以及主要通道口都必须有针对性地悬挂醒目的安全警示牌。

3) 施工场地

(1) 施工现场应积极推行硬地坪施工，作业区、生活区主干道地面必须用一定厚度的混凝土硬化，场内其他道路地面也应硬化处理。

(2) 施工现场道路畅通、平坦、整洁，无散落物。

(3) 施工现场设置排水系统，排水畅通，不积水。

(4) 严禁泥浆、污水、废水外流或堵塞下水道和排水河道。

(5) 施工现场适当地方设置吸烟处，作业区内禁止随意吸烟。

(6) 积极美化施工现场环境，根据季节变化，适当进行绿化布置。

4) 材料堆放、周转设备管理

(1) 建筑材料、构配件、料具必须按施工现场平面图堆放，布置合理。

(2) 建筑材料、构配件、料具必须做到安全、整齐堆放，不得超高。堆料分门别类，悬挂标牌，标牌应统一制作，标明名称、品种、规格数量等。

(3) 建立材料收发管理制度，仓库、工具间材料堆放整齐、悬挂标牌。不使用的施工机具和设备及时出场。

(4) 施工现场建立清扫制度，落实到人，做到工完料尽场地清，车辆进出场应有防泥带出措施。建筑垃圾及时清运，临时存放现场的也应集中堆放整齐，悬挂标牌。

(5) 施工设施、大模、砖夹等，集中堆放整齐，大模板成对放稳，角度正确。钢模及零配件、脚手扣件分类分规格，集中存放。竹木杂料，分类堆放、规格成方，不散不乱，不作他用。

5) 现场生活设施

(1) 施工现场作业区与办公、生活区必须明细划分，确因场地狭窄不能划分的，要有可靠的隔离栏防护措施。

(2) 宿舍内应确保主体结构安全，设施完好。宿舍周围环境应保持整洁、安全。

(3) 宿舍内应有保暖、消暑、防煤气中毒、防蚊虫叮咬等措施。严禁使用煤气灶、煤油炉、电饭煲、热得快、电炒锅、电炉等器具。

(4) 食堂应有良好的通风和洁卫措施，保持卫生整洁，炊事员持健康证上岗。

(5) 建立现场卫生责任制，设卫生保洁员。

(6) 施工现场应设固定的男、女简易淋浴室和厕所，并要保证结构稳定、牢固和防风雨；并实行专人看管，及时清扫，保持整洁。

6) 现场消防、防火管理

(1) 现场建立消防管理制度，建立消防领导小组，落实消防责任制和责任人员，做到思想重视、措施跟上、管理到位。

(2) 定期对有关人员进行消防教育，落实消防措施。

(3) 现场必须有消防平面布置图，临时设施按消防条例有关规定搭设，做到标准规范。

(4) 易燃易爆物品堆放间、油漆间、木工间、总配电室等消防防火重点部位要按规定设置灭火机和消防沙箱，并有专人负责，对违反消防条例的有关人员进行严肃处理。

（5）施工现场用明火做到严格按动用明火规定执行，审批手续齐全。

7）医疗急救的管理

展开卫生防病教育，准备必要的医疗设施，配备经过培训的急救人员，有急救措施、急救器材和保健医疗箱。在现场办公室的显著位置张贴急救车和有关医院的电话号码等。

8）社区服务的管理

建立施工不得扰民的措施。现场不得焚烧有毒、有害物质。

9）治安管理

（1）建立现场治安保卫领导小组，有专人管理。

（2）新入场的人员做到及时登记，做到合法用工。

（3）按照治安管理条例和施工现场的治安管理规定搞好各项管理工作。

（4）建立门卫值班管理制度，严禁无证人员和其他闲杂人员进入施工现场。

3．施工现场环境保护的要求

1）建设工程施工现场环境保护的要求

根据《中华人民共和国环境保护法》和《中华人民共和国环境影响评价法》的有关规定，建设工程项目对环境保护的基本要求如下：

（1）涉及依法划定的自然保护区、风景名胜区、生活饮用水水源保护区及其他需要特别保护的区域时，应当符合国家有关法律法规及该区域内建设工程项目环境管理的规定，不得建设污染环境的工业生产设施；建设的工程项目设施的污染物排放不得超过规定的排放标准。

（2）开发利用自然资源的项目，必须采取措施保护生态环境。

（3）建设工程项目选址、选线、布局应当符合区域、流域规划和城市总体规划。

（4）应满足项目所在区域环境质量、相应环境功能区划和生态功能区划标准或要求。

（5）拟采取的污染防治措施应确保污染物排放达到国家和地方规定的排放标准，满足污染物总量控制要求；涉及可能产生放射性污染的，应采取有效预防和控制放射性污染措施。

（6）建设工程应当采用节能、节水等有利于环境与资源保护的建筑设计方案、建筑材料、装修材料、建筑构配件及设备。建筑材料和装修材料必须符合国家标准。禁止生产、销售和使用有毒、有害物质超过国家标准的建筑材料和装修材料。

（7）尽量减少建设工程施工中所产生的干扰周围生活环境的噪声。

（8）应采取生态保护措施，有效预防和控制生态破坏。

（9）对环境可能造成重大影响、应当编制环境影响报告书的建设工程项目，可能严重影响项目所在地居民生活环境质量的建设工程项目，以及存在重大意见分歧的建设工程项目，环保部门可以举行听证会，听取有关单位、专家和公众的意见，并公开听证结果，说明对有关意见采纳或不采纳的理由。

（10）建设工程项目中防治污染的设施，必须与主体工程同时设计、同时施工、同时投产使用。防治污染的设施必须经原审批环境影响报告书的环境保护行政主管部门验收合格后，该建设工程项目方可投入生产或者使用；禁止引进不符合中国环境保护规定要求的技术和设备；任何单位不得将产生严重污染的生产设备转移给没有污染防治能力的单位使用。

2)《中华人民共和国海洋环境保护法》的规定

在进行海岸工程建设和海洋石油勘探开发时，必须依照法律的规定，防止对海洋环境的污染损害。

4. 建设工程施工现场环境保护的措施

工程建设过程中的污染主要包括对施工场界内的污染和对周围环境的污染。对施工场界内的污染防治属于职业健康安全问题，而对周围环境的污染防治是环境保护的问题。

建设工程环境保护措施主要包括大气污染防治、水污染的防治、噪声污染的防治、固体废弃物的处理及文明施工措施等。

1) 大气污染的防治

(1) 大气污染物分类。大气污染物的种类有数千种，已发现有危害作用的有一百多种，其中大部门是有机物。大气污染物通常是以气体状态和粒子状态存在于空气中。

(2) 施工现场空气污染的防治措施。

① 施工现场垃圾渣土要及时清理出现场。

② 高大建筑物清理施工垃圾时，要使用封闭式的容器或者采取其他措施处理高空废弃物，严禁凌空随意抛撒。

③ 施工现场道路应指定专人定期洒水清扫，形成制度，防止道路扬尘。

④ 对于细颗粒散体材料（如水泥、粉煤灰、白灰等）的运输、储存要注意遮盖、密封，防止和减少飞扬。

⑤ 车辆开出工地要做到不带泥沙，基本做到不撒土、不扬尘，减少对周围环境污染。

⑥ 除设有符合规定的装置外，禁止在施工现场焚烧油毡、橡胶、塑料、皮革、树叶、枯草，各种包装物等废弃物品及其他会产生有毒、有害烟尘和恶臭气体的物质。

⑦ 机动车都要安装减少尾气排放的装置，确保符合国家标准。

⑧ 工地茶炉应尽量采用电热水器。若只能使用烧煤茶炉和锅炉时，应选用消烟除尘型茶炉和锅炉，大灶应选用消烟节能回风炉灶，使烟尘降至允许排放范围为止。

⑨ 大城市市区的建设工程已不容许搅拌混凝土。在容许设置搅拌站的工地应将搅拌站封闭严密，并在进料仓上方安装除尘装置，采用可靠措施控制工地粉尘污染。

⑩ 拆除旧建筑物时，应适当洒水，防止扬尘。

2) 水污染的防治

(1) 水污染物主要来源。

① 工业污染源：指各种工业废水向自然水体的排放。

② 生活污染源：主要有食物废渣、食油、粪便、合成洗涤剂、杀虫剂、病原微生物等。

③ 农业污染源：主要有化肥、农药等。施工现场废水和固体废物随水流流入水体部分，包括泥浆、水泥、油漆、各种油类、混凝土外加剂、重金属、酸碱盐、非金属无机毒物等。

(2) 废水处理技术。废水处理的目的是把废水中所含的有害物质清理分离出来。废水处理可分为化学法、物理方法，物理化学方法和生物法。

① 物理法：利用筛滤、沉淀、气浮等方法。

② 化学法：利用化学反应来分离、分解污染物，或使其转化为无害物质的处理方法。

③ 物理化学方法：主要有吸附法，反渗透法，电渗析法。

④ 生物法：生物处理法是利用微生物新陈代谢功能，将废水中成溶解和胶体状态的有机污染物降解，并转化为无害物质，使水得到净化。

（3）施工过程水污染的防治措施。

① 禁止将有毒有害废弃物作土方回填。

② 施工现场搅拌站废水，现制水磨石的污水，电石（碳化钙）的污水必须经沉淀池沉淀合格后再排放，最好将沉淀水用于工地洒水降尘或采取措施回收利用。

③ 现场存放油料，必须对库房地面进行防渗处理。如采用防渗混凝土地面、铺油毡等措施。使用时，要采取防止油料跑、冒、滴、漏的措施，以免污染水体。

④ 施工现场100人以上的临时食堂，污水排放时可设置简易有效的隔油池，定期清理，防止污染。

⑤ 工地临时厕所，化粪池应采取防渗漏措施。中心城市施工现场的临时厕所可采用水冲式厕所，并有防蝇、灭蛆措施，防止污染水体和环境。

⑥ 化学用品，外加剂等要妥善保管，库内存放，防止污染环境。

3）噪声污染的防治

（1）噪声的概念。

① 声音与噪声。声音是由物体振动产生的，当频率在20~20 000Hz时，作用于人的耳鼓膜而产生的感觉称之为声音。由声构成的环境称为声环境。当环境中的声音对人类、动物及自然物没有产生不良影响时，就是一种正常的物理现象。相反，对人的生活和工作造成不良影响的声音就称之为噪声。

② 噪声的分类。噪声按照振动性质可分为气体动力噪声、机械噪声、电磁性噪声。按噪声来源可分为交通噪声（如汽车、火车、飞机等）、工业噪声（如鼓风机、汽轮机、冲压设备等）、建筑施工噪声（如打桩机、推土机、混凝土搅拌机等发出的声音）、社会生活噪声（如高音喇叭、收音机等）。

③ 噪声的危害。噪声是影响与危害非常广泛的环境污染问题。噪声环境可以干扰人的睡眠与工作、影响人的心理状态与情绪，造成人的听力损失，甚至引起许多疾病，此外噪声对人们的对话干扰也是相当大的。

（2）施工现场噪声的控制措施。噪声控制技术可从声源、传播途径、接收者防护、严格控制人为噪声、控制强噪声作业的时间等方面来考虑。

① 声源控制。从声源上降低噪声，这是防止噪声污染的最根本的措施。

尽量采用低噪声设备和工艺代替高噪声设备与加工工艺，如低噪声振捣器、风机、电动空压机、电锯等。

在声源处安装消声器消声，即在通风机、鼓风机、压缩机、燃气机、内燃机及各类排气放空装置等进出风管的适当位置设置消声器。

② 传播途径的控制。在传播途径上控制噪声方法主要有以下几种。

a. 吸声：利用吸声材料（大多由多孔材料制成）或由吸声结构形成的共振结构（金属或木质薄板钻孔制成的空腔体）吸收声能，降低噪声。

b. 隔声：应用隔声结构，阻碍噪声向空间传播，将接收者与噪声声源分隔。隔声结构包括隔声室、隔声罩、隔声屏障、隔声墙等。

c. 消声：利用消声器阻止传播。允许气流通过的消声降噪是防治空气动力性噪声的主要装置。如对空气压缩机、内燃机产生的噪声等。

d. 减振降噪：对来自振动引起的噪声，通过降低机械振动减小噪声，如将阻尼材料涂在振动源上，或改变振动源与其他刚性结构的连接方式等。

③ 接收者的防护。让处于噪声环境下的人员使用耳塞、耳罩等防护用品，减少相关人员在噪声环境中的暴露时间，以减轻噪声对人体的危害。

④ 严格控制人为噪声。进入施工现场不得高声喊叫、无故摔打模板、乱吹哨，限制高音喇叭的使用，最大限度地减少噪声扰民。

⑤ 控制强噪声作业的时间。凡在人口稠密区进行强噪声作业时，须严格控制作业时间，一般晚10点到次日早6点之间应停止强噪声作业。确系特殊情况必须昼夜施工时，尽量采取降低噪声措施，并会同建设单位找当地居委会、村委会或当地居民协调，出安民告示，求得群众谅解。

（3）施工现场噪声的限值。根据《建筑施工场界环境噪声排放标准》（GB 12523—2011）的要求，规定建筑施工过程中场界环境噪声不得超过表8-1规定的排放限值。规定夜间噪声最大声级超过限值的幅度不得高于15 dB(A)。

表8-1　建筑施工场界环境噪声排放限值　　　　　　　　　单位：dB(A)

昼间	夜间
70	55

案例 8-3

某一集办公、餐饮、娱乐为一体的智能化综合建筑群位于城市繁华闹市区，占地面积13 000m²，建筑面积14.8万平方米，檐高100～140m，工程结构为全现浇内筒外框结构，裙房为钢结构。地上30层，地下4层。因混凝土需求量大，为保证施工的顺利进行，施工单位在施工现场设置了混凝土集中搅拌站。由于工期紧迫，施工单位实行"三班倒"，连续进行混凝土的搅拌生产和浇筑，严重影响了附近居民的生活秩序。有关部门接到举报后检查发现，该项目没有取得夜间施工许可证，不具有夜间施工的合法性。于是责令其限期整改，采取措施，处理好噪声污染问题。

【解】① 对人的生活和工作造成不良影响的声音就称之为噪声。按其来源分为交通噪声、工业噪声、建筑施工噪声、社会生活噪声。

② 噪声是影响与危害非常广泛的环境污染问题。噪声环境可以干扰人的睡眠与工作、影响人的心理状态与情绪，造成人的听力损失，甚至引起许多疾病，此外噪声对人们的对话干扰也是相当大的。

③ 施工现场噪声的控制措施。可从声源、传播途径、接收者防护、严格控制人为噪声、控制强噪声作业的时间等方面来考虑控制噪声。

4）固体废物的处理

（1）建筑工地上常见的固体废物。

① 固体废物的概念。固体废物是生产、建设、日常生活和其他活动中产生的固态、半固态废弃物质。固体废物是一个极其复杂的废物体系。按照其化学组成可分为有机废物和无机废物；按照其对环境和人类健康的危害程度可以分为一般废物和危险废物。

② 施工工地常见的固体废物。

a. 建筑渣土：包括砖瓦、碎石、渣土、混凝土碎块、废钢铁、碎玻璃、废屑、废弃散装建筑材料等。废弃散装建筑材料包括散装水泥、石灰等。

b. 生活垃圾：包括炊厨废物、丢弃食品、废纸、生活用具、玻璃、陶瓷碎片、废电池、废旧日用品、废塑料制品、煤灰渣、废交通工具。

c. 设备、材料等的废弃包装材料。

d. 粪便。

（2）固体废物对环境的危害。固体废物对环境的危害是全方位的。主要表现在以下几个方面。

① 侵占土地：由于固体废物的堆放，可直接破坏土地和植被。

② 污染土壤：固体废物的堆放中，有害成分易污染土壤，并在土壤中发生积累，给作物生长带来危害。部分有害物质还能杀死土壤中的微生物，使土壤丧失腐解能力。

③ 污染水体：固体废物遇水浸泡、溶解后，其有害成分随地表径流或土壤渗流污染地下水和地表水；此外，固体废物还会随风飘移进入水体造成污染。

④ 污染大气：以细颗粒状存在的废渣垃圾和建筑材料在堆放和运输过程中，会随风扩散，使大气中悬浮的灰尘废弃物增加；此外，固体废物在焚烧等处理过程中，可能产生有害气体造成大气污染。

⑤ 影响环境卫生：固体废物的大量堆放，会招致蚊蝇滋生，臭味四溢，严重影响工地及周围环境卫生，对员工和工地附近居民的健康造成危害。

（3）固体废物的处理和处置。

① 固体废物处理的基本思想是采取资源化、减量化和无害化的处理，对固体废物产生的全过程进行控制。

② 固体废物的主要处理方法。

a. 回收利用：回收利用是对固体废物进行资源化、减量化的重要手段之一。对建筑渣土可视其情况加以利用；废钢可按需要用做金属原材料；对废电池等废弃物应分散回收，集中处理。

b. 减量化处理：减量化是对已经产生的固体废物进行分选、破碎、压实浓缩、脱水等减少其最终处置量，减低处理成本，减少对环境的污染。在减量化处理的过程中，也包括和其他处理技术相关的工艺方法，如焚烧、热解、堆肥等。

c. 焚烧技术：焚烧用于不适合再利用且不宜直接予以填埋处置的废物，尤其是对于受到病菌、病毒污染的物品，可以用焚烧进行无害化处理。焚烧处理应使用符合环境要求的处理装置，注意避免对大气的二次污染。

d. 稳定和固化技术：利用水泥、沥青等胶结材料，将松散的废物包裹起来，减少有害物质从废物中向外迁移，减少污染。

e. 填埋：填埋是固体废物处理的最终技术，经过无害化、减量化处理的废物残渣集中到填埋场进行处置。填埋场应利用天然或人工屏障。尽量使需处置的废物与周围的生态环境隔离，并注意废物的稳定性和长期安全性。

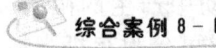
综合案例 8-1

某工程安全事故分析

某 18 层办公楼，建筑面积 32 000m^2，总高度 71m，钢筋混凝土框架-剪力墙结构，脚手架采用悬挑钢管脚手架，外挂密目安全网，塔式起重机作为垂直运输工具。2013 年 11 月 9 日在 15 层结构施工时，吊运钢管时钢丝绳滑扣，起吊离地 20m 后，钢管散落，造成下面作业的 4 名人员死亡，2 人重伤。

经事故调查发现以下情况。

① 作业人员严重违章，起重机司机因事请假，工长临时指定一名机械工操作塔式起重机，钢管没有捆扎就托底兜着吊起，而且钢丝绳没有在吊钩上挂好，只是挂在吊钩的端头上。

② 专职安全员在事故发生时不在现场。

③ 作业前，施工单位项目技术负责人未详细进行安全技术交底，仅向专职安全员口头交代了施工方案中的安全管理要求。

【解】 现场伤亡事故后，项目经理应采取的应急措施包括以下内容。

① 迅速抢救伤员并保护好事故现场。

② 组织调查组。

③ 现场勘查。

④ 分析事故原因，明确责任者。

⑤ 制定预防措施。

⑥ 提出处理意见，写出调查报告。

⑦ 事故的审定和结案。

⑧ 员工伤亡事故登记记录。

本次事故的直接原因：作业人员违规操作、专职安全员未在现场进行指导。

安全技术交底工作应在正式作业前进行，不但要口头讲解，而且应有书面文字材料，并履行签字手续，施工负责人、生产班组长、现场安全员三方各保留一份。而本案例中施工单位项目负责人没有进行详细安全技术交底，仅向专职安全员口头交代了施工方案中的安全管理要求是不妥的。

本 章 小 结

通过本章学习，可以加深对工程项目安全管理的理解，在工程安全控制的理论和方法的学习的基础上，理解建筑工程项目职业健康安全事故的分类和处理。应制订建设工程职业健康安全与环境管理目标，按照健康管理安全体系与环境管理体系的要求，建立企业安全生产管理制度，杜绝建筑工程安全隐患。注重施工现场文明施工和环境保护。

习 题

1. 填空题

（1）影响作业场所内的员工、临时工作人员、合同方人员、访问者和其他人员健康安全的条件和因素被称为_____。

（2）_____是最基本的安全管理制度，也是所有安全生产管理制度的核心。

（3）建筑施工企业安全生产管理工作中，_____是清除隐患、防止事故、改善劳动条件的重要手段。

（4）《中华人民共和国劳动法》规定：新建、改建、扩建工程的劳动安全卫生设施必须与主体工程_____。

（5）施工安全技术措施中的应急措施，是针对_____提出的工程施工安全技措施。

(6) 根据国家标准《建筑施工场界环境噪声排放标准》(GB 12523—2011)的要求，规定建筑施工过程中夜间作业的噪声限值为_____dB(A)。

(7) 职业健康安全和环境管理体系的不同点是_____。

2. 选择题

(1) 职业健康与安全管理体系运行是指按照已建立体系的要求实施。下列不属于职业健康安全管理与环境管理体系运行范畴的是(　　)。(单选)

　　A. 培训意识和能力　　　　　　　　B. 文件编写
　　C. 文件管理　　　　D. 不符合纠正和预防措施

(2) 职业健康安全管理体系要素中的核心是(　　)。(多选)

　　A. 危险源识别　　　　　　　　　　B. 风险评价
　　C. 风险控制的策划　　　　　　　　D. 运行控制
　　E. 预防措施

(3) 属于环境管理体系构成要素中核心要素的有(　　)。(多选)

　　A. 环境方针　　　B. 环境因素　　　C. 运行控制　　　D. 内部审核
　　E. 信息交流

(4) 下列工种中，除进行一般安全教育外，还要进行专业安全作业培训，并取得特种作业操作证书后方可上岗的有(　　)。(多选)

　　A. 架子工　　　　B. 电焊工　　　　C. 木工
　　D. 钢筋工　　　　E. 混凝土工

(5) 属于安全技术交底主要内容的有(　　)。(多选)

　　A. 本工程项目的施工作业特点和危险点
　　B. 应注意的安全事项
　　C. 发生事故后应采取的避难和急救措施
　　D. 安全事故责任的划分
　　E. 针对危险点的具体预防措施

(6) 施工现场必须有针对性地悬挂醒目的安全警示牌的部位有(　　)。(多选)

　　A. 主要施工部位　　B. 作业点　　　　C. 危险区域
　　D. 主要通道口　　　E. 生活区

3. 简答题

(1) 简述工程安全管理的概念、特点和内容。
(2) 安全生产责任制度包括哪些内容？其核心是什么？
(3) 施工安全技术措施的一般要求是什么？
(4) 简述建设工程安全生产事故和应急预案的处理。
(5) 简述建筑安装工程安全管理体系的内容。
(6) 施工现场环境保护的意义是什么？常用的措施有哪些？

4. 练习题

某教学楼为四层砖混结构。该工程施工时，在安装三层预制楼板时，发生墙体倒塌，先后砸断部分三层和二层楼板共12块，造成三层楼面上的一名工人随倒塌物一起坠落而死亡，直接经济损失4.2万元。经调查，该工程设计没有问题。施工时按正常施工顺序，应先浇筑现浇梁，安装楼板后再砌三层的砖墙。实际施工中由于现浇梁未能及时完成，施工中先砌了三层墙，然后预留楼板槽，槽内放立砖，待浇筑承重梁后，再嵌装楼板，在嵌装楼板时，先撬掉槽内立砖，边安装楼板、边塞缝的施工方案。在实际操作中，工人以预留槽太小，楼板不好安装为理由，把部分预留槽加大，并且未按边装板、边塞缝的要求施工。

问题：
（1）简要分析这起事故发生的原因。
（2）这起事故可认定为哪种等级的事故？依据是什么？
（3）若需要对该事故进行事故现场勘察，应勘察哪些内容？

第 9 章
工程项目风险管理

教学目标

本章主要讲述工程项目风险管理的基本理论和方法。通过学习本章，应达到以下目标：
(1) 理解风险相关的概念；
(2) 熟悉风险和工程项目风险的分类；
(3) 掌握风险识别和风险应对的方法。

教学要求

知识要点	能力要求	相关知识
风险管理概述	(1) 理解风险和工程项目风险的概念； (2) 熟悉风险和工程项目风险的分类	(1) 工程项目风险分类和特点； (2) 工程项目风险管理概念和目标
工程项目风险管理	(1) 风险识别； (2) 风险应对措施选择	(1) 风险识别的特点、方法和成果； (2) 风险分析与评价的内容和方法； (3) 风险回避、风险转移、风险控制和风险自留

基本概念

风险；工程项目风险；工程项目风险管理；风险回避；风险转移；风险控制；风险自留

引例

中国某工程联合体（某央企与某省公司）在承建非洲某公路项目时，由于风险管理不当，造成工程严重拖期，亏损严重，同时也影响了中国承包商的声誉。该项目业主是该非洲国政府工程和能源部，出资方为非洲开发银行和该国政府，项目监理是英国监理公司。

在项目实施的四年多时间里，中方遇到了极大的困难，尽管投入了大量的人力、物力，但由于种种原因，合同于 2005 年 7 月到期后，实物工程量只完成了 35%。2005 年 8 月，项目业主和监理工程师不顾中方的反对，单方面启动了延期罚款，金额高达每天 5 000 美元。为了防止国有资产的进一步流失，维护国家和企业的利益，中方承包商在中国驻该国大使馆和经商处的指导和支持下，积极开展外交活动。2006 年 2 月，业主致函中方承包商同意延长 3 年工期，不再进行工期罚款，条件是中方承包商必须出具由当地银行开具的约 1 145 万美元的无条件履约保函。由于保函金额过大，又无任何合同依据，且业主未对涉及工程实施的重大问题作出回复，为了保证公司资金安全，维护自身利益，中方不同意出具该保函，而采用中国银行出具的400万美元的保函来代替。但是，由于政府对该项目的干预未得到项目业主的认可，2006年3月，业主在监理工程师和律师的怂恿下，不顾政府高层的调解，无视中方对继续实施本合同所作出的种种努力，以中方企业不能提供所要求的1 145万美元履约保函的名义，致函终止了与中方公司的合同。针对这种情况，中方公司积极采取措施并委托律师，争取安全、妥善、有秩序地处理好善后事宜，力争把损失降至最低，但无论如何努力，这无疑已经是一个失败的工程了。

9.1 概　　述

9.1.1 风险

1. 风险的概念

风险（Risk）一词来源于意大利语的"Risque"一词，被理解为客观的危险，体现为自然现象或者航海遇到礁石、风暴等事件。现代意义上的风险，已经大大超越了"遇到危险"的狭义含义，而是"遇到破坏或损失的机会或危险"，经过两百多年的演绎，风险一词越来越被概念化，并随着人类活动的复杂性和深刻性而逐步深化，并被赋予了广泛而深层次的含义，成为现实生活中客观存在的普遍现象。

风险无处不在、无时不有，然而对风险下一个确切的含义并非易事。目前，学术界对风险的内涵还没有统一的定义，较为普遍接受的有以下两种定义。

（1）风险是损失发生的不确定性。

（2）风险是在一定条件下，一定期限内，某一事件其预期结果与实际结果之间的变动程度。变动程度越大，风险越大；反之，则越小。

由上述风险的定义可知，所谓风险要具备两方面条件：一是不确定性，二是产生损失后果，否则就不能称为风险。因此，肯定发生损失后果的事件不是风险，没有损失后果的不确定性事件也不是风险。

2. 风险的分类

从不同角度，根据不同的标准，可将风险分为不同的类型。

1）按风险造成的后果划分

（1）纯粹风险。纯粹风险是指只会带来损失，而不会带来机会或收益的风险。这种风险可能造成的结果只有两个，即没有损失或有损失。例如，自然灾害一旦发生，将会造成重大损失，甚至人员伤亡，却不会带来额外的收益。

（2）投机风险。投机风险是指既可能造成损失，又可能带来收益的风险。投机风险导致的结果有三种，即没有损失、有损失或获得利益。例如，股民在股市既面对亏损威胁，也存在发财的机会。

2）按风险产生的原因划分

（1）自然风险。自然风险是指因自然力不规则变化引起的种种现象，导致对人们的经济生活和物质生产及生命造成的损失或损害，也就是自然风险事故。例如，地震、水灾、火灾、风灾、雹灾、冻灾、旱灾、虫灾及各种瘟疫等。

（2）社会风险。社会风险是指由于个人或团体的行为，包括过失行为、不当行为以及故意行为对社会生产及人们生活造成损失的可能性。例如，盗窃、抢劫、玩忽职守及故意破坏等行为对他人的财产或人身造成损失或损害的可能性。

（3）政治风险。政治风险又称为国家风险，它是指在国际贸易风险中，因政治原因或订约双方所不能控制的其他原因，使债权人可能遭受损失的风险。例如，因输入国家发生战争、革命或内乱而中止货物进口造成的损失；或因国家变更对外贸易法令，造成国际贸易合同无法履行而形成的损失等。

（4）经济风险。经济风险是指经济活动中由于受市场供求关系、经济贸易条件等因素的影响，或经营者决策失误，对前景预期出现偏差等，遭受经济损失的风险。例如，价格的涨落、利率和汇率变化等方面的风险。

3）按风险影响范围划分

（1）局部风险。局部风险指其发生的结果只影响到项目局部的风险。

（2）总体风险。总体风险指其发生的结果可影响到项目总体的风险。

4）按风险可否管理划分

（1）可管理风险。可管理风险是指用人的智慧、知识等可预测、控制的风险。

（2）不可管理风险。不可管理风险是指用人的智慧、知识等无法预测和无法控制的风险。

5）按风险的潜在损失形态划分

（1）财产风险。财产风险是指导致一切有形财产毁损、灭失或贬值的风险。如建筑物有遭受火灾、地震、爆炸等损失的风险。

（2）责任风险。责任风险是指个人或团体行为的疏忽或过失，造成他人的财产损失或人身伤亡，依照法律、合同或道义应负经济赔偿责任的风险。如雇主对雇员在从事职业范围内的活动中，身体受到伤害等应负的经济赔偿责任等。

（3）信用风险。信用风险是指在经济交往中，权利人与义务人之间由于一方违约或违法行为对方造成经济损失的风险。

（4）人身风险。人身风险是指可能导致人的伤残、死亡或损失劳力的风险。例如，疾病、意外事故、自然灾害等。

9.1.2 工程项目风险

1. 工程项目风险的概念

工程项目风险是指在工程项目实施过程中，由于各种不确定因素的影响，使工程项目不能达到预期目标的可能性。

2. 工程项目风险的特点

（1）客观性与必然性。在工程项目建设中，无论是自然界的风暴、地震、滑坡灾害还是与人们活动紧密相关的施工技术、施工方案不当造成的风险损失，都是不以人们意志为转移的客观现实。它们的存在与发生，就总体而言是一种必然现象。因为自然界的物体运动和人类社会的运动规律都是客观存在的，表明项目风险的发生也是客观必然的。

（2）多样性。即在一个工程项目中有许多种类的风险存在，如政治风险、经济风险、法律风险、自然风险、合同风险等，使得工程项目风险具有多样性。

（3）普遍性。风险存在于所有的工程项目中，也存在于项目的各个环节中，即工程项目风险在整个项目生命期中都存在，而不仅在实施阶段。例如，在项目的目标设计中，可能存在构思的错误；在可行性研究中，可能存在方案的失误、调查不完全、市场分析的错误；在设计中存在专业不协调、地质不确定、图纸和规范错误；在施工中物价上涨、实施方案不完备、资金缺乏、气候条件变化；在投产运行中，市场发生变化、产品不受欢迎、运行达不到设计能力、操作失误等。

（4）相关性。工程项目进展中，一个活动受到风险干扰，就可能影响与其相关的活动。所以，在某一阶段内，风险会随着项目的发展而逐渐扩大。例如，反常的气候条件造成工程的停滞，则会影响整个工程项目的后期计划，影响后期所有参与者的工作。它不仅会造成工期延长，而且会造成费用的增加，造成对工程质量的危害。

（5）规律性。工程项目风险的发生有一定的规律性，这是由项目实施的规律性所造成的。因此，项目风险在一定程度上是可以预测的。

3. 工程项目风险的分类

1）根据潜在损失承担主体划分

（1）业主风险。业主风险是指建设项目业主作为建设项目的所有人可能承担的风险。

从物质损失的角度看，"不可抗力"风险，即自然及环境灾害风险就属于业主风险，主要指地震、海啸、雷电、飓风、台风、龙卷风、风暴、暴雨、洪水、水灾、冻灾、冰雹、地崩、山崩、雪崩、火山爆发、地面下陷下沉及其他人力不可抗拒的、破坏力强大的自然现象。除此之外，业主风险还包括：技术性风险和人为风险。技术风险包括：地质勘探、设计技术、施工技术、生产工艺、应用设备、原材料等原因产生的风险。人为风险包括：勘察设计单位的技术和经验、承包商的资质和经验、监理单位的资质和信用、供应商的信用和管理、外来破坏、盗窃等产生的风险。

从责任损失的角度看，尽管项目的施工是由承包商完成的，一般来讲，承包商在施工过程中产生的第三者责任应当由其承担，但是，由于建设项目业主是工地（建设项目）的所有人，所以，一旦第三者在工地受到损害，其除了可以向承包商提出损害赔偿的要求外，也可以向建设项目业主提出同样的要求。在许多情况下，建设项目业主往往会成为这类事故的第一责任人。

（2）承包商风险。承包商风险是指承包商作为项目建设的行为人可能承担的风险。

从物质损失的角度看，在实施项目建设过程中，可能由于承包商的施工人员的疏忽、过失，甚至恶意行为导致建设项目本身的损失。

从责任损失的角度看，承包商作为项目建设实施的行为人，可能由于承包商及其施工人员的疏忽或过失，导致第三方的人身伤亡或者财产损失，依法应当承担的责任。承包商的风险还包括其对于施工人员意外伤害的雇主责任风险和对于施工机具由于意外事故损失的风险。

（3）其他关系人的风险。其他关系人的风险是指那些直接或间接与工程存在各种关系的人，基于这种关系，他们对于建设项目和责任拥有可保利益，上述的建设项目业主和承包商的风险则可能成为这些关系人的风险，如对建设项目进行了融资的银行。

2）按风险对目标的影响划分

(1) 工期风险。即造成局部的或整个工程的工期延长，不能及时投入使用等风险。

(2) 费用风险。包括成本超支、投资追加、收入减少、回报率降低等风险。

(3) 质量风险。包括材料、工艺、工程不能通过验收、工程试生产不合格等风险。

(4) 生产能力风险。由于设计、原材料、能源供应等原因，使得项目建成后达不到设计生产能力等风险。

(5) 市场风险。工程建成后产品未达到预期的市场份额，没有销路，没有竞争力等风险。

(6) 信誉风险。即项目结果造成对企业形象、职业责任、企业信誉的损害等风险。

(7) 人身伤亡、工程或设备的损坏。

(8) 法律责任风险。即可能被起诉或承担相应法律或合同处罚等风险。

3）按风险的来源划分

(1) 政治风险。政治风险是政治因素的不确定事件及其可能造成的损失。政治风险通常表现为政局的不稳定性、战争状态、动乱、政变的可能性；国家的对外关系；国内的民族矛盾、保护主义倾向等。

(2) 经济风险。经济风险是指承包市场所处的经济形势和项目发包国的经济实力及解决经济问题的能力等方面潜在的不确定因素及其可能造成的损失。国家经济政策的变化、项目产品的市场变化、原材料价格的变化、外汇汇率的变化等。

(3) 法律风险。法律风险是指法律不健全，有法不依，执法不严，相关法律内容的频繁变化；对相关法律未能全面、正确地理解，工程中出现触犯法律等行为及其可能造成的损失。

(4) 自然与环境风险。自然与环境风险是指反常的恶劣天气(如雨雪天气、冰冻天气)、罕见的地质灾害(如地震、泥石流)，以及不良的运输条件等因素及其可能造成的损失。

(5) 社会风险。社会风险指宗教信仰的影响和冲击、社会治安的稳定性、社会的禁忌、劳动者的文化素质等因素及其可能造成的损失。

9.1.3 工程项目风险管理的概念和目标

1. 工程项目风险管理的概念

工程项目风险管理就是通过采用科学的方法对项目风险进行识别、评价，并以此为基础采取应对和监控措施，有效地控制风险，可靠地实现工程项目的总目标。风险管理的目的并不是消灭风险，在工程项目中大多数风险是不可能由项目管理者消灭或排除的，而是有准备地、理性地进行项目实施，减少风险的损失。

工程项目风险管理是一个系统、完整的过程，包括风险识别、风险评价、风险应对，以及实施结果的检查等方面内容。

2. 工程项目风险管理的目标

风险管理是一项有目的的管理活动，只有目标明确，才能起到有效的作用。工程项风险管理的目标通常更具体地表述为以下内容。
(1) 实际投资不超过计划投资。
(2) 实际工期不超过计划工期。
(3) 实际质量满足预期的质量要求。
(4) 建设过程安全。

9.2 工程项目风险识别与管理方法

9.2.1 工程项目风险识别

在工程项目风险管理过程中，首要的任务就是要进行风险的识别。风险的识别是整个风险管理工作的基础，只有正确、及时地识别风险、分析风险，才能做好风险评价工作，并制定合理的风险应对和控制措施。

所谓风险识别，就是通过搜集和分析相关资料，确定何种风险可能影响当前的工程项目，并将这些风险的特性整理形成文档的过程。

1. 风险识别的特点

风险识别具有以下特点。
(1) 个别性。任何风险都有与其他风险的不同之处，没有两个风险是完全一致的。
(2) 主观性。风险识别都是由人来完成的，由于个人的专业知识水平、实践经验等方面的差异，同一风险由不同的人来识别，其结果会有较大的差异。
(3) 复杂性。工程项目所涉及的风险因素和风险事件均很多，而且关系复杂、相互影响，这给风险识别带来很大的复杂性。
(4) 不确定性。这一特点可以说是主观性和复杂性的结果。

2. 风险识别的方法

工程项目风险的识别是一项复杂的工作，需要做大量细致的工作，必须通过科学系统的方法来完成。在工程项目风险管理实践中，可以根据项目自身特点，采用一些方法来发现并具体描述各项风险。风险识别的方法一般有以下几种。

(1) 德尔菲法。德尔菲法由赫尔姆和达尔克于20世纪40年代提出，经过戈尔登和兰德公司进一步发展而成的。德尔菲这一名称起源于古希腊有关太阳神阿波罗的神话。传说中阿波罗具有预见未来的能力。因此，这种预测方法被命名为德尔菲法。1946年，兰德公司首次用这种方法用来进行预测，后来该方法被迅速广泛采用。这种方法是邀请专家匿名参加项目风险分析识别的一种方法，旨在通过集中专家智慧，系统地解决问题。概括地说，此法是采用函询调查，对与所分析和识别的项目风险问题有关的专家分别提出问题，而后将他们回答的意见综合、整理、归纳，匿名反馈给各个专家，再征求意见，然后再加以综合、反馈。如此反复循环，直至得到一个比较一致且可靠性较大的意见。

这种方法应用时应注意：专家人数不宜太少，一般以10~50人为宜；对风险的分析往往受组织者、参加者的主观因素影响，因此有可能发生偏差；预测分析的时间不宜过长，时间越长准确性越差。

（2）头脑风暴法。头脑风暴法又称集思广益法。其实质是一种特殊形式的小组会。它规定了一定的特殊规则和方法技巧，从而形成了一种有益于激励创造力的环境气氛，使与会者能自由畅想，无拘无束地提出自己的各种构想、新主意，并因相互启发、联想而引起创新设想的连锁反应，通过会议方式去分析和识别风险。

在用于风险识别时，头脑风暴法有以下基本要求。

①参加者 6～12 人，最好有不同的背景，可从不同的角度分析观察问题。

②鼓励参加者提出疯狂的、别出心裁的和极端的想法。

③鼓励修改、补充并结合他人的想法提出新建议，严禁对他人的想法提出批评。

④数量也是一个追求的目标，提议多多益善。

（3）访谈法。通过访问有经验的项目参与者、利害关系者或某项问题的专家，可以识别风险。访谈是收集风险识别数据的主要方法之一。

（4）SWOT 分析（优势、劣势、机会与威胁分析）。综合运用项目的优势和弱点、机会与威胁等方面，从多视角对项目风险进行识别。如图 9.1 所示为 SWOT 分析示意图。

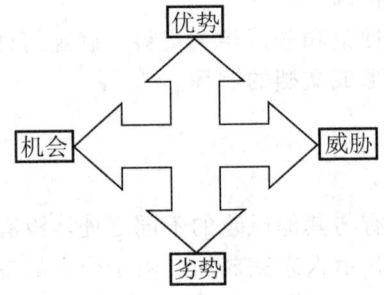

图 9.1　SWOT 分析示意图

（5）核对表法。风险识别所用的核对表可根据历史资料、以往类似项目所积累的知识以及其他信息来源着手制定。风险分解结构的最底层可用作风险核对表。使用核对表的优点之一是风险识别过程迅速简便，其缺点之一就是所制定的核对表不可能包罗万象。应该注意探讨标准核对表上未列出的事项。在项目收尾过程中，应对风险核对表进行审查、改进，以供将来的项目使用。

（6）流程图法。流程图法是将一个工程项目的建设活动按步骤或阶段顺序以若干个模块形式组成一个流程图系列，在每个模块中都标出各种潜在的风险因素或风险事件，针对流程中的关键环节和薄弱环节进行调查和分析，找出风险存在的原因，发现潜在的风险威胁，分析风险发生后可能造成的损失和对工程项目全过程造成的影响有多大。

（7）因果分析图法。因果分析图法又称鱼刺图，它通过带箭头的线将风险问题与风险因素之间的关系表示出来。鱼刺图是由日本质量管理专家石川馨所创，其表现形式如图 9.2 所示。

（8）WBS 法。运用此方法首先要建立工程项目的 WBS（工作分解结构），然后从工程项目分解的最小单位（工作包）识别项目风险。

（9）财务报表法。财务数据可以反映工程项目的基本状况。财务报表有助于确定一个特定的工程项目可能遭受哪些损失及在何种情况下遭受这些损失。通过分析资产负债表、现金流量表、营业报表及有关补充资料，可以识别企业当前的所有资产、责任及人身损失

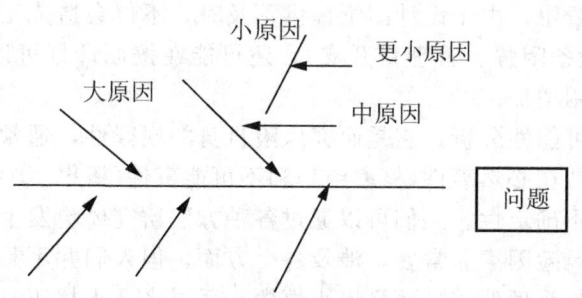

图 9.2　风险识别因果分析图

风险。将这些报表与财务预测、预算结合起来，可以发现工程项目未来的风险。

对于工程项目的风险识别来说，仅仅采用一种风险识别方法是远远不够的，一般都应综合采用两种或多种风险识别方法，才能取得较为满意的结果。

3. 风险识别的成果

风险识别的成果是进行风险分析和评价的重要基础。风险识别的最主要成果是风险清单。风险清单是记录和控制风险管理工程的一种方法，并且在作出决策时具有不可替代的作用。风险清单最简单的作用是描述存在的风险并记录可能减轻风险的行为。风险清单格式参见表 9-1。

表 9-1　项目风险清单

风险清单		编号：	日期：
项目名称：		审核：	批准：
序号	风险因素	可能造成的后果	可能采取的措施
1			
2			
3			
…			

9.2.2　工程项目风险分析与评价

1. 风险分析与评价的内容

（1）风险存在和发生的时间分析。即风险可能在项目的哪个阶段、哪个环节上发生。有许多风险有明显的阶段性，直接与具体的工程活动相联系。这个分析对风险的预警有很大的作用。

（2）风险的影响和损失分析。风险的影响是个非常复杂的问题，有的风险影响面较小，有的风险影响面较大，可能引起整个工程的中断或报废。而风险之间常常是有联系的，例如：经济形势的变化不但会造成物价上涨，而且可能会引起业主支付能力的变化；通货膨胀引起了物价上涨，则不仅会影响后期的采购、工人工资及各种费用支出，而且会影响整个后期的工程费用；由于设计图纸提供不及时，不仅会造成工期拖延，而且会造成费用提高(如人工和设备闲置、管理费开支)，还可能在按原计划可以避开的冬雨期施工，造成更大的拖延和费用增加。

(3) 风险发生的可能性分析。它是研究风险自身的规律性，通常可用概率表示。既然被视为风险，则它必然在必然事件(概率＝1)和不可能事件(概率＝0)之间。它的发生有一定的规律性，但也有不确定性。人们可以通过各种方法研究风险发生的概率。

(4) 风险级别。风险因素非常多，涉及各个方面，但人们并不是对所有的风险都十分重视。否则将大大增加管理费用，而且谨小慎微，反过来会干扰正常的决策过程。根据风险损失期望值的大小，按 ABC 分类法进行分类。

A 类：损失期望值很大的风险。通常是发生的可能性很大，而且一旦发生损失也很大的风险。B 类：损失期望值一般的风险。通常是发生的可能性不大，损失也不大，或可能性很大但损失极小，或损失比较大但可能性极小的风险。C 类：损失期望值极小的风险。即发生的可能性极小，即使发生损失也很小的风险。

在具体的风险管理中 A 类风险是管理的重点，B 类风险应顾及，而 C 类风险可以不考虑。

(5) 风险的起因和可控性分析。任何风险都有它的根源。实质上在前面的分类中，有的就是从根源上进行分类的，如环境的变化、人为的失误。对风险起因的研究是为风险预测、对策研究(即解决根源问题)和责任分析服务。风险的可控性是指人对风险影响和控制的可能性。如有的风险是人力(业主、项目管理者或承包商)可以控制的，而有的却不可以控制。可控的包括承包商对招标文件的理解风险、实施方案的安全性和效率风险、报价的正确性风险等；不可控的包括物价风险、反常的气候风险等。

2. 风险分析与评价的方法

1) 调查和专家打分法

该方法是一种最常见的、最简单的、易于应用的分析方法。它的应用由两步组成：首先，辨识出某一特定国际工程项目可能遇到的所有风险，列出风险调查表；其次，利用专家经验，对可能的风险因素的重要性进行评价，进而综合成整个项目风险。其步骤如下：

(1) 确定每个风险因素的权重，以表征其对项目风险的影响程度。

(2) 确定每个风险因素的等级值，按可能性大、比较大、中等、不大、较小这五个等级，分别以 1.0、0.8、0.6、0.4 和 0.2 打分。

(3) 将每项风险因素的权数与等级值相乘，求出该项风险因素的得分，再求出此工程项目风险因素的总分。显然，总分越高说明风险越大。

例如，中国北方某大型港口要实施新港区开发计划，在进行进港公路基础施工时，需穿越一段早期围堎。因在桩基设计时只参考了该围堎的竣工资料，但却忽视了当时基础抛石的随机性，造成该路段桩基施工无法穿越大面积石坝区，最后不得不改变原设计方案。这样不仅增加了工程费用，影响了工程进度，而且迫使该新港区开发网络计划不得不重新调整。显然，在该工程风险识别过程中，由于忽视了对自然条件中某些潜在风险的识别，因此对整个工程造成了负面影响。

为了减少主观性，专家应有一定的数量，一般选取 10～20 名专家。由于这些专家熟悉该行业和所评估的风险因素，运用他们自己的经验做出的项目风险度量甚至有时比通过

表 9-2 我国某大型港口的风险调查表

可能发生的风险因素	权重(W)	风险因素发生的概率(C)					风险度 ($W \times C$)
		很大	比较大	中等	不大	较小	
物价上涨	0.15		√				0.12
工程款支付能力	0.20				√		0.08
技术难度	0.25					√	0.05
工期紧迫	0.15			√			0.09
材料供应	0.15			√			0.09
汇率浮动	0.10				√		0.04
风险度		$\sum W \times C$					

数学计算与模拟仿真的结果还准确和可靠。为进一步规范这种方法，可以根据一些标准对专家评分的权威性确定一个权重值，该权威性的取值建议在 0.5~1.0 之间，1.0 代表专家的最高水平，其他专家，取值可相应减少。项目的最后风险度值为：每位专家评定的风险度乘以各自的权威性的权重值，所得之积合计后再除以全部专家权威性的权重值的和。

该方法适用于决策前期，这个时期往往缺乏项目具体的数据资料，主要依据专家经验和决策者的意向，得出的结论也不要求是资金方面的具体值，而是一种大致的程度值，只能作为进一步分析的基础。

2) 决策树方法

决策树常常用于不同方案的选择。决策树由四大元素构成。

(1) 决策点。用符号"□"表示。它是决策问题的出发点。由决策点引出的分枝称为方案分枝。方案分枝数表明了项目的投资方案或经营方案数。

(2) 状态点。用符号"○"表示。其内部的编号为整个决策树状态点的顺序编号（由左至右，由上而下）。由状态点引出的分枝称为状态分枝。在状态分枝上部应标明状态名称和发生概率。状态分枝数反映了可能存在的自然状态。

(3) 结果点。用符号"△"表示。结果点位于决策树的最右边，其后边的数值表明了每一种方案在相应自然状态下的损益值。

(4) 分枝。用符号"—"表示。根据其所处的位置，分别称为方案分枝或状态分枝。

决策树利用期望值的原理，进行方案枝、状态枝分层次描述，计算各种状态下因素值及其相应的概率，决策时从右向左逐步后推进行计算，根据节点上的损益值和概率枝上概率值计算期望并标注在自然状态点上，然后根据各自然状态点上期望值的大小进行方案备选与风险分析。决策树方法直观、形象、层次清晰，在复杂情况下运用较多。

案例 9-1

某种产品市场预测，在 10 年中销路好的概率为 0.7，销路不好的概率为 0.3。相关工厂的建设有两个方案。试对该工厂项目建设的风险进行评价。

方案①：新建大厂需投入 5 000 万元，如果销路好每年可获得利润 1 600 万元；销路不好，每年亏损 500 万元。

方案②：新建小厂需投入2 000万元，如果销路好每年可获得600万元的利润；销路不好，每年可获得200万元的利润。

【解】 可做决策树，如图9.3所示。

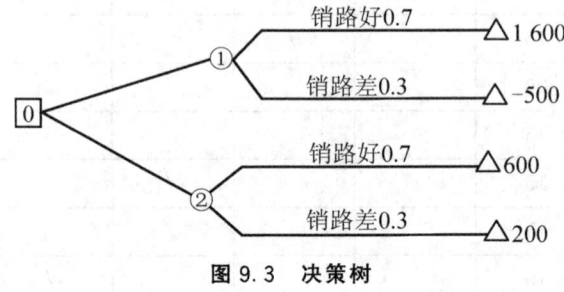

图9.3 决策树

对方案①的收益期望为：$E_A=1\ 600\times10\times0.7+(-500)\times10\times0.3-5\ 000=4\ 700$（万元）

对方案②的收益期望为：$E_B=600\times10\times0.7+200\times10\times0.3-5\ 000=-200$（万元）

由于方案①的收益期望比方案②高，所以方案①是有利的。

这仅是对项目方案的粗略的分析和评价，尚没考虑到收益的时间价值等其他方面的因素。

3）其他方法

人们对风险分析和评价方法作了许多研究，有许多常用的切实可行的分析评价方法，例如：对历史资料进行统计分析的方法、层次分析法、蒙特·卡罗法、敏感性分析法、因果关系分析法等。

9.2.3 工程项目风险应对

不同风险采用不同的对策。任何项目都存在不同的风险，风险的承担者应对不同的风险有着不同的准备和对策。在项目的运营过程中，只有对产生的不同风险采取相应的风险对策，才能进行良好的风险控制，尽可能地减少风险可能产生的危害，以确保效益。通常的风险应对方法如下。

1. 风险回避

风险回避就是以一定的方式中断风险源，使其不发生或不再发展，从而避免可能产生的潜在损失，即考虑到风险事件的存在和发生的可能性，主动放弃或拒绝实施导致风险的方案。如中止合同就是一种风险回避策略。采取这种方法有时可能不得不作出一些必要的牺牲，但与承担较大的风险相比，这些牺牲比风险真正发生时可能造成的损失要小得多，甚至微不足道。在工程项目风险识别和评价中，已预测到未来可能存在更大的风险，从而给项目带来巨大的损失，这时可以考虑主动放弃该项目的继续实施，避免遭受更大的损失。风险回避是一种消极的防范手段，因为固然能避免损失，但同时也失去了获利的机会。

2. 风险转移

风险转移是指风险管理人员为避免承担风险损失，有意识地将损失或与损失有关的财务后果转嫁给另外的单位或个人。风险转移是进行风险管理的一个十分重要的手段，当有些风险无法回避、必须直接面对，而以自身的承受能力又无法有效地承担时，风险转移就是一种十分有效的选择。从风险量大小的角度来考虑，这种风险对策适用于风险量比较大的情况。必须注意的是，风险转移是通过某种方式将某些风险的后果连同对风险应对的权利和责任转移给他人。转移的本身并不能消除风险，只是将风险管理的责任和可能从该风险管理中所能获得利益移交给了他人，项目管理者不再直接地面对被转移的风险。

风险转移的方法有很多，主要包括保险转移和非保险转移。

（1）保险转移。保险转移通常直接称为保险，它是最重要的风险转嫁方式，是指通过购买保险的办法将风险转移给保险公司或保险机构。对于工程项目风险来说则为工程保险，如建筑工程一切险、安装工程一切险等。

（2）非保险转移。非保险转移是指通过保险以外的其他手段将风险转移出去。非保险风险主要有担保合同、租赁合同、分包合同、委托合同、责任约定等。

3. 风险控制

风险控制是一种主动、积极的风险对策，即在损失发生前消除损失可能发生的根源，并降低损失发生的频率，以及在风险发生后减少损失的程度。风险控制是针对可控性风险采取的防止风险发生，减少风险损失的对策。它是绝大多数项目广泛采用的主要风险对策。

风险控制必须根据项目的具体情况提出有针对性的措施，它们可以是组织措施、技术措施和管理措施等。通常，措施可以按阶段分为事前控制、事中控制、事后控制。

4. 风险自留

风险自留又称风险自担，就是由企业或项目组织自己承担风险事件所致损失的措施。这种措施有时是无意识的，即由于管理人员缺乏风险意识、风险识别失误或评价失误，也可能是决策延误，甚至是决策实施延误等各种原因，都会导致没有采取有效措施防范风险，以致风险事件发生时，只好自己承担。这种情况称为被动风险自留，也称非计划性风险自留。但是风险自留有时是有计划的风险处理对策，它是整个建设工程风险对策计划的一个组成部分。这种情况下，风险承担人通常已经做好了处理风险的准备。这种情况称为主动风险自留，也称计划性风险自留。从风险量大小的角度来考虑，风险自留的对策适用于风险量比较小的情况。

案例 9-1

某工业项目，建设单位委托了一家监理单位协助组织工程招标并负责施工监理工作。总监理工程师在主持编制监理规划时，安排了一位专业监理工程师负责项目风险分析和相应监理规划内容的编写工作。经过风险识别、评价，按风险量的大小将该项目中的风险归纳为大、中、小三类。根据该建设项目的具体情况，监理工程师对建设单位的风险事件提出了正确的风险对策，相应制定了风险控制措施（表 9-3）。

通过招标，建设单位与土建承包单位和设备安装单位签订了合同。

设备安装时，监理工程师发现土建承包单位施工的某一设备基础预埋的地脚螺栓位置与设备基座相应的尺寸不符，设备安装单位无法将设备安装到位，造成设备安装单位工期延误和费用损失。经查，土建承包单位是按设计单位提供的设备基础图施工的，而建设单位采购的是该设备的改型产品，基座尺寸

表 9-3 风险对策及控制措施表

序号	风险事件	风险对策	控制措施
1	通货膨胀	风险转移	建设单位与承包单位签订固定总价合同
2	承包单位技术、管理水平低	风险回避	出现问题向承包单位索赔
3	承包单位违约	风险转移	要求承包单位提供第三方担保或提供履约保函
4	建设单位购买的昂贵设备运输过程中的意外事故	风险转移	从现金净收入中支出
5	第三方责任	风险自留	建立非基金储备

与原设计图纸不符。对此，建设单位决定做设计变更，按进场设备的实际尺寸重新预埋地脚螺栓，仍由原土建承包单位负责实施。

土建承包单位和设备安装单位均依据合同条款的约定，提出了索赔要求。

问题：

① 针对监理工程师提出的风险转移、风险回避和风险自留三种风险对策，指出各自的适用对象（指风险量大小）。

② 分析监理工程师在表 9-3 中提出的各项风险控制措施是否正确？说明理由。

【解】 ① 风险转移适用于风险量大或中等的风险事件。风险回避适用于风险量大的风险事件。风险自留适用于风险量小的风险事件。

② 序号 1 正确。固定总价合同对建设单位没有风险。

序号 2 不正确。应选择技术管理水平高的承包单位。

序号 3 正确。第三方担保或承包单位提供履约保函可转移风险。

序号 4 不正确。从现金净收入中支出属风险自留（或应购买保险）。

序号 5 正确。出现风险损失，从非基金储备中支付，有应对措施。

综合案例 9-1

某公司实施伊朗大坝项目的成功案例

中国某公司在承包伊朗某大坝项目时，风险管理比较到位，成功地完成了项目并取得较好的经济效益和效益社会效益。下面对该项目从几个主要方面进行简单分析。

1) 合同管理

该公司深知合同的签订、管理的重要性，专门成立了合同管理部，负责合同的签订和管理。在合同签订前，该公司认真研究并吃透了合同，针对原合同中的不合理条款据理力争，获得了有利的修改。在履行合同过程中，则坚决按照合同办事，因此，项目进行得非常顺利，这也为后来的成功索赔提供了条件。

2) 融资方案

为了避免利率波动带来的风险，该公司委托国内的专业银行做保值处理，避免由于利率波动带来风险。因为是出口信贷工程承包项目，该公司要求业主出资部分和还款均以美元支付，这既为中国创造了外汇收入，又有效地避免了汇率风险。

3) 工程保险

在工程实施过程中，对一些不可预见的风险，该公司通过在保险公司投保工程一切险，有效避免了工程实施过程中的不可预见风险，并且在投标报价中考虑了合同额的 6% 作为不可预见费。

4) 进度管理

在项目实施的过程中，影响工程进度的主要是人、财、物三方面因素。对于物的管理，首先是选择最合理的配置，从而提高设备的效率；其次是对设备采用强制性的保养、维修，从而使得整个项目的设备完好率超过了90%，保证了工程进度。由于项目承包单位是成建制的单位，不存在内耗，因此对人的管理难度相对小；同时项目部建立了完善的管理制度，对员工特别是当地员工都进行了严格的培训，这也大大保证了工程的进度。

5) 设备投入

项目部为了保证项目的进度，向项目投入了近两亿元人民币的各类大型施工机械设备，其中包括挖掘机14台、推土机12台、45t自卸汽车35台、25t自卸汽车10台、装卸机7台、钻机5台和振动碾6台等。现场进驻各类技术干部、工长和熟练工人约200人，雇用伊朗当地劳务人员550人。

6) 成本管理

对于成本管理，项目部也是牢牢抓住人、财、物这三个方面。在人的管理方面，中方牢牢控制施工主线和关键项目，充分利用当地资源和施工力量，尽量减少中国人员。通过与当地分包商合作，减少中方投入约1 200万～1 500万美元。在资金管理方面，项目部每天清算一次收入支出，以便对成本以及现金流进行有效掌控。在物的管理方面如前所述，选择最合理的设备配置，加强有效保养、维修和培训，提高设备的利用效率，从而降低了设备成本。项目部还特别重视物流工作，并聘用专门的物流人员，做到设备材料一到港就可以得到清关，并能很快应用在工程中，从而降低了设备材料仓储费用。

7) 质量管理

该项目合同采用FIDIC的EPC范本合同，项目的质量管理和控制主要依照该合同，并严格按照合同框架下的施工程序操作和施工。项目部从一开始就建立了完整的质量管理体制，将施工质量与效益直接挂钩，奖罚分明，有效地保证了施工质量。

8) HSE管理

安全和文明施工代表着中国公司的形象，因此该项目部格外重视，并自始至终加强安全教育，定期清理施工现场。同时为了保证中方人员的安全，项目部还为中方人员购买了人身保险。

9) 沟通管理

为了加强对项目的统一领导和监管，协调好合作单位之间的利益关系，该公司成立了项目领导小组，由总公司、海外部、分包商和设计单位的领导组成，这也大大增强了该公司内部的沟通与交流。而对于当地雇员，则是先对其进行培训，使其能很快融入项目中，同时也尊重对方，尊重对方的风俗习惯，以促进中伊双方人员之间的和谐。

10) 人员管理

项目上中方人员主要为中、高层管理人员，以及各作业队主要工长和特殊技工。项目经理部实行聘任制，按项目的施工需要随进随出，实行动态管理。进入项目的国内人员必须经项目主要领导签字认可，实行一人多岗，一专多能，充分发挥每一个人的潜力，实行低基本工资加效益工资的分配制度。项目上，机械设备操作手、电工、焊工、修理工、杂工等普通工种则在当地聘用，由当地代理成批提供劳务，或项目部直接聘用管理。项目经理部对旗下的4个生产单位即施工队实行目标考核、独立核算，各队分配和各队产值、安全、质量、进度和效益挂钩，奖勤罚懒，拉开差距，鼓励职工多劳多得，总部及后勤人员的效益工资和工作目标及各队的完成情况挂钩。

11) 分包商管理

该项目由该公司下属全资公司某工程局为主进行施工，该工程局从投标阶段开始，即随同并配合总公司的编标，考察现场，参与同业主的合同谈判和施工控制网布置，编制详细的施工组织设计等工作，对于项目了解比较深入。该工程局从事国际工程承包业务的技术和管理实力比较雄厚，完全有能力并认真负责地完成了受委托的主体工程施工任务。同时该公司还从系统内抽调土石坝施工方面具有丰富经验的专家现场督导，并从总部派出从事海外工程多年的人员负责项目的商务工作。其合作设计院是国家甲级勘测设计研究单位，具有很强的设计技术能力和丰富的设计经验。分包商也是通过该项目领导小组进行协调管理。

 课后阅读

常用施工机具风险和风险管理

1. 施工机具风险源

1) 质量原因

(1) 设备在设计选型、制作加工和材料选用等方面的失误。

(2) 设备制造中偷工减料或代料现象严重。

(3) 设备使用了伪劣零件。

(4) 设备无安全保护装置或装置不全。

2) 安装原因

(1) 没有专人指挥。

(2) 不熟悉安装过程。

(3) 参加安装工作的人员不能严格遵守安全技术规程。

(4) 各种连接螺栓、销轴损坏后未能及时更新。

3) 维护及操作原因

(1) 设备超载或违章使用。

(2) 贪图方便不执行各种安全措施。

(3) 赶进度造成机械疲劳作业,未能及时检修。

(4) 操作人员培训不够或素质太差。

4) 自然原因

恶劣的气候。如大风、大雨、大雾、雷击,以及其他不利的自然条件。

5) 振动对周围环境的影响

施工期作业产生振动的主要有打桩、大型挖土、混凝土搅拌、重型运输、回填夯实等。

2. 施工机具主要风险事故

1) 机械设备损坏

(1) 设备倒塌。

(2) 部件损坏或倒塌。

2) 人身安全伤害

(1) 被碰撞是指处于固定位置的人受到机械设备的碰撞。

(2) 碰撞是指人体碰到了机械设备。

(3) 卷入是指人体被运行中的机械设备抓住,并带入其中。

(4) 夹人是指人体被相互啮合并旋转的齿轮棍带进去,并夹在机械设备中间。

(5) 机械设备的相互碰撞引起人身伤害。

(6) 机械设备的超载引起事故并危及人身安全。

(7) 触电。

3. 常用施工机具风险事故防范对策

1) 挖掘机

(1) 施工机械操作区内,严禁非工作人员停留。

(2) 挖掘机装土时,运土的汽车驾驶室内不得留人,禁止用挖掘机越过运土汽车的驾驶室顶部卸土,应使挖土斗从车身后部向车厢卸土。

(3) 挖掘机铲斗卸土时,应尽量放低,不得在高空卸土。

(4) 用挖掘机挖土时,禁止将铲斗过深地切入土内,以免挖掘机履带后部离地,机身前倾。避免挖成下坡状态,造成运土工具重车上坡行驶。

(5) 施工区内的水源、电源应统一规划设置，还应指定专人管理。
(6) 工地上如有配合施工的民工，进场前应进行安全教育，并设专人经常进行安全施工的教育。
(7) 作业后应将挖掘机停在坚实、平坦、安全的地方，将铲斗落地。
(8) 挖土及推土机械的倾覆：挖土机及推土机在施工过程中，当土质较松软或离开基坑(或槽)的边太近，使坑边土体失稳时，或在前方挖土重力或推土重力作用下使机身向前倾斜，机身重心偏离支撑面而造成倾覆。在施工中避免发生倾覆的对策是松软土或新填土未压实，使用前应先行压实，必要时还要铺设枕木；应该注意挖土机及推土机离土坑或基坑边的距离，不要靠得太近。

2) 塔式起重机
(1) 司机应受过专业训练，熟悉机械构造和工作性能，并严格执行安全操作规程及保养规程。
(2) 起重机应指定专人进行操作，非司机人员不得操纵，司机酒后和患病时，也不得进行操作。
(3) 起重机的工作环境为 $-20 \sim 40℃$，风速应低于 6 级。
(4) 新制或大修出厂及塔式起重机拆卸重新组装之后，均应进行规定试验。
(5) 起重机必须有可靠的接地，所有电器设备外壳均应与机体妥善连接。
(6) 起重机安装好后，应重新调整好各种安全保护装置和限位开关。如夜间作业，照明必须良好。
(7) 起重机行驶道路内不得有障碍物和局部下沉现象，6 级以上大风和雷雨天停止作业。

3) 龙门架、井字架
(1) 组装后应进行验收，并进行空载、动载和超载试验。
(2) 升降机应有专职机构和专职人员管理。
(3) 有专职司机操作。司机离开时，应降下吊篮并切断电源。
(4) 禁止攀登架体和从架体下面穿越。
(5) 严禁载人。
(6) 要设置灵敏可靠的联系信号装置。做到各操作层均可同司机联系，并且信号准确。
(7) 保养设备必须在停机后进行。禁止在设备运行中擦洗、注油等工作。重新在卷筒上缠绳时，必须两人操作，一人开机，一人扶绳，相互配合。司机在操作中要经常注意传动机构的磨损，发现磨绳、滑轮磨偏等问题，要立即向有关人员报告，并及时解决。
(8) 缆风绳不得随意拆除。凡需临时拆除的，应先进行加固，待恢复缆风绳后，方可运行升降机；如要改变缆风绳的位置、重新埋设地锚，应待新缆风绳拴好后，原来的缆风绳方可拆除。
(9) 严禁超载运行。
(10) 架体及轨道发生变形必须及时纠正。

4) 外用电梯
(1) 电梯应单独安装接地保护和避雷装置。风力达 6 级以上应停止使用，并将体笼降至底层。
(2) 电梯底笼周围 2.5m 范围内，必须设置稳固的防护栏杆。各停靠层通道口处，应安装栏杆或安全门。
(3) 电梯安装完毕正式投入使用之前，应在首层一定高度的地方架设防护棚。
(4) 必须由经考核取证后的专职电梯司机操作。当电梯未切断总电源开关前，司机不能离开操作岗位。
(5) 电梯每班首次运行时，应空载及满载试运行，将电梯笼升高地面 1m 左右停车，检查制动器灵敏性，确认正常后方可投入运行。
(6) 梯笼乘人、载物时应使荷载均匀分布，严禁超载使用。
(7) 电梯运行至最上层和最下层时仍要操纵按钮，严禁以行程位开关自行碰撞的方法停车。
(8) 多层施工交叉作业，同时使用时，要明确联络信号。
(9) 限速器、制动器等安全装置必须由专人管理，并按规定进行调试检查，保持灵敏可靠。

5) 混凝土搅拌机

(1) 新机使用前应按照混凝土搅拌机使用书的要求，对各系统和部件逐项进行检验及必要的试运转。空车运转，检查搅拌筒及搅拌叶的转动方向，各工作装置的操作、制作确认正常，方可作业。

(2) 混凝土搅拌机启动后，应使搅拌筒达到正常转速后进行上料，上料后要及时加水；添加新料必须先将搅拌机内原有的混凝土全部卸出后才能进行。不得中途停机或在满荷载时启动搅拌机（反转出料者除外）。

(3) 在混凝土搅拌机使用中，切勿使砂石落入机器运转部分中去，以免使运转部件卡住损坏。

(4) 作业中，如发现故障仍能继续运转时，应立即切断电源，将搅拌筒内的混凝土清除干净，然后进行检修。

(5) 作业后，应对搅拌机进行全面清洗，操作人员如需要进入筒内清洗时，必须切断电源，设专人在外进行监护，或卸去熔断器并锁好电闸箱，然后方可进入。

(6) 上料斗的摇把应用销子固定，以免人进入筒内清理时，身体碰触摇把使料斗提升，发生挤压事故。

(7) 作业后，应将料斗降落到料斗坑，如需升起则应用链条扣牢。

6) 卷扬机

(1) 安装位置要求视野良好。施工过程中的建筑物、脚手架及现场堆放材料、构件等，都不能影响司机在操作范围内进行全过程的监视。

(2) 卷扬机司机应经专业培训持证上岗。作业时要精神集中，发现视线内有障碍物时，要及时清除；信号不清时，不得操作。

(3) 作业前，应先空转确认电气、制动及环境情况良好才能操作，操作人员应详细了解当班作业的主要内容和工作量。

(4) 当被吊物没有完全落在地面时，司机不得离岗。休息时，必须将物件或吊笼降至地面。下班后，应切断电源，关好电闸箱。

(5) 使用单转卷扬机，必须用刹车控制下降速度，不能过快和突然急刹车，要缓缓落下。

(6) 留在卷筒上的钢丝绳最少应保留 3~5 圈。

(7) 司机应随时注意操作条件及钢丝绳的磨损情况。当荷载变化，第一次提升时，应先离地 0.5m 稍停，检查无问题后再继续上升。

(8) 禁止使用扳把型开关，防止发生碰撞误操作。

(9) 钢丝绳要定期涂抹黄油并要放在专用的槽道里，以防碾压倾轧，破坏钢丝绳的强度。

本 章 小 结

通过本章学习可以加深对工程项目风险管理的理解，具备从事工程项目风险管理的初步能力，能分析实际工程中出现的一些相关风险管理问题。

风险管理是工程项目管理的一项重要内容，关系着项目的成败。工程项目风险管理就是通过采用科学的方法对项目风险进行识别、评价，并以此为基础采用应对和监控措施，有效地控制风险，可靠地实现工程项目的总目标。在风险识别、分析和评价的基础上，对不同的风险要采取不同的应对措施。

习 题

1. 填空题

(1) 风险从不同角度，可分为不同的类型。按风险造成的后果划分可分为_____和_____。

(2) _____又称集思广益法，它规定了一定的特殊规则和方法技巧，从而形成了一种有益于激励创造力的环境气氛，使与会者能自由畅想，无拘无束地提出自己的各种构想、新主意来分析和识别风险。

(3) 通过搜集和分析相关资料，确定何种风险可能影响当前的工程项目，并将这些风险的特性整理形成文档的过程称为_____。

(4) 风险识别都是由人来完成的，由于个人的专业知识水平、实践经验等方面的差异，同一风险由不同的人识别，其结果会有较大的差异，这体现了风险的_____特点。

(5) 风险转移的方法有很多，主要包括_____和_____。

2. 选择题

(1) 对难以控制的风险向保险公司投保是（　　）的一种措施。（单选）
A. 风险规避　　　　B. 风险减轻　　　　C. 风险转移　　　　D. 风险自留

(2) 下列防范土方开挖过程中塌方风险而采取的措施，属于风险转移对策的是（　　）。（单选）
A. 投保建筑工程一切险　　　　　　B. 设置警示牌
C. 进行专题安全教育　　　　　　　D. 设置边坡护壁

(3) 下列工程项目风险管理工作中，属于风险识别阶段的工作是（　　）。（单选）
A. 分析各种风险的损失量　　　　　B. 分析各种风险因素发生的概率
C. 确定风险因素　　　　　　　　　D. 对风险进行监控

(4) 下列属于风险识别的方法有（　　）。（多选）
A. 访谈法　　　　B. 头脑风暴法　　　　C. 控制图法
D. 直方图法　　　E. 核对表法

(5) 风险防范的对策包括（　　）。（单选）
A. 风险等级评定　　B. 风险回避　　　　C. 风险自留
D. 风险转移　　　　E. 风险控制

3. 简答题

(1) 工程项目风险有哪些类型？

(2) 工程项目风险有哪些特点？

(3) 何谓工程项目风险管理？

(4) 工程项目风险识别的方法有哪些？

(5) 工程项目风险的应对方法有哪些？

4. 案例分析题

（1）A 公司在非洲某国承揽了一个火电项目，工期 2 年，共分为两期进行验收，主要设备外包给印度一家公司提供。合同以当地货币计价，但以美元支付。该国货币极不稳定，对美元汇率变动大。

该国位于在非洲撒哈拉沙漠以南，分布着大量的沙漠和荒漠地带，气候炎热，降雨稀少。从地理条件看，该地区以丘陵和坡地为主，河流一般为季节性，人烟稀少，道路基本上是自然形成的弯弯曲曲的沙土路，且不固定，经常会因大风或车辆抛锚而改道。

由于该国历史上政治形势不稳定，反政府武装控制着主要交通线，开着机动性很强的越野车，活动范围包括 3 个省。在进入工地之前，公司针对对方国家的地理特点进行了全员教育，并严格要求员工在施工期间执行外出请假制度。

在项目实施过程中，人民币对美元汇率一直在上升，并发生了两名民工私自外出打猎，迷路造成严重脱水的事故。同时，供应商提供的设备精度不够，需要在施工现场重新进行加工，造成一定的工期延误。

问题：分析 A 公司面临哪几方面的风险？

（2）某项目在开发建设过程中，资金为银行贷款，需要使用大量新工艺、新技术和新材料，承包商资质等级一般，专业工程部分分包，市场需求情况不够稳定，气候、地质勘测资料不全，建设单位委托一专业咨询公司进行工程监理，工人多为农民工。

问题：试分析该项目在开发建设过程中可能会有哪些风险？

参 考 文 献

[1] 邱健. 景观设计初步[M]. 北京: 中国建筑工业出版社, 2010.
[2] 马克辛, 李科. 现代园林景观设计[M]. 北京: 高等教育出版社, 2008.
[3] 石宏义. 园林设计初步[M]. 北京: 中国林业出版社, 2006.
[4] 陈志华. 外国建筑史（19世纪末叶以前）[M]. 北京: 中国建筑工业出版社, 2004.
[5] 罗小未. 外国近现代建筑史[M]. 北京: 中国建筑工业出版社, 2004.
[6] 刘敦桢. 中国古代建筑史[M]. 北京: 中国建筑工业出版社, 1984.
[7] 罗小未. 外国建筑历史图说[M]. 上海: 同济大学出版社, 1986.
[8] 董鉴泓. 中国城市建设史[M]. 北京: 中国建筑工业出版社, 1989.
[9] 吴志强, 李德华. 城市规划原理[M]. 北京: 中国建筑工业出版社, 1991.
[10] 潘谷西. 中国建筑史[M]. 北京: 中国建筑工业出版社, 2004.
[11] 段汉明. 城市详细规划设计[M]. 北京: 科学出版社, 2006.
[12] 田学哲. 建筑初步[M]. 北京: 中国建筑工业出版社, 1999.
[13] 刘永福. 景观设计与实训[M]. 沈阳: 辽宁美术出版社, 2009.
[14] 胡佳. 居住小区景观设计[M]. 北京: 机械工业出版社, 2007.
[15] 刘骏, 蒲蔚然. 城市绿地系统规划与设计[M]. 北京: 中国建筑工业出版社, 2004.
[16] 张维妮. 园林设计初步[M]. 北京: 化学工业出版社, 2010.
[17] 丁圆. 景观设计概论[M]. 北京: 高等教育出版社, 2008.
[18] 刘滨谊. 现代景观规划设计[M]. 南京: 东南大学出版社, 2005.
[19] 赵建国, 程静波, 蒲爱华. 环境·材料·构造[M]. 重庆: 重庆大学出版社, 2005.
[20] 马克辛, 卞宏旭. 景观设计[M]. 沈阳: 辽宁美术出版社, 2007.
[21] 陈伟. 马克笔的景观世界[M]. 南京: 东南大学出版社, 2005.
[22] 李作文, 汤天鹏. 中国园林树木[M]. 沈阳: 辽宁科学技术出版社, 2008.
[23] 陈有川, 张军民. 《〈城市居住区规划设计规范〉图解》[M]. 北京: 机械工业出版社, 2010.
[24] 王晓俊. 风景园林设计[M]. 南京: 江苏科学出版社, 2009.
[25] 主家瑾. 居住区规划设计[M]. 北京: 中国建筑工业出版社, 2007.
[26] 吴筱荣. 构成艺术[M]. 北京: 海洋出版社, 2007.
[27] 冯信群, 刘晓东. 设计表达——景观绘画徒手表现[M]. 北京: 高等教育出版社, 2008.
[28] [美]戴维·索特. 景观建筑学[M]. 王玲, 孟祥庄, 译. 北京: 中国林业出版社, 2008.
[29] [美]爱德华·T·怀特. 建筑语汇[M]. 林敏哲, 林明毅, 译. 大连: 大连理工大学出版社, 2001.
[30] 彭一刚. 建筑空间组合论[M]. 北京: 中国建筑工业出版社, 2008.
[31] 冯柯. 建筑表现技法[M]. 北京: 北京大学出版社, 2010.
[32] 林玉莲, 胡正凡. 环境心理学[M]. 北京: 中国建筑工业出版社, 2006.
[33] 韦爽真. 景观场地规划设计[M]. 重庆: 西南师范大学出版社, 2008.
[34] 詹旭军, 吴珏. 材料与构造（下）[M]. 北京: 中国建筑工业出版社, 2006.
[35] 刘峰, 朱宁嘉. 人体工程学[M]. 沈阳: 辽宁美术出版社, 2007.
[36] 王力强, 文红. 平面·色彩构成[M]. 重庆: 重庆大学出版社, 2010.
[37] 江滨, 黄晓菲, 高嵬. 二维设计基础·平面构成[M]. 北京: 中国建筑工业出版社, 2010.
[38] 江滨, 高嵬, 邱景源. 三维设计基础立·体立体构成[M]. 北京: 中国建筑工业出版社, 2010.
[39] 刘汉民, 黄丽丽, 王惠. 立体构成[M]. 北京: 清华大学出版社, 2010.
[40] 黄文宪, 贾悍. 景观设计教程[M]. 南宁: 广西美术出版社, 2009.

北京大学出版社土木建筑系列教材(已出版)

序号	书名	主编	定价	序号	书名	主编	定价
1	*房屋建筑学(第3版)	聂洪达	56.00	53	特殊土地基处理	刘起霞	50.00
2	房屋建筑学	宿晓萍 隋艳娥	43.00	54	地基处理	刘起霞	45.00
3	房屋建筑学(上:民用建筑)(第2版)	钱 坤	40.00	55	*工程地质(第3版)	倪宏革 周建波	40.00
4	房屋建筑学(下:工业建筑)(第2版)	钱 坤	36.00	56	工程地质(第2版)	何培玲 张 婷	26.00
5	土木工程制图(第2版)	张会平	45.00	57	土木工程地质	陈文昭	32.00
6	土木工程制图习题集(第2版)	张会平	28.00	58	*土力学(第2版)	高向阳	45.00
7	土建工程制图(第2版)	张黎骅	38.00	59	土力学(第2版)	肖仁成 俞 晓	25.00
8	土建工程制图习题集(第2版)	张黎骅	34.00	60	土力学	曹卫平	34.00
9	*建筑材料	胡新萍	49.00	61	土力学	杨雪强	40.00
10	土木工程材料	赵志曼	38.00	62	土力学教程(第2版)	孟祥波	34.00
11	土木工程材料(第2版)	王春阳	50.00	63	土力学	贾彩虹	38.00
12	土木工程材料(第2版)	柯国军	45.00	64	土力学(中英双语)	郎煜华	38.00
13	*建筑设备(第3版)	刘源全 张国军	52.00	65	土质学与土力学	刘红军	36.00
14	土木工程测量(第2版)	陈久强 刘文生	40.00	66	土力学试验	孟云梅	32.00
15	土木工程专业英语	霍俊芳 姜丽云	35.00	67	土工试验原理与操作	高向阳	25.00
16	土木工程专业英语	宿晓萍 赵庆明	40.00	68	砌体结构(第2版)	何培玲 尹维新	26.00
17	土木工程基础英语教程	陈 平 王凤池	32.00	69	混凝土结构设计原理(第2版)	邵永健	52.00
18	工程管理专业英语	王竹芳	24.00	70	混凝土结构设计原理习题集	邵永健	32.00
19	建筑工程管理专业英语	杨云会	36.00	71	结构抗震设计(第2版)	祝英杰	37.00
20	*建设工程监理概论(第4版)	巩天真 张泽平	48.00	72	建筑抗震与高层结构设计	周锡武 朴福顺	36.00
21	工程项目管理(第2版)	仲景冰 王红兵	45.00	73	荷载与结构设计方法(第2版)	许成祥 何培玲	30.00
22	工程项目管理	董良峰 张瑞敏	43.00	74	建筑结构优化及应用	朱杰江	30.00
23	工程项目管理	王 华	42.00	75	钢结构设计原理	胡习兵	30.00
24	工程项目管理	邓铁军 杨亚频	48.00	76	钢结构设计	胡习兵 张再华	42.00
25	土木工程项目管理	郑文新	41.00	77	特种结构	孙 克	30.00
26	工程项目投资控制	曲 娜 陈顺良	32.00	78	建筑结构	苏明会 赵 亮	50.00
27	建设项目评估	黄明知 尚华艳	38.00	79	*工程结构	金恩平	49.00
28	建设项目评估(第2版)	王 华	46.00	80	土木工程结构试验	叶成杰	39.00
29	工程经济学(第2版)	冯为民 付晓灵	42.00	81	土木工程试验	王吉民	34.00
30	工程经济学	都沁军	42.00	82	*土木工程系列实验综合教程	周瑞荣	56.00
31	工程经济与项目管理	都沁军	45.00	83	土木工程CAD	王玉岚	42.00
32	工程合同管理	方 俊 胡向真	23.00	84	土木建筑CAD实用教程	王文达	30.00
33	建设工程合同管理	余群舟	36.00	85	建筑结构CAD教程	崔钦淑	36.00
34	*建设法规(第3版)	潘安平 肖 铭	40.00	86	工程设计软件应用	孙香红	39.00
35	建设法规	刘红霞 柳立生	36.00	87	土木工程计算机绘图	袁 果 张渝生	28.00
36	工程招标投标管理(第2版)	刘昌明	30.00	88	有限单元法(第2版)	丁 科 殷水平	30.00
37	建设工程招投标与合同管理实务(第2版)	崔东红	49.00	89	*BIM应用:Revit建筑案例教程	林标锋	58.00
38	工程招投标与合同管理(第2版)	吴 芳 冯 宁	43.00	90	*BIM建模与应用教程	曾浩	39.00
39	土木工程施工	石海均 马 哲	40.00	91	工程事故分析与工程安全(第2版)	谢征勋 罗 章	38.00
40	土木工程施工	邓寿昌 李晓目	42.00	92	建设工程质量检验与评定	杨建明	40.00
41	土木工程施工	陈泽世 凌平平	58.00	93	建筑工程安全管理与技术	高向阳	40.00
42	建筑工程施工	叶 良	55.00	94	大跨桥梁	王解军 周先雁	30.00
43	*土木工程施工与管理	李华锋 徐 芸	65.00	95	桥梁工程(第2版)	周先雁 王解军	37.00
44	高层建筑施工	张厚先 陈德方	32.00	96	交通工程基础	王富	24.00
45	高层与大跨建筑结构施工	王绍君	45.00	97	道路勘测与设计	凌平平 余婵娟	42.00
46	地下工程施工	江学良 杨 慧	54.00	98	道路勘测设计	刘文生	43.00
47	建筑工程施工组织与管理(第2版)	余群舟 宋会莲	31.00	99	建筑节能概论	余晓平	34.00
48	工程施工组织	周国恩	28.00	100	建筑电气	李 云	45.00
49	高层建筑结构设计	张仲先 王海波	23.00	101	空调工程	战乃岩 王建辉	45.00
50	基础工程	王协群 章宝华	32.00	102	*建筑公共安全技术与设计	陈继斌	45.00
51	基础工程	曹 云	43.00	103	水分析化学	宋吉娜	42.00
52	土木工程概论	邓友生	34.00	104	水泵与水泵站	张 伟 周书葵	35.00

序号	书名	主编	定价	序号	书名	主编	定价
105	工程管理概论	郑文新 李献涛	26.00	130	*安装工程计量与计价	冯 钢	58.00
106	理论力学(第2版)	张俊彦 赵荣国	40.00	131	室内装饰工程预算	陈祖建	30.00
107	理论力学	欧阳辉	48.00	132	*工程造价控制与管理(第2版)	胡新萍 王 芳	42.00
108	材料力学	章宝华	36.00	133	建筑学导论	裘 鞠 常 悦	32.00
109	结构力学	何春保	45.00	134	建筑美学	邓友生	36.00
110	结构力学	边亚东	42.00	135	建筑美术教程	陈希平	45.00
111	结构力学实用教程	常伏德	47.00	136	色彩景观基础教程	阮正仪	42.00
112	工程力学(第2版)	罗迎社 喻小明	39.00	137	建筑表现技法	冯 柯	42.00
113	工程力学	杨云芳	42.00	138	建筑概论	钱 坤	28.00
114	工程力学	王明斌 庞永平	37.00	139	建筑构造	宿晓萍 隋艳娥	36.00
115	房地产开发	石海均 王 宏	34.00	140	建筑构造原理与设计(上册)	陈玲玲	34.00
116	房地产开发与管理	刘 薇	38.00	141	建筑构造原理与设计(下册)	梁晓慧 陈玲玲	38.00
117	房地产策划	王直民	42.00	142	城市与区域规划实用模型	郭志恭	45.00
118	房地产估价	沈良峰	45.00	143	城市详细规划原理与设计方法	姜 云	36.00
119	房地产法规	潘安平	36.00	144	中外城市规划与建设史	李合群	58.00
120	房地产测量	魏德宏	28.00	145	中外建筑史	吴 薇	36.00
121	工程财务管理	张学英	38.00	146	外国建筑简史	吴 薇	38.00
122	工程造价管理	周国恩	42.00	147	城市与区域认知实习教程	邹 君	30.00
123	建筑工程施工组织与概预算	钟吉湘	52.00	148	城市生态与城市环境保护	梁彦兰 阎 利	36.00
124	建筑工程造价	郑文新	39.00	149	幼儿园建筑设计	龚兆先	37.00
125	工程造价管理	车春鹂 杜春艳	24.00	150	园林与环境景观设计	董 智 曾 伟	46.00
126	土木工程计量与计价	王翠琴 李春燕	35.00	151	室内设计原理	冯 柯	28.00
127	建筑工程计量与计价	张叶田	50.00	152	景观设计	陈玲玲	49.00
128	市政工程计量与计价	赵志曼 张建平	38.00	153	中国传统建筑构造	李合群	35.00
129	园林工程计量与计价	温日琨 舒美英	45.00	154	中国文物建筑保护及修复工程学	郭志恭	45.00

标*号为高等院校土建类专业"互联网+"创新规划教材。

　　如您需要更多教学资源如电子课件、电子样章、习题答案等,请登录北京大学出版社第六事业部官网www.pup6.cn 搜索下载。

　　如您需要浏览更多专业教材,请扫下面的二维码,关注北京大学出版社第六事业部官方微信(微信号:pup6book),随时查询专业教材、浏览教材目录、内容简介等信息,并可在线申请纸质样书用于教学。

　　感谢您使用我们的教材,欢迎您随时与我们联系,我们将及时做好全方位的服务。联系方式:010-62750667,donglu2004@163.com,pup_6@163.com,lihu80@163.com,欢迎来电来信。客户服务 QQ号:1292552107,欢迎随时咨询。